GUIA POLITICAMENTE INCORRETO

DOS PRESIDENTES DA REPÚBLICA

Copyright © 2016, Paulo Schmidt
Copyright © 2017 Casa da Palavra/LeYa
Copyright da Coleção Guia Politicamente Incorreto © 2017
Casa da Palavra/LeYa

Todos os direitos reservados e protegidos pela Lei 9.610, de 19/2/1998.
É proibida a reprodução total ou parcial sem a expressa anuência da editora.

Preparação de textos   FERNANDA MELLO

Projeto gráfico de miolo   ANA CAROLINA MESQUITA

Diagramação   FUTURA

Ilustrações de capa   LAMBUJA

Ilustrações de miolo   BAPTISTÃO

Dados Internacionais de Catalogação na Publicação (CIP)
Angélica Ilacqua CRB-8/7057

Schmidt, Paulo
    Guia politicamente incorreto dos presidentes da República / Paulo Schmidt. – 2ª ed. – Rio de Janeiro : LeYa, 2017.
    432 p. : il.

    Bibliografia
    ISBN 978-85-441-0633-4

    1. Presidentes – Brasil – História 2. Brasil – Política e governo – História I. Título

16-0043   CDD 981

Índices para catálogo sistemático:
1. Brasil – Política e governo – História

Todos os direitos reservados à
EDITORA CASA DA PALAVRA
Avenida Calógeras, 6 | sala 701
20030-070 – Rio de Janeiro – RJ
www.leya.com.br

GUIA POLITICAMENTE INCORRETO DOS PRESIDENTES DA REPÚBLICA

PAULO SCHMIDT

2ª edição, revista e ampliada

Para Dora, minha mãe

Para Patrícia, minha

Que estranho país é o Brasil, onde até um louco pode ser presidente da República e eu não posso.

Rui Barbosa

SUMÁRIO

12   **INTRODUÇÃO**
          De Deodoro a Temer: 130 anos de autoritarismo, corrupção e incompetência

REPÚBLICA VELHA

22   **Deodoro da Fonseca**
33   O republicano coroado

36   **Floriano Peixoto**
45   O Sul em guerra

47   **Prudente de Morais**
56   A guerra do fim do mundo

59   **Campos Sales**
67   Coronéis

70   **Rodrigues Alves**
82   O Barão dos Limites

84   **Afonso Pena**
93   O homem mais inteligente do Brasil

96   **Nilo Peçanha**
105   A águia e o galo

107   **Hermes da Fonseca**
117   Contestado: a nova Canudos

120	**Venceslau Brás**
125	A queda do Fazedor de Reis
128	**Delfim Moreira**
132	A gripe espanhola
133	**Epitácio Pessoa**
139	As cartas pseudobernardinas
142	**Artur Bernardes**
150	Ídolos com pés de barro
153	**Washington Luís**
163	A revolução que deu certo

ERA VARGAS

167	**Getúlio Vargas**
183	Cavaleiro da Esperança ou da Triste Figura?

PERÍODO DEMOCRÁTICO

188	**Eurico Dutra**
194	O retrato do Velho
197	**Getúlio Vargas**
207	Tonelero: o atentado que nunca houve
211	**Café Filho**
217	O Corvo volta a atacar
218	**Juscelino Kubitschek**
231	Uma capital no meio de lugar nenhum

234	Jânio Quadros
253	O mistério da renúncia
256	João Goulart
265	O Corvo depenado

DITADURA MILITAR

271	Castelo Branco
274	Tortura
277	Costa e Silva
281	Ato Institucional nº 5
282	Emílio Médici
285	Revolucionários ou bandidos?
287	Ernesto Geisel
290	Fim do milagre
291	João Figueiredo
296	O presidente que não assumiu

NOVA REPÚBLICA

300	José Sarney
308	A Constituição de 1988
310	Fernando Collor
326	Morcego Negro
327	Itamar Franco
332	O plano que funcionou

333 Fernando Henrique Cardoso
347 Privatização Já
350 Lula
376 Mensalula
380 Dilma Rousseff
403 Petrolão
406 Michel Temer
419 Bela, recatada e do lar

422 NOTAS

432 REFERÊNCIAS BIBLIOGRÁFICAS

436 ÍNDICE REMISSIVO

De Deodoro a Temer: 130 anos de autoritarismo, corrupção e incompetência

Para a maioria dos brasileiros, eles não passam de nomes de ruas, rodovias, escolas públicas, cidades e até penitenciárias. O que é uma pena, pois há entre os presidentes da República personagens que vale a pena conhecer melhor, alguns cuja vilania se assemelha à de devassos imperadores romanos da decadência, outros tão enigmáticos que só a literatura os decifrou, a exemplo de Floriano Peixoto e Getúlio Vargas nos romances de Lima Barreto e Érico Veríssimo.

Uma das razões desse desinteresse é o viés exclusivamente político que historiadores e biógrafos dedicam a tais indivíduos, negligenciando-lhes o lado humano, pessoal. Essa atitude surgiu na historiografia da Inglaterra, onde a privacidade é quase uma obsessão, e se consagrou no subgênero das biografias políticas, adotadas sem demora no Brasil. "O animal político tem caracteres próprios, que passam a configurá-lo, no ambiente em que se insere, muito mais amplo que o da parentela", opina mui ineptamente o biógrafo de Venceslau Brás. "Pouco importam os seus precedentes domésticos. O que se quer saber é o que ele é politicamente, ou melhor, qual o papel que representa no teatro dos acontecimentos políticos."[1]

É difícil estar mais errado que isso. Não existe em todo o mundo uma população leitora com mais interesse em saber os detalhes de uma lei sancionada por um mandatário do que em saber se tal mandatário é epilético. A não ser, naturalmente, que essa lei seja como o Ato de Supremacia de Henrique VIII, promulgado porque o monarca uxoricida queria divorciar-se da mulher e desposar outra sem precisar da autorização do papa. Neste caso, vemos o interesse público e privado se mesclarem de tal forma que a política passa a ser uma extensão das manias e taras de quem a faz.

Pois meu objetivo descarado nesta série de perfis biográficos é, justamente, resgatar o Henrique VIII, o Don Juan, o Napoleão, o Frankenstein ou o Jeca Tatu porventura existentes em nossos chefes de Estado. Ou seja, o que é interessante e pitoresco para o leitor curioso, não necessariamente útil para o pesquisador. As informações meramente governamentais podem ser achadas sem dificuldade nos livros didáticos ou na página da presidência da República na internet.

A outra razão pela qual os brasileiros se interessam pouco por seus presidentes é o fato de quase todos terem sido, em que pese a propaganda oficial, desconcertantemente ruins. E a culpa disso eles dividem com o sistema de governo que os define, o presidencialismo.

"Acabou-se a única república que existia na América!" Com essas palavras o presidente Rojas Paul, da Venezuela, acolheu a notícia da queda do Império do Brasil, a 15 de novembro de 1889. Ao contrário das antigas colônias do império espanhol, fragmentadas em republiquetas ensanguentadas por sucessões intermináveis de quarteladas e caudilhos, o Segundo Reinado (1840-1889) era referência mundial de democracia no século XIX, um governo monárquico parlamentarista que havia assegurado a unidade nacional de um país com dimensões continentais e se esforçava, aos trancos e barrancos, por arrancar o povo brasileiro do atraso sedimentado por 322 anos de colonialismo.

O último gabinete do Império, o do visconde de Ouro Preto, tinha engatilhado um programa bastante amplo de reformas, inclusive agrária, as quais, se implementadas, teriam injetado sangue novo no corpo ancilosado da Monarquia brasileira, tornando-a uma das mais modernas do planeta. Um Terceiro Reinado sob a égide da princesa Isabel se avizinhava progressista, pois a notória carolice dela em nada interferiria nas decisões de seus gabinetes, ao passo que sua falta de vínculos com os grandes proprietários de terra ou com as Forças Armadas lhe permitiria exercer o Poder Moderador com a mesma isenção de seu augusto pai, o imperador Pedro II.

Nada disso, contudo, era admissível para a elite latifundiária, já escandalizada no fundo dos bolsos pela Abolição da Escravatura a 13 de maio de 1888. Assim, quando o Exército se rebelou contra a Monarquia, recebeu total apoio das oligarquias rurais, principalmente de São Paulo.

A queda do Império resultou de um acordo entre elites que desejavam conservar seus privilégios e caudilhos que almejavam o poder. Existia um partido republicano no Brasil, mas não foi ele que proclamou a República. Pior ainda: os grandes propagandistas republicanos da estirpe de José do Patrocínio, Júlio Ribeiro, Silva Jardim e Lopes Trovão foram tratados como meros agitadores pelo novo regime, que, em contrapartida, acolheu de braços abertos os políticos mais reacionários do Império, a exemplo de Rodrigues Alves, duas vezes eleito presidente. Uma república de araque, portanto, instaurada por militares e latifundiários, a saber, pela autocracia e pelo privilégio. Como sintetizou muito bem o historiador Marco Antônio Villa,

> Com a república e o federalismo foram consolidados os privilégios dos latifundiários. Os *landlords* se livraram de d. Pedro II e dos mecanismos institucionais do Estado imperial que obstaculizavam a transformação

da *res publica* em coisa privada. O caminho estava aberto para a petrificação do coronelismo, que concedia às oligarquias dos estados atrasados o estatuto de donatários das novas capitanias hereditárias, o aprofundamento das desigualdades regionais e a hegemonia político--econômica dos estados da região Sudeste, favorecida pelo controle do governo central.[2]

Finda a Monarquia, essas duas forças antagônicas que se uniram para derrubá-la, o Exército e os barões do café, disputaram o poder desde então, sob um regime de governo republicano calcado no dos Estados Unidos.* O parlamentarismo, por demais identificado com a monarquia no entender tacanho dos proclamadores da República, foi substituído pelo presidencialismo, sistema que jamais deu bons resultados em país algum além da pátria de James Monroe. A direção dos negócios públicos não mais coube a um gabinete ministerial supervisionado pelo imperador, e sim a um único homem, conforme estabelecido na nova Constituição, de 1891:

> Art. 42: O Poder Executivo será confiado exclusivamente a um cidadão, que terá o título de Presidente dos Estados Unidos do Brasil.

Outra novidade calamitosa importada pelos próceres republicanos, notadamente Benjamin Constant, foi a doutrina positivista, que preconizava a ordem por meio de uma ditadura. Não é de surpreender que tal filosofia agradasse tanto aos militares, a quem incomodava a "desordem" do sistema parlamentar, com seus intermináveis debates e votações.

---

* Assim diagnosticou Eça de Queirós esse empréstimo espúrio: "Outro modelo perigoso para o Brasil estava nos Estados Unidos do Norte, cuja imensa civilização deslumbrava os brasileiros — que não refletiam que é o caráter das raças, e não as formas dos governos, que faz ou impede civilizações."

Assim, já no seu nascimento, a república no Brasil foi tudo menos *res publica*, "coisa pública", até porque o povo não teve participação alguma nessa mudança de regime. Um republicano coroado deu lugar a uma sucessão de monarcas eleitos; o Executivo foi se agigantando ao longo dos anos, a ponto de o presidente, hoje, dispor de 100 mil cargos para nomear apaniguados no território nacional.

Como definiu o republicano arrependido Rui Barbosa, "o presidencialismo brasileiro não é senão a ditadura em estado crônico, a irresponsabilidade consolidada, a irresponsabilidade sistemática do Poder Executivo".[3]

Os dois primeiros presidentes do Brasil foram déspotas militares. Quando, porém, o poder voltou às mãos civis, o presidencialismo foi mantido "porque servia também às conveniências da oligarquia econômica, sempre interessada em conter os excessos democratizantes que o parlamentarismo tende a estimular".[4]

É bem preocupante o fato de o melhor dos presidentes brasileiros ter sido um ditador razoavelmente impiedoso e a pior não pertencer a um passado remoto. Semelhante escassez de espírito público por parte dos nossos chefes de Estado tem sua origem nas deformidades não só da índole nacional, mas também do próprio presidencialismo.

Tão pouco representativo e contrário às aspirações de uma sociedade progressista é esse sistema, que os poucos presidentes que contribuíram para o avanço do Brasil acabaram penalizados de alguma forma, como se violassem uma lei da natureza: Prudente de Morais teve a cabeça a prêmio por todo o mandato; Getúlio Vargas suicidou-se para não ser deposto uma segunda vez; Juscelino Kubitschek não pôde concorrer a novo quinquênio e sofreu perseguição militar; Tancredo Neves pereceu antes de empossado; Fernando Henrique Cardoso foi incansavelmente difamado pelo sucessor que tudo lhe deveu.

Em contrapartida, os presidentes mais nefastos à República foram imerecidamente afortunados: Floriano Peixoto terminou os dias em um pacífico retiro e deu nome a uma capital ensanguentada por ele; os presidentes militares morreram em suas camas, sem responder por nenhuma das arbitrariedades de que foram responsáveis; José Sarney continua senhor absoluto do Maranhão e detentor de cargos formidáveis no Legislativo; Fernando Collor, após o *impeachment*, foi eleito e reeleito senador por Alagoas; Lula deixou a presidência com índices elevados de popularidade e elegeu sua sucessora, que, após mergulhar o país na pior crise de sua história, foi afastada por fraudar as contas públicas, mas manteve todos os nababescos privilégios dos ex-presidentes e o imerecido direito de concorrer a cargo eletivo em 2018.

Durante um ano e alguns meses dos quase 130 anos de República, o Brasil foi parlamentarista, porém João Goulart, ansioso pelo pacote monárquico presidencial de poderes, fez antecipar um plebiscito no qual os brasileiros, imperitos em democracia, votaram pela restauração do sistema que os tiraniza. Uma emenda da Constituição de 1988 determinou a realização de novo plebiscito para escolha de sistema de governo, que ocorreu em 1993. Os brasileiros, contudo, não estavam mais versados em democracia do que trinta anos antes, e, sem ter ideia de como o parlamentarismo funciona, ou de como o presidencialismo não funciona, optaram mais uma vez por este, como as rãs da fábula de Esopo que pediram um rei e ganharam uma serpente.

Desse modo os presidentes do Brasil prosseguiram, consoante Millôr Fernandes, entrando pelo portão monumental da esperança, sentando-se no trono furta-cor da decepção e saindo pela porta suíça da corrupção.

Em virtude desse poder esmagador nas mãos de um único indivíduo, a trajetória dos presidentes da República se confunde com a do Brasil, como a dos Césares ditava a de Roma. Daí a importância de conhecê-los, julgá-los e nos convencermos, finalmente, de que com o parlamentarismo estaremos mais bem servidos de líderes nacionais.

Para atenuar o perigo de despotismo, a solução presidencialista foi reduzir o mandato do chefe de governo a quatro ou cinco anos, período de tempo muito reduzido para implementar reformas significativas. No sistema parlamentarista um chefe de governo, com seus poderes supervisionados pelo chefe de Estado, pode ficar no cargo muitos anos, o suficiente para dar estabilidade econômica, implantar as reformas necessárias e consolidá-las, impedindo que sejam imediatamente desfeitas pela necessária alternância periódica de partidos no poder.

Somente os presidentes empossados — e que, portanto, influenciaram os destinos do país — foram contemplados aqui, ficando de fora os interinos José Linhares, Carlos Luz, Nereu Ramos, Ranieri Mazzilli e outros, bem como Júlio Prestes, engolido pela voragem da Revolução de 1930, e também aquele que, por quase onze meses, chefiou o primeiro gabinete parlamentarista republicano, mas não viveu para cingir a faixa presidencial: Tancredo Neves.

REPÚBLICA VELHA
1889-1930

Alguns preferem chamar esse período de Primeira República, mas considero tal título inadequado, pois a República no Brasil foi sempre a mesma, da proclamação até o presente, ao contrário da França, alternada desde a Revolução Francesa entre Primeira República, Consulado, Primeiro Império, Restauração Monárquica, Segunda República, Segundo Império, Terceira República etc.

A primeira fase desse período, de 1889 a 1894, foi denominada **República da Espada**, em alusão ao regime ditatorial imposto pelos dois primeiros presidentes. A segunda fase é a **República Oligárquica**, cujos rasgos principais foram a monocultura do café, a Política do Café com Leite — isto é, a alternância no poder das oligarquias paulista e mineira —, o coronelismo, as fraudes eleitorais e a consequente exclusão da maioria do povo brasileiro da vida política.

Mandato: 1889-91

Apelido: Generalíssimo

República no Brasil é coisa impossível, porque será uma verdadeira desgraça. Os brasileiros estão e estarão muito mal-educados para republicanos. O único sustentáculo do nosso Brasil é a Monarquia; se mal com ela, pior sem ela.

Deodoro da Fonseca

O pai do primeiro presidente da República do Brasil se chamava Manuel Mendes da Fonseca Galvão, mas eliminou o Galvão por causa do cacófato. Pernambucano, ingressou no Exército em 1806, dois anos antes da chegada de d. João VI ao Brasil. Após a Independência de 1822, foi transferido para Alagoas, onde se casou e teve dez filhos, um dos quais **Manuel Deodoro da Fonseca**. Em 1839, quando detinha a patente de major, soube que a capital da província não seria mais a vila de Alagoas (atual município de Marechal Deodoro), onde morava, e sim Maceió. Rebelando-se contra a mudança, reuniu uma tropa e, a 15 de novembro, depôs o presidente da província (ou governador). Acabou preso por tropas imperiais e submetido a Conselho de Guerra, no Rio de Janeiro, onde foi absolvido, porém aposentado compulsoriamente. Reduzido à miséria e incapaz de sustentar a família, alistou todos os filhos no Exército.

A carreira militar de Deodoro foi marcada pela indisciplina e insubordinação aos superiores. Chegou a ser detido cinco vezes por má conduta. Em Mato Grosso, o capitão de 33 anos se casou com Mariana Cecília, órfã de militar e um ano mais velha que ele. Era desses soldados sem utilidade em tempo de paz, e teria imitado o destino do pai não fosse a eclosão, em 1864, do maior conflito bélico da história da América do Sul. "Só tive um protetor: Solano López", diria mais tarde; "devo a ele, que provocou a Guerra do Paraguai, a minha carreira". Nos seis anos que ficou fora do Brasil matando paraguaios, perdeu três irmãos na guerra e foi promovido a major, tenente-coronel e coronel, sempre por atos de bravura.

Elevado, por decreto do imperador, a marechal em 1884, foi nomeado comandante de Armas e presidente da província do Rio Grande do Sul. Lá, desentendeu-se com o mandachuva local, Silveira Martins, estancieiro e conselheiro do Império, por causa de uma mulher que ambos disputavam, a jovem e bela gaúcha Maria Adelaide Meireles, baronesa de Triunfo. Mais culto, inteligente e viajado que o provinciano "tarimbeiro" — como eram chamados os oficiais de famílias pobres —, Silveira Martins venceu a disputa. Deodoro odiou-o pelo resto da vida.

Beirando os 60 anos e metido a galanteador, o marechal magro, empertigado, semicalvo, de olhos penetrantes, nariz aquilino e barba em leque, lembrava um bocado o fidalgo Alonso Quijana. Para os padrões da época era alto, pois tinha mais de 1,65 metro. Fraco de pulmões, impulsivo e vaidoso, andava sempre com muitas joias, um pesado anel no dedo mínimo, um prendedor de gravata de pérola e uma grande corrente para segurar o relógio de bolso. Quando fardado, ostentava no peito as muitas medalhas e comendas, inclusive a Imperial Ordem da Rosa, conferida pessoalmente por d. Pedro II. Não saía de casa sem perfumar a barba com fragrância de violetas.

Nunca foi republicano. Só aderiu a esse movimento depois da Questão Militar, em 1886, não por patriotismo, mas tão somente ressentimento pessoal. Essa Questão Militar foi uma série de conflitos entre o governo e oficiais do Exército, cuja insatisfação vinha do fim da Guerra do Paraguai. A vitória do Brasil havia subido, por assim dizer, à cabeça dos militares, fazendo-os sentir-se cheios de direitos e pouco dispostos a continuar sendo comandados pelos "casacas", como chamavam depreciativamente as autoridades civis; durante o Segundo Reinado, dois terços dos ministros das pastas militares foram civis. O fato de o imperador ter horror a armas também era visto como descaso pelo Exército. Para os tarimbeiros, um monarca de verdade tinha de ser um rei-soldado, a exemplo de Napoleão ou Pedro I, não um intelectual como Pedro II.

Os oficiais queixavam-se dos soldos, da desmobilização após a guerra, da demora nas promoções, de tudo, enfim. Embora proibidos de se manifestar contra o governo por meio da imprensa, alguns o fizeram, Deodoro entre eles, o que lhe custou o cargo. Foi exonerado e transferido para o Rio de Janeiro, onde entrou em contato com a Mocidade Militar, composta de aspirantes, cadetes e oficiais formados na Escola Militar da Praia Vermelha, os chamados "científicos", que, embebidos de positivismo comtiano, conspiravam abertamente contra a Monarquia.

O mais proeminente e rancoroso desses oficiais, julgando-se preterido e subaproveitado, era o tenente-coronel Benjamin Constant, mais tarde considerado o Fundador da República. Criou-se o Clube Militar e Deodoro foi nomeado seu primeiro presidente. A casa do marechal passou a abrigar as reuniões dos conspiradores. Estes asseguraram o apoio da oligarquia cafeeira, sobretudo de São Paulo, que se voltara contra o Império após a Abolição da Escravatura e o programa de reformas do gabinete ministerial do visconde de Ouro Preto (ver página 34).

Constant, o jornalista republicano Quintino Bocaiuva e o major Sólon Ribeiro marcaram para a madrugada de 15 de novembro de 1889 a "revolução" (como todo golpista prefere chamar seu golpe). Deodoro concordou em liderar a quartelada, mas não para derrubar a Monarquia, como queriam os científicos, e sim para tão somente depor Ouro Preto.

No dia da ação, cerca de 600 soldados do 1º e do 3º Regimentos de Cavalaria e do 9º Batalhão marcharam em direção ao quartel-general do Exército, no Campo de Santana, onde se encontrava o visconde de Ouro Preto reunido com seus ministros. Cidadãos comuns julgaram tratar-se de um desfile militar. Nem os soldados, aliás, sabiam que estavam indo derrubar o governo; muitos, mais tarde, protestaram e quiseram restaurar o Império, mas foram presos.

Por pouco Deodoro não compareceu: estava de cama, prostrado por uma crise aguda de dispneia. Quando chegou ao Campo de

Santana, mal conseguindo se equilibrar no cavalo, ordenou ao general Almeida Barreto, que liderava as tropas leais ao governo mas secretamente fazia parte da conjura, que as posicionasse sob o comando do marechal. Como a ordem demorasse a ser cumprida, Deodoro chamou um ordenança e berrou:

— Menino, vá dizer ao Barreto que faça o que lhe ordenei, ou então que meta sua espada no cu, pois não preciso dele![1]

Obedecido por fim, derrubou Ouro Preto, mas nada falou sobre república. Afinal, seu pai, também num 15 de novembro, promovera um motim e pagara muito caro. Deodoro não ansiava pelo mesmo fim inglório de Manuel da Fonseca. Sem falar que, monarquista convicto, dizia estimar o imperador e dever-lhe favores.

Só naquela noite, quando os conspiradores se reuniram, foi proclamada, silenciosamente, a República. Deodoro concordou com isso, finalmente, depois de saber que d. Pedro II havia nomeado primeiro-ministro o homem que o marechal mais detestava na face da Terra: Silveira Martins.

Um governo provisório foi instaurado, com Deodoro na presidência de uma república federativa. Os principais conspiradores receberam ministérios, colegas de caserna do presidente receberam governos provinciais — a província de Alagoas foi para um irmão — e os soldos dos militares tiveram aumento de 50%.

A nova administração governou por decreto, verdadeira fábrica de leis. Tamanha era a pressa, que muitos levaram o mesmo número; para distingui-los, usaram-se letras. O de número 78 baniu do Brasil o visconde de Ouro Preto e Silveira Martins; o 78A determinava o banimento do imperador.

A bandeira nacional foi modificada: de dentro do losango amarelo saiu o brasão da família imperial e entrou um globo azul com o dístico "Ordem e Progresso", baseado no lema positivista de Comte "o amor por princípio, a ordem por base e o progresso por fim". Um novo hino foi comissionado, mas a população preferiu o antigo, de autoria de Francisco Manuel da Silva, e, uma vez na vida, prevaleceu a vontade popular.

Logradouros na capital foram rebatizados. A praça Dom Pedro II, o largo da Imperatriz e a rua da Princesa tornaram-se, respectivamente, praça Marechal Deodoro, praça Quintino Bocaiuva e rua Rui Barbosa. Estátuas, obeliscos, chafarizes e outros monumentos foram erguidos às pressas para celebrar o novo regime. Julgando-se o marco zero da história do Brasil, o governo fazia comemorações a si mesmo sem cessar, "num furor politicante, discursante e manifestante", segundo o monarquista Eduardo Prado.

Em 15 de janeiro de 1890, para comemorar o segundo mês da República, uma parada militar desfilou pelas ruas do Rio de Janeiro até o Palácio Itamarati, nova sede do governo. Instigados pelo secretário de Benjamin Constant, populares saudaram Deodoro, que estava na sacada com os ministros, aos gritos de "viva o Generalíssimo!". Título de tiranetes latino-americanos como Rosas, Guzmán Blanco, López e Melgarejo, a patente não existia no Brasil. O vaidoso marechal, contudo, não só a adotou como estendeu a todos os ministros civis — Rui Barbosa, Francisco Glicério, Campos Sales, Quintino Bocaiuva e Aristides Lobo — a de general, com os estipêndios correspondentes. "O militarismo de 15 de novembro passou depressa da traição para o ridículo", apostrofou Eduardo Prado. "Aquilo já não é militarismo, nem ditadura, nem república. O nome daquilo é carnaval."[2]

Um dos primeiros decretos-lei da recém-proclamada República, o 85A, de 23 de dezembro de 1889, foi uma lei de censura. Os jornalistas, que durante todo o Segundo Reinado tiveram liberdade para criticar o governo e o fizeram sem dó, descobriram que fazer o mesmo na República era crime de sedição militar. A linguagem empregada na justificativa foi de uma truculência e baixo calão até então desconhecidos em documentos oficiais: "Seria, da parte do governo, inépcia, covardia e traição deixar os créditos da república à mercê dos sentimentos ignóbeis de certas *fezes sociais*."

Ciosos da liberdade à qual se haviam acostumado, alguns jornalistas continuaram criticando o governo. Os artigos do jornal monarquista *A Tribuna*, fundado em 1º de julho de 1890, não apenas escarneceram quando o "general" Rui Barbosa, de modo assaz sicofanta, comparou Deodoro a George Washington, mas também chamaram o Generalíssimo de "uma nulidade, ambicioso e prepotente", além de insultar todo o oficialato, dizendo que o Clube Militar seria proibido em um país civilizado.

Tampouco deixaram de fora o nepotismo do presidente provisório. Estéril, Deodoro não teve filhos, porém tinha vários sobrinhos, aos quais deu cargos no governo, bem como a outros parentes, suscitando críticas ferinas de Eduardo Prado, um dos redatores d'*A Tribuna*: "O regime republicano, que depôs uma dinastia, vai insensivelmente criando outra. [...] O senhor Deodoro tem muita família, sobretudo muitos sobrinhos, a quem se atribuem muitos méritos; estes méritos, porém, nunca foram exaltados pela imprensa, que só lhos descobriu desde que o tio reina."[3]

Com total aquiescência do presidente, seus sobrinhos militares promoveram o empastelamento do periódico. Em 29 de novembro, um grupo de fardados e paisanos invadiu a redação, quebrando tudo e espancando a todos que encontrava pela frente, funcionários ou visitantes, inclusive matando o revisor João Ferreira Romariz, pai de cinco filhos pequenos. Segundo Antônio de Medeiros, redator do jornal, "a destruição foi completa, não escapando um móvel, uma arandela de gás, um tinteiro, e estendendo-se o saque aos relógios e ao dinheiro que tinham os empregados nas algibeiras".

Toda a imprensa do Rio de Janeiro ficou chocada. Embora republicana, a *Revista Ilustrada* — com a qual colaborava o exímio caricaturista Ângelo Agostini — condenou enfaticamente o bestial atentado:

> O ataque à *Tribuna* causou-nos enojamento. Foi um ato de barbaria nada admirável na Cafraria. Jamais pensamos que na capital federal houvesse um grupo de homens tão miseráveis, ao ponto de desbaratarem um jornal, jamais nos passou pela ideia que este fato tão mesquinho, tão repugnante, tivesse lugar sob o regime de todas as liberdades concedidas pela lei.[4]

O episódio repercutiu negativamente e estremeceu as relações de Deodoro com o Congresso.

O mais escandaloso desses sobrinhos foi Fonseca Hermes, favorito do presidente, para quem se criou especialmente, por decreto (113E), o cargo de secretário-geral do Conselho de Ministros, e que durante a gestão do tio falsificou documentos oficiais para favorecer amigos e traficou influência da forma mais descarada, amealhando uma fortuna à custa dos cofres públicos, sem ser investigado ou sofrer qualquer sanção. Vinte anos depois, voltaria a ter poder para continuar suas negociatas fraudulentas, durante o governo de outro sobrinho do Generalíssimo, Hermes da Fonseca.[5]

Deodoro não sabia administrar nem ser contrariado. Seu gênio difícil e autoritário conseguiu indispô-lo não somente com a imprensa e o parlamento, mas também com seu próprio ministério. Os republicanos começavam a brigar entre si: ora os secretários da Agricultura e do Interior discordavam da política econômica do ministro da Fazenda, Rui Barbosa, e se demitiam; ora Quintino Bocaiuva, das Relações Exteriores, e Benjamin Constant, da Guerra, reclamavam por seus apaniguados serem preteridos no lugar dos apaniguados do presidente, e se demitiam.

De todos os afastamentos, foi o de Constant o mais ruidoso. Para Eduardo Prado, esse "Fundador da República" não passava de um "general de tribuna", cuja estratégia se limitava a "ocupar militar e simultaneamente o maior número possível de empregos e de fazer, à frente de sua família, incruentas marchas forçadas e ascendentes, através dos altos postos".

Em uma reunião ministerial a 27 de setembro de 1890, Constant, com seu 1,55m de altura e cavanhaque nervoso, põe-se a reclamar, julgando-se "traído". Deodoro, enfastiado, acusa-o de promover "patriotas de ruas e botequins".

— Não seja tolo! — explodiu o anão positivista. — Não sou mais seu ministro! Monarca de papelão!

Furioso, Deodoro o desafiou para um duelo, que não ocorreria. Três meses depois, Benjamin Constant faleceu e a violenta altercação com o presidente foi tida como fator agravante de sua saúde precária, a qual, nos últimos dias, cedera à loucura.

A segunda crise ministerial sobreveio quando o Generalíssimo quis dar a concessão de um porto no Rio Grande do Sul a um amigo e os ministros se negaram a ratificar tão flagrante ato de favoritismo político. Deodoro procurou forçá-los, e então, em janeiro de 1891, demitiu-se o ministério todo, composto por Rui Barbosa, Campos Sales, Francisco Glicério, Eduardo Wandenkolk, Quintino Bocaiuva (pela segunda vez) e Cesário Alvim. Deodoro aceitou a demissão e nomeou chefe dos ministros o barão de Lucena, cujo gabinete ficou conhecido como Ministério dos Áulicos, formado por nulidades que tinham por mérito único jamais contrariar o presidente.

Acredita a historiadora Isabel Lustosa que

> Se o temperamento e o brio militar do marechal Deodoro foram a ponta de lança que viabilizou o golpe republicano, essas mesmas

características provocariam seu desgaste enquanto estivesse no poder. As rígidas noções de dever, honra e hierarquia que ordenam e orientam a vida militar não se amoldam aos caminhos sinuosos da política republicana, em que os poderes e os interesses se equilibram, ninguém manda em ninguém e tudo se negocia.[6]

Um ano após a Proclamação da República, foi instalada uma Assembleia Constituinte. Os constituintes haviam sido eleitos indiretamente pelo próprio Governo Provisório e incluíam, como de costume, dois irmãos e um sobrinho de Deodoro. Redigida por Rui Barbosa, a nova Constituição foi promulgada em 24 de fevereiro de 1891. No dia seguinte, teve fim o Governo Provisório com a eleição indireta de um presidente constitucional, pelo Congresso. Os dois candidatos eram Deodoro da Fonseca e Prudente de Morais, um senador do Partido Republicano Paulista (PRP) que já fora presidente da província de São Paulo.

Com os partidários do marechal intimidando os parlamentares e o Congresso ocupado por soldados e policiais, a vitória de Deodoro não chegou a surpreender. Mas o vice-presidente vencedor — vices também eram eleitos então — não era o da chapa de Deodoro, e sim o marechal Floriano Peixoto, sobre quem os muitos inimigos que o Generalíssimo fizera em menos de dois anos depositavam suas esperanças. Conspiradores contra o regime de Deodoro faziam reuniões na casa de Floriano.

O segundo governo de Deodoro durou apenas nove meses. Estava fadado ao fracasso pelo autoritarismo e incompetência do marechal, assim como pela desastrosa política econômica do Encilhamento. Rui Barbosa foi um jurista brilhante, dono da maior biblioteca do Brasil e um dos autores da nova Constituição, mas não entendia patavina de economia. Esse seu plano, que consistia basicamente em emitir papel-moeda sem lastro e liberar o crédito, resultou na criação de milhares de empresas-fantasmas, febre especulativa, inflação e aumento do custo de vida.

No dia 3 de novembro de 1891, Deodoro disse ao barão de Lucena:

— Não posso por mais tempo suportar esse Congresso; é de mister que ele desapareça para a felicidade do Brasil. Prepare o decreto de dissolução.

Batalhões foram posicionados diante dos edifícios da Câmara e do Senado. O presidente impôs estado de sítio, suspendendo todas as liberdades individuais previstas na Constituição que ele mesmo ajudara a criar. Antigos aliados e atuais opositores, como Quintino Bocaiuva e Eduardo Wandenkolk, foram presos. Ferroviários da Central do Brasil entraram em greve, protestos percorreram o país, instaurou-se o caos.

Por fim, o almirante Custódio de Melo, também com prisão decretada, refugiou-se no encouraçado *Riachuelo* e, apontando os canhões para o Rio de Janeiro, exigiu o afastamento do ditador. Doente de cama, o presidente rubricou o documento de renúncia, em 22 de novembro, declarando:

— Assino o decreto de alforria do derradeiro escravo do Brasil.

Assim foi deposto pelas armas o primeiro presidente do Brasil, da mesma forma como depusera o último imperador, quase exatamente dois anos antes. Morreu nove meses depois, desiludido com a República e com o Exército, a quem servira em primeiro lugar a vida inteira, e que o traíra, na pessoa de Floriano Peixoto. Pediu para ser enterrado em trajes civis e sem honras militares.

O REPUBLICANO COROADO

De passagem pelo Rio de Janeiro em 1909, o célebre escritor francês Anatole France, surpreendido com os múltiplos louvores à memória de Pedro II, perguntou: "Mas se o monarca de vocês era assim, por que razão o destronaram?" A razão foi uma só: para impedir a democratização do Estado e da sociedade brasileira.

D. Pedro II, o monarca mais culto de sua época, governou o Brasil com sabedoria, firmeza e paciência por quase meio século de reinado, ao cabo do qual deixava um legado invejável: unidade territorial consolidada, escravidão abolida, sistema eleitoral efetivo, judiciário independente, imprensa livre e corrupção governamental quase nula.

Só uma coisa não fez d. Pedro, segundo Mendes Fradique: a barba.[7]

Alguns creem que as conquistas do Segundo Reinado se deveram mais às qualidades pessoais de Pedro que à eficácia do regime monárquico. Seja como for, o Exército, após a Guerra do Paraguai, e a oligarquia cafeeira, após a Abolição da Escravatura, voltaram-se contra o imperador, cuja imagem era desgastada sem trégua pela propaganda dos ativistas republicanos.

Parte desse desgaste se devia precisamente à condição republicana do monarca. O próprio d. Pedro não acreditava na monarquia; como escreveu em seu diário, preferiria ser um presidente da República, embora não imaginasse a república que o Brasil viria a se tornar. Sua corte era considerada triste, como ele mesmo, e cortes são pontos de encontro entre reis e sua base de sustentação, a nobreza.

A outra parte se devia à impopularidade do conde d'Eu, marido da princesa Isabel, e à condição física do monarca. Precocemente envelhecido para seus 64 anos, d. Pedro declinava a olhos vistos, assim como o regime. Sua saúde, sempre precária, tornara-se periclitante.

A 13 de maio de 1888, na França, chegou a receber extrema-unção, tão improvável parecia o seu restabelecimento. Mas este ocorreu, e o imperador, de volta ao Brasil, tentou reformar o regime e viabilizar o Terceiro Reinado sob bases sociais mais amplas.

Para isso, recorreu aos políticos liberais, que defendiam, entre outras coisas, a ampliação do Colégio Eleitoral, o voto secreto, a proporcionalidade entre o número de deputados e a representação provincial parlamentar, casamento civil, extinção da vitaliciedade dos senadores etc. O imperador convidou para chefiar seu novo ministério o abolicionista Afonso Celso de Assis Figueiredo, visconde de Ouro Preto, que aceitou o desafio de realizar as propostas liberais.

Ao apresentar o programa à Câmara, o novo primeiro-ministro foi atacado pelos conservadores, que deram vivas à República. O deputado pernambucano Joaquim Nabuco lembrou que "o grosso das forças republicanas vem do descontentamento causado pela Abolição". Quando um deputado conservador apresentou moção de desconfiança ao gabinete, esta foi aprovada por 79 votos a 20. Dom Pedro então dissolveu o Congresso — medida totalmente legal que lhe facultava o Poder Moderador, diferente de fechar o Congresso — e convocou novas eleições. Em agosto, os liberais obtiveram esmagadora vitória, elegendo 120 deputados contra sete conservadores e apenas dois republicanos. A certeza de que as reformas seriam aprovadas precipitou a debandada dos conservadores para as hostes republicanas, sobretudo após a última Fala do Trono, em que d. Pedro mencionou um projeto de reforma agrária que provocou calafrios nos latifundiários:

> Para fortalecer a imigração e aumentar o trabalho agrícola, importa que seja convertida em lei, como julgar vossa sabedoria, a proposta para o fim de regularizar a propriedade territorial e facilitar a aquisição e cultura das terras devolutas. Nessa ocasião resolvereis sobre a

conveniência de conceder ao governo o direito de desapropriar, por utilidade pública, os terrenos marginais das estradas de ferro, que não são aproveitados pelos proprietários e podem servir para núcleos coloniais.

É de surpreender que d. Pedro II tenha sido deposto?

Não contente com isso, o Governo Provisório exilou toda a família imperial. Nunca, nos cinquenta anos do Segundo Reinado, um só brasileiro fora banido.

MANDATO: 1891-94

APELIDOS: MARECHAL DE FERRO, CABOCLO DO NORTE, TABARÉU DAS ALAGOAS

Será um herói aos olhos dos republicanos brasileiros, que nem sequer negam a traição de Floriano, mas será sempre uma criatura desprezível aos olhos da consciência universal.

Eduardo Prado

Alagoano como Deodoro, Manuel Floriano Vieira Peixoto nasceu em uma fazenda no povoado de Ipioca. Também como o primeiro presidente do Brasil, era um de dez irmãos. Seus pais, lavradores muito pobres, não podiam mantê-lo, de modo que foi criado pelo abastado tio, um coronel. Aos 15 anos, foi fazer seus estudos no Rio de Janeiro, e aos 18 ingressou no Exército.

Ainda qual o Generalíssimo, voltou do conflito no Paraguai constelado de medalhas e corroído por doenças. Ao contrário, porém, do Proclamador da República, vivia fardado e nunca passou de um soldado brutal. Quando comandante do 44º Batalhão dos Voluntários da Pátria, obrigou os praças a ficarem em posição de sentido sobre um formigueiro, recebendo, imóveis, as mordidas furiosas dos insetos a subir-lhes pelas pernas. Comandou esses infelizes menos de dois meses; em dezembro de 1868, o batalhão foi todo dizimado nos combates da ponte de Itororó e do arroio Avaí.

Homem de hábitos frugais, baixo, franzino, lacônico e impassível como seus ancestrais índios, era sempre comparado, pelos que o descreviam, a bichos peçonhentos ou de rapina. "Em todo ele havia um quê de jabuti e de jaguatirica", opinou Alberto Rangel, acrescentando que o marechal "tinha o ar de tenebroso molusco". Oliveira Vianna falava de seu "temperamento apático e frio, uma alma com temperatura de batráquio", e Rui Barbosa o chamou de "serpente constritora". Histórias como a do ministro que o viu de cócoras na cozinha, comendo de uma frigideira no chão, geraram especulações sobre seu provável alcoolismo.[1]

Jamais foi monarquista, republicano ou positivista, mas tão somente florianista. Ajudante general do Exército, conspirou com os republicanos, mas só no último instante aderiu à quartelada de 15 de novembro de 1889, quando a vitória parecia irreversível. Mais tarde, com a mesma facilidade com que traiu o visconde de Ouro Preto, negando-se a abrir fogo contra Deodoro, traiu Deodoro, aliando-se ao Partido Republicano Paulista, o qual também traiu depois, optando por um governo centralizador e não de autonomia para os estados, como prometera ao PRP.

Assim, agindo sempre na surdina, a todos hipotecando lealdade e a todos apunhalando pelas costas, conseguiu abocanhar o poder e governar de modo violento e arbitrário por três anos que foram como trinta.

Governo, aliás, totalmente ilegal. Rezava o artigo 42 da nova Constituição que, se o presidente não completasse metade do mandato (como foi o caso de Deodoro), novas eleições deveriam ser convocadas. Peixoto ignorou olimpicamente a lei e assumiu todos os poderes presidenciais a 23 de novembro de 1891, embora ostentasse apenas o título de "vice-presidente em exercício". Segundo Lima Barreto, o marechal aferrou-se ao cargo por motivos pecuniários: precisava levantar a hipoteca de duas fazendas, Brejão e Duarte. Assim que assumiu, suspendeu o estado de sítio decretado por Deodoro e afastou os governadores nomeados pelo predecessor.

Em março de 1892, treze comandantes do Exército e da Marinha assinaram um manifesto exigindo a convocação imediata de eleições, conforme previsto pela legislação. Floriano demitiu-os todos e mandou reformá-los. Em protesto a tamanha arbitrariedade, políticos, oficiais e intelectuais — entre os quais o poeta Olavo Bilac — fizeram uma passeata cívica pedindo a volta de Deodoro. Floriano tomou um bonde e foi dar-lhes pessoalmente voz de prisão.

Buscando sustentação à sua posição ilegítima, Peixoto introduziu na política brasileira a figura do Salvador da Pátria, autocrata que detém o poder pela força sob pretexto de proteger o país contra o ataque de um inimigo imaginário. O inimigo estigmatizado por Floriano e sua gente foi a Monarquia, imaginário porque d. Pedro II já havia morrido no exílio e nunca houve tentativa séria de restauração monárquica no Brasil. Apesar disso, qualquer oposição era tachada de monarquista por Floriano, que chegou a apoiar Júlio de Castilhos na Revolução Federalista porque este caudilho despótico e feroz o convenceu de que seus oponentes desejavam restabelecer o Império. Também os responsáveis pela Revolta da Armada foram acusados do mesmo intuito, embora tudo que desejassem fosse o cumprimento da Constituição.

O estado de sítio foi declarado de novo e as garantias constitucionais suspensas. Por meio do decreto de 12 de abril de 1892, opositores ao novo ditador foram presos, desterrados ou deportados. Ao saber que o Congresso discutia a legalidade do encarceramento de alguns parlamentares, comentou:

— Vão discutindo, que eu vou mandando prender.

Quando Rui Barbosa impetrou *habeas corpus* em favor dos presos junto ao Supremo Tribunal Federal, Floriano ameaçou:

— Não sei amanhã quem dará *habeas corpus* aos ministros do Supremo.

Intimidado, o STF indeferiu a ação e Rui refugiou-se na Inglaterra. Por ter publicado a ação judicial, o *Jornal do Brasil* foi fechado. Outro periódico, *A Cidade do Rio*, cujo editor, o grande abolicionista José do Patrocínio, fora deportado para o Amazonas, publicou em um editorial:

> Este governo, cuja fúria e cuja tirania não têm precedentes na história, se não mandou matar na praça pública (e antes o fizesse!) os grandes patriotas, os grandes propagadores da liberdade, fez coisa muito pior, atirando com estas tão esplêndidas almas para lugares tão inóspitos, tão desesperados, que não há valor humano que ali possa resistir.[2]

Como bom autocrata, Peixoto queria regular todos os aspectos da sociedade, não só o econômico — tabelando preços de alimentos e congelando aluguéis —, mas também o cultural, determinando que, em 1892, o Carnaval fosse transferido para junho. Sua justificativa era que os grandes ajuntamentos dos bailes e desfiles no verão aumentavam o risco de epidemias, por sinal muito recorrentes na época.

O povo, que não esboçara reação diante da queda do Império nem dos desmandos de seus despóticos presidentes, prorrompeu em protestos contra a mudança da data de seu folguedo favorito. "O governo não quer que o povo se divirta", queixava-se um leitor no jornal *O Combate*, "não há mais alegria! Não há mais divertimento! Não há mais amor! Não há mais Carnaval! Não há mais mulheres!". Um artigo do mesmo diário criticava o governo e a intendência, que "com o nobre intuito de melhorar as condições higiênicas da cidade, não trataram de sanear o solo, de alargar as ruas, de distribuir água com fartura, de aperfeiçoar o sistema de esgotos: limitaram-se a transferir o Carnaval para junho".

A celebração da festa ocorreu em março, conforme a tradição, e não consta que alguém tenha sido desterrado para a selva por este ato de desobediência civil.

Em 6 de setembro de 1893, o ministro da Marinha, almirante Custódio de Melo, propôs acabar de vez com a tirania do Caboclo do Norte, lançando mão do mesmo recurso com que obtivera o afastamento de Deodoro. Hasteando as bandeiras vermelhas dos navios da esquadra na baía de Guanabara, apontou os canhões contra o Rio de Janeiro e exigiu que o vice-presidente renunciasse, do contrário a Capital Federal sofreria bombardeio: era a Revolta da Armada.

Se Pedro II e Deodoro da Fonseca declinaram de reagir à própria deposição para evitar derramamento de sangue, Floriano Peixoto não era homem a quem a morte de inocentes tirasse o sono. Determinado a não arredar pé do governo, recusou ceder ao ultimato e organizou a defesa da cidade, que ficou sitiada por seis meses.

Os revoltosos foram vencidos pelo cansaço. Após disparar um único tiro de canhão, Custódio de Melo e seus oficiais embarcaram em navios portugueses, reivindicando asilo. Floriano deixou os navios partirem mediante a promessa de que os asilados só seriam desembarcados em Portugal. As naves, contudo, seguiram rumo à bacia do Prata, onde os marinheiros rebeldes se juntaram aos combatentes da Revolução Federalista (ver página 45).

Em represália, Floriano rompeu relações com Portugal e acusou a antiga metrópole de conivência com a suposta tentativa de restauração monárquica, fazendo com que, por todo o Rio, portugueses fossem espancados e suas lojas depredadas.

Os revoltosos tentaram fundar uma nova capital do Brasil na capital de Santa Catarina, Desterro. Em abril de 1894, foram confrontados e derrotados por tropas legalistas, lideradas pelo coronel Moreira César, positivista sanguinário envolvido no assassinato de um editor de jornal dez anos antes. Por ordem do vice-presidente em exercício, transmitida via telegrama a Moreira César, os prisioneiros foram todos fuzilados, num total de 185. Em decreto de 1º de outubro, o governador sicofanta daquele estado mudou o nome da capital para Florianópolis. Mais ou menos como se a cidade de São Paulo, após ser bombardeada por Artur Bernardes, em 1924, mudasse seu nome para Artúria.

Enquanto Peixoto se via às voltas com duas rebeliões, era fundado no Rio de Janeiro, em junho de 1893, o Partido Republicano Federal, fusão do Partido Republicano Paulista com clubes republicanos estaduais, em franca oposição a Floriano. Na mesma ocasião foi lançada a candidatura de Prudente de Morais à presidência. O marechal o detestava, pois Prudente, em defesa da Constituição, havia se oposto à permanência dele na chefia do Estado. Mas, como precisava do apoio paulista para deter o avanço dos federalistas, estacionados na divisa do Paraná com São Paulo e ameaçando seguir até o Rio, encabeçados pelo guerreiro gaúcho Gumercindo Saraiva, Floriano acatou a vontade do PRF.

Quando, porém, a vitória de Prudente foi anunciada, em 1º de março de 1894, Floriano já conseguira esmagar a Revolta da Armada e livrar-se dos federalistas, encontrando-se, portanto, no auge de seu poder. Ninguém acreditava que ele entregaria o cargo ao presidente eleito. Nem ele mesmo acreditava.

No entanto, em novembro, para consternação dos partidários de sua ditadura e surpresa geral, o Marechal de Ferro declarou que, no dia 15, o governo seria transferido ao cidadão legalmente eleito. E assim se fez.

De nada adiantou ao tirano haver prendido e matado tantos brasileiros para se perpetuar ilegalmente no poder, conforme pretendera, pois tinha vencido todos os adversários, menos um: o general Tuberculose. Muito enfermo dos pulmões, sabia-se incapaz de continuar de ferro por mais tempo. Tanto que, meses após deixar a presidência, faleceu na sua fazenda em Barra Mansa, no interior do Rio, sendo sepultado na cidade vizinha, Estação da Divisa, que passou a se chamar Floriano Peixoto.

A antonomásia de "Consolidador da República", dada a Floriano, não poderia ser menos merecida. A única coisa que ele consolidou foi a perpetuação do autoritarismo na política do Brasil. Tudo que promoveu foi exatamente o oposto dos valores republicanos: a violação de direitos do cidadão, o desprezo pelas leis e pela democracia.

O fantasma do seu despotismo nacionalista perseguiu seu sucessor durante quase todo o mandato deste, inspirou a chacina de Canudos e continuou a assombrar a vida pública brasileira por mais de um século.

Surpreende muito que tão nefasto autocrata tenha encontrado defensores ardorosos entre autores supostamente inteligentes, como Artur Azevedo, Raul Pompeia e Jorge Amado, que se derrete todo ao mencionar o "Tabaréu das Alagoas" em seu hoje hilário *O cavaleiro da esperança*.* Mas a obra que melhor descreve Floriano, por fora e por dentro, bem como o tipo de fascínio que exerceu e ainda exerce, é o romance *Triste fim de Policarpo Quaresma*, de Lima Barreto.

> Quaresma pôde então ver melhor a fisionomia do homem que ia enfeixar em suas mãos, durante quase um ano, tão fortes poderes, poderes de Imperador Romano, pairando sobre tudo, limitando tudo, sem encontrar obstáculo algum aos seus caprichos, às suas fraquezas e vontades, nem nas leis, nem nos costumes, nem na piedade universal e humana.
>
> Era vulgar e desoladora. O bigode caído; o lábio inferior pendente e mole a que se agarrava uma grande "mosca"; os traços flácidos e grosseiros; não havia nem o desenho do queixo ou olhar que fosse próprio, que revelasse algum dote superior. Era um olhar mortiço, redondo, pobre de expressões, a não ser de tristeza que não lhe era individual, mas nativa, de raça; e todo ele era gelatinoso — parecia não ter nervos.
>
> Não quis o major ver em tais sinais nada que lhe denotasse o caráter, a inteligência e o temperamento. Essas cousas não vogam, disse ele de si para si.

---

* No qual também festeja o carniceiro Stálin como "a luz do novo mundo".

O seu entusiasmo por aquele ídolo político era forte, sincero e desinteressado. Tinha-o na conta de enérgico, de fino e supervidente, tenaz e conhecedor das necessidades do país, manhoso talvez um pouco, uma espécie de Luís XI forrado de um Bismarck. Entretanto, não era assim. Com uma ausência total de qualidades intelectuais, havia no caráter do marechal Floriano uma qualidade predominante: tibieza de ânimo; e no seu temperamento, muita preguiça. Não a preguiça comum, essa preguiça de nós todos; era uma preguiça mórbida, como que uma pobreza de irrigação nervosa, provinda de uma insuficiente quantidade de fluido no seu organismo. Pelos lugares que passou, tornou-se notável pela indolência e desamor às obrigações dos seus cargos. [...]

A sua concepção de governo não era o despotismo, nem a democracia, nem a aristocracia; era a de uma tirania doméstica. O bebê portou-se mal, castiga-se. Levada a cousa ao grande, o portar-se mal era fazer-lhe oposição, ter opiniões contrárias às suas e o castigo não eram mais palmadas, sim, porém, prisão e morte. Não há dinheiro no Tesouro; ponham-se as notas recolhidas em circulação, assim como se faz em casa quando chegam visitas e a sopa é pouca: põe-se mais água.

Demais, a sua educação militar e a sua fraca cultura deram mais realce a essa concepção infantil, raiando-a de violência, não tanto por ele em si, pela sua perversidade natural, pelo seu desprezo pela vida humana, mas pela fraqueza com que acobertou e não reprimiu a ferocidade dos seus auxiliares e asseclas.

Quaresma estava longe de pensar nisso tudo; ele com muitos homens honestos e sinceros do tempo foram tomados pelo entusiasmo contagioso que Floriano conseguira despertar. Pensava na grande obra que o Destino reservava àquela figura plácida e triste; na reforma radical que ele ia levar ao organismo aniquilado da pátria, que o major se habituara a crer a mais rica do mundo, embora, de uns tempos para cá, já tivesse dúvidas a certos respeitos.

Disse ainda outro brilhante escritor, Oswald de Andrade, cuja cultura e cosmopolitismo serviram de vacina contra o carisma desse presidente de personalidade tão pouco carismática: "Ditadura é sempre letargia. Alegam os amigos dos governos fortes que somos crianças demais para ter nosso porvir nas mãos. Puro erro! É tropeçando e caindo e se recuperando que a gente aprende a caminhar."[3]

O SUL EM GUERRA

Quando Deodoro da Fonseca assumiu a presidência do país e mandou para o exílio o monarquista liberal que governara o Rio Grande do Sul nos últimos vinte anos, Silveira Martins, o poder nessa província foi arrebatado pelos membros do Partido Republicano Rio-grandense (PRR), apelidados de chimangos. Seu principal líder era o jornalista, político e primeiro presidente eleito da província Júlio de Castilhos, positivista autoritário que instaurou no estado sulista uma ditadura comtiana. Monarquistas e republicanos liberais, defensores do regime parlamentarista, rebelaram-se e, também chamados de maragatos, cerraram fileiras em torno de Silveira Martins, que voltava do exílio em 1892, originando a Revolução Federalista (1893-95), a mais sangrenta guerra civil já ocorrida no país, com saldo superior a 10 mil mortos, muitos selvagemente degolados.

Embora o conflito fosse puramente regional, o apoio de Floriano Peixoto a Júlio de Castilhos fez os maragatos se unirem à Revolta da

Armada contra a ditadura do Caboclo do Norte. União efêmera, pois esses grupos desiguais nada tinham em comum além do ódio aos tiranos que oprimiam o Rio Grande e o Brasil.

A causa federalista se enfraqueceu com a morte, em 1894, do seu maior campeão, Gumercindo Saraiva, cabendo a vitória a Castilhos, cujo estilo centralizador de governo teve por herdeiros os políticos gaúchos mais proeminentes da República Velha: Pinheiro Machado, Borges de Medeiros, Flores da Cunha e o maior de todos eles: Getúlio Vargas.

1841 — Prudente de Morais — 1902

Mandato: 1894-98

Apelidos: Biriba, Prudente Demais, Taciturno do Itamarati

Gozarão sossego eterno
Vossos patrícios leais
Se da pátria no governo
Vós, prudente, demorais

S. Nunes

As trapalhadas e arbitrariedades dos dois primeiros presidentes da República fizeram a elite civil compreender que era necessário afastar, o quanto antes, os militares da política. Assim, quando o fundador do PRF, Francisco Glicério, lançou a candidatura do senador Prudente de Morais, foi unânime a aprovação daquele partido tão heterogêneo. Prudente concorreu com Afonso Pena, do Partido Republicano Mineiro, e outros 29 candidatos na primeira eleição presidencial pelo voto direto no Brasil. Eleito com 276.583 votos, tornou-se o primeiro presidente civil do país.

Prudente José de Morais e Barros nasceu em Itu, numa família tradicional, embora não particularmente rica, na província de São Paulo. Seu pai, José Marcelino, foi um boiadeiro assassinado a facadas, em 1849, por um escravo a quem espancara com chicote durante uma viagem de tropeiros. Prudente José tinha cinco irmãos: Francisco José, Fernando José, Joaquim José, Manuel e Cândida. Seis anos após a morte do marido, sua mãe casou-se em segundas núpcias com um major, Caetano José.

Formou-se em direito na Universidade de São Paulo e, dois anos depois, ingressou na carreira política, elegendo-se vereador pelo Partido Liberal. Presidiu a Câmara Municipal de Piracicaba, onde residia, e fundou, em 1875, a primeira loja maçônica dessa cidade.

Ao contrário de Deodoro e Floriano, Prudente era um republicano de primeira hora. Sua cidade natal abrigara, em 1873, a Convenção de Itu, que resultou na fundação do Partido Republicano Paulista. Porém, diferindo de seus pares, defendia a Abolição (embora de forma gradual), reflexo, talvez, das circunstâncias da morte violenta do pai. Eleito três vezes para a Assembleia Provincial, chegou depois à corte como deputado da Assembleia Geral do Império, onde integrou a pequena bancada republicana.

Com o advento da República, foi ungido presidente da província (ou governador) de São Paulo. Uma de suas primeiras medidas consistiu em nomear o irmão, Manuel,* delegado de polícia de Piracicaba. Instituiu o ensino público no estado e utilizou uma provisão de 200 contos de réis, destinada por uma lei do Império à construção de uma catedral, para erguer, na praça da República, a Escola Normal, que formaria a nata do magistério em São Paulo. Ficou, todavia, menos de um ano no cargo e desincompatibilizou-se dele para se candidatar a senador.

Chegou a vice-presidente do Senado e presidiu a Assembleia Constituinte de 1890-91. Elaborada a Constituição, disputou a presidência da República com Deodoro, mas foi derrotado por 129 votos contra 97. Seu vice, Floriano Peixoto, foi eleito. Prudente presidiu o Senado, embora este permanecesse em recesso durante a ditadura florianista.

Nas eleições de 1º de março de 1894, concorreu de novo ao cargo supremo da nação; para não aborrecer desnecessariamente o ditador, que aceitara de má vontade a nomeação de Prudente como candidato à sua sucessão, o PRF aceitou o senador baiano Manuel Vitorino, homem próximo a Floriano, como candidato a vice na chapa de Prudente. Foram ambos eleitos.

Quando chegou ao Rio de Janeiro para tomar posse, em 2 de novembro de 1894, não havia comitê de recepção, banda de música ou representante do governo à sua espera na estação da Central do Brasil, só uns poucos amigos paulistas. As únicas autoridades presentes eram soldados que guardavam o carro de bagagem nº 136 V, no interior do qual eram presos e torturados os suspeitos de conspirar contra o marechal Floriano. O presidente eleito tentou marcar uma audiência com Peixoto, mas não foi atendido.

No dia da posse, 15 de novembro, ninguém foi buscá-lo no Hotel dos Estrangeiros, onde estava hospedado. Em um carro de aluguel

---

* Esse Manuel, que chegou a deputado e senador, tinha o apelido de Anta Batizada. Quando alguém se referia a ele como "irmão do presidente da República", Anta Batizada protestava: "Ele que é meu irmão! Eu nasci primeiro!"

caindo aos pedaços e puxado por dois pangarés, o presidente se dirigiu ao Palácio do Conde dos Arcos, que sediava o Senado Federal; lá, um secretário de Peixoto transmitiu-lhe o cargo em nome do marechal e foi embora. Na volta, ainda sem carro oficial, o presidente empossado pegou carona com o embaixador da Inglaterra.

No primeiro dia de trabalho, o Palácio Itamarati estava abandonado e sem mobília. "O governo de Prudente de Morais se iniciou sob esses auspícios de má vontade, insegurança e tumulto", observou seu secretário Rodrigo Otávio. "Tinha-se a impressão de que começava não um novo governo do mesmo regime, mas um novo regime sem continuidade com o governo que terminara seus dias."[1]

No jornal *O País*, Artur Azevedo deixou o recado dos florianistas ao novo chefe de Estado:

> Vai-se o marechal ingente,
> Vai-se o grande alagoano.
> E eu, leitor, digo somente:
> Floriano foi um prudente;
> Seja Prudente um Floriano.

Prudente de Morais não tinha apenas um nome que se prestava a trocadilhos, mas também um aspecto que fazia a festa do caricaturista Ângelo Agostini, da revista *D. Quixote*. Muito esguio e solene, vivia trajado de preto e possuía um semblante grave tornado ainda mais circunspecto pela longa barba grisalha que lhe emprestava um ar "profético e autoritário", consoante Sérgio Buarque de Holanda. Sua calma e formalismo eram legendários. Contava 53 anos ao assumir a presidência; aparentava 70.

Aguardava-o uma nova faxina dos estábulos de Áugias. O legado de Floriano era um país dividido e um governo quebrado — sua mobilização contra a revolta naval vinha custando aos cofres da República mais que a Guerra do Paraguai ao Império. Prudente reatou relações com Portugal e outros países que Peixoto hostilizara, como a Itália, ao violar direitos de cidadãos estrangeiros residentes no Brasil. Por meio de negociação delicada e laboriosa, obteve o término da Revolta da Armada e da Revolução Federalista, anistiando os revoltosos. Isso lhe valeu por parte dos florianistas, enfurecidos com a reincorporação de opositores do Marechal de Ferro à vida pública, a alcunha de Prudente Demais.

Desde o início, Prudente deixou claro que não pretendia ser um Floriano.

Em meio a ameaças e inseguranças de todo tipo, sem poder contar com a lealdade das Forças Armadas, com a colaboração do funcionalismo nem com o apoio dos governadores, mas tão somente com a própria perseverança e competência, desmontou aos poucos o aparato militar instalado na cúpula do poder central. Afastou militares que ocupavam cargos civis, transferiu oficiais para guarnições fora da capital, vetou aumento dos quadros do Exército aprovado no governo anterior, desmilitarizou, em suma, a União.

Em represália, os florianistas radicais, também chamados de jacobinos — alusão aos partidários, na Revolução Francesa, do homem-guilhotina Robespierre —, infernizaram o novo presidente por meio de manifestações de rua e pela imprensa. Nos seus jornais, sobretudo *O Jacobino*, chamavam-no de Biriba, gíria gaúcha para "caipira", devido ao aspecto rústico e sotaque interiorano de Prudente, ou talvez em alusão a um famoso macaco barbudo no zoológico da capital. "Somos partidários da ditadura militar", informava um editorial desse periódico, "única capaz de fortalecer a República e continuar a obra ingente de Floriano Peixoto, fazendo-a respeitada e prestigiada perante o estrangeiro".[2]

Quando Floriano morreu, em junho de 1895, o cortejo fúnebre foi acompanhado por 50 mil pessoas e o funeral usado pelos florianistas como ato político contra o governo. Tão sediciosos eram os discursos, que a cavalaria dispersou a cerimônia e os arredores do cemitério São João Batista sediaram uma batalha campal. O marechal tornou-se objeto de culto. Muitos distribuíam sua foto como um santinho e rezavam sobre seu túmulo. Um novo golpe militar para derrubar o governo parecia iminente, a ponto de Bernardino de Campos, presidente de São Paulo e amigo de Prudente, manter de prontidão batalhões de paulistas que haviam lutado na Revolução Federalista.

Ainda em junho, o Taciturno do Itamarati, como o apodou Rui Barbosa, recuperava-se de uma enfermidade num hotel em Santa Teresa, quando recebeu a notícia de que seu filho mais velho, José Prudente, havia morrido durante uma caçada. O presidente, cuja saúde era ainda mais precária que a de seus dois antecessores, sofria de cálculos renais e febres terçãs que o obrigavam a se licenciar do cargo com frequência. Em novembro de 1896 ficou tão doente que precisou ser substituído pelo vice. A mudança foi satirizada pela *D. Quixote*, em sua edição de 21 de novembro de 1896:

> Foi um cálculo? Sim, foi um cálculo,
> mas que deu resultado tão fino,
> que da noite pro dia nós vimos
> no Palácio o Manuel Vitorino.
>
> O Brasil bateu palmas ao ato,
> muito embora o que houve chorasse.
> Pois se fica na cama um pacato,
> nada tem de pacato o que nasce.

O autor da quadrinha sabia o que estava dizendo. Florianista exaltado, Manuel Vitorino nada fez desde a posse além de conspirar contra o seu superior para lhe usurpar o cargo. Se já houve argumento contra eleições para vice-presidente, Vitorino foi um. Convencido de que o presidente não voltaria, começou a formar um novo gabinete, demitindo e nomeando ministros a seu bel-prazer. Embora o Tesouro estivesse falido, comprou o Palácio do Catete, para onde transferiu, em 24 de fevereiro de 1897, a sede do governo.

Foi durante a interinidade do vice que o poder central interveio na Guerra de Canudos (ver página 57). Depois que o governo da Bahia — terra natal de Vitorino — tivera duas expedições militares aniquiladas pelos jagunços de Antônio Conselheiro, o vice-presidente, no melhor estilo florianista, despachou mais duas contra o arraial. Não sabemos se Prudente agiria da mesma forma; provavelmente, como era do seu feitio, tentaria uma solução pacífica com os habitantes de Belo Monte. Recuperado de seu mal, reassumiu a presidência em março de 1897; a quarta expedição partiu para o sertão em abril, com a sua bênção. No extremo a que havia chegado o conflito, qualquer atitude não bélica da sua parte seria um suicídio político.

O clima piorou quando o outrora aliado do presidente, Francisco Glicério, seduzido por Vitorino, alinhou-se com os florianistas na Câmara e rachou o PRF entre os que o obedeciam e os que seguiam o governo. Contudo, na eleição para presidente da casa, em 4 de junho, Glicério perdeu para o deputado governista Artur Rios, por 86 a 76 votos.

Após cem dias de combate, a quarta expedição contra Canudos destruiu o arraial em outubro, promovendo uma chacina sem paralelo na nossa história e assanhando os ânimos sanguinolentos dos jacobinos. Diz Rodrigo Otávio que

> O que se via não era simples oposição partidária ao governo, mas uma atitude de agressão tão brutal, que não se podia prever como iria acabar.

A violência material era abertamente pregada e o foi de tal modo que, a 5 de novembro, ocorreu a nefanda tragédia do Arsenal de Guerra.

A volta do presidente havia deitado por terra as esperanças de Manuel Vitorino e dos florianistas de se livrarem dele sem sujar as mãos. Planejou-se um atentado para o dia 5 de novembro de 1897, quando Prudente receberia as tropas vitoriosas que retornavam de Canudos. Em meio à comemoração, um anspeçada de nome Marcelino Bispo lançou-se contra o presidente de garrucha em punho e disparou. A arma falhou, dando tempo a um coronel para desarmar o sicário, que sacou de um punhal e abateu a golpes mortais o marechal Carlos Bittencourt, ministro da Guerra.

O inquérito revelou que Manuel Vitorino, Francisco Glicério e outros 22 conspiradores estavam envolvidos no complô. Com uma energia de que ninguém o julgava capaz, o eterno convalescente prendeu os culpados, afastou os que não pôde prender, decretou estado de sítio com anuência do Congresso e fechou o Clube Militar. Alguns condenados foram desterrados para a ilha de Fernando de Noronha.

Se hoje a imunidade/impunidade parlamentar é uma vergonhosa realidade, imagine-se naquela época. Vitorino e Glicério não foram sequer indiciados, embora houvesse cartas incriminatórias de ambos. O primeiro teve ao menos a decência de morrer logo, em 1902, mas Glicério elegeu-se senador por São Paulo e continuou suas intrigas até 1916, ano de sua morte.

O atentado foi explorado politicamente com rara habilidade: em contraponto ao Marechal de Ferro, Bittencourt recebeu a palma do martírio e foi elevado a Marechal de Ouro. Os jacobinos sumiram por completo do cenário político nacional.

Livre de todos os inimigos, o Santo Varão, como o alcunhou José do Patrocínio, conseguiu terminar seu governo em paz, consolidando a autoridade civil, embora sem eleger o sucessor da sua preferência, o ministro da Fazenda Bernardino de Campos.

A 15 de novembro de 1898, com toda a pompa que não tivera na posse, Prudente transmitiu o cargo ao também paulista Campos Sales. E, em profundo contraste à chegada melancólica de quatro anos antes, sua partida do Palácio do Catete em uma carruagem conversível de luxo foi acompanhada por multidões em delírio a aclamá-lo e dar-lhe vivas. Nas dezesseis horas de sua viagem de trem a São Paulo, recebeu manifestações populares de apreço a cada parada, com bandeiras, flores, hinos e fogos de artifício.

Tinha 57 anos ao deixar a presidência; aparentava 80.

Morreu de tuberculose quatro anos depois, em Piracicaba.

"Prudente de Morais foi um grande presidente", homenageou Rodrigo Otávio; "se o ritmo de seu governo houvesse servido de norma para os que o sucederam, a ascensão progressiva do Brasil não teria tido perturbações".

A GUERRA DO FIM DO MUNDO

Há ironia no fato de o mais dramático episódio do governo Prudente de Morais, e talvez de toda a República Velha, ter sido protagonizado por outro homem com ar "profético e autoritário". No miserável sertão baiano, território completamente ignorado pelo governo federal, peregrinava o beato cearense Antônio Maciel, nascido em 1830, agrupando à sua volta sertanejos igualmente pobres para construir igrejas, reconstruir muros de cemitérios e organizar mutirões. De camisolão azul, longas barbas e cajado, semelhante a um profeta do Antigo Testamento, passou a ser chamado de Antônio Conselheiro devido aos conselhos que dava.

Em junho de 1893, fundou um arraial no nordeste da Bahia, ao qual chamou Belo Monte, mas que ficou conhecido por Canudos. Com uma população inicial de duzentos colonos, a comunidade cresceu rapidamente, chegando a alguns milhares de habitantes. O advento da República trouxera impostos municipais, que os moradores de Canudos entendiam não ter obrigação de pagar, pois a comunidade era seu município. Conflitos com as autoridades não tardaram, mas desde sua fundação esse povoado pacífico fora temido pelos proprietários de terras, que não aceitavam conviver com camponeses independentes, mas apenas com agregados, vassalos do poder latifundiário. Uma iniciativa daquelas era vista como perigosa, pois poderia servir de exemplo e se espalhar pelo sertão. Assim, as autoridades só aguardavam um pretexto para eliminar Canudos.

O pretexto veio quando os sertanejos compraram um carregamento de madeira em Juazeiro e a mercadoria não foi entregue. Eles se queixaram e correu um boato de que atacariam a cidade. O governo estadual fingiu acreditar nesse disparate e enviou uma tropa de cem homens para invadir Canudos. No vilarejo de Uauá, os soldados foram surpreendidos por um grupo de jagunços, que botaram a tropa para correr. Outra, de quase seiscentos soldados, foi enviada e também derrotada.

O governo federal enviou, então, a terceira expedição, com 1.300 homens e armamento pesado, comandada pelo coronel epilético e meio louco Moreira César, famoso pela crueldade na repressão à Revolta da Armada. Essa força chegou a invadir o arraial, mas acabou igualmente derrotada e o coronel, morto em combate.

A derrota da expedição Moreira César estarreceu o país. Os jornais não falavam em outra coisa além de Canudos e do Conselheiro, divulgando notícias em sua maioria absurdas e caluniosas. A comunidade era referida como um valhacouto de bandidos e seu líder como um agitador fanático. Os jacobinos acusaram-no de ser um agente monarquista, financiado pelo conde d'Eu, marido da princesa Isabel, empenhado em derrubar a República.

Como ninguém entendia de que forma um bando de sertanejos famélicos e mal armados havia conseguido vencer o glorioso Exército republicano, as quase duas mil casas do arraial passaram a ser mais de 10 mil. Simpatizantes da monarquia sofreram ataques de jacobinos, e o coronel Gentil de Castro, proprietário dos jornais monarquistas *Gazeta da Tarde* e *Gazeta da Liberdade*, foi assassinado a tiros em uma estação de trem.

A quarta expedição, liderada pelo general florianista Artur Oscar, era composta por 10 mil soldados de todas as partes do país. A 5 de outubro de 1897, o arraial foi ocupado, completamente destruído e seus habitantes todos mortos, mesmo os que haviam se rendido. Antônio Conselheiro já morrera em setembro, de disenteria.

O estudante de medicina Alvim Horcades, que presenciara a carnificina como voluntário no hospital militar, descreveu a cena: "Horror e mais horror! O cúmulo do horror! Só em uma casa encontrei vinte e dois cadáveres já queimados, de mulheres, homens e meninos! Em uma rua uma mulher, tendo sobre uma das pernas uma criancinha e num dos braços outra, todas três quase petrificadas!"

Batismo de sangue da República, espécie de aviso ao povo do que acontecia aos que ousavam se opor à nova ordem oligárquica, a Guerra de Canudos foi uma vitória de Pirro para o Exército, que ficou totalmente desmoralizado, primeiro pela humilhação da derrota, depois pela selvageria do triunfo.

É bem possível, no entanto, que hoje nem conhecêssemos o grande épico da nossa história se não fosse um jornalista do *Estado de S. Paulo* (então *Província de S. Paulo*), Euclides da Cunha, ter acompanhado a quarta expedição e imortalizado seu relato no maior clássico da literatura brasileira: *Os sertões*.

Mandato: 1898-1902

Apelidos: Campos Selos, Patriarca do Banharão, Pavão, Baiacu

A Prudente de Morais sucedeu Campos Sales, que foi o presidente mais nefasto de quantos houve em nossa terra. Ele perverteu completa e irremissivelmente o regime presidencial e a imprensa.

Medeiros e Albuquerque

Manuel Ferraz de Campos Sales foi um típico aristocrata paulista, nascido entre parteiras e mucamas, em uma família riquíssima de cafeicultores na vila de São Carlos, hoje Campinas. Recebeu a melhor educação que um brasileiro podia receber à época e, na Faculdade de Direito, teve por colegas de turma Prudente de Morais e Bernardino de Campos. Em 1863 formou-se bacharel em ciências jurídicas e sociais; cinco anos depois era eleito deputado provincial pelo Partido Liberal e, mais tarde, vereador em Campinas.

Republicano histórico, como seu antecessor, participou da fundação do PRP na Convenção de Itu (1873). Nas eleições de 1884, Campos Sales e Prudente de Morais foram os dois primeiros republicanos eleitos para a Câmara dos Deputados. Sales era, no entanto, escravagista até a medula. Ao receber, aboletado na curul presidencial, sugestão de trazer imigrantes armênios ao país, retrucou que a única imigração que convinha ao Brasil era a de italianos, por serem mais dóceis; os de outras nacionalidades faziam — ó absurdo! — exigências de asseio e bom tratamento, chegando a querer comprar terras e se tornar proprietários. Atordoado, seu interlocutor registrou: "Nunca vi em homem de tal cultura manifestação mais clara de uma alma de senhor de escravos."[1]

Convidado a assumir, no Governo Provisório, a pasta da Justiça, Sales reformou o Código Penal e tornou obrigatório o casamento civil. Em janeiro de 1891, contudo, demitiu-se junto com os demais ministros, pondo fim ao primeiro gabinete do marechal Deodoro. Para se recuperar de tanta atividade, empreendeu em novembro, com a família inteira, uma viagem de quase um ano pela Europa, passando por Paris, Londres, Itália, Suíça e Paris de novo. No Brasil ele conhecia apenas o seu estado e a Capital Federal.

Somente em 1896 concorreu ao governo de São Paulo e foi eleito. Não deixou marca alguma da sua passagem pelo Pátio do Colégio.

O nome de Campos Sales foi cogitado para a sucessão de Prudente de Morais quando este, acossado pelos inimigos no PRF, apelou aos governadores. "Representação S. Paulo precisa escolher entre o governo com a ordem e Glicério com a anarquia militar", telegrafou-lhe o presidente.[2] Sales, no entanto, afirma categoricamente em seu livro *Da propaganda à presidência* (publicado em 1908), que, longe de indicar seu nome, Prudente "teve por conveniente declarar, em certa solenidade, que a sua consciência não o acusava do pecado de haver concorrido para a minha apresentação ao alto cargo de presidente da República".

Embevecido com a indicação, de quem quer que ela tenha partido, Campos Sales saiu candidato à presidência pelo PRP contra o governador do Pará, Lauro Sodré, aspirante glicerista do PRF. Embora candidato do governo, criticava abertamente o caráter contemporizador de Prudente, dizia admirar o arrojo dos gliceristas e afirmava que o país precisava de um governo ativo e empreendedor, diferente do atual. Chegou a afrontar o presidente oferecendo amizade a um parlamentar por algum tempo preso sob suspeita de participação no atentado de 5 de novembro: o abominável senador gaúcho Pinheiro Machado, cuja ascensão meteórica teve início na presidência de Campos Sales, que inclusive o levou consigo em viagem oficial à Argentina, juntamente com Quintino Bocaiuva, Olavo Bilac e Bernardino de Campos.

De gênio expansivo, folgazão, Sales não tardou em revelar a extensão de sua ignorância e despreparo para conduzir os destinos do país. Suas opiniões sobre administração e finanças eram as mais esdrúxulas. Julgava a situação do Brasil em tudo semelhante à do México de Porfírio Diaz; acreditava que o grande remédio salvador para a economia do país era contrair um grande empréstimo, que faria o câmbio subir, traria prosperidade e restabeleceria a confiança no exterior, após o quê um novo empréstimo em melhores condições seria negociado, depois outro, e assim, de empréstimo em empréstimo, cada qual mais favorável, seria restabelecida a saúde econômica da nação.

"Debalde Rodrigues Alves, apreensivo diante de tão disparatadas ideias, lhe aconselhara a leitura de certas obras que o pudessem encaminhar ao conhecimento elementar da ciência das finanças."[3] Campos Sales achava-se autossuficiente demais para aceitar sugestões, convencido de que "quem se propõe a consultar opiniões alheias sujeita-se naturalmente a modificar as suas". Os governistas perceberam, demasiado tarde, que haviam cometido um erro.

No pleito de 1º de março de 1898 — em que a fraude, a despeito da popularidade do presidente Prudente, teve sua costumeira participação —, Campos Sales recebeu 420.286 votos contra 30.929 do adversário. O vice-presidente eleito foi o oligarca pernambucano Rosa e Silva, apelidado de Chico Flor por mandar vir de Paris caixotes de água-de-colônia para seu uso pessoal (ver página 68). A vitória de Campos Sales foi o golpe de misericórdia no PRF, moribundo desde a cisão provocada por Glicério e a descoberta do envolvimento de vários líderes seus na conspiração contra Prudente de Morais.

A primeira medida do novo presidente eleito, mas ainda não empossado, foi viajar de novo à Europa, onde negociou, em Londres, com o principal banco europeu e maior credor do Brasil, a Casa Rothschild, um novo empréstimo para pagar os juros de empréstimos anteriores. Foi dada como garantia a renda da Alfândega do Rio de Janeiro, a hipoteca da Estrada de Ferro do Brasil e a renda do abastecimento de água do Distrito Federal, provavelmente as condições mais humilhantes já impostas a um país até o Tratado de Versalhes. Esse acordo, que ficou conhecido como *funding loan*, levou à falência muitos bancos nacionais e fez a fortuna de bancos estrangeiros, que ganhavam especulando com a instabilidade da moeda brasileira.

Com o Brasil ainda sob os efeitos deletérios do Encilhamento de Rui Barbosa, o presidente, empossado, deu início a um severo programa de deflação e elevação brutal de impostos, capitaneado pelo ministro da Fazenda, o mato-grossense Joaquim Murtinho. O arrocho da economia mergulhou o país em profunda recessão. A agricultura foi duramente atingida, a incipiente indústria quase morreu no nascedouro, o dinheiro circulante sumiu e uma onda de falências, greves e protestos se alastrou pelo país.

O controle sobre circulação de mercadorias foi feito colocando-se estampilhas ou selos em quase tudo, chapéus, sapatos, tabaqueiras, até artigos de toalete feminina. Os brasileiros estavam, segundo eles próprios, selados dos pés à cabeça pelo presidente "Campos Selos".

A uma comissão de comerciantes que fora queixar-se ao Catete, o empertigado mandatário respondeu:

— Se é certo que não tenho meios para obrigá-los a serem patriotas, não é menos certo que me sobram meios de obrigá-los a cumprir a lei.

Campos Sales pertencia à seleta classe de homens cuja aparência melhora na maturidade. Ao assumir a suprema magistratura do país, aos 57 anos, era um dândi encorpado, de estatura média, belos cabelos raiados de prata, cavanhaque e bigodes generosos, cultivados com esmero. Diferente de seus três predecessores, tinha saúde robusta e uma vaidade tamanha que lhe granjeou o apelido de Pavão e de Baiacu, em alusão a um peixe que se estufa ao ser tocado.

No entanto, como muitos aristocratas brasileiros, era de inconfessável origem mestiça. Em sua visita oficial à Argentina — primeira viagem de um presidente brasileiro em exercício a outro país —, fez restrições à presença de tripulantes negros nos navios da sua comitiva, ao que José do Patrocínio, em seu jornal *A Cidade do Rio*,[*] publicou o seguinte:

---

[*] Atolado em dívidas, Patrocínio mudou tanto a sede do jornal para fugir de credores que este acabou apelidado A Cidade Errante.

Não há ninguém que, vendo as pálpebras empapuçadas de S. Ex., o seu nariz carnudo, os seus beiços aberingelados e grossos, a sua cor de prato de pó de pedra, e sobretudo a sua pera característica, saudade involuntária de sua verdadeira raça; não há ninguém, sobretudo em terra onde prepondere o branco, capaz de enganar-se a respeito do sangue de S. Ex. [...] Qualquer estudante de antropologia descobre logo no sr. Campos Sales a testa do moçambique e os quadris do cabinda; nas suas pernas curtas o tapuia, como no chorado de sua voz o algarvio que serviu de veículo às outras raças. Deu-se com o sr. Campos Sales o processo de refinação do açúcar mascavo: S. Ex. é branco de segunda, como de segunda é a qualidade deste açúcar.

Casado desde 1865 com uma prima-irmã — coisa comum então —, foi, a despeito de sua exuberância, discreto o bastante para não sabermos hoje o nome de nenhuma de suas amantes. "Já presidente", conta-nos R. Magalhães Júnior, "teve um romance outoniço com a bela esposa de um condescendente proprietário de jornais. Num imprevisto abrir de portas, teria o presidente sido visto por pessoas indiscretas, com aquela senhora nos braços, em pleno Catete".

Essa condescendência do proprietário de jornais era a de boa parte da imprensa, pois Campos Sales foi o primeiro presidente a subvencionar maciçamente os periódicos que o apoiavam, com quantias que chegavam a 7 mil contos de réis, formidáveis para a época. Foi esse jornalismo de aluguel que criou o mito do presidente honesto, elegante, que saneou as finanças nacionais e manteve a ordem política.

Nem todos os jornais se venderam. Após uma frustrada sublevação popular contra o governo, aos 24 de agosto de 1902, o manifesto dos sediciosos foi veiculado pelo *Correio da Manhã*:

Contemplai a miserável situação em que nos achamos! Fora do país, de bárbaros é a nossa fama. O governo brasileiro foi proclamado, na Europa, o mais corrupto da Terra! Os nossos diplomatas, deslembrados de sua alta missão, são objetos de ridículo nos países civilizados, onde deslustram o nome brasileiro por sua inépcia e ignorância.

Os credores externos, os ricos banqueiros de Londres, ditam leis ao nosso governo, que garante com hipotecas os seus capitais, enquanto defrauda o credor nacional, impondo-lhe arranjos indecorosos, roubando-lhe as economias, com tantos sacrifícios acumulados! [...]

As indústrias definham ao desamparo, morrem subjugadas pelo fisco, cujos mil tentáculos arrecadaram quantias fabulosas, que mal entram para o erário público, dele saem para as dissipações dos magnatas, para enriquecer os advogados das meretrizes corretoras, cujos retratos o despudor de um ministro estampou nas notas do Tesouro.[4]

O ministro mencionado era Joaquim Murtinho, que fizera estampar a imagem de sua amante espanhola nas cédulas de 2 mil réis, entre outros desmandos bem piores (ver página 68).

Cabe a Campos Sales a duvidosa honra de ter iniciado a famigerada Política do Café com Leite, articulação de bastidores com o objetivo de alternar os presidentes futuros entre políticos proeminentes dos dois estados mais ricos e populosos da Federação, São Paulo e Minas Gerais. Foi, no entanto, a chamada Política dos Governadores* que incluiu Campos Sales no rol dos mandatários que mais contribuíram para o atraso e a desintegração social de um país.

Seguindo o precedente aberto por seu antecessor de ignorar os partidos e aproximar-se dos governadores, Sales formou um conchavo em que só os deputados e senadores indicados por eles seriam reconhecidos,

---

* O presidente pode ter se inspirado na "Liga dos Governadores", arranjo semelhante existente na Argentina desde 1880.

dando ao presidente um Congresso sempre submisso. Em troca desse apoio, ele concedia autonomia absoluta aos governadores em seus estados, sem interferência da União.

O próprio Campos Sales, em seu livro *Da propaganda à presidência*, explica que "é de lá [dos estados] que se governa a República, por cima das multidões que tumultuam, agitadas, nas ruas da capital da União". Estava decretado o fim de qualquer participação do povo nas decisões do governo. Abandonava-se o país à sanha de oligarcas com total liberdade de fazer em seus domínios o que lhes aprouvesse. Desapareciam os últimos vestígios de tradição parlamentar e se consolidava o coronelismo.

Findo o desastroso mandato, o presidente outrora sadio e jovial estava reduzido a um velho curvado, de faces murchas e aspecto "de uma gordura de infiltração, cor acobreada, os olhos mortos e anelados de roxo, o cabelo, os bigodes e o cavanhaque totalmente esbranquiçados".[5]

Tão gigantesca era sua impopularidade que, em gritante contraste com a apoteose da despedida de Prudente de Morais, Campos Sales foi embora do Catete sob uma chuva de vaias e legumes podres. Quase toda a brigada policial precisou ser mobilizada para protegê-lo até a estação ferroviária. As janelas do seu trem foram apedrejadas e os xingamentos enraivecidos o perseguiram sem trégua por todo o infindável trajeto até o portão de sua casa em Campinas.

Consta que, ao deixar a presidência, ele viu-se em apertos econômicos, com a fazenda no Banharão hipotecada, sendo salvo por uma embaixada especial em Buenos Aires. Se tal situação depõe a favor da honestidade desse presidente, também constitui prova de sua notória inaptidão para finanças, mesmo as pessoais.

Coronéis

Eles foram, durante a Monarquia, oficiais da Guarda Nacional, espécie de Exército de reserva. Com o tempo, "coronel" passou a designar um mandachuva local, quase sempre um grande fazendeiro ou senhor de engenho. Nos estados mais ricos, São Paulo, Minas e Rio Grande do Sul, o controle político era antes disputado por partidos que por famílias.

Elites regionais existiam desde a Colônia, mas, no tempo do Império, o governo central controlava rigidamente as províncias, impedindo a consolidação dos clãs dominantes graças à rotatividade no governo provincial, cargo raramente ocupado por um natural da província para que não se formassem vínculos entre oligarcas e governadores.

Com o advento da República, e, sobretudo, da Política dos Governadores, tudo isso mudou: os coronéis se tornaram donatários, amiúde reduzindo os estados a feudos de uma única família. Os coronéis, as mais das vezes, eram os governadores, enquanto seus filhos, sobrinhos, genros e netos se elegiam deputados, senadores, ministros e também, mais tarde, governadores.

A dependência dos camponeses com relação a esses patriarcas perpetuava o clientelismo e os chamados "currais eleitorais", que englobavam lavradores, fazendas menores, devedores, municípios dependentes da sua produção agrícola, não raro províncias inteiras. A prática do "voto de cabresto" não era a exceção, e sim a regra. Coisa muito comum era esses clãs guerrearem entre si, por disputas eleitorais ou controle de uma região, mobilizando verdadeiras milícias particulares formadas por jagunços e cangaceiros.

O coronelismo teve fim, oficialmente, na era Vargas, mas essa instituição fisiologista continua em vigor nos estados mais pobres do país.

Na República Velha, os clãs que exerceram maior influência política foram os Acióli no Ceará, os Néri no Amazonas, os Rosa e Silva em Pernambuco, os Seabra na Bahia, e, em Mato Grosso, a família de Joaquim Murtinho, ministro da Fazenda de Campos Sales.

Mais conhecido pela boçalidade que pela acuidade financista, Murtinho havia fundado no seu estado a Companhia Mate-Laranjeira, que se tornou o maior latifúndio do país, verdadeiro Estado dentro do Estado, chegando a emitir bônus de alta circulação, idênticos a papel-moeda.

Porém, o mais execrável de todos os coronéis foi Antônio Pinto Nogueira Acióli, cuja família reinou no Ceará por duas décadas, tendo inclusive por aliado, em Juazeiro, o legendário padre Cícero.

Governador várias vezes, entre 1896 e 1912, afeito a todos os mandonismos, a todas as violências, a todas as arbitrariedades, Nogueira Acióli, chamado de Babaquara pelos cearenses, era homem "endurecido na constante prática das concussões e dos peculatos", segundo Frota Pessoa, autor de *O oligarca do Ceará: a crônica de um déspota*. O erário do Estado tornou-se uma vaca em que toda a sua numerosa família mamava, os tribunais e a polícia meras sucursais de sua casa, até a Constituição estadual foi reescrita para legalizar o descarado nepotismo aciolesco. Tudo sempre com a bênção da União.

Para defendê-lo do seu próprio povo, o Babaquara contava com um batalhão de 600 praças providos de carabinas Mauser, comandado por um oficial do Exército, seu genro.

Por fim, com o auxílio de outro coronel, adversário do clã Acióli, os fortalezenses conseguiram escorraçar o monstro, obrigando-o a renunciar e fugir com a família para o Rio de Janeiro, onde morreu.

Pelo tempo que durou, a oligarquia Acióli estava assim constituída no Ceará:

Presidência do Estado, Nogueira Acióli; *Secretaria do Interior*, José Acióli; diretor de Seção, Lindolfo Pinto, sobrinho de Acióli; *Assembleia Estadual*, deputados Benjamim Acióli, Raimundo Borges e dr. Jorge de Souza, genros de Acióli; Jovino Pinto, José Pinto, Pinto Brandão, padre Vicente Pinto, uma ninhada completa, todos primos de Acióli; Antônio Gadelha, cunhado de um filho de Acióli; *Academia de Direito*, diretor, o próprio Nogueira Acióli; vice-diretor, Thomaz Pompeu, cunhado de Acióli; lente de direito internacional, dr. Thomaz Acióli; lente de medicina legal, dr. Jorge de Souza, genro de Acióli; *Liceu*, lente de francês, outra vez Thomaz Acióli; de mecânica e astronomia, Benjamim Acióli; lente substituto de francês, outra vez o dr. Jorge de Souza, genro de Acióli; *Escola Normal*, diretor, Thomaz Pompeu Filho, sobrinho de Acióli; lente de literatura, outra vez Thomaz Acióli; lente de francês, outra vez José Acióli; lente de aritmética, dr. A. Pinto Brandão, sobrinho de Acióli; professora da classe infantil, Atília Pinto, sobrinha de Acióli; professora interna de aritmética, Betisa Pinto, irmã de Atília e também sobrinha de Acióli; *Higiene Pública*, diretor, Meton de Alencar, cunhado de um filho de Acióli; *Intendência Municipal*, secretário, o nosso já conhecido Jovino Pinto, primo de Acióli; *Batalhão de Segurança*, comandante, o capitão Raimundo Borges, genro de Acióli; cirurgião-auxiliar, Carlos Sá, neto de Acióli; *Correios*, diretor, mais uma vez o deputado José Pinto, primo de Acióli; tesoureiro, Aldrovando Pinto, filho desse primo de Acióli; *Inspeção Veterinária*, outra vez o dr. Thomaz Pompeu Filho, sobrinho de Acióli; *Escola de Aprendizes Artífices*, diretor, Sebastião Araújo, esposo de uma sobrinha de Acióli; *Senado Federal*, senadores Thomaz Acióli e F. Sá, aquele filho e este genro de Acióli; *Câmara Federal*, deputados João Lopes, primo de Acióli, e Gonçalo Souto, tio de uma nora de Acióli.[6]

Mandato: 1902-06

Apelidos: Morfeu, Papai Grande Lá do Catete

O meu programa de governo vai ser muito simples. Vou limitar-me quase exclusivamente a duas coisas: o saneamento e o melhoramento do porto do Rio de Janeiro.

Rodrigues Alves

Na calada da noite de 19 de agosto de 1901, em sessão solene na Câmara dos Deputados, representantes dos vinte estados brasileiros se reuniram para decidir cordialmente como votariam dia seguinte nos salões do Senado. Colocava-se em prática, pela primeira vez numa eleição presidencial, a Política dos Governadores, menina dos olhos do presidente da República.

Obedientes à vontade dele, os governadores decidiram que o manto de Campos Sales repousaria sobre os ombros franzinos do governador de São Paulo, **Francisco de Paula Rodrigues Alves**. O vice escolhido era da mesma chapa, o mineiro Silviano Brandão, primeiro resultado da Política do Café com Leite, também costurada por Sales. Como observou Afonso Arinos, as eleições eram então simples formalidade ratificadora das decisões dos grupos dirigentes, e, justamente por serem tão fáceis, também era fácil obter a renúncia dos eleitos.[1]

Campos Sales havia descartado quatro outros candidatos à sua sucessão: Quintino Bocaiuva (por ter sido mau governador do Rio), Bernardino de Campos (por sua rispidez e incômoda franqueza), Júlio de Castilhos (por seu sectarismo) e Joaquim Murtinho (por ser celibatário). Rodrigues Alves, em contrapartida, era paulista, amigo seu de longa data, ótimo governador de São Paulo, homem de família e, acima de tudo, conhecido por seu conservadorismo, garantia de que não alteraria as políticas do antecessor.

Havia, talvez, outro motivo, menos conhecido e de maior peso, para a escolha: Rodrigues Alves, como Prudente de Morais e o próprio Campos Sales, era membro da Bucha, ou Burschenschaft Paulista, sociedade secreta que congregava os políticos mais poderosos do país. Fundada por um tal Júlio Frank, personagem misterioso falecido em 1841, a liga funcionou originalmente como confraria estudantil na Faculdade de Direito no largo de São Francisco, de cunho liberal e abolicionista, que cresceu em importância e passou a abrigar políticos de todos os matizes. Muitos creem que a Bucha foi o verdadeiro poder por trás da República Velha e que nenhum ministro, juiz ou candidato à presidência da República era indicado sem o beneplácito dessa organização.

Em 1º de março de 1902, Rodrigues Alves recebeu 592.039 votos contra apenas 52.359 de Quintino Bocaiuva e menos de 5 mil do paranaense Ubaldino Amaral, ex-prefeito do Distrito Federal. A despeito do seu cacife, Sales não conseguira lançar candidato único.

O novo presidente era pequeno, careca, usava longo cavanhaque, pincenê sobre o nariz batatudo e roupas fora de moda. Ao desembarcar no Rio para tomar posse, foi descrito pela revista *O Malho* (18/10/1902): "Na estação do Campo de Santana, com as suas calças cor de pinhão, com seu chapeuzinho-coco... parecia simplesmente o presidente da Câmara Municipal de Guaratinguetá." Hélio Silva o chamou de "sábio mandarim chinês que ouvia mais do que falava".

Filho de cafeicultores prósperos de Guaratinguetá, Francisco de Paula estudou no tradicional Colégio Pedro II, destacando-se como aluno excelente e tirando o primeiro lugar todos os anos, como rememorou, tempos depois, o colega Joaquim Nabuco.[2] Aos 17 obteve o bacharelato em letras, partindo para São Paulo atrás do diploma de bacharel em direito. A duração do curso coincidiu com o início e o fim da Guerra do Paraguai, 1864-70. Em 1875, desposou a prima-irmã, Ana Guilhermina, com quem teve oito filhos.

Trabalhou como promotor e, em 1878, elegeu-se para a Assembleia Provincial, tornando-se um dos mais ativos membros do Partido Conservador. Sete anos depois, entrou para a Câmara dos Deputados, onde revelou a faceta menos atraente da sua personalidade: a de escravocrata e reacionário. Atacou os abolicionistas, que, a seu ver, criavam uma situação semelhante à que resultou na Guerra Civil dos Estados Unidos, ansiosos por impor "o princípio errôneo, anárquico e revolucionário de que o escravo não podia constituir propriedade legal".³ Também votou contra a emenda de Antônio Prado, conservador como ele, que obrigava os senhores a libertar os escravos inválidos, alimentando-os, vestindo-os e tratando suas doenças enquanto permanecessem em sua companhia.

Em 1887, com menos de quarenta anos, foi eleito presidente de São Paulo. Esse seu primeiro governo foi um fracasso e ele se demitiu no ano seguinte. Tudo que fazia era mandar perseguir negros fugidos ou defender fazendeiros contra ataques de seus próprios escravos. Vetou uma lei da Assembleia Provincial que estipulava um imposto de 400 réis sobre cada escravo matriculado em São Paulo. "Não aceitamos nem aceitaremos jamais o programa de imediata emancipação", enfatizou em uma carta desse período.

Também mostrou seu lado antirrepublicano ao suspender os vereadores que votaram uma moção solicitando plebiscito sobre o regime de governo no país após a morte do imperador. Tornou-se membro do Conselho de Estado em 1888, um ano antes da Proclamação da República, mas manteve o título monárquico de conselheiro pelo resto da vida.

Nos primeiros meses de 1891, Rodrigues perdeu a filha mais velha, Guilhermina, de apenas 15 anos, vitimada pelo tifo, e em dezembro sua esposa morreu de parto. Viúvo aos 43, assim permaneceu.

Nesse mesmo ano tenebroso, o conselheiro se tornou ministro da Fazenda sob Floriano, pedindo demissão após nove meses por discordâncias com o ditador, adepto do protecionismo e da intervenção do Estado na economia, aos quais Rodrigues Alves se opunha.

Após breve mandato como senador por São Paulo, recebeu de novo a pasta da Fazenda das mãos do presidente Prudente, que aprovava a sua política de contenção de emissões, equilíbrio orçamentário e valorização da moeda — embora esta fosse malvista pelos cafeicultores paulistas, interessados no mercado externo e, portanto, pouco entusiastas da moeda nacional forte. Obteve empréstimos internacionais com condições razoáveis e foi elogiado pelo visconde de Ouro Preto, no livro *A década republicana*, por sua luta contra os banqueiros.

Suspeitando que um alto funcionário do Tesouro vazava informações à imprensa, confiou-lhe um documento supostamente confidencial, dizendo-lhe que não o mostrasse a viva alma nem o discutisse com outros diretores, que também teriam recebido cópia. O alto funcionário comunicou o documento a um jornal, certo de que o ministro não saberia de qual diretor partira a indiscrição, e acabou demitido.[4]

O esforço de Rodrigues Alves por manter a economia estável foi amiúde posto em xeque pela saúde preocupante do presidente, uma vez que os investidores temiam a volta da instabilidade do governo Floriano se o vice Manuel Vitorino, florianista da gema, chegasse ao poder. O que de fato aconteceu, em novembro de 1896.

Baiano, o novo presidente interino substituiu todos os ministros, com exceção do também baiano Dionísio Cerqueira, titular do Exterior. Contudo, para não irritar Prudente e os paulistas mais que o necessário — embora os odiasse —, Vitorino entregou a pasta da Fazenda a Bernardino de Campos, ex-governador de São Paulo que, para assumi-la, deixara uma cadeira de senador, ocupada por Rodrigues Alves em seguida.

Em 1900, Rodrigues voltou ao Pátio do Colégio como governador de São Paulo, saindo-se melhor que da primeira vez. Trocou lampiões de gás por luz elétrica, inaugurou usinas, abriu avenidas e redes de esgoto. Não fez mais porque, em 1901, recebeu convite do presidente Campos Sales para sucedê-lo e precisou, doravante, dividir-se entre o governo e a campanha.

De início, relutou sinceramente em aceitar. Sabia que ser uma relíquia do Império suscitaria muita oposição ao seu nome e sugeriu o de um republicano histórico, como Bernardino. Prudente de Morais, afastado do poder mas não da política, liderou a dissidência paulista contra a candidatura do conselheiro, não por este, a quem estimava, mas por discordar da Política dos Governadores de Campos Sales. Em vão.

Já em seus tempos de ministro Rodrigues ganhou fama de dorminhoco, a qual os caricaturistas exploravam sem trégua, retratando-o adormecido ou de camisolão e touca de dormir. Segundo o implacável *O Malho*, ele "nasceu dormindo e dormiu a vida inteira, no colégio, na faculdade, na Câmara, no Ministério, no Senado e no governo de São Paulo".

Na verdade, esse trabalhador incansável provavelmente cochilava em virtude dos intensos esforços mentais que lhe eram exigidos. Afonso Arinos atribui tal reputação ao estilo de vida caseiro do presidente, avesso a noitadas boêmias que tanto atraíam seus contemporâneos ilustres.

Longe de se ofender com as chacotas, Rodrigues Alves divertia-se com elas e até recortava suas caricaturas dos jornais para guardá-las. A liberdade de imprensa foi absoluta em seu governo.

É curioso que esse homem tão conservador fosse, no trato familiar, bastante moderno e liberal, mesmo com cinco filhas solteiras ao enviuvar. Rodrigues Alves Filho contava que

> Meu pai podia parecer um homem austero demais, por isso mesmo difícil de ser abordado. As aparências enganam, não é assim? Ele era bom, jovial e tolerante. Em casa, os filhos sempre o trataram por você. Nada de senhor. Nunca tinha segredos. Não se mudava conversa quando ele chegava. Era como se fosse um irmão mais velho.

Foi decerto pessoa de muito fácil convívio e grande afabilidade para ter conservado a amizade de homens cujas opiniões políticas eram tão diametralmente opostas às suas, como Rui Barbosa e Joaquim Nabuco.

Levava uma vida simples e austera, igual à de Guaratinguetá, inclusive pagando despesas pessoais do próprio bolso em vez de sobrecarregar o erário. As filhas administravam o seu lar.

Não apreciava, contudo, deliberações e discussões, nisso denotando certo laivo autoritário. Ao lançar o programa de governo durante um banquete no Cassino Fluminense — hoje Automóvel Clube do Rio de Janeiro —, enalteceu "o presidencialismo contra o parlamentarismo da dissidência".

A 20 de setembro de 1902, menos de dois meses antes de assumir o cargo de vice-presidente, morreu Silviano Brandão, cujo lugar coube ao presidente do Senado, o também mineiro Afonso Pena, assumir. No novo ministério, repleto de homens capazes, destacou-se o extraordinário barão do Rio Branco (ver página 82). Em sua primeira mensagem ao Congresso, a 3 de maio de 1903, o presidente da República declarou:

> Chegou o momento do trabalho e da ação, a começar pelo Rio de Janeiro, que será modernizado. As ruas estreitas, os morros, as praças mesquinhas e a falta de higiene que dominam a capital da República vão desaparecer. As epidemias e endemias, como a febre amarela, peste bubônica, cólera, varíola e malária, que dificultam a imigração e afetam o comércio com os estrangeiros, serão vigorosamente combatidas.

Com os cerca de 300 mil contos de réis deixados em caixa por Campos Sales e mais um empréstimo da Inglaterra, Rodrigues Alves pôs em prática o seu ambicioso programa de saneamento e reforma urbana, para isso dotando de poderes quase ditatoriais o engenheiro Pereira Passos, prefeito do Rio, e o médico Osvaldo Cruz, diretor do Serviço de Saúde Pública.*

---

* Esse cargo era vinculado ao Ministério da Justiça. Não existia ainda o Ministério da Saúde.

Remodelou-se inteiramente a Capital Federal, segundo o padrão da reurbanização de Paris comissionada por Napoleão III ao barão Haussmann. Ruas foram ampliadas, calçadas alargadas, estradas pavimentadas, as avenidas Atlântica e Central (atual avenida Rio Branco) rasgadas e o túnel do Leme aberto. Os subúrbios do Flamengo e de Botafogo foram incorporados à cidade, enfeitada com novas praças e bulevares. Os próprios cariocas descobriram a beleza natural da sua orla marítima graças ao surgimento da avenida Beira-Mar. Edifícios decrépitos, trapiches, cortiços e pardieiros desapareceram a golpes de marretas e picaretas, expulsando a população de pobres, bandidos e vagabundos para os morros, originando as favelas. O centro e bairros adjacentes foram ocupados por butiques modernas e cafés elegantes frequentados por homens de colarinho duro e mulheres de espartilho, inaugurando a *belle époque* brasileira, uma Europa tropical. Pereira Passos, apelidado de Prefeito Bota-Abaixo, proibiu a circulação de vacas, porcos e cães vadios pelas ruas, o ato de cuspir dentro dos bondes, urinar em monumentos públicos e outros maus costumes da arraia-miúda.

Transformar o Rio de Janeiro em cartão-postal foi menos difícil que saneá-lo. Ex-aluno do Instituto Pasteur, em Paris, o jovem e brilhante Osvaldo Cruz, que com suas brigadas sanitárias vinha obtendo importantes vitórias no combate à febre amarela e à peste bubônica, empunhou sua lanceta contra a mais mortífera das três enfermidades que assolavam a população fluminense e afugentavam a estrangeira: a varíola.

A vacina de Jenner fora introduzida no Brasil em 1801 e, durante o Império, vários programas de vacinação tinham sido desenvolvidos, esbarrando na má vontade e ignorância da população.

Em 1904, Osvaldo Cruz propôs uma campanha de vacinação obrigatória, e o presidente Rodrigues, que perdera uma filha para a febre tifoide, deu-lhe todo o apoio. Brigadas sanitárias iriam de casa em casa aplicando a vacina em cada morador, exceto crianças de colo.

Em outubro a proposta foi aprovada com certa dificuldade, atacada no Senado por Lauro Sodré (ex-governador do Pará e candidato derrotado às eleições presidenciais de 1898) e na Câmara por Barbosa Lima (ex-governador de Pernambuco e envolvido no atentado contra Prudente de Morais), ambos militares positivistas e florianistas empenhados em derrubar o presidente monarquista que governava aquela "república de fancaria onde predominam as oligarquias". Insuflando o proletariado por meio da imprensa, de atos públicos e discursos inflamados, esses dois golpistas lideraram contra a vacina obrigatória uma campanha cujo propósito oculto era a tomada do poder. Em uma reunião presidida por Sodré, o porta-voz do Centro das Classes Operárias, Vicente de Souza, disse que a entrada das brigadas sanitárias nas casas colocava em risco a honra das famílias, pois "a virgem, a esposa e a filha terão de desnudar braços e colos para os agentes da vacina".

Tamanha estupidez foi endossada até pela mais luminosa inteligência do país, Rui Barbosa, em discurso ao Senado: "Assim como o direito veda ao poder humano invadir-nos a consciência, assim lhe veda transpor-nos a epiderme." E concluía:

> Logo não tem nome, na categoria dos crimes do poder, a temeridade, a violência, a tirania, a que ele se aventura, expondo-se, voluntariamente, obstinadamente, a me envenenar, com a introdução, no meu sangue, de um vírus, em cuja influência existem os mais fundados receios de que seja condutor da moléstia, ou da morte.

Mas o que decididamente transformou a cruzada de Osvaldo Cruz na famigerada Revolta da Vacina foi a ação perniciosa dos positivistas, que tanto mal já haviam feito ao Brasil com sua funesta filosofia.

Eram contrários à vacinação — à qual chamavam "despotismo sanitário" — porque o pensamento de Comte não admitia que doenças fossem causadas por micróbios. Além do mais, acreditavam que a saúde pública não era prerrogativa de governo algum, mas tão somente do poder espiritual. Através da imprensa e de folhetos distribuídos entre deputados e a população, o Apostolado fazia puro terrorismo ideológico, alegando ser a vacina causadora de doenças em vez de preveni-las.[5]

Os entreveros com a polícia foram inaugurados no dia 10 de novembro. Comícios contra a vacina terminavam em prisão e pancadaria. Empobrecidas pela recessão do governo anterior e, portanto, abertas à pregação antigovernamental, multidões deixaram-se convencer pelos golpistas e, aos gritos de "Morra a polícia" e "Abaixo a vacina", iniciaram o quebra-quebra. Por uma semana a cidade ficou cheia de barricadas, bondes foram incendiados, lojas saqueadas e postes de iluminação destruídos. As demolições de Pereira Passos forneciam as pedras atiradas contra policiais e vidraças.

Após quatro dias de balbúrdia, a Escola Militar da Praia Vermelha, principal foco da praga positivista, aliou-se ao povo insurrecto e marchou sobre o Catete, comandada por altos escalões do Exército. Seu objetivo: empossar Lauro Sodré como o novo ditador do Brasil. Era a última esperneada dos jacobinos, esmagados por Prudente de Morais em 1898. Aconselhado a deixar o palácio e se refugiar em um encouraçado, o presidente respondeu que só morto sairia de lá.

Por fim, tropas leais ao governo subjugaram os sediciosos e seus navios bombardearam a Escola Militar, que foi fechada. Centenas de revoltosos morreram ou ficaram feridos — entre eles o demagogo Sodré — e outras centenas foram despachadas em porões de navios para o longínquo Acre, recém-anexado ao Brasil (ver página 83). Debelada a revolta, a vacinação seguiu seu curso e, em alguns meses, a varíola foi erradicada do Rio de Janeiro para sempre.

Como Prudente de Morais, Rodrigues Alves saiu fortalecido desse terrível confronto, deixando a presidência, em 1906, sob aplausos e vivas. Os cariocas, agradecidos ao homem que precisara recorrer à força para o bem deles, passaram a chamá-lo de "Papai Grande lá do Catete".

Apesar da imensa popularidade, o presidente não conseguiu fazer o seu sucessor, por duas razões.

A primeira foi ter se negado a ratificar o infame Convênio de Taubaté, afastando assim o apoio da elite cafeeira a quem devia o poder. Esse acordo de cafeicultores paulistas, cariocas e mineiros visava reverter os prejuízos que vinham amargando devido à queda internacional dos preços do café. O governo, segundo o plano deles, se comprometeria a comprar-lhes a produção. Era como se, de certa forma, o dinheiro do pobre contribuinte brasileiro fosse usado para resgatar o lucro dos homens mais ricos do país. O presidente se limitou a encaminhar o projeto ao Legislativo, sem qualquer recomendação à maioria.

A segunda razão foi o senador Pinheiro Machado, que desde sua elevação a vice-presidente do Senado, em 1904, comandava-lhe a facção majoritária, chamada Bloco. O Bloco contava com o apoio do Rio Grande do Sul e quase todas as oligarquias do Norte e do Nordeste, e "sobre todos o poncho acolhedor de Pinheiro Machado, não apenas o superoligarca, o agente dos governadores da periferia hegemônica, mas, enquistado no reduto federal do Senado, capaz de retorquir com força própria sobre as bases, num influxo recíproco que acrescia seus poderes".[6]

Quando Rodrigues Alves quis lançar a candidatura de Bernardino de Campos à sua sucessão, à revelia do senador gaúcho, este conseguiu impor seu candidato, Afonso Pena, que imediatamente se comprometeu a ratificar, caso eleito, as deliberações do Convênio de Taubaté. E assim se fez.

Embora fosse de praxe todo ex-presidente ocupar uma cadeira no Senado, Rodrigues Alves se negou a fazer parte de uma casa dominada por alguém como Pinheiro Machado, cuja fortuna pessoal crescia junto com seu poder. Afastado da política por alguns anos, ressurgiu em 1909 para apoiar a candidatura do amigo e antigo colega Rui Barbosa à presidência da República, mas foi vitorioso o marechal Hermes da Fonseca, amparado por Pinheiro Machado, àquela altura o político mais influente do país, apelidado Fazedor de Reis.

Em 1912, obteve um terceiro e último governo em seu estado natal, durante o qual modernizou a Polícia Civil e implantou a Faculdade de Medicina e Cirurgia de São Paulo, atual Faculdade de Medicina da USP.

Com o assassinato, em 1915, de Pinheiro Machado (ver página 126), Rodrigues viu reaberto o caminho de volta ao Senado e ao Catete. Eleito senador em 1916, concorreu de novo à suprema magistratura em 1918, findo o mandato do mineiro Venceslau Brás. Seu prestígio era tamanho que, em 1º de março, venceu com a quase totalidade dos votos: 386.467 contra 1.258 para Nilo Peçanha. Foi o primeiro presidente brasileiro reeleito, e também o último presidente paulista do Brasil.

Não chegou, porém, a tomar posse: o homem que tanto fizera pela saúde pública contraiu a gripe espanhola e definhou por meses até morrer, na madrugada do dia 16 de janeiro de 1919. Assumiu-lhe o cargo o vice-presidente Delfim Moreira.

Rodrigues Alves foi o presidente que mais se empenhou na europeização do Brasil, criando uma fachada elegante para um país que gemia sob o peso da miséria e das profundas injustiças sociais consolidadas pela Política dos Governadores do seu antecessor, contra a qual não moveu uma palha. Melhorou bastante a vida de paulistas e cariocas, mas suas reformas não tocaram de leve os camponeses, os sertanejos, as populações ribeirinhas dos demais estados, relegados a oligarquias para as quais iniquidade alguma era estranha. Devotado à família e aos amigos, sua generosidade não se estendeu aos miseráveis nos rincões distantes, oprimidos por condições desumanas de vida e de trabalho, para não mencionar os escravos, cuja emancipação combateu o quanto pôde.

Ciente, por certo, de que não era possível ocupar-se de tantos projetos em míseros quatro anos, preferindo priorizar os mais urgentes dentro da sua esfera de influência imediata, quem sabe quanto mais teria realizado no segundo mandato? Pretenderia contemplar, desta vez, os milhões de brasileiros ignorados por sua administração irrepreensível? Importava-se, ao menos, com eles?

Mais discreto e reservado que seus exuberantes amigos Nabuco e Campos Sales, não deixou memórias políticas ou pessoais, de forma que jamais saberemos.

O BARÃO DOS LIMITES

O governo de Rodrigues Alves foi um sucesso também na política externa, que teve seu momento triunfal com a incorporação do Acre ao território brasileiro, em 1903. A responsabilidade por essa e outras conquistas territoriais para o país coube ao seu ministro das Relações Exteriores, o barão do Rio Branco.

Nascido filho de visconde em 1845, o carioca José Maria da Silva Paranhos foi advogado, geógrafo, diplomata, historiador, *bon-vivant* e ainda arranjou tempo para fundar um jornal abolicionista. Nomeado cônsul em 1876, ficou 26 anos fora do país, afastado da turbulência dos conflitos políticos nacionais do início da República. Em 1888 recebeu o título de barão das mãos da princesa Isabel e, com a queda da Monarquia, cogitou abandonar a carreira por lealdade ao imperador, que o exortou a continuar o bom trabalho pela nação: "Eu passo e o Brasil fica."

Dono de frondosa cultura e talento diplomático superior ao de Marco Polo, Rio Branco já havia sido vitorioso contra a Argentina na Questão das Missões, em 1895, e contra a França, em 1900, na disputa pelo Amapá.

Seu maior desafio foi a querela pelo Acre — pertencente à Bolívia mas ocupado há tempos por seringueiros do Brasil —, que por pouco não degenerou em guerra. Rio Branco dirigiu as negociações que resultaram no Tratado de Petrópolis, formalizando a cessão do Acre ao Brasil mediante pagamento de uma indenização de 2 milhões de libras esterlinas à Bolívia e o compromisso de construir a ferrovia Madeira-Mamoré, para escoar a produção boliviana pelo rio Amazonas.

Caso único na história dos gabinetes ministeriais brasileiros, o barão permaneceu chanceler por mais uma década, passando por quatro presidentes, até a sua morte, no ano de 1912, o mesmo em que a ferrovia Madeira-Mamoré foi inaugurada.

Homem grande, mulherengo, guloso, espaçoso e viciado em trabalho, expandiu as fronteiras do Brasil por ser ele próprio *larger than life*. A soma dos territórios que conquistou sem disparar um tiro — 500 mil quilômetros quadrados — equivale a uma França ou doze vezes a Suíça. A diplomacia brasileira deve ao barão do Rio Branco a sua internacionalmente aclamada tradição pacifista e conciliatória, que assegurou para o Brasil, até 2003, uma política externa melhor que a interna.

A divisa do barão, *Ubique Patriae Memor*, está inscrita na Ordem de Rio Branco, condecoração instituída em 1963 pelo presidente João Goulart.

Mandato: 1906-09

Apelidos: Tico-tico, Afonso Liliput, Negrão

Quem faz a política sou eu.

Afonso Pena

A família desse presidente não era rica. Seu pai, militar português radicado no Brasil, comprou terras em Santa Bárbara, Minas Gerais, onde nasceu **Afonso Augusto Moreira Pena**, filho de um segundo casamento. O menino fez os primeiros estudos no Caraça, o mais tradicional e rígido colégio de Minas Gerais, e se formou na Faculdade de Direito de São Paulo — sempre ela! —, onde foi colega de Rodrigues Alves e, como ele, aluno brilhante, depois jurisconsulto e conselheiro do Império. Três vezes ministro de d. Pedro II (Guerra, Agricultura e Justiça), membro do Partido Liberal e abolicionista, foi o primeiro mineiro a ocupar a presidência da República, período que, juntamente com o quadriênio anterior, se convencionou chamar República dos Conselheiros.

Ao contrário, porém, do conselheiro conservador Rodrigues Alves, o conselheiro liberal Afonso Pena lamentou a queda do Império. Quando da moção de desconfiança ao visconde de Ouro Preto (ver página 34), foi dele um dos vinte votos liberais a favor do governo. "O que temos não é república, é o militarismo puro", queixou-se a um correligionário em novembro de 1889.

Homem pequenino, nervoso e ágil, recebeu do povo o apelido de Tico-Tico. Eleito governador de Minas em 1892, fez uma administração impecável, cuja principal realização foi iniciar a construção de uma nova capital, Belo Horizonte, a ser inaugurada em 1897. Os mineiros achavam a antiga capital, Ouro Preto, uma cidade feia, suja, que envergonhava o estado.

Nomeado presidente do Banco da República — equivalente ao Banco Central de hoje —, trabalhou com o ex-colega Rodrigues Alves, então ministro da Fazenda de Prudente de Morais. Elegendo-se para o Senado, chegou a presidente dessa casa, quando lhe coube preencher a vaga de vice-presidente eleito do finado Silviano Brandão.

Pena ambicionava, agora, ser presidente do Brasil, não tanto por si, mas pela hegemonia nacional de Minas Gerais. Assim, quando o presidente Rodrigues, em março de 1905, quis o apoio dele para a candidatura de Bernardino de Campos, o conselheiro respondeu com uma franqueza rara em política: "Reputo profundamente impolítica, por prejudicial à boa memória e harmonia brasileira, em futuro mais ou menos próximo, a pretensão dos chefes paulistas de monopolizarem para seu estado a presidência da República." Em seguida, deixou-se lançar candidato por Pinheiro Machado, cujos métodos desprezava, em troca da aprovação às determinações do Convênio de Taubaté, chamado de "a maior vergonha de toda a nossa história econômica" pelo intelectual sergipano Sílvio Romero.[1]

A 1º de março de 1906, Pena obteve 288.285 votos, a mais baixa votação para a presidência até o momento, embora muito expressiva, considerando que Afonso Liliput (como o apodara Carlos de Laet) era o único candidato. Nilo Peçanha, governador do Rio de Janeiro, participante do Convênio de Taubaté e criatura do Bloco, elegeu-se vice-presidente junto com Pena.

O novo presidente organizou um ministério de homens sem vínculos com grupos políticos ou estados. As declarações "Os ministros executarão o meu pensamento" e "Quem faz a política sou eu" revelam seu intento de fortalecer o poder central. Em seguida, fez algo que a nenhum predecessor seu ocorrera: uma grande excursão para conhecer o país que governaria.

É pelas cartas redigidas durante a viagem que conhecemos a face mais encantadora desse homenzinho enérgico: o profundo amor pela esposa Maria Guilhermina (que ele chamava de Mariquinhas) e pelos doze filhos com ela, dos quais somente nove chegaram à idade adulta. Ele, que nunca se afastara da família antes, escreveu, "a bordo do paquete *Maranhão*, alto-mar, na altura da terra do Ceará, em 14 de junho de 1906, às nove horas e meia da noite":

Minha adorada Mariquinhas

Na imensidade dos mares, ouvindo a sinfonia do *Guarani*, na altura da terra que Alencar cantou, meu pensamento voa para junto de ti, num surto de saudade indizível e com os olhos rasos de lágrimas! Não te perco de vista um só momento e estamos separados por mais de seiscentas léguas!

Nossos pensamentos se encontram e se compreendem apesar da distância, que não pode separar corações que se amam e se acham unidos por laços indissolúveis! Em Santa Bárbara tudo te fala dos dias felizes de nossa lua de mel que se prolongaram por anos e que jamais terá fim enquanto Deus nos der vida. Sim! A Deus devemos infinitas graças pela bênção que concedeu a nossa união.

É a primeira vez que consigo escrever a bordo, estando o vapor em alto-mar, e para ti vai o meu coração, todo o meu ser.

Beijo e abençoo os filhos. Receba mil beijos do

Teu, todo teu
NEGRÃO

A 21 de junho, na vila de Pinheiro, no Pará, Negrão escreveu novamente à

Minha adorada Mariquinhas

Passa hoje o teu aniversário e eu me acho separado de ti por distância superior a 850 léguas. Não! Não é possível! Onde quer que eu esteja, qualquer que seja a distância material que nos separe, meu coração, toda a minha alma está e estará sempre junto de ti, a esposa amiga e declarada, a companheira adorada que Deus me concedeu, na sua infinita bondade, para fazer a felicidade de minha vida! Amo-te hoje como no dia em que te recebi junto ao altar! Que sacrifício estou fazendo, Santo Deus! Longe de ti e dos filhos, e fazendo-te também sofrer! Tu, inocente, sacrificada pela carreira que adotei! Perdoa-me, perdoa-me, querida e adorada esposa, atendendo à pureza de minhas intenções, ao patriótico intuito que me inspirou!

O percurso da viagem, por mar, rios, lagoas e estradas de ferro, somou um total de 21.459 quilômetros. Para os padrões da época, a excursão do presidente eleito foi um sucesso. Todavia, seu biógrafo, em regra generoso com ele, faz a seguinte ressalva:

> Pelo resumo que tentamos esboçar a viagem constituiu, sem dúvida, um louvável precedente para os sucessores. É evidente, porém, que a visita teria tido proveito muito maior se, em vez de banquetes, desfiles, discursos e foguetes, o futuro chefe do governo tivesse encontrado, em cada estado, um grupo de especialistas em problemas locais, que fossem capazes de expor as soluções cabíveis. As oligarquias firmemente estabelecidas poucas vezes permitiram o contato com as oposições.[2]

A posse teve o majestoso cerimonial do costume, que incluía carruagem à Daumont, piquete de cavalaria, honras militares no Palácio do Conde dos Arcos e no Catete, congressistas de casaca, hino nacional e compromisso nas mãos do vice-presidente do Senado, que era, então, o formidável Rui Barbosa.

Fiel à sua promessa de campanha, contraiu um empréstimo de 15 milhões de libras para custear a intervenção do Estado no mercado de café. Mais ainda que seus três predecessores paulistas, governou para os cafeicultores, embora ele mesmo não o fosse.

Rodrigues Alves fora conservador no Império* e liberal na República; Afonso Pena, o contrário. De política econômica protecionista e intervencionista, seu governo centralizador foi extremamente operoso, privilegiando obras de infraestrutura às urbanísticas e o interior (que ele conhecera na excursão) à capital.

Com a infatigável energia de sempre, teceu linhas férreas e telegráficas por todo o país, promoveu parques industriais, iniciou a criação do Ministério da Agricultura (concluída por seu sucessor), modernizou os portos de Recife, Vitória e Rio Grande do Sul, concedeu jornada de oito horas de trabalho reivindicadas por movimentos operários, mandou Rui Barbosa fazer bonito na II Conferência Internacional da Paz, em Haia — de onde o tribuno baiano voltou transfigurado em águia (ver página 95) —, e organizou a Exposição Nacional de 1908, para mostrar ao mundo que o Brasil não era uma *banana republic* qualquer.

Tudo isso pôde fazer graças ao Congresso dócil que a Política dos Governadores lhe assegurava. Porém, na metade do mandato, começou a se preocupar com a grande questão do presidencialismo: a sucessão. Prevendo, nesse quesito, as dificuldades enfrentadas pelo antecessor, julgou chegada a hora de sacudir o jugo do superoligarca Pinheiro Machado.

Assim, mesmo devendo sua eleição ao Bloco, Pena estimulou o surgimento de sua própria bancada no Congresso, fiel apenas a ele. Formado por políticos mineiros muito jovens, esse grupo foi chamado depreciativamente de "Jardim da Infância" pelos velhos barbaças do parlamento; o próprio presidente, aos 60 anos, era considerado um ancião. Sendo seu vice, Nilo Peçanha, amigo de Pinheiro Machado,

---

* Não por acaso os dois melhores presidentes da República Velha foram homens do Império. Tavares de Lira, ministro da Justiça de Afonso Pena, presta o seguinte tributo ao chefe: "Vigilante e solícito, era bem um legítimo representante da velha escola dos estadistas do Império, exemplares pela educação e pela consciência de sua responsabilidade, no trato dos homens e dos negócios públicos."

Pena o relegou ao ostracismo, afastando-se também de Rui Barbosa, que participava das romarias ao morro da Graça, residência do caudilho, a cuja bajulação sucumbira.

Pena desejava que um conterrâneo o sucedesse; parecia-lhe justo que, após três presidentes paulistas, houvesse igual sequência de presidentes mineiros. A princípio escolheu João Pinheiro, governador de Minas, aprovado por todos, mas que infelizmente morreu antes de ser lançado.

Os infortúnios do presidente tiveram início com a trágica morte, no final de 1908, de Álvaro, seu filho e oficial de gabinete, vitimado por uma tuberculose da qual não o pudera socorrer o célebre médico fluminense Miguel Couto. Imagine-se quão fundo atingiu semelhante golpe a tão afetuoso e emotivo pai de família.

Extinto João Pinheiro, a escolha do presidente recaiu sobre Davi Campista, seu ministro da Fazenda, nome em torno do qual não houve consenso. Enfraquecidos os partidos, os vários grupos, facções, estados ou oligarquias desataram a propor candidatos. Uns sugeriram o barão do Rio Branco, que, alheio à política, declinou citando seu lema: "do Ministério para o cemitério"; outros se lembraram da Águia de Haia, que só aceitaria a candidatura se proposta "por um movimento da opinião pública, por um partido político ou por um estado da União".

Pena recebeu garantias de apoio de Pinheiro Machado e Venceslau Brás, governador de Minas. Ambos, no entanto, costuravam outros acordos pelas costas do presidente. Somente Rui, que apoiara a eleição do conselheiro, foi honesto ao exortá-lo que não interferisse na própria sucessão:

> O atual presidente da República ocupa essa cadeira, não tanto como expressão do seu valor pessoal, aliás incontestável, quanto

como encarnação de um princípio, em cujo nome erguemos e graças ao qual se tornou vitoriosa a sua candidatura: o princípio que recusa ao chefe do Estado o direito da iniciativa ou deliberação na escolha do seu sucessor. Nós o negamos ao dr. Rodrigues Alves. Não podemos deixar de negá-lo hoje, e com mais força, ao presidente atual, cuja elevação ao governo resultou dessa nossa atitude para com o seu antecessor.

Surdo ao sábio conselho do aquilino amigo, Pena perseverou em seu intento, desgastando-se rumo ao isolamento político. Somente os paulistas permaneciam leais a ele e ao seu candidato, mas os tempos haviam mudado: São Paulo não mais elegia sozinho os presidentes.

Enquanto isso, Pinheiro Machado e sua curriola empenhavam-se em aniquilar o "Jardim da Infância", primeiro forçando a renúncia de seu líder na Câmara, James Darcy — "Despencou o primeiro galho", disse o caudilho do morro da Graça, "agora vai a árvore" —, e depois o presidente desta, Carlos Peixoto, abusando da Comissão de Verificação dos Poderes, controlada pelos pinheiristas (ver página 125). Por fim, hipotecou seu apoio ao também gaúcho Hermes da Fonseca, ministro da Guerra, alguém que ele podia controlar, em vez do menos maleável Rui.

Ao ouvir sobre essas cabalas, Pena escreveu, incrédulo, ao governador de Minas: "Não conhecem o marechal Hermes, fazem revoltante injustiça a seus sentimentos de lealdade os que pensam poder contar com a sua aquiescência para tal fim. Ele não se presta a tal jogo e já o tem declarado peremptoriamente." Para Afonso Pena, ter o marechal como sucessor seria uma calamidade, um retrocesso, poria a perder tudo que ele fizera pelo Brasil e tornaria o país malvisto no exterior, igualando-o às republiquetas vizinhas da América do Sul governadas por ditadores fardados.

No dia 15 de maio, Hermes da Fonseca escreveu ao presidente: "Renovo aqui solenemente a declaração de que não sou, nem fui, jamais candidato à cadeira presidencial." Reiterou pessoalmente o teor da carta e, alegando desejo de poupar aborrecimentos ao chefe, apresentou sua demissão, que foi negada.

Momentaneamente tranquilizado pelos protestos de lealdade do seu ministro, Pena recebeu confirmação, por outras vias, de que não só o marechal era candidatíssimo à cadeira presidencial, contando com o apoio do Rio Grande do Sul e vários estados do Norte e Nordeste, como também que — e isso foi uma punhalada — Venceslau Brás era candidato a vice na chapa de Hermes. E que, àquela altura, não havia mais tempo para uma nova candidatura ser articulada pelo conselheiro, abandonado por todos e traído, no final, pelo seu próprio estado.

No dia 17, Hermes foi chamado ao gabinete presidencial, onde teve lugar uma altercação violenta. Não se sabe o teor da contenda, cujas versões divergem muito, mas a história de que Hermes deitou afrontosamente seu espadagão sobre a mesa de despachos do chefe de Estado é desacreditada por todos os historiadores. O que se sabe é que o presidente, aceitando a demissão do ministro, passou mal após a entrevista e, recolhido ao leito dez dias depois, faleceu de pneumonia a 14 de junho. O dr. Miguel Couto, que não lhe salvara o filho, tampouco pôde salvá-lo.

Pela primeira vez, em quase noventa anos de nação independente, a morte colhia no seu posto um chefe de Estado, pondo fim à República dos Conselheiros.

Embora pouco depois a Campanha Civilista, em Minas Gerais, chamasse Venceslau Brás de Joaquim Silvério dos Reis e de Judas, não foi somente a ele que a traição a Afonso Pena rendeu denários de prata, mas aos seus três principais artífices: Hermes da Fonseca, eleito presidente depois que Nilo Peçanha completou o mandato do conselheiro;

Pinheiro Machado, que governou o país por intermédio do marechal; e Brás, que se tornou presidente em seguida.

Arrumando as gavetas do falecido pai, Afonso Pena Júnior encontrou um pacote com a seguinte nota: "Papéis de que só o Álvaro pode tomar conhecimento." Como Álvaro também morrera, Pena Júnior examinou a papelada e percebeu serem documentos secretos da Bucha, a sociedade paramaçônica de que o pai e o irmão haviam sido membros. Entregando os documentos ao político e "bucheiro" Raul Soares, este, com ar misterioso, fechou portas e janelas e o fez jurar sobre os Evangelhos nunca revelar o que tinha lido. O filho do presidente, que não entendera lhufas daqueles códigos cifrados, jurou.

O homem mais inteligente do Brasil

Comentando sobre a II Conferência de Haia, diz Mendes Fradique: "Para lá despachamos o sr. Rui Barbosa, considerado expoente da nossa inteligência e intérprete das nossas ideias acerca de qualquer coisa."

Pouquíssimos brasileiros foram tão merecidamente reverenciados em vida por suas qualidades intelectuais quanto o grande polímata baiano. Considerado um condensador da inteligência nacional, defendeu todas as causas justas do seu tempo, em particular o abolicionismo, o parlamentarismo e a democracia. Consoante Monteiro Lobato, "Rui é positivamente grande como o mar".

Não bastasse ter sido jurista, embaixador, escritor, tradutor, político, filólogo e orador, foi ainda artífice de frases lapidares, desde wildianas como "Não se deixem enganar pelos cabelos brancos, pois os canalhas também envelhecem" até atemporais como esta, que parece falar-nos diretamente, por cima de mais de um século: "De tanto ver triunfar as nulidades, de tanto ver prosperar a desonra, de tanto ver crescer a injustiça, de tanto ver agigantarem-se os poderes nas mãos dos maus, o homem chega a desanimar da virtude, a rir-se da honra, a ter vergonha de ser honesto."

Alguns chanceleres europeus consideravam obsoleta a participação, na Conferência de Haia, evento diplomático da mais transcendental relevância, de um país insignificante como o Brasil, cuja localização poucos ali conheciam, julgando igualmente inútil e inoportuna a presença do seu representante. Fluente em três idiomas desde os 17 anos, Rui abriu mão de tradutores e discursou em impecável francês, língua da diplomacia na época. Sua atuação foi registrada pelo célebre jornalista vitoriano William T. Stead:

> Na primeira semana, o delegado do Brasil foi considerado um estorvo de proporções gigantescas. Deram-lhe a alcunha de "Doutor Verbosa". A aparição desse pequenino e tranquilo estrangeiro que tinha alguma coisa que dizer e estava resolvido a dizê-lo, a seu modo e a sua vez, irritou muitos de seus colegas que se esforçavam por abafar-lhe a voz, pelo processo simplista de entrar em conversa com o vizinho.

Inicialmente, nosso "Doutor Verbosa" desanimou e mandou dizer ao Brasil que era mais digno retirar-se a continuar pregando no deserto. O barão do Rio Branco reiterou sua confiança nele e o exortou a prosseguir. Perseverando em seu intento, Rui reverteu o quadro e transformou o mico em mito:

> Cedo aprendeu a Conferência a suportar Barbosa e, dentro de pouco tempo, verificava-se que era ele um dos seus mais poderosos homens. As duas grandes forças da Conferência foram o barão Marschall, da Alemanha, e o dr. Barbosa, do Brasil. O barão Marschall tinha a seu

lado todo o poderoso Exército do Império Alemão, circunstância que ele não se fartou de alardear. O dr. Barbosa contava apenas com uma longínqua e desconhecida República, incapaz de ação militar e com uma esquadra ainda nos estaleiros. Não obstante, ao terminar a Conferência, o dr. Barbosa havia sobrepujado o delegado alemão. Tão grande triunfo pessoal não obteve membro algum da Conferência, e isso tornou-se tanto mais notável porque foi conseguido por ele só, sem auxílio algum de fora. O dr. Barbosa não tinha aliados, tinha, ao contrário, muitos rivais e muitos inimigos, o que não o impediu de atingir a culminância.

Foi assim que o papagaio verboso se tornou a Águia de Haia.

Anos depois, foi indicado ao prestigioso cargo de juiz da Corte Internacional de Haia, porém, idoso demais para viagens, recusou.

MANDATO: 1909-10

APELIDOS: NILO GOIABADA, MOLEQUE PRESEPEIRO,
DOUTOR CAVANHAQUE

Não nos iludamos sobre o opróbrio que nos espera, se o sr. Nilo Peçanha permanecer na presidência da República. Quem vai governar o país é a politicagem traiçoeira, vencedora na pessoa do sr. Pinheiro Machado.

Correio da Manhã, 15/6/1909

Com a morte inesperada de Afonso Pena, a 14 de junho de 1909, o vice-presidente **Nilo Procópio Peçanha** assumiu no mesmo dia a presidência para cumprir o restante do mandato, conforme a lei.

Todos os presidentes civis anteriores foram contemporâneos, alguns até amigos íntimos. Nilo, contudo, pertencia a uma geração nova e foi o primeiro presidente fluminense — hoje diríamos carioca — do Brasil. E também o primeiro chefe de Estado brasileiro notoriamente mulato. Suas fotos oficiais foram retocadas para que não se destacassem os traços marcadamente africanos, como o cabelo crespo e os lábios generosos.

É mais provável que o sangue negro tenha se infiltrado na linhagem de Nilo através do pai, Sebastião, modesto agricultor descendente de portugueses. A mãe de Nilo, Joaquina, pertencia à tradicional família fluminense dos Sá Freire de Itaguaí. De seis filhos que tiveram, três — Alcibíades, Trasíbulo e Cícero — eram louros de olhos claros como a mãe, ao contrário de Nilo, o primogênito, que nasceu "moreninho como o pai".

O menino desfrutou uma infância feliz no sítio do morro do Coco, em Campos dos Goytacazes, então considerada terra da goiaba — daí o apelido Nilo Goiabada. Um dia, a mãe surpreendeu-o destruindo a bodocadas um ninho de pássaros.

— Meu filho, isso é pecado — repreendeu-o Joaquina. — O ninho é o lar dos passarinhos. Foi construído por Deus.

Compungido, o menino daí por diante poupou as aves dos seus golpes de bodoque, passando a dirigi-los contra as nádegas da preta Delfina, escrava da família.

Quando Nilo chegou à idade escolar, Sebastião, incapaz de seguir sustentando a aumentada família com os proventos de pequeno agricultor, vendeu o sítio e comprou uma padaria no centro da cidade. Nilo ajudava na padaria e fazia os primeiros estudos. Ótimo aluno, aprendera a ler com a mãe. Estudou em bons colégios antes de ingressar na Faculdade de Direito do Recife, onde se formou em 1888. Abriu banca de advogado em Campos, mas nunca se interessou pela profissão. Espicaçado por sua verdadeira paixão, a política, fez propaganda republicana e abolicionista, elegeu-se deputado, participou da primeira Constituinte republicana, assumiu, em 1903, uma cadeira no Senado e, no mesmo ano, com mais de 50 mil votos, venceu a eleição para presidente do Rio de Janeiro, sucedendo ao mau governo de Quintino Bocaiuva. Tinha apenas 35 anos. Semelhante carreira já seria um fenômeno em quem não fosse alvo de preconceito devido à classe social baixa e à cor da pele. Os jornais da época publicaram este soneto de Laurindo Baeta:

> É rapaz de grande tino
> Aquele Nilo Peçanha.
> Em falso ninguém o apanha,
> Não há outro tão ladino.
>
> É um político fino,
> Um político de manha.
> Inteligência tamanha
> Tem, por certo, alto destino.
>
> Vejam-lhe a nova façanha!
> De um salto, o Nilo se apanha
> No Senado — tão menino!
>
> E logo, doutro abocanha
> (Até parece patranha!)
> A sucessão do Quintino!...

Além de inteligentíssimo e tenaz, Nilo foi, entre os sucessores de Deodoro, o de personalidade mais atraente e simpática. Amigável, afetuoso e bem-humorado com todos (seu biógrafo Brígido Tinoco o considera um pândego com tiradas satíricas à Swift e Voltaire), era também sincero em seu desvelo por gente menos favorecida. Embora pouco religioso, maçom até, gostava de repetir a frase atribuída a Lincoln: "Deus ama, sem dúvida, o povo simples; do contrário, não o faria tão numeroso."

Jamais o poder lhe anuviou a consciência de sua origem humilde. Quando alguém tentou povoar-lhe a árvore genealógica com nobres e homens ilustres, obtemperou: "Vocês não puseram os nomes dos ladrões e assassinos que treparam na árvore. Com certeza são em maior número que os homens honestos." Já no Catete, quando seu irmão, secretário da presidência, reclamou que na mesa não serviam caviar, faisão e vinhos franceses, Nilo comentou:

— Esse Alcibíades está ficando besta! Foi criado comigo no morro do Coco, comendo paçoca e pão dormido...

Universitário em Recife, empregava as horas de folga em perseguir as "caboclas pernambucanas". Depois de casado, no entanto, parece ter sido cônjuge exemplar, embora galanteador. Sua mulher foi a primeira esposa de presidente a se destacar pela personalidade e colaboração com o marido na política.

Campista também, Anita de Castro Belisário de Sousa era de família aristocrática. Seus antepassados haviam chegado ao Brasil em 1808, na comitiva de d. João VI. Tendo recebido a melhor educação possível, falava alemão e francês, tocava piano, andava a cavalo, conhecia literatura francesa, interessava-se por política e era republicana. Nas ideias parecia um Nilo de saias. Livre-pensadora, crescera em ambiente religioso, mas não tinha fé. Aos 10 anos de idade, na primeira comunhão, foi se confessar com um padre.

— Você acredita em Nosso Senhor, minha filha? — perguntou-lhe o ministro de Deus.

— Não sei ainda — foi a resposta.

— Como assim?! Não crê que na hóstia sagrada se encontra o corpo de Cristo?

— Penso que não.

— Que terrível heresia! Por que, então, comparece à sagrada cerimônia?

— Meus pais me obrigam.

O primeiro contato entre os dois irreverentes, em 1883, não foi dos mais auspiciosos. Anita, menina, jogou uma goiaba podre no peito de Nilo, estudante, que passava a cavalo em frente à casa dela. Reencontraram-se dez anos depois, quando ele, jovem e elegante deputado, mais rico de talento que de posses, e ela, pequena e esbelta moça casadoura, mais formosa de corpo que de rosto, semelhantes em tudo menos no *pedigree*, se apaixonaram, romance proibido que enfrentou acirrada oposição.

O pai de Anita, João Belisário, gostava do rapaz, votara nele e via-o como político promissor. O problema era a mãe, Ana Raquel. Filha de um visconde e de uma baronesa, não aceitava de modo algum que sua princesinha desposasse um plebeu, filho de padeiro, um "moleque", lembrando que nessa época o termo significava "mulato", não "garoto", como hoje. João Belisário ironizava os preconceitos da mulher:

— Lá vem você com a sua nobreza de melado...

O falecimento dele, em 1895, privou Anita do único parente que apoiava a sua união com Nilo, quase fazendo-a desistir do noivado. Todavia, guardara na memória um aforismo de Stendhal: "Uma mulher pertence de direito ao homem que a ama e que ela adora mais do que a vida." Resistindo, pois, à pressão da família, fugiu de casa e o casamento morganático se realizou em 6 de dezembro. Ana Raquel nunca mais falou com a filha.

Por harmonioso que fosse o casal, havia uma diferença entre os dois. Nilo não guardava rancor, era adepto do "falem mal de mim, mas falem"; Anita, em contrapartida, não perdoava desfeitas ao esposo. Censurado por ela ao apertar a mão de um pasquineiro que o desmerecera, Nilo observou: "Para que a democracia vingue nesta terra, é necessário que alguém sofra." Quando, presidente, formava ele o seu gabinete ministerial, Anita fazia objeções:

— Então você nomeou para o Exterior o Barão, que nunca atendeu aos seus pedidos de vice-presidente?

— Você não ignora que Rio Branco é figura indispensável. Sua colaboração por si só honra qualquer governo.

— E o Esmeraldino Bandeira, que sempre o atacou?

— Preciso dele para reforçar minha posição política.

— E o Leopoldo Bulhões? Para esse você não tem desculpa. Foi o indivíduo que amargurou sua administração no Rio, exigindo, em um momento de dificuldades, devolução ao Tesouro nacional da soma de impostos que você arrecadara.

— Ah, é justamente de um desses que eu preciso! O Bulhões não deixará que passem calote no Tesouro.

Gente graúda não escapava às bordoadas da primeira-dama. Um ministro do STF, evitado por ela em uma recepção no Itamarati, veio lhe dizer cordialmente:

— Não é possível que uma filha do Joãozinho não me conheça!

— Deixou de conhecê-lo — foi a réplica — desde o dia em que o senhor passou a decidir tudo contra o genro do Joãozinho.

Anita não poupou sequer o todo-poderoso Pinheiro Machado, depois que ele e Nilo haviam rompido. Após cumprimentá-la, o Fazedor de Reis disse a alguém:

— Esta menina não gosta de mim e eu, entretanto, gosto muito dela.

A "menina" respondeu prontamente:

— A mim interessaria bem mais que o senhor gostasse do meu marido. Tiveram quatro filhos, natimortos ou vivos por poucas horas. O amor que ele dedicaria à prole foi para os animais. Seu afeto por eles vinha da infância, quando levava um galo, batizado de Chiquinho, para a escola. Costumava comprar pássaros engaiolados para libertá-los; na sua fazenda de Itaipava, em Petrópolis, despediu um empregado que abatera um macaco a tiros.

— Se você é capaz de ferir de morte um pobre animal como este, tão semelhante a nós outros — disse-lhe —, é capaz de fazer comigo, amanhã, a mesma coisa.[1]

Nilo teve muitos cães, alguns recolhidos da rua, por compaixão. Um deles, o famoso havanês Jiqui, presente de um deputado, acompanhou Nilo ao Catete, chegando a ser bajulado por quem almejava favores do presidente. Quando morriam, ele ficava arrasado. Em carta de 1901 ao pai, relata:

> Aqui passamos todos (eu, especialmente, sofri muito) por um golpe tremendo. Aquele meu cão, tão belo, tão forte, tão meigo, tão meu amigo — o Beijo — morreu! [...] Morreu de um mal de cadeiras, o pobre! A sua agonia, tão lenta, tão dolorosa — e em meio dela, tão sugestiva a minha amizade e de Anita —, ainda nos traz tristes e inconsoláveis. Por um filho, quem sabe, eu não sofreria tanto.

Esse homem tão generoso e bom fez, na política, mais mal que bem. A culpa foi das más companhias de que se cercou para subir na carreira. Para começar, tinha veneração por Floriano Peixoto — sintoma inequívoco de imaturidade social —, fez exaltada oposição ao presidente Prudente, era amicíssimo do tratante Glicério, admirava o nefasto Campos Sales, apoiou o asinino Hermes da Fonseca contra Rui Barbosa, e nada foi além de um peão no tabuleiro de Pinheiro

Machado, predador da República. Em 1919, quando Nilo era o político fluminense mais egrégio do país, o semanário *ABC*, editado na Capital Federal, com muita propriedade o descreveu:

> O sr. Nilo Peçanha, apesar de desde moço vir lidando com traidores, não contraiu o vício da traição. Está escrito, porém, que a política do estado do Rio de Janeiro há de oferecer sempre, pela tortuosidade de seus processos e pelas atitudes sem estilo de seus homens, um desconcertante e às vezes obsceno contraste com a direitura moral, intelectual e cívica de seu eminente chefe.[2]

Governador do Rio de Janeiro, assinou, a 26 de fevereiro de 1906, o vergonhoso Convênio de Taubaté. Quatro dias depois, foi eleito vice-presidente da República em chapa única.

Relegado ao ostracismo por Afonso Pena, devido à sua ligação espúria com Pinheiro Machado, foi abandonado por muitos correligionários. Para disfarçar a perda de prestígio, lançou mão de um artifício engenhoso. Pendurados num cabide na varanda de sua casa, em Niterói, Nilo deixava expostos quepes de oficiais-generais, dando impressão, aos transeuntes, que se mantinha em confabulações com o comando das Forças Armadas. Toda vez que sua estrela declinava, os quepes reapareciam.

Assumindo a presidência, adotou o mote "Paz e amor", décadas antes do movimento hippie. Estava com 42 anos; seus bigodes e cavanhaque negros davam a ilusão de que ele engolira uma graúna, deixando de fora as asas e a cauda do pássaro. Nos dezessete meses da sua administração, concluiu a criação do Ministério da Agricultura e fundou o Serviço de Proteção ao Índio, que confiou a Cândido Rondon, entre outras medidas excelentes. Foi o único vice que, chamado a concluir um mandato presidencial, por motivo de morte, renúncia ou afastamento do titular, realizou um governo acima da média.

A tutela de Pinheiro Machado foi um peso de que precisou livrar-se. Já se havia afastado do Partido Republicano Fluminense, do qual fora um dos fundadores, para se filiar ao Partido Republicano Conservador, criado pelo Fazedor de Reis como base política para Hermes da Fonseca, que a 1º de março de 1910 venceu Rui Barbosa em uma eleição fraudada (ver página 106). Agora, perto do final do seu mandato, viu-se às voltas com uma rebelião no norte do país por culpa do senador gaúcho.

Pinheiro Machado tramou a derrubada de um desafeto seu, o governador Antônio Bittencourt, do Amazonas, com a cumplicidade do vice-governador. Este pediu a cassação do superior, e Pinheiro Machado autorizou que a Assembleia amazonense o fizesse. Bittencourt resistiu e tropas federais bombardearam Manaus. Ao saber do ocorrido, Nilo restaurou a paz e reconduziu o governador ao Palácio do Governo. Era o rompimento com Pinheiro, que, ultrajado pela insubordinação daquele presidente fabricado por ele, exclamou: "Hei de cortar a cara desse moleque a chicote!" Quatro anos depois, tentou impugnar-lhe a reeleição ao governo do Rio, sem sucesso.

"Eis-me um simples cidadão desempregado", pilheriou Nilo ao deixar o Catete para ocupar a cadeira no Senado que aguardava todo ex-presidente, não sem antes proceder à tradicional viagem de descanso pela Europa. Foi ainda ministro das Relações Exteriores de Venceslau Brás, de 1917 a 1918.

Nilo redimiu-se, em certa medida, de sua associação com homens nocivos ao Brasil apoiando o excelso Rui Barbosa na eleição de 1919, à custa de sua amizade com Epitácio Pessoa, vencedor do pleito. Em 1921, foi lançado candidato a presidente pelos poderosos estados do Rio Grande do Sul, Bahia, Pernambuco e Rio de Janeiro, na chamada Reação Republicana contra a carcomida política oligárquica dos governadores e do Café com Leite, representada pela candidatura do mineiro Artur Bernardes. Anita engajou-se muito na campanha, que foi acirradíssima, contando inclusive com cartas falsas atribuídas a Bernardes, em uma das quais Nilo é chamado de moleque (ver página 141). O resultado fraudulento da votação deu vitória ao mineiro.

Cansado, desgostoso com a política e amargurado ao ver o país que amava submergir na guerra civil, entronizada pela ascensão ilegal de um tirano, Nilo faleceu em 1924, com apenas 56 anos, depois que o dr. Miguel Couto falhou em salvar mais um paciente ilustre.

"Nunca odiei. Conscientemente, nunca fiz mal a ninguém", foram suas últimas palavras.

Ao receber as condolências do presidente Bernardes, a viúva respondeu, caracteristicamente: "Não aceito pêsames de usurpador!" Anita sobreviveu ao marido 36 anos. Nunca mais se casou.

A ÁGUIA E O GALO

A eleição presidencial de 1910 foi a primeira cuja campanha se desenrolou nos moldes de hoje, com candidatos percorrendo redutos eleitorais atrás de votos do povo. Ao saber que Hermes da Fonseca concorria, Rui Barbosa, horrorizado com a possibilidade de retorno da República da Espada, candidatou-se: nascia a Campanha Civilista, como ficou chamada essa disputa entre o grande tribuno antimilitarista e o marechal que desejava fazer o país retroceder aos tempos de Floriano — ignorando o fato de que seu tio, Deodoro, fora traído por Peixoto. A Política do Café com Leite foi suspensa, parte de Minas apoiando Hermes (cujo vice era Venceslau Brás, presidente do estado mineiro) e São Paulo em peso apoiando Rui (cujo vice era Albuquerque Lins, presidente do estado paulista).

Embora apoiada pela oligarquia cafeeira, a candidatura de Rui representava os princípios democráticos contra o autoritarismo, as tradições liberais contra a intervenção do Estado na política e na economia, e, acima de tudo, defendia o voto secreto, condição *sine qua non* para a existência de um Estado democrático de direito. Rui contava com o voto da maioria dos estados, da classe média, dos estudantes, da grande imprensa e da intelectualidade. O marechal, cujo símbolo de campanha era uma vassoura, para "varrer a roubalheira dos civilistas", contava com o apoio dos militares, obviamente, e do único cabo eleitoral que de fato importava: o governo. A rigor, nem podia concorrer, pois não tinha carteira de eleitor, sendo, portanto, inelegível.

Em Londres, *The Economist* advertia: "Os capitalistas que tiverem dinheiro no Brasil devem precaver-se para as maiores calamidades, levada que seja a efeito a eleição do marechal Hermes, pois que ele representará não somente o pior dos governos militares, mas ainda fará desencadearem-se sobre o país os horrores da revolução." O jornal britânico acertou, como sempre.

Rui recebeu 200.259 votos, contra 126.392 para Hermes. Contudo, o resultado oficial, anunciado pela Comissão de Verificação de Poderes da Câmara Alta — equivalente ao atual Tribunal Superior Eleitoral —, foi de 403 mil votos para o marechal e 222 mil para a Águia de Haia. E quem era mesmo que dominava, desde o governo Campos Sales, a Comissão de Verificação de Poderes? Sempre ele, Pinheiro Machado, retratado nas charges políticas como um galo devido ao porte empertigado e mania de querer mandar no galinheiro. E foi assim que a águia perdeu para o galo. "Sustentado pelas armas, o tribunal verificador, prevaricando contra a eleição, entregou a presidência ao candidato derrotado", lamentou-se Rui Barbosa, o legítimo presidente eleito.

O Fazedor de Reis fazia mais um rei. Segundo o projeto que gestara por vinte anos, o próximo e último monarca a entronizar seria ele próprio.

MANDATO: 1910-14

APELIDO: DUDU

O atestado melhor que foi dado à sua inteligência, forneceu-o a polícia. Durante os dez meses em que, no governo Hermes, houve estado de sítio, a polícia proibiu que os jornais dessem, no jogo do bicho, que então se fazia abertamente, qualquer palpite no burro. Por quê? Porque os palpites no burro podiam ser considerados alusões ao marechal!

Medeiros e Albuquerque

Que uma nulidade como o marechal Hermes Rodrigues da Fonseca — em cuja bagagem não constavam méritos pessoais ou administrativos de qualquer tipo, inclusive militares, sem coisa alguma a recomendá-lo exceto a duvidosa honra de ser sobrinho de Deodoro — possa ter sido investido na suprema magistratura da nação, demonstra o caos político em que a tinham mergulhado as tramoias do infame Pinheiro Machado, cujo poder, nesse quadriênio, foi quase absoluto.

Gaúcho de nascimento, mas de família alagoana, Hermes, nepotista igual ao tio, nomeou vários parentes a cargos públicos, não apenas filhos — teve oito —, mas também primos, como o general Percílio, designado chefe da Casa Militar, e o coronel Clodoaldo, feito interventor de Alagoas. Não esqueceu outro primo, Fonseca Hermes, acusado de falsificar documentos oficiais do Governo Provisório de seu tio Deodoro para favorecer banqueiros e amigos, que agora, como líder da maioria na Câmara, voltava a agenciar negociatas, inflando a máquina estatal com apaniguados e enriquecendo à custa do erário, antes impune por ser "sobrinho do Generalíssimo", agora por ser "primo do Dudu".

Dudu foi o apelido que os cariocas deram a Hermes, o pior presidente da República Velha e também, graças à sua aparência ridícula — baixinho, barrigudo, careca, de pincenê —, alvo preferencial dos caricaturistas, sobretudo o excepcional J. Carlos, da revista *Careta*. Existe um vasto anedotário inspirado na proverbial estupidez desse governante e por ele ter sido o primeiro (mas não o último) chefe de Estado brasileiro fantoche de um político corrupto. Segundo o semanário *O Gato*, Hermes teria confessado ao seu vice:

— Olha, Venceslau, o Pinheiro é tão bom amigo que até governa pela gente.

Também confessou, noutra ocasião, o desejo de fundar um curso de patologia para ensinar a criar patos. Chegando ao Catete, o diplomata Afrânio de Melo Franco perguntou a Maurício Lacerda, oficial de gabinete do presidente Hermes:

— Maurício, você está aí para impedir que as ignorâncias entrem?

— Não, embaixador, estou para impedir que a burrice saia.

No volume 3 do seu *Folclore político*, Sebastião Nery conta que Pinheiro Machado, em visita ao marechal, doente de cama, disse-lhe:

— Assim V. Exa. não se cura, sr. presidente.

— Por quê?

— Porque V. Exa. fica aí com estas janelas hermeticamente fechadas.

Meses depois, a situação se inverteu: Hermes visitou o acamado Pinheiro.

— Assim o senhor não se cura, senador.

— Por quê?

— Porque o senhor fica aí com estas janelas pinheiristicamente fechadas.

Além de imbecil, era tão ignorante que o deputado paulista Cincinato Braga assim justificou sua recusa em apoiá-lo:

— Fazer presidente da República um homem que diz: "Hão de verem..."

Na inauguração de uma biblioteca pública, o marechal registrou no livro de visitas: "Gostei muinto da biblhoteca." Ao seu ministro das Relações Exteriores, que, recém-chegado dos Estados Unidos, enaltecia Nova York, São Francisco e Washington, indagou:

— Visitaste o Washington? Tenho um busto dele.

Em 1912, aos 57 anos, o presidente perdeu a esposa, sua prima Orsina, ficando os assuntos domésticos — que incluíam a administração dos palácios presidenciais do Catete, Rio Negro e Guanabara — a cargo do mordomo Oscar Pires, apelidado "o Sogra" por causa do seu hábito inveterado de se meter nos assuntos alheios e dar palpite sobre tudo. Menos de um ano após enviuvar, o marechal contraiu segundas núpcias com Nair de Tefé, trinta anos mais jovem que ele.

Filha do barão de Tefé — cuja influência nos assuntos domésticos do presidente obscureceu a do Sogra —, Nair foi a primeira mulher caricaturista do mundo e publicava suas caricaturas na imprensa brasileira e estrangeira sob o pseudônimo de Rian, antes de desposar o homem mais caricaturado do Brasil.

Bonita e culta, espécie de intelectual de vanguarda, promovia saraus frequentados por artistas célebres como Catulo da Paixão Cearense e Chiquinha Gonzaga. Se as modinhas de violão do primeiro eram tidas por coisas da ralé, impróprias em um ambiente elegante, o maxixe "corta-jaca", tocado em pleno Catete pela maestrina e compositora, foi um escândalo nacional, criticado até por Rui Barbosa no Senado: "Aqueles que deveriam dar ao país o exemplo das maneiras mais distintas e dos costumes mais reservados elevaram o corta-jaca à altura de uma instituição social. Mas o corta-jaca, que vem a ser ele? A mais baixa, a mais chula, a mais grosseira de todas as danças selvagens, a irmã gêmea do batuque, do cateretê e do samba."

> Preso aos feitiços da moça, diziam os maledicentes, Hermes perdera o controle do governo, entregando a direção deste à vontade inquebrantável de Pinheiro Machado. Risonho, pomposo no seu uniforme cheio de dragonas, sempre comboiado por Nair, o presidente se exibia em toda parte, no Teatro Municipal, nos prados de corridas, nas formaturas de militares, nas exposições de artes e de produtos industriais. Mulher de fino gosto, educada na Europa, vencedora de vários concursos de elegância, a esposa praticava equitação nos jardins do Palácio do Catete, onde preferia montar à *califourchon*, isto é, com as pernas abertas, os pés nos estribos. No lago dos mesmos jardins, para ela fruir o deleite de navegar, de mover os remos em águas bonançosas, o ministro da Marinha mandou colocar um bote mimoso, todo branco, um bote de conto de fadas.[1]

Não saiu filho desse incongruente casal, o que, por alguma razão, não surpreende.

A despeito de seus pendores artísticos, Nair não foi, como pretendem alguns, uma mulher à frente do seu tempo e muito menos uma feminista. Na verdade, não passava de uma dondoca casadoura, que desposou um velho gnomo grotesco porque desejava ser primeira-dama e nada, para ela, teve maior importância. Nunca mais desenhou após se casar e pouco fala de si no relato autobiográfico deixado por ela, em que só faz enaltecer o marido presidente. "Os segredos de suas atitudes só são mencionados após o casamento, como a dizer que até esse momento ela era uma moça comum que, embora inteligente, era dada a futilidades. A mulher Nair só nasceu com o casamento. O livro é a constituição de um cenário para o artista principal, Hermes da Fonseca. Nair é mera atriz coadjuvante."[2]

Não bastasse a merecida fama de bate-orelha, o marechal foi perseguido também pela de pé-frio. Começou com a morte de Afonso Pena em seguida à sua altercação com ele. Depois, eleito presidente, foi a Lisboa e, enquanto era recepcionado pelo rei d. Manuel II, a monarquia portuguesa foi derrubada. Pouco mais tarde, sua esposa faleceu e, após a presidência, Nair o acompanhava em um passeio de charrete quando esta caiu num barranco e a ex-primeira-dama fraturou a bacia e o fêmur, ficando com uma perna mais curta que a outra. No seu governo o Ciclo da Borracha, que inundara Manaus de ouro, entrou em declínio devido aos preços mais competitivos da borracha asiática. Entre 1911 e 1912, fez um empréstimo ao Lloyds Bank no valor de 2,4 milhões de libras; depositada em um banco russo, metade desse dinheiro acabou encampada pela Revolução Russa de 1917. Tudo isso não esquecendo que a I Guerra Mundial teve início no último ano de seu mandato.

Ó Filomena
Se eu fosse como tu
Tirava a urucubaca
Da careca do Dudu.

O Dudu sai a cavalo
O cavalo logo empaca
E só recomeça a andar
Ao ouvir o corta-jaca.

Na careca do Dudu
Já subiu uma macaca
Por isso, coitadinho,
Ele tem urucubaca.

Azarado foi o Brasil por ter como governante um anão de jardim com alma de Calígula. Pois, por trás das marchinhas carnavalescas (todas posteriores ao seu mandato), o país padecia sob um despotismo sangrento, arbitrário e calamitoso em todos os aspectos. "O regime do tiro e da gazua/ deixou a pátria ensanguentada e nua", como bem descreveu o poeta Bastos Tigre na revista *D. Quixote*.

A Revolta da Chibata, que eclodiu na primeira semana do governo Hermes, deu uma boa medida do que viria a seguir. Em protesto contra os castigos corporais que lhes eram infligidos, marinheiros do encouraçado *Minas Gerais*, fundeado na baía de Guanabara, amotinaram-se e mataram um comandante sádico. Marujos de outros três encouraçados juntaram-se à rebelião, somando mais de 2 mil amotinados. Hermes prometeu extinguir os maus-tratos, anistiar os revoltosos e atender às suas reivindicações, mas quando eles entregaram os navios, quebrou sua palavra e autorizou-lhes a expulsão da Marinha. Eles se rebelaram de novo e foram fuzilados, desterrados para os seringais do Acre ou encarcerados nas masmorras da ilha das Cobras.

Seguindo o precedente da intervenção no Amazonas, realizada no governo anterior por manobra de Pinheiro Machado, o governo Hermes — que era, na prática, o do senador gaúcho — procedeu à chamada Política das Salvações, cujo pretexto era o de combater a oligárquica Política dos Governadores, mas que apenas substituía oligarcas por interventores militares aliados do Fazedor de Reis (que detinha a patente de general, concedida por Floriano). Em 1911 o governo tentou intervir em São Paulo, mas o governador Albuquerque Lins mobilizou a Força Pública e o PRP organizou Batalhões Patrióticos em todo o estado, neutralizando a ameaça.

O governo teve mais sucesso em Pernambuco, desalojando Rosa e Silva, que dominava a política pernambucana desde 1896, e colocando em seu lugar o general Dantas Barreto. No ano seguinte foi a vez da Bahia, onde saiu o governador Aurélio Viana e entrou J. J. Seabra, o ministro da Viação e Obras Públicas, com direito a bombardeio em Salvador para eliminar a resistência, causando enorme destruição e centenas de mortes. Em Alagoas, o coronel Clodoaldo, primo de Hermes, foi instalado no lugar do deposto Euclides Malta. No Ceará, militares hermistas entronizaram o coronel Franco Rabelo e afastaram o clã Acióli, aliado de Pinheiro Machado, que, dois anos depois, fomentou a rebelião de Floro Bartolomeu e do padre Cícero, derrubando Rabelo.

Com a economia em frangalhos, as ruas da capital coalharam-se de manifestações contra o governo. No final de 1913, Hermes decretou estado de sítio, durante o qual perseguiu opositores, prendeu jornalistas que o criticavam e empastelou jornais e revistas que publicavam caricaturas dele. Em discurso proferido a 30 de junho de 1914 na Câmara Federal, falou o deputado Pedro Moacir, do Partido Federalista:

— Nunca se viu, senhor presidente, em país civilizado algum do mundo, decretar estado de sítio e prorrogá-lo por mais de um semestre, na vigência completa da paz pública, unicamente porque o chefe do Estado tem medo das críticas, ou melhor, das caricaturas e das sátiras da imprensa diária.

Mais adiante, o deputado gaúcho acusou o tirano caricato de até seviciar sexualmente as vítimas das suas arbitrariedades:

> Sua Excelência chega a dar, aos seus ministros e às suas autoridades de polícia, as mais revoltantes e criminosas ordens, sobre as quais não posso fazer uma crítica mais direta, nem mesmo revelações de certa natureza, porque seria indiscreto e violaria princípios elementares de educação. Posso, entretanto, senhor presidente, garantir a Vossa Excelência e à Câmara que, não raro, durante o estado de sítio, irritado contra os jornalistas que manda prender, o marechal Hermes da Fonseca tem determinado que se pratiquem, contra a pessoa desses jornalistas, atentados repugnantes, que hoje não são mais tolerados em nenhum país civilizado.[3]

Em um dos exemplos mais constrangedores de sabujice literária ao poder, o poeta B. Lopes, talentoso ainda que senil, compôs o seguinte soneto em homenagem ao presidente:

> Lembra-me, ao vê-lo, a flor extraordinária
> Sob um céu limpo, azul, iluminado...
> Não há como ele outro imortal soldado,
> De mais bela feição humanitária.
>
> Puxa do raio, a lança ebúrnea e vária,
> Em defesa da pátria, lado a lado.

Faz-se de tudo um santo bem-amado...
Só busca a força quando é necessária.

O vinho dele é saboroso e quente,
De encher a taça e embriagar a gente,
Entre os festins gloriosos da bravura.

Não há por este mundo, agora o digo,
Quem mais piedade tenha do inimigo...
Bonito herói! Cheirosa criatura!

Quando tiveram início as articulações para a sucessão presidencial, Pinheiro Machado lançou-se pré-candidato pelo PRC, com o apoio da "cheirosa criatura". Para isso havia manobrado tantos anos nos bastidores. Tendo feito seu último presidente, agora este devolveria o favor. Mas o tiro, tão longamente maturado, saiu pela culatra. A catastrófica administração de Fonseca, por trás de cuja careca salpicada de sangue todos entreviam a crista do supremo manipulador da República, destruiu seus planos. O grande "condestável" tornara-se "condenável". Seus pares tinham-lhe horror e a opinião pública culpava-o de todas as calamidades nacionais.

No dia 15 de novembro de 1914, em que Hermes da Fonseca passou a faixa presidencial — instituída por ele — ao seu sucessor, o vice-presidente Venceslau Brás, saiu no jornal *Correio da Manhã* uma avaliação do descalabro governamental que se encerrava:

> Não haverá, por certo, em toda a história política do Brasil, lembrança de um governo que deixe o poder tão amaldiçoado, nem de um chefe de governo que saia da sua posição tão coberto pelo descrédito, pela cólera do povo e até, ultimamente, pelo ridículo. Por isso, a manhã

do dia de hoje é como uma aurora de esperanças e a atmosfera que respiramos nos dá a ideia de ser mais oxigenada. Dir-se-ia que éramos cativos e reconquistamos a liberdade. O lixo da situação miserável que nos aniquilou vai, portanto, ser varrido. Façamos ao marechal Hermes, depois do balanço da sua obra, uma apoteose da vassoura.

O ex-presidente foi descansar na fazenda de Pinheiro perto de Macaé, no Rio. Uma vez lá, disseram-lhe que o trem depois do seu descarrilara.

— É o diabo isso — comentou o nanico sanguinário —; agora vão dizer que foi porque eu passei pela linha.

No ano seguinte, com o assassinato de Pinheiro Machado, Hermes da Fonseca deixou a vida pública, consciente de que nada conseguiria na política sem o seu titereiro.

Contudo, em junho de 1922, encorajado pela bajulação do Exército, participou de uma conspiração militar contra o governo de Epitácio Pessoa. Foi detido e padeceu catorze meses preso, muito apropriadamente, no encouraçado com o nome de seu ídolo, *Floriano*, sentindo na pele o que sua desumanidade, mais que seu pé-frio, havia causado a tanta gente inocente.

Com a saúde e a soberba alquebradas, morreu em Petrópolis, dias após sua libertação. Foi sepultado à paisana, como o tio, Deodoro.

Contestado: a nova Canudos

Foi uma pena essa guerra não ter tido o seu Homero para cantá-la, como Canudos teve Euclides da Cunha. Ela durou cinco anos, resultou em 20 mil mortos e teve por inspiração não apenas um messias, e sim uma trindade messiânica, além de crianças iluminadas e moças virgens que comandavam exércitos.

O cenário desse épico meridional foi uma região rica em pinheirais chamada de Contestado, por ser disputada, ter sua posse "contestada", pelo Paraná e Santa Catarina. A construção de uma ferrovia expulsou numerosos camponeses das terras em que moravam, e outra massa de trabalhadores rurais, contratada por uma madeireira, ficou desempregada com o término dos contratos. Todas essas pessoas desamparadas e ignoradas pelo governo esperavam apenas um líder que as unificasse.

Entre 1844 e 1848 morou no Rio Grande do Sul, na região do Campestre, o monge Giovanni Maria, imigrante que no Brasil virou João Maria. Considerado um homem santo, entrou em confronto com as autoridades e desapareceu misteriosamente. Na época da Revolução Federalista, outro religioso itinerante, do tipo que os nordestinos chamavam "beato" e os sulistas "monge", percorreu o sul do Paraná fazendo pregações apocalípticas e realizando milagres e curas. Também se chamava João Maria e o povo julgava tratar-se do mesmo santo da época do Império. Em um de seus retratos está escrito "João Maria de Jesus, profeta com 188 anos". Sumiu de forma igualmente misteriosa, deixando atrás de si um rastro de lendas.

Em 1911, surgiu em Palmas, no Paraná, um terceiro "monge", que se fazia chamar José Maria. Caboclo alto, magro, desdentado e barbudo, afirmava ser o herdeiro espiritual de João Maria, com quem se parecia um bocado. Na verdade, seu nome era Miguel Lucena de

Boaventura, soldado desertor da Força Pública paranaense. Multidões o procuravam para ouvir suas palavras, receber bênçãos e poções para curar doenças.

Ainda mais sebastianista e monarquista que Antônio Conselheiro, José Maria, para quem o comércio era coisa do demônio, anunciava o advento de uma Monarquia Celestial para preparar o retorno de dom Sebastião, que reinaria num futuro de harmonia e paz. Seus livros sagrados eram a Bíblia e a *História de Carlos Magno e dos doze pares de França*, um romance de cavalaria. No município de Curitibanos, em terras doadas por Henriquinho de Almeida, um "coronel" solidário com os camponeses, José Maria e 2 mil seguidores estabeleceram uma comunidade, ou Quadro Santo.

Como Canudos, essa gente começou a ser perseguida por não se curvar à ordem oligárquica. O prefeito de Curitibanos, "coronel" Chiquinho de Albuquerque, inimigo de Henriquinho, denunciou o grupo ao governador de Santa Catarina como "uma ameaça monárquica à integridade da República". A polícia desbaratou a comunidade, que se reagrupou em outro Quadro Santo, sob a proteção de um novo "coronel" amigo dos camponeses, em Irani. Um reino foi organizado, com o dono da terra como rei, José Maria como profeta, uma milícia batizada Pares de França, virgens e crianças consagradas a Deus. Títulos de nobreza foram distribuídos: sertanejos tornaram-se duques e marqueses.

Um destacamento de 400 homens e uma metralhadora, enviado desta vez pelo Paraná, atacou os "pelados" (assim chamados porque alguns, capturados pela polícia, tiveram as cabeças raspadas). Mais de vinte combatentes morreram, incluindo o capitão da tropa e o profeta José Maria. Os soldados, ou "peludos", debandaram, e a Monarquia Celestial, aguardando a ressurreição de seu líder, continuou resistindo. Seis mil homens, sob o comando da virgem Maria Rosa, de 15 anos, dominaram uma área de 25 mil metros quadrados. Pela boca do menino-deus Joaquim, de 11 anos, são José Maria enviava ordens do além. Os rebeldes puseram fogo na madeireira, em uma estação de trem e venceram sete expedições enviadas contra eles.

Por fim, em setembro de 1914, o ministro da Guerra despachou o general Setembrino de Carvalho à frente de 7 mil homens, cerca de 80% do total do Exército, para sufocar a rebelião. Pela primeira vez no Brasil foram utilizados aviões para fins militares. Homens, mulheres e crianças foram massacrados; a guerra terminou apenas em janeiro de 1916.

MANDATO: 1914-18

APELIDOS: SEU LALAU, MINEIRINHO, SOLITÁRIO DE ITAJUBÁ

Ele é ótimo? é bom? sofrível? mau?
Tem sido tudo e nada. É o Venceslau.

Bastos Tigre

O desastroso governo Hermes da Fonseca fez com que São Paulo e Minas Gerais restabelecessem a Política do Café com Leite, firmando em 1913, na cidade mineira de Ouro Fino, o acordo tácito pelo qual se revezariam na presidência da República. Situacionista e de consenso, o candidato escolhido foi o vice-presidente mineiro **Venceslau Brás Pereira Gomes**.

Foi o terceiro de oito filhos do coronel Chico Brás, influente cacique político em São Caetano da Vargem Grande, atual Brasópolis, por obra de quem ingressou cedo na política. Venceslau tinha 46 anos ao receber a faixa presidencial.

Calado, bigodudo e de rosto corado, foi o presidente mais identificado com o típico político de Minas Gerais, isto é, pacato, matreiro, discreto e de fala mansa. Da sua atividade favorita, a pescaria, trouxe a paciência para as lides do poder. Era tão cauteloso que sua prudência passava por indecisão.

Não era homem de fazer inimigos, tampouco de cultivar lealdades, como se verificou no episódio de sua traição, quando governador de Minas, ao presidente Pena, e que lhe valeu a alcunha de "Judas Venceslau". Compensava a falta de grandes virtudes com uma que lhe sobrava, a mesma qualidade única identificada por Sainte-Beuve em Luís XIV e que constitui a mais preciosa para um governante: bom senso. Como o próprio presidente escreveu em suas memórias:

> Para a vida, mais vale o bom senso, o equilíbrio do espírito, do que os voos altaneiros das águias geniais. As águias, por isso que voam a grandes alturas, não veem com segurança as contingências do terreno onde a massa humana tem de agir.[1]

Ele passou toda a vice-presidência na sua fazenda em Itajubá; não ia ao Rio sequer para presidir o Senado, como era atribuição dos vice--presidentes da República de antanho. Quando Venceslau foi eleito presidente, o satirista Emílio de Menezes comentou ser aquele o primeiro caso de promoção por abandono de emprego.

O ânimo da população ficou patente quando, a caminho do Senado para a cerimônia de posse, o presidente eleito foi alvejado por manifestantes que lhe atiravam caroços de jaca.

Junto com a faixa verde e amarela, Venceslau herdou um país em frangalhos, arruinado e endividado. Pediu à Câmara e ao Senado que seu salário de 10 contos de réis fosse reduzido em 50%. Foi aprovado um corte de 20%, passando seus vencimentos para 8 contos. Era tão zeloso com o dinheiro público que recebeu do implacável Emílio de Menezes este epitáfio em vida:

> Morrendo verificou
> Estarem dez velas acesas.
> Levantando-se, reclamou:
> "Parcimônia nas despesas!"

A família do presidente levava uma vida simples e sem ostentação. A única festa ocorrida no Palácio Guanabara, durante o seu quadriênio, teve o objetivo de captar doações para socorrer os flagelados da seca no Nordeste, campanha dirigida pela primeira-dama, Maria Carneiro, com quem Venceslau teve sete filhos.

Assim como Prudente de Morais, o prudente Venceslau passou quase todo o mandato limpando a sujeira do governo anterior. Seu grande mérito foi baixar a crista de Pinheiro Machado, que, mesmo desgastado pelo desgoverno Hermes, continuava causando problemas à República. Quando, em dezembro de 1914, o senador gaúcho manobrou para que Nilo Peçanha, reeleito governador do Rio, não assumisse o cargo, Venceslau enviou tropas federais para assegurar a posse de Nilo no Palácio do Ingá, em Niterói. Diante de tamanha afronta, o autoritário caudilho ameaçou o presidente com a retirada do seu apoio:

— Os ministros deixarão as suas pastas, apenas um ficará com você!

A tranquila resposta do Mineirinho foi:

— Há muita gente no Brasil com capacidade para ser ministro, general. Se esses renunciarem, nomearei outros.

Em 1915, outro derrotado nas urnas acabou tomando posse por ser aliado de Pinheiro: Rosa e Silva, que perdeu a eleição para governador de Pernambuco. Imediatamente Venceslau nomeou o legítimo eleito, Bezerra Cavalcanti, ministro da Agricultura: mais uma afronta ao furibundo Fazedor de Reis, que não estava acostumado a ser peitado dessa forma. Por fim, o presidente articulou para que antipinheiristas obtivessem maioria na Comissão de Verificação de Poderes, cortando a força do caudilho na fonte. Ao cair este, meses depois, sob as punhaladas de um assassino, era um mero senador como qualquer outro (ver página 126).

No ano de 1917, após ter três navios postos a pique por esquadras alemãs, o Brasil saiu de sua neutralidade e declarou guerra ao Segundo Reich em outubro. Por todo o país criou-se um clima de euforia patriótica e apoio à "gloriosa atitude brasileira de apoiar os Aliados". O escritor Monteiro Lobato denunciou esse nacionalismo guerreiro como uma forma de desviar a atenção dos brasileiros dos verdadeiros problemas nacionais, como a precariedade da saúde pública e o "caráter antidemocrático do governo presidencialista, que não dava poderes à Câmara e ao Senado, verdadeiros governantes das democracias parlamentares". Outros, no entanto, criticavam o governo por demorar em enviar tropas brasileiras à Europa, chamando o presidente de indeciso. A verdade é que Venceslau não via vantagem alguma para o Brasil nessa aventura. Por fim, incapaz de contemporizar por mais tempo, enviou reforços rumo ao conflito.

Durante a viagem, os marinheiros confundiram um cardume de golfinhos com um submarino alemão e abriram fogo contra os pobres cetáceos, episódio imortalizado com o nome de Batalha das Toninhas. Foi a única que os brasileiros travaram: chegando a Gibraltar, em 11 de novembro, a I Guerra Mundial havia terminado.

A política de austeridade e cortes de gastos públicos equilibrou as finanças do país, recebendo a aprovação da Casa Rothschild, credora do Brasil desde o Império. Uma das últimas medidas do presidente Venceslau foi de grande relevância: extinguiu a Guarda Nacional, que concedia títulos de "coronel" a caciques do campo.

Sem Pinheiro Machado para tumultuar com suas maquinações o processo sucessório, a Política do Café com Leite assegurou uma tranquila transmissão do poder para um presidente paulista (Rodrigues Alves) e um vice mineiro (Delfim Moreira). No entanto, com a doença, e posterior falecimento, do presidente eleito, foi ao seu primo e ex-colega de faculdade Delfim, a 15 de novembro de 1918, que Venceslau passou a faixa presidencial.

Embora tivesse apenas 50 anos ao deixar a presidência, abandonou a política, sob o argumento de que "depois de ter sido presidente da República, a nada mais deve aspirar um homem na vida pública". E voltou a Itajubá, para seus negócios particulares e sua pescaria, onde morreu aos 98 anos, sendo o mais longevo de todos os presidentes brasileiros.

Talvez a melhor avaliação de Venceslau como presidente nos tenha sido fornecida pelo sempre cáustico Emílio de Menezes:

> Nem ótimo, nem péssimo, vai indo,
> Personificação do meio-termo.

Veio das vascas do governo findo
E é um paliativo no país enfermo.

Ora galgando as alturas, ora caindo,
Ora na multidão, ora num ermo.
Alguns afirmam que é um talento lindo,
Outros que é um pobre e simples estafermo.

A QUEDA DO FAZEDOR DE REIS

O que esperar de um político que praticamente inaugurou sua carreira parlamentar tomando parte em uma sórdida conjura para assassinar um presidente pacifista? Durante dez anos o pomposo senador Pinheiro Machado, com alfinete de pérola na gravata de seda e bengala com cabo de marfim — de unicórnio, segundo ele — corrompeu o sistema eleitoral em benefício próprio e em detrimento da República.

A Comissão de Verificação de Poderes, origem do seu imenso poder, fora uma sugestão dele próprio, instituída pelo Congresso controlado por Campos Sales. Formada por cinco parlamentares, sua função oficial era julgar a regularidade e licitude das eleições, definindo quais candidatos eleitos pelo voto para cargos executivos ou legislativos podiam tomar posse, hoje prerrogativa da Justiça Eleitoral. Na prática, servia para afastar os eleitos não afinados com a Política dos Governadores; nas mãos do caudilho, tornou-se instrumento pessoal de dominação da política brasileira.

A seu bel-prazer, Pinheiro Machado eliminou no nascedouro dezenas de mandatos parlamentares, cujos detentores eram "degolados", como se dizia à época. "Eleito o senhor foi, o que não vai ser é diplomado", costumava dizer aos desafetos. Compreensivelmente, poucos políticos na história fizeram tantos inimigos.

Como ele agia nos bastidores, o povo demorou a perceber quem era o seu algoz; depois do quadriênio Hermes da Fonseca, o senador não podia sair às ruas sem ser hostilizado por multidões enraivecidas. Numa dessas ocasiões, falou ao chofer para prosseguir "nem tão devagar que pareça afronta, nem tão depressa que pareça medo". Na tribuna da Câmara, um deputado apresentou o seguinte projeto de lei:

Artigo 1º — Elimine-se o sr. Pinheiro Machado.
Artigo 2º — Revogam-se as disposições em contrário.

O paladino que finalmente livrou o Brasil daquele político funesto não foi um "degolado" por ele, e sim um homem do povo que se julgava o são Jorge destinado a acabar com o dragão que espalhava iniquidade pelo país.

No dia 8 de setembro de 1915, quando o caudilho entrava no Hotel dos Estrangeiros, o também gaúcho Manso de Paiva apunhalou-o pelas costas: modo inglório de morrer para quem sonhara ter o mesmo fim de Júlio César, acutilado por trinta nobres em plena Cúria.

Pouco depois do assassinato, ouvia-se em Lavras da Mangabeira, no Ceará, os seguintes versos, ao som da guitarra do cantador Napoleão:

Dizia o Manso já preso
— Não fui por ninguém mandado.
Fui porque via o país
ficando subjugado.

Disse: "Eu te corto, pinheiro.
Eu te arrebento, machado!"

Matei o chefe dos chefes...
Podem, pois, me condená.
Matei o sinhô do Hermes,
o algoz do Ceará.

Mandava o país em peso,
do Rio Grande ao Pará.

Não dá mais fruta o pinheiro,
não tem mais gume o machado.
Agora cria ferruge
e fica inutilizado...

Eu livrei do cativeiro
a nação e o Senado.

Mandato: 1918-19

Apelido: Nhô Derfim

Inteligência abaixo do medíocre, e tão incompetente como nulo.

Soares dos Santos

Criado em Santa Rita do Sapucaí, no sul de Minas Gerais, Delfim Moreira da Costa Ribeiro tinha um *background* semelhante ao do primo Venceslau, embora fosse menos inteligente. Conseguiu, no entanto, chegar a governador de Minas, e seu governo, simultâneo ao de Venceslau na presidência da República, foi beneficiado pelo parente presidente, que também o escolheu para vice de Rodrigues Alves.

Em 1º de março de 1918, o idoso conselheiro foi o primeiro presidente da República reeleito no Brasil. Acometido, no entanto, pela gripe espanhola (ver página 132), enviou em 14 de novembro, véspera da posse, comunicado ao Congresso Nacional notificando que transferia o cargo ao vice, de 50 anos, empossado no dia seguinte como presidente interino.

Uma situação insólita se estabeleceu. O presidente em exercício ia diariamente à casa do presidente eleito, vizinha ao Catete, para despachar e receber instruções do conselheiro, nada fazendo sem o consentimento dele. A residência na rua Senador Vergueiro passou a ser chamada de Catetinho, e era lá onde funcionava o governo de fato. No Catete, Delfim percorria silenciosamente os salões vazios, pois ninguém o procurava.

Esse arranjo pouco durou. Em 16 de janeiro de 1919, Rodrigues Alves faleceu. Não tendo cumprido metade do mandato, novas eleições foram convocadas para o dia 13 de abril. Delfim permaneceria na presidência até 14 de novembro.

Mineiro afável, de sotaque carregado, o presidente conservava hábitos simples, que beiravam a jequice. Sua mulher e prima, dona Chiquinha, mandava comprar pano para fazer coadores de café com as próprias mãos, deixando boquiabertos os funcionários do palácio. Essa faceta caipira de Delfim era realçada pela enfermidade mental de que dava mostras cada vez mais inequívocas. Em certa ocasião, de casaca e cartola, mobilizou batedores e todo o aparato presidencial somente para ir à loja Torre Eiffel, na rua do Ouvidor, comprar um colarinho de ponta virada. Visitado por Carneiro Felipe, diretor da Casa de Osvaldo Cruz, o presidente mostrou-lhe os amplos jardins do Catete, dizendo:

— Ô terreno bão pra criar galinha, seu Carneiro!

Não se sabe quando tiveram início os sintomas da moléstia que lhe encurtou os dias. Testemunhas afirmam que, já ao desembarcar no Rio de Janeiro, o vice-presidente eleito parecia "mais morto que vivo", de aspecto deplorável, tez macilenta, olheiras profundas e "debilidade gritante". Ninguém o julgava capaz de se manter quinze dias no cargo, e o militar Dantas Barreto assegura ter sido tão notória a incapacidade mental de Delfim, que não a ocultavam nem os que tinham de fazê-lo por conveniência política.

O presidente assinava papéis sem ler, e quando lia, não entendia nada. Sua doença, semelhante a uma "senilidade precoce", o deixava ora "apatetado", ora dado a falar coisas sem o menor sentido. Enquanto isso, greves gerais supuravam pelo país, tão doente quanto o seu primeiro magistrado. Quem de fato governava era o ministro da Viação e Obras Públicas, Afrânio de Melo Franco, pai de Afonso Arinos.

Tampouco se conhece a exata natureza da alienação de Delfim. Para alguns, tratava-se de uma arteriosclerose prematura; para outros, teria sido causada por um forte abalo no sistema nervoso: descoberto o seu caso extraconjugal com uma professora pública, esta se suicidou para não enfrentar o escândalo. Segundo outra versão, o desafortunado mandatário padecia de sífilis terciária, sendo a instabilidade mental, nesse caso, o menor de seus problemas.

> Aí temos, não resta dúvida, nessa perturbação mental do político mineiro, outro episódio muito importante, suprimido de todos os compêndios de história do Brasil. Muito importante, sim, porque ele

era o chefe do Executivo, e compete-nos indagar se a sua doença influiu nos destinos do país.[1]

Rui Barbosa foi uma vez visitar o presidente, acompanhado de um jornalista. Os dois tiveram de aguardar por uma hora, durante a qual a porta do gabinete presidencial se entreabria e se fechava, de instante a instante: era o presidente a espiá-los. Rui teria dito, então:
— Que estranho país é o Brasil, onde até um louco pode ser presidente da República e eu não posso.

De fato, a Águia de Haia perdera em abril a sua terceira e última eleição para a presidência — ou a segunda, considerando que, em 1910, ganhou sem levar. Rodrigues Alves o havia convidado para chefiar a delegação brasileira à Conferência da Paz, em junho de 1919, quando seria assinado o Tratado de Versalhes, mas Rui recusara, preferindo ficar no Brasil para articular a sua candidatura, tão iminente era a morte do presidente dorminhoco.

O grande tribuno recebeu um terço dos votos e venceu no Distrito Federal, mas um candidato de oposição não tinha chance de vitória contra a nova edição da Política do Café com Leite, tão fortalecida que, dez anos mais tarde, o presidente que a derrubou caiu junto com ela. O vencedor do pleito de 1919 foi outro nordestino, o paraibano Epitácio Pessoa, que, mesmo sem ser paulista ou mineiro, representava os interesses dos cafeicultores do Sudeste e tinha apoio do Rio Grande do Sul. Rui só foi reconhecido como presidente depois de sua morte, em 1923, ao ser enterrado com honras de chefe de Estado.

Após entregar o cargo ao novo presidente, Delfim Moreira voltou para Santa Rita do Sapucaí. O falecimento de sua filha Alzira, de 12 anos, em janeiro de 1920, piorou consideravelmente a condição do ex-presidente. Por fim hospitalizado, injetaram-lhe doses cavalares de mercúrio que, em vez de curá-lo, o mataram aos 51 anos.

A GRIPE ESPANHOLA

A pandemia do vírus *influenza*, que se espalhou pelo mundo em 1918, recebeu esse nome no Brasil por ter irrompido no Rio de Janeiro após a chegada de um navio que trazia imigrantes da Espanha. O vírus teria se originado dos miasmas exalados por cadáveres insepultos nos palcos da guerra europeia; na verdade, os primeiros casos da doença foram registrados em Kansas e Nova York, Estados Unidos, durante o mês de março. O surto virótico matou 17 mil pessoas em dois meses no Rio de Janeiro e 8 mil em São Paulo durante um mês, protagonizando cenas que, hoje em dia, veríamos apenas em filmes de horror ou ficção científica, com corpos putrescentes amontoados nas ruas e nas entradas de cemitérios. Como o Serviço Funerário não dava conta dos enterros, presidiários eram obrigados a trabalhar como coveiros. No dia 16 de outubro, "uma onda humana invadiu o prédio", relatou o médico Moncorvo Filho, diretor do Instituto de Proteção e Assistência à Infância; "havia gente de todas as classes sociais, indivíduos brancos e de cor, velhos, moços e crianças, carregados uns pelos outros, alguns que entravam a cambalear, esquálidos, ardendo em febre, outros a vomitar e finalmente alguns já a expirar na via pública".

Mandato: 1919-22

Apelidos: Patativa do Norte, Tio Pita

Em sangue ele afogará a República, o país e a lei.

Pedro Lessa

Epitácio Lindolfo da Silva Pessoa nasceu em Umbuzeiro, na Paraíba, caçula de cinco filhos de uma das famílias mais tradicionais dessa província. Em 1873, aos 8 anos, perdeu a mãe e, quarenta dias depois, o pai, vítimas de varíola. Ambos tinham 36 anos ao morrer.

O pequeno órfão e um irmão, Antônio, foram enviados a Pernambuco, aos cuidados do tio, o poderoso barão de Lucena, várias vezes presidente da província, no Império, e ministro de Deodoro, na República. O barão pouco se ocupou dos sobrinhos, matriculando-os num colégio interno, o Ginásio Pernambucano, dirigido por monsenhor Joaquim, futuro cardeal Arcoverde. Epitácio Lindolfo era um aluno excelente, mas tão insubordinado que vivia sofrendo o suplício da palmatória, chegando a ser trancafiado, pelo próprio monsenhor, em um cubículo estreito, a pão e água, por oito dias.

Depois de colar grau na Faculdade do Recife, em novembro de 1886, iniciou uma bem-sucedida carreira como jurista e político. Aos 29 anos, com pouco mais de nove meses de casamento, perdeu a esposa, falecida ao dar à luz um filho natimorto, em abril de 1895. Três anos depois, desposou em segundas núpcias Maria da Conceição Manso Saião, apelidada "Mary", moça da alta sociedade carioca, na Igreja da Candelária, como era moda então. Mary achava que "dos selvagens paraibanos, o melhorzinho era mesmo Epitácio". Apesar do preconceito, a primeira-dama prestou serviços de assistência social e criou a Casa de Santa Inês, pensionato para pessoas necessitadas que existe até hoje. Desse casamento Epitácio teve três filhas, às quais dedicou tanto carinho quanto indiferença e desdém a todos os demais seres humanos.

Esse preconceito que sofreu, da parte de paulistas e cariocas, por ser nordestino, não contribuiu para moderar o seu próprio. Apanhado em uma citação errada por Pedro Lessa, o primeiro negro a ingressar no Supremo Tribunal Federal, Pessoa desatou a odiar mortalmente o colega, dizendo, na imprensa, que Lessa "fala grosso para disfarçar a ignorância com o mesmo desastrado ardil com que raspa a cabeça para dissimular a carapinha". Mais tarde, já presidente, vetou a participação de futebolistas negros na seleção que disputaria o Campeonato Sul-Americano, em 1921. Pedro Lessa vaticinou que a presidência de Pessoa seria "o sistema da mais desbragada desonestidade administrativa, do mais odioso e injusto favoritismo", além de uma época "nunca dantes vista da patifaria oficial escancarada".

Epitácio era baixinho, muito elegante, fotogênico, cuidava bem do vasto bigode e penteava o topete para cima. Em 1912, aos 47 anos, aposentou-se do STF com vencimentos integrais, por causa de um cálculo na vesícula. Depois, tão logo eleito senador pela Paraíba, foi descansar por um ano e meio na Europa. Ao contrário do antecessor Venceslau Brás, não teve o menor escrúpulo em usufruir os recursos públicos; a imprensa o acusava de ser um cabide de empregos. De fato, Epitácio recebia uma pequena fortuna em salários e aposentadorias pagos pelo contribuinte, como professor da Faculdade do Recife, em férias vitalícias, ministro aposentado do Supremo, senador e juiz da Corte Internacional de Haia. No exterior, recebia duas ajudas de custo, uma pela Corte e outra, ilegal, através de verba secreta do Itamarati. Também ganhou rios de dinheiro como advogado de empresas estrangeiras em processos contra o Brasil. Segundo um embaixador inglês ao Foreign Office, Pessoa estava "sempre pronto, em troca de vantagens pessoais, a colocar seus grandes conhecimentos jurídicos a serviço das corporações britânicas em dificuldades com as leis brasileiras".[1]

Com a intempestiva morte de Rodrigues Alves e a inoportuna demência de Delfim Moreira, São Paulo e Minas Gerais não chegaram a um acordo sobre qual paulista ou mineiro daria prosseguimento à Política do Café com Leite. A solução para o impasse foi a eleição de um político de outra província, neutro e defensor dos interesses dos cafeicultores. A escolha recaiu no senador Epitácio Pessoa, representante da oligarquia mais poderosa do seu pequeno e miserável estado. "Paraibano ou mineiro, fluminense ou paulista, o presidente não podia alhear-se do serviço aos interesses dominantes. No máximo, ser-lhe-ia permitido brincar com obras contra as secas, contanto que aprovasse a valorização do café."[2]

Coisa possível somente no esquema de cartas marcadas com que se escolhiam presidentes na República Velha, Epitácio foi eleito chefe de Estado sem fazer campanha e sem sequer estar no Brasil; encontrava-se na posição que Rui Barbosa recusara, de chefe da delegação brasileira em Versalhes. Essa delegação, por sinal, pouco teve de notável, exceto seu tamanho, composta pelos dez delegados oficiais e suas famílias, assessores, convidados e acompanhantes, praticamente lotando um navio com brasileiros ansiosos para se divertir em Paris à custa do erário.

Como diz Osvaldo Trigueiro, advogado e ex-prefeito de João Pessoa, em suas memórias intituladas *A política do meu tempo*, Epitácio

> tinha tudo o que caracteriza o temperamento áspero: autoritário, intolerante, inflexível, polêmico, era uma figura que só podia militar na política em posição de mando. Revelou-se sempre cioso de uma autoridade que sabia exercer de maneira total. Dele se pode dizer, sem exagero, que era a negação do democrata, porque lhe faltava a capacidade de transigência, o gosto da conciliação, a vocação da popularidade. Aristocrata de maneiras, algo feudal de mentalidade, era o antípoda do político hábil ou jeitoso, que se esmera em enfrentar as crises e conservar os amigos.

Em sua pequena pessoa Epitácio encarnava o conservadorismo *belle époque* da República Oligárquica, de que foi o suprassumo, mas também a ruína. Durante seu governo a Política dos Governadores, da qual o falecido Pinheiro Machado fora fiador, passou a ser a Política do Presidente, inaugurando o ciclo dos presidentes enérgicos e autoritários cuja inflexibilidade precipitou a Revolução de 1930. A tensão entre oligarcas e militares, as duas forças antagônicas que haviam feito a República, acabaria degenerando em guerra e causando a derrocada da República Velha.

Seis dos sete ministérios que nomeou foram para os três estados a quem devia a presidência: São Paulo, Minas Gerais e Rio Grande do Sul. A fim de mostrar às Forças Armadas quem mandava no país, Epitácio nomeou políticos civis para as pastas militares, Pandiá Calógeras (Guerra) e Raul Soares (Marinha), coisa nunca vista desde o Império e que levou a ofendida oficialidade a fazer oposição acirrada ao governo. Outra medida que desgostou os militares foi a revogação do decreto de 1889, que havia banido a família imperial, seguida do traslado, para o Brasil, dos restos mortais do imperador Pedro II e da imperatriz Maria Teresa, que repousam na Catedral de Petrópolis.

Também os movimentos grevistas foram tratados com mãozinha de ferro pelo nanopresidente. Aos três meses de governo, mandou fechar um dos principais jornais da classe operária, *A Plebe*, e deportar líderes anarquistas e comunistas de nacionalidade italiana. As greves, no entanto, prosseguiram, inclusive contagiando os quartéis.

Nem tudo nesse governo foi reacionarismo e repressão. Efervescente como nunca, a vida social no Palácio do Catete teve seu ponto culminante na recepção de gala, em setembro de 1920, oferecida aos reis da Bélgica. Obras importantes contra a seca no Nordeste foram encomendadas, incluindo a construção de 200 açudes, e mil quilômetros de ferrovias germinaram no solo nacional. Porém, cedendo a pressões paulistas, o governo comprou e estocou 4,5 milhões de sacas de café, forçando mais um aumento no preço do produto, sempre em queda no mercado estrangeiro. Essa terceira valorização do ouro verde exigiu maciças emissões de moeda, causando desvalorização do câmbio e inflação. Como sempre, o que era bom para os cafeicultores era ruim para o país.

Revelando um aspecto positivo da sua personalidade, a curiosidade intelectual, o presidente subvencionou com 60 contos de réis a expedição do explorador inglês Percy Fawcett, que viera ao Brasil em busca de uma fabulosa cidade perdida nas entranhas de Mato Grosso. Fawcett desapareceu na selva e nunca mais foi visto.

No ano de 1921, em continuação ao Café com Leite sucessório, o governador mineiro Artur Bernardes foi o candidato proposto por Minas, aceito por São Paulo e apoiado pelo presidente. Nilo Peçanha também se candidatou à presidência, lançando a antioligárquica Reação Republicana. Setores ligados a esta procuraram desestabilizar a candidatura oficial divulgando, pelos jornais, cartas falsamente atribuídas a Bernardes contendo insultos a Nilo e a Hermes da Fonseca, que os oficiais descontentes haviam elegido seu líder (ver página 140).

Em 28 de dezembro, o Clube Militar, presidido pelo marechal Hermes, julgou autênticas as cartas e exigiu a renúncia de Bernardes à sua candidatura. O governador de Minas não apenas se recusou a renunciar, como foi vitorioso nas eleições a 1º de março de 1922, em resultado notoriamente fraudulento.

O estopim do confronto ocorreu quando o Exército foi convocado para sufocar rebeliões populares contra o novo governo estadual de Pernambuco. Em 29 de junho, o asinino Hermes telegrafou a Recife, conclamando os militares a desobedecerem ao governo. Como resultado, foi preso a 2 de julho, e o Clube Militar, fechado. Dois dias depois, estourou a Revolta do Forte de Copacabana, reprimida pela União, mas inauguradora do Movimento Tenentista, cuja duração foi de 1922 a 1927 (ver página 150).

Em 6 de setembro foi oficializado o Hino Nacional Brasileiro e, no dia seguinte, comemorado o Centenário da Independência com a Exposição Nacional, que marcou a entrada vigorosa do capital norte--americano na incipiente indústria brasileira e na qual teve lugar a primeira transmissão radiofônica do país: um discurso do presidente.

No dia 15 de novembro, Epitácio entregou a faixa ao sucessor: "Desejo que faça pelo Brasil todo o bem que eu quis, mas não pude ou não soube fazer." Pouco antes, no entanto, confidenciara a alguém: "Bernardes não aguentará 24 horas no Catete."

Epitácio voltou ao Senado, prosseguiu sua carreira de jurista e escreveu um livro, *Pela verdade*, em que procura justificar as arbitrariedades cometidas durante sua gestão. Viveu para ver o sobrinho, João Pessoa, governar a Paraíba desde 1928, concorrer à vice-presidência na chapa da Aliança Liberal em 1929, ser assassinado a tiros em 1930 e se tornar o nome da capital da Paraíba.

Morreu em Petrópolis, aos 76 anos, após lutar no fim da vida com o mal de Parkinson.

O juiz aposentado por enfermidade grave em 1912 viveu bem por mais três décadas.

As cartas pseudobernardinas

A caligrafia nesses documentos é tão parecida à de Artur Bernardes, que enganou até peritos. Os falsários Jacinto Guimarães e Oldemar Lacerda tiveram o cuidado de surrupiar, em Belo Horizonte, papéis de carta timbrados do gabinete do presidente de Minas e copiar, da foto de uma missiva autêntica, a letra do governador.

Uma falha grosseira na composição dessas fraudes — que acabou não sendo levada em conta, tamanha era a ânsia dos inimigos de Bernardes por acreditar nelas — foram os erros de português, que jamais teriam sido cometidos pelo douto governador mineiro, capaz de matar qualquer um, mas nunca de assassinar a língua portuguesa.

Os falsários venderam as cartas a um senador, Irineu Machado, patife que apoiava a Reação Republicana, para desonra desta, e que as fez publicar pelo *Correio da Manhã*.

A primeira carta, supostamente endereçada por Bernardes ao ministro civil da Marinha, o também mineiro Raul Soares, é a de conteúdo mais bombástico. Vale a pena reproduzi-la na íntegra, com os erros ortográficos originais:

Belo Horizonte, 3-6-921
Amigo Raul Soares
Saudações afetuosas

Estou informado do ridículo e acintoso banquete dado pelo Hermes, esse sargentão sem compostura, aos seus apaniguados, e de tudo que nessa orgia se passou. Espero que use com toda energia (sic), de acordo com as minhas últimas instruções, pois, essa canalha precisa de uma reprimenda para entrar na disciplina. Veja se o Epitácio mostra agora a sua apregoada energia, punindo severamente esses ousados, prendendo os que saíram da disciplina e removendo para bem longe esses generais anarquizadores. Se o Epitácio com medo não atender, use de diplomacia que depois do meu reconhecimento ajustaremos contas.

A situação não admite contemporizações os que forem venais, que é quase a totalidade, compre-os com todos os seus bordados e gallões (sic).

Abraços do
Artur Bernardes

É de estranhar que uma missiva cujo autor chamou os militares de "canalha", venais em sua quase totalidade, e o seu principal líder de "sargentão", tenha provocado não uma, e sim um ciclo de rebeliões pelos quartéis de todo o país?

Ainda mais mal escrita que a primeira, a segunda carta, datada de 6 de junho de 1921, contém petardos contra os militares e Nilo Peçanha: "Todavia, desacordo com outra prorrogação (sic) por que ela devia ter sido realizada antes da chegada do Nilo, pois, como V. disse, esse moleque é capaz de tudo. [...] Das classes armadas nada devemos temer, devido aos compromissos assumidos pelo Epitácio, agindo com toda energia."

Embora o presidente de Minas tenha negado enfaticamente a autoria de tais documentos, ela dividiu opiniões em seu tempo. De modo geral, as pessoas de bom senso inclinavam-se à mesma opinião de Rodrigo Cambará, em *O tempo e o vento*:

"— Mas o senhor acredita ou não acredita na autenticidade das cartas do Bernardes? — perguntou Juquinha Macedo.

"O militar encolheu os ombros.

"— Confesso que não tenho opinião no assunto.

"— Pois eu — interveio Rodrigo — não acredito.

"— Baseado em quê? — quis saber Chiru.

"— Muito simples. Bernardes é mineiro, e como tal cauteloso e cheio de manhas. Um mineiro jamais escreveria coisas assim tão comprometedoras, principalmente em tempo de campanha eleitoral."[3]

MANDATO: 1922-26

APELIDOS: ROLINHA, SEU MÉ, CALAMITOSO,
PRESIDENTE CLEVELÂNDIA, TARADO DE VIÇOSA

Não exagero chamando de criminoso comum o presidente que, prendendo por ódio ou interesse pessoal, incidia, não somente na lei de responsabilidade, mas principalmente, no Código Penal, em cujos artigos o ditador andou saltitando, de um para outro, segundo os tremeliques do seu pavor ou dos seus incuráveis rancores.

Maurício Lacerda

Um dos presidentes brasileiros mais odiados de todos os tempos, o mineiro **Artur da Silva Bernardes** nasceu em Cipotânea, na comunidade rural da Paciência, terra de sua mãe. Ele sempre alegou ter nascido em Viçosa, cidade muito mais próspera e desenvolvida, por vergonha de sua origem modesta. Seu pai, um português, exercia a função de solicitador, ou advogado não diplomado, em diversas comarcas da Zona da Mata mineira.

Artur foi o quarto de sete irmãos, dos quais só ele seguiu carreira na política. Pouco se sabe da sua meninice em Viçosa, o que é sugestivo, pois quando adulto dava a impressão de não ter tido infância.

Em um libelo contra o presidente, publicado em 1926 e que prima mais pelo estilo que pela exatidão, Assis Chateaubriand atribui o caráter cruel e impiedoso de Bernardes, tão diferente do temperamento tímido e pacato comum aos mineiros, à sua origem na Zona da Mata, que forneceu a Minas os senhores de escravos mais duros e intratáveis. Durante a escravidão, era comum um fazendeiro do Norte infundir terror na alma de um escravo indisciplinado simplesmente ameaçando-o: "Ah, negro! ou te corriges ou vendo-te a um senhor da Mata!"[1]

Em 1887, foi matriculado no rigoroso e tradicional Colégio Caraça, mas ficou apenas dois anos no internato, por falta de recursos da família. O garoto teve de ir trabalhar no comércio; seu primeiro emprego foi na empresa de um cunhado. Aos 18 anos, ocupava a posição de guarda-livros, ou contador, em outra firma, na cidade de Rio Branco. Ambicioso e determinado, economizou o bastante para retomar os estudos em 1894, na capital do estado, Ouro Preto. Por seu próprio mérito, acabou formando-se bacharel em direito, no ano de 1900, e praticou advocacia em Viçosa e comarcas vizinhas.

Em 1903, aos 28 anos, recebeu no altar Clélia Vaz de Melo, filha do senador Carlos Vaz de Melo, que introduziu o genro na política. O casamento com Clélia e com a vida pública durou mais de meio século, até que a morte os separou. Com muita paciência — sua maior virtude —, trabalho duro e um empurrãozinho do sogro, Artur chegou a presidente da Câmara de Viçosa, deputado federal e duas vezes secretário das Finanças do estado. Finalmente, sucedeu Delfim Moreira como governador de Minas Gerais, em 1918. Já em 1919, seu nome foi cogitado para a sucessão de Rodrigues Alves, prevalecendo, contudo, o "neutro" Epitácio, o que permitiu a Bernardes concluir o mandato.

Sua passagem pelo Palácio da Liberdade, em Belo Horizonte, não foi memorável. Construiu, é verdade, a Escola Superior de Agricultura de Viçosa e, em homenagem ao sogro que lhe abriu as portas, a Colônia Agrícola Vaz de Melo. Mas também, movido por um protecionismo tacanho, entravou o progresso da indústria da mineração, opondo-se à extração de ferro na cidade de Itabira pela empresa do magnata estadunidense Percival Farquhar, projeto que depois, como presidente da República, inviabilizou por completo. "E se deixarmos durante 200 anos este minério de ferro nas nossas jazidas, que patrimônio não legaremos às futuras gerações do Brasil?", ponderou então.

Tamanha obtusidade nacionalista advinha do fato de Bernardes ser um jacobino. Que grande infortúnio para o Brasil esse homem tão diligente ter sido infectado, bem cedo na vida, pelo germe do despotismo, a saber, a adoração por Floriano Peixoto! O exemplo deletério do Caboclo do Norte, assimilado por um temperamento mesquinho e rancoroso, foi o causador de quase todos os males e abusos ocorridos durante o nefasto quadriênio de 1922-26.

Artur Bernardes era alto, magro, aprumado, de longos braços e mãos poderosas. Tinha rosto comprido, nariz voluntarioso e lábios finos; a pequena cabeça de ralos cabelos ficou logo semicalva. Recobria o primitivismo interiorano com um verniz de acentuada civilidade e correção vernacular. Mesmo Assis Chateaubriand, que lhe tinha ojeriza, reconhece nele um "homem de rara polidez de maneiras, um tirano azul, acessível e gentil". Latinista e carola, portanto desprovido de senso de humor, achava-se imbuído de uma espécie de missão sagrada a cumprir na presidência.

"Assim como os escorpiões moram na umidade dos porões abandonados, a vermina dos prejuízos do dr. Artur Bernardes se aninha no misticismo tenebroso da sua alma, que deles fez uma divindade negra, em obséquio à qual celebra as missas do terror."[2] A despeito da grandiloquência de Chateaubriand, é inegável que havia algo de sinistro naquele semblante sempre impassível e naqueles olhos sem expressão, que costumavam cravar-se em seus interlocutores por trás de um pincenê.

Uma amostra de próprio punho da notória insensibilidade dessa coluna de gelo é um documento achado nos seus arquivos privados, espécie de rol dos seus oito filhos com Clélia, que mais parece a página de um cartório de registro civil de nascimentos e óbitos:

> *Clélia* nasceu a 15 de abril de 1904 na Fazenda Petrônia. *Artur* nasceu a 16 de setembro de 1905 na casa que pertence ao Graça (rua de cima). *Maria da Conceição* nasceu a 23 de outubro de 1906 na casa que pertence ao padre Corrêa. *Dália* nasceu a 20 de julho de 1908 na casa que pertence ao padre Corrêa. Faleceu a 17 de fevereiro de 1910. *Rita* nasceu a 17 de agosto de 1909 em nossa casa. *Silvia* nasceu a 2 de março de 1911, em Belo Horizonte, à rua Pernambuco, na casa do desembargador Resende Costa. *Geraldo* nasceu a 30 de setembro de 1912 em Belo Horizonte, à rua Pernambuco, na casa do falecido desembargador Resende Costa. *Silvia* faleceu a 25 de outubro de 1912, em Belo Horizonte, na casa onde nasceu, e está sepultada no Cemitério Municipal. *Maria de Pompeia* nasceu a 25 de março de 1922, no Palácio da Liberdade, em Belo Horizonte.

Escolhido para suceder Epitácio Pessoa, suportou a aguerrida oposição da Reação Republicana, cuja campanha ganhou as ruas. No

Carnaval de 1922, um samba a favor de Nilo "Goiabada" Peçanha, mas dedicado a Artur Bernardes, o "Seu Mé" — por causa da cara de carneiro —, animou os foliões:

> Ai, seu Mé!
> Ai, seu Mé!
> Lá no Palácio das Águias, olé!
> Não hás de pôr o pé...
> O zé-povo quer a goiabada campista.
> Rolinha, desista.
> Abaixa essa crista...
> Embora se faça uma bernarda a cacete,
> não vais ao Catete!
> Não vais ao Catete!

Pois o Rolinha não só foi, contra a vontade do povo e das Forças Armadas, como, uma vez empossado, mandou prender os autores do samba, Freire Júnior e Nunes Sampaio.

Tendo recebido o governo em estado de sítio* por causa da Revolta do Forte de Copacabana, assim o manteve quase todo o mandato. Revelando-se um déspota feroz e vingativo, fechou o *Correio da Manhã*, que veiculara as cartas falsas, cassou o senador Irineu Machado e perseguiu implacavelmente todos os que haviam apoiado a Reação Republicana. Decretou intervenção na Bahia e no Rio de Janeiro, onde afastou o governador Raul Fernandes, simpático a Peçanha, e o substituiu pelo interventor Aureliano Leal. No Rio Grande do Sul, estimulou

---

* Embora não fosse exemplo de democrata — nem de coisa alguma, diga-se —, Chateaubriand estava certo ao afirmar: "Os sítios, entre nós, sobretudo só tem servido, em grande parte, para encher as prisões de inocentes e aumentar, pela revolta das consciências, o número de revolucionários em todo o país."

a rebelião contra o mandachuva Borges de Medeiros, que havia se oposto à sua candidatura.

"O ódio é nele, como no sertanejo, uma força inextinguível, que o acompanha com a fatalidade de uma tara", invectivava Chateaubriand.[3]

A censura voltou e a polícia do Rio, a fim de reprimir qualquer dissidência, foi militarizada e entregue ao general Fontoura, chamado de General Escuridão por ser um militar de poucas luzes, e ao famigerado Major Metralha (Carlos Reis). Nos porões das delegacias, críticos do regime eram espancados e torturados, ou simplesmente encarcerados ao lado de criminosos comuns, como sucedeu aos jornalistas Mário Rodrigues, de *A Manhã*, e Maurício Lacerda, que denunciou os desmandos de Bernardes no livro *História de uma covardia*. Subvertendo a hierarquia militar, o General Escuridão criou uma tropa de sargentos cuja função era espionar oficiais do Exército e da Marinha suspeitos de simpatizar com o subversivo Movimento Tenentista, que foi o espinho na carne de Bernardes durante todo o seu quadriênio (ver página 150).

Aperfeiçoando o aparato repressivo de Floriano, que deportava opositores para a Amazônia, o presidente Bernardes estabeleceu, no norte do Amapá, na fronteira com a Guiana Francesa, a colônia penal de Clevelândia, verdadeiro campo de concentração apelidado Inferno Verde, onde os detentos, submetidos a condições duríssimas de sobrevivência, eram vitimados por insalubridade, falta de estrutura, fome, maus-tratos, epidemias e trabalhos forçados. Em quatro anos, mais da metade dos 946 prisioneiros faleceu, sobretudo por doenças.

Em São Paulo, a 5 de julho de 1924, sob o comando do general Isidoro Dias Lopes e de Miguel Costa, comandante da Força Pública paulista, com o apoio da população, os tenentes depuseram o governador Carlos de Campos (filho de Bernardino) e se apoderaram do estado. A reação do governo federal foi devastadora: 15 mil soldados bombardearam a Pauliceia por quase um mês, inclusive com aviões, deixando um saldo de 503 mortos e 4.864 feridos. Os rebeldes, em fuga para o Sul, juntaram-se aos revoltosos gaúchos e iniciaram a pseudoépica Coluna Prestes (ver página 150). O Movimento Tenentista se espalhou pelo país como um rastilho de pólvora, rebentando em insurreições frustradas nos quartéis do Amazonas, Mato Grosso e Sergipe.

Os ataques tenentistas ao "tirano azul", encastelado no palácio sem jamais dar as caras em público, ocorreram por terra, ar e mar. O tenente-aviador Eduardo Gomes fugiu da conflagração paulista pilotando um aeroplano abarrotado de panfletos e bombas, aqueles para lançar sobre os cariocas, estas para lançar sobre o Catete. Mas a precária nave caiu na divisa de São Paulo com o Rio, e o tripulante, embora ileso, foi detido e mandado para a ilha da Trindade. Em novembro do mesmo ano, o encouraçado *São Paulo*, chefiado por Hercolino Cascardo, tenente da Marinha, apontou os canhões para o Catete. Naquele dia, Bernardes recebia uma comissão de trinta deputados e ao líder da Câmara, Batista Luzardo, quando um assessor veio adverti-lo:

— Presidente, proteja-se, pois o encouraçado *São Paulo* tomou o rumo do Flamengo e ameaça atirar sobre o Catete!

"Fez-se silêncio. O único barulho que se ouvia era o tinir das xícaras de café nas mãos dos deputados, transidos de medo. Em poucos minutos o salão esvaziou-se. Bernardes permaneceu. O *São Paulo* atirou e o tiro foi matar um sargento no pátio do Ministério da Guerra."[4]

Tudo isso, para o Presidente Clevelândia, como o chamavam (entre muitas outras coisas), era maravilhoso, pois o fazia imaginar-se um Floriano civil enfrentando a nova Revolta da Armada.

Deixando parte da nação em escombros, o povo traumatizado, a economia em pandarecos e o prestígio do país arranhado após retirá-lo da Liga das Nações, o Tarado de Viçosa entregou a presidência, assumiu sua cadeira de senador e partiu em seguida para uma temporada na Europa, receando ser linchado pelos brasileiros enfurecidos. "Como presidente da República eu fui apenas um chefe de polícia", comentou anos depois, minimizando sua sanguinolenta ditadura.

Em 1930, apoiou a revolução para estar do lado vencedor; fez o mesmo em 1932 com a Revolução Constitucionalista, cuja suposta meta era restabelecer a democracia no país, logo ele, o mais arbitrário de todos os governantes brasileiros até então. Pagou caro pela hipocrisia. Com a derrota dos paulistas, Bernardes foi preso em Minas, levado para o Rio, confinado primeiro na ilha do Rijo — onde pusera tantos prisioneiros políticos — e depois no Forte do Vigia, antes de partir rumo ao exílio em Portugal. No momento de embarcar, ele e a família foram atacados por uma multidão, e seu primogênito, Bernardes Filho, levou um tiro na perna.

Quando Getúlio Vargas convocou a Assembleia Constituinte em 1934, o Calamitoso voltou ao Brasil a tempo de ser eleito deputado federal e participar da elaboração da nova Carta Magna. Perdeu o mandato em 1937, com o golpe do Estado Novo, mas, após a queda de Vargas, reconquistou a vaga para uma nova Constituinte, a de 1946.

O tempo arrefeceu os ódios políticos que o cercavam. Passou a ter um relacionamento cordial com Assis Chateaubriand, que o chamara de "monstro" e "semilouco", e com o filho de Maurício Lacerda, o vira-casaca Carlos. Apresentado ao agora brigadeiro Eduardo Gomes, perguntou-lhe:

— Então, moço, o senhor queria bombardear o Catete?

— Coisas da mocidade, senhor presidente — respondeu o brigadeiro —, coisas da mocidade.

Artur Bernardes morreu em 1955, aos 79 anos. "Deixem-me descansar", foram suas últimas palavras. Foi velado no Palácio Tiradentes, antigo prédio do Congresso Nacional, por uma grande massa popular de um país sem memória. Entre as coroas de flores que ornavam o esquife, no entanto, havia uma enviada pelos "Sobreviventes de Clevelândia".

ÍDOLOS COM PÉS DE BARRO

Assim como os marechais e generais originavam-se, via de regra, das classes altas, a baixa oficialidade do Exército, a saber, os capitães e tenentes, vinham majoritariamente da classe média, como os sargentos e soldados eram oriundos das camadas pobres. Os tenentes, portanto, falavam por uma parcela significativa da população que desejava livrar o Brasil do jugo das oligarquias.

Jovens, cheios de idealismo, e por isso mesmo desorganizados e temerários, passaram quase toda a década de 20 tentando tomar o poder, em sucessivas intentonas, sem êxito. No entanto, como bem lembrou Carlos Heitor Cony, nas revoluções brasileiras há poucos tiros e muitas fotografias, e os tenentes, fotografados à exaustão, construíram uma mística de heroísmo em torno de suas ações desastradas.

Por exemplo, uma vez frustrada a Revolta do Forte de Copacabana, dezoito revoltosos avançaram contra as forças legalistas na avenida Atlântica e foram aniquilados, com exceção de dois: Eduardo Gomes e Siqueira Campos, aclamados como heróis. É preciso ter uma noção muito limitada de heroísmo para enxergá-lo em uma ação quixotesca e desnecessária como essa. E querer bombardear o governo com um teco-teco que cai num lamaçal tem mais de burlesco que de épico.

O suposto heroísmo do piloto trapalhão empalidece ao lado de Luís Carlos Prestes, o capitão gaúcho que se tornou mito em vida, por causa da coluna que leva o seu nome. Prestes — a quem Jorge Amado sagrou com o título de "Cavaleiro da Esperança" — acreditava que "a guerra no Brasil, qualquer que seja o terreno, é a guerra de movimento. Para nós, revolucionários, o movimento é a vitória". Assim, em vez de atacar a Capital Federal, os cerca de 1.500 homens partiram do Paraná, atravessaram Mato Grosso, Goiás, Minas e todos os estados nordestinos, percorrendo um total de 15 mil quilômetros entre abril de 1925 e junho de 1927.

Como, mais tarde, Prestes converteu-se ao marxismo e se tornou agente do Comintern soviético, os comunistas, mestres supremos da propaganda enganosa em todos os tempos, apregoaram esse périplo inútil como uma marcha épica, que serviu de modelo à que Mao Tse-tung realizou com seu exército na China, vinte anos depois. Seu objetivo teria sido propagar o ideal revolucionário e conscientizar a população rural, instigando-a a sublevar-se contra as elites oligárquicas.

Na prática, o que a Coluna Prestes fez, entre uma ou outra refrega com tropas volantes ou jagunços de algum coronel, foi promover pilhagens, estupros, roubo de gado e assassinatos pelos povoados e vilarejos dos rincões mais remotos do país, deixando um rastro de destruição por onde passava. Um dos próprios integrantes do movimento, o capitão Antônio Teodoro, horrorizado com a barbárie daqueles bandoleiros que se diziam revolucionários, escreveu aos líderes: "Tropa que diz bater-se pela liberdade dum povo não pratica incêndios, saques e não viola senhoras indefesas, como até aqui se tem praticado."[5] O maior legado dessa "marcha heroica" foi tornar a miséria do interior do Brasil ainda pior e infundir terror nas populações rurais à simples menção da palavra "revolução". Reduzida a pouco mais de 600 homens, a Coluna Prestes, que para nada prestou, refugiou-se na Bolívia e no Paraguai, dispersando-se.

A verdade é que o tenentismo não passava de um movimento reivindicatório, corporativista e moralista. Os tenentes nunca foram democratas; pelo contrário, eram autoritários ao extremo e entendiam apenas o uso da força. Esses oficiais violentos, anárquicos e destrutivos foram úteis ao Brasil em apenas uma ocasião: ao serem usados como músculos, por civis organizados e oficiais veteranos, para levar a cabo a única revolução que conseguiu derrubar a República Oligárquica, em 1930.

Uma vez no poder, os próceres do tenentismo quiseram o país para si e conspiraram contra as autoridades civis. Os tenentes nas décadas de 20 e 30 foram coronéis no Manifesto dos Coronéis de 1954, ao tentar depor Vargas, e generais no Golpe de 1964, quando depuseram João Goulart — como Juarez Távora, Cordeiro de Farias, Juraci Magalhães e Ernesto Geisel. Com raríssimas exceções, entre as quais Prestes e Estillac Leal, os tenentes revolucionários locupletaram-se no poder, aliaram-se às oligarquias que tanto haviam combatido outrora, deram uma guinada para a extrema direita e fizeram muito mais mal que bem ao Brasil. A Ditadura Militar, de 1964 a 1985, foi o desdobramento final do Movimento Tenentista.

Mandato: 1926-30

Apelidos: Paulista de Macaé, Rei da Fuzarca, Seu Lulu, Dr. Barbado

O sr. Washington Luís [...] é um homem primário de inteligência, impulsivo, autoritário e incoerente. O seu governo foi um verdadeiro desastre sob todos os pontos de vista. A sua bronca incompreensão fez com que a sua presidência não abordasse nenhuma das grandes questões que agitavam e agitam os interesses e os sentimentos da nação.

Virgílio de Melo Franco

Depois do insensível Epitácio e do calamitoso Bernardes, o que o Brasil precisava era de um chefe de Estado conciliador, capaz de apaziguar os diversos setores divergentes da sociedade e conduzir o país à renovação sem abandono da via democrática. Em vez disso, recebeu um líder que, embora mais atraente que os dois antecessores, possuía tão pouco tato político quanto eles, gabava-se de administrar "com braço forte" e gostava de dizer coisas do tipo "Comigo é na madeira!".

Washington Luís Pereira de Sousa nasceu em Macaé, na então província do Rio de Janeiro. Mais tarde, tendo construído sua bem-sucedida carreira política em São Paulo, ficou célebre como Paulista de Macaé.

Seu pai, o rico fazendeiro de açúcar Joaquim Luís, teve seis filhos, dos quais apenas quatro sobreviveram: Washington Luís, Lafayette Luís, Francisco Luís e Franklin Luís. Os nomes de três desses rapazes denunciam o republicanismo de Joaquim, que, como bom republicano brasileiro, tinha escravos. Obrigado a libertar os seus em 1888, ficou pobre. Tão pobre que, para Washington poder estudar, seus irmãos precisaram sair da escola.

Aos quinze anos, Washington teve de deixar o renomado Colégio Pedro II por haver empurrado um professor, derrubando-o, alto e vigoroso que já era. Não ficou claro quem iniciara a altercação, por isso o garoto pôde ser transferido para o Colégio Augusto sem a nota de expulsão no boletim.

O jovem estudante gostava de se divertir e amava a boêmia, mas quando as provas se aproximavam, surpreendia os colegas com sua resistência física, varando noites a estudar. Em 1891, graduou-se pela Faculdade de Direito de São Paulo e começou a praticar advocacia em Batatais.

Bonito e atlético, alegre e bem-humorado, expondo alva e perfeita dentadura ao sorrir, teve, como era de esperar, diversos casos amorosos, antes e depois de casado. Nos tempos de estudante, envolveu-se com a estonteante Gisela, uma atriz italiana. No ano de 1899, em um sarau na casa dos barões de Piracicaba, na capital, conheceu sua futura esposa, Sofia Paes de Barros, de 22 anos, amante da música e do canto, como ele. Ao pedir a mão de Sofia, recebeu da baronesa, viúva, a seguinte resposta, a 23 de novembro:

> [...] tendo consultado minha filha e a todos os demais de minha família sobre a pretensão de V. Sa., tenho a dizer que sendo do agrado de todos [...] aceito o seu pedido e espero que nos dará hoje à noite a satisfação de vir tomar uma chávena de chá em nossa casa.

O casamento, após um noivado rápido, foi celebrado a 4 de março de 1900, na residência da baronesa. Em 12 de abril, a sogra de Washington lhe escreveu, tratando-o por "meu querido filho":

> Estou certa na felicidade de Sofia, que o destino lhe concedeu um homem de qualidades e caráter elevado, e que sabe compreender ou antes apreciar as qualidades que Sofia possui, pondo de parte a modéstia, e não é por ser mãe, reconheço que Sofia é uma menina muito boazinha e saberá compreender todos os deveres de uma boa esposa.

A carta está assinada "Mariquinha".[1]

Dessa união nasceram quatro filhos, uma mulher e três homens com o segundo prenome de "Luís".

Washington era homem destinado ao sucesso. Seu escritório tinha a maior clientela da região e o ingresso na política foi orgânico. Eleito intendente, ou prefeito, de Batatais, tentou estabelecer um calendário eleitoral para a cidade, diferente do resto do país, adepto que era do municipalismo ou maior autonomia para os municípios.

Pelo PRP, elegeu-se deputado estadual. Em 1905, por influência do vice-presidente do estado, irmão de sua sogra, a baronesa, foi nomeado para a recém-criada Secretaria da Justiça, sua grande estreia como administrador.

Entre diversas medidas excelentes, instituiu a polícia como carreira, pondo fim à autoridade leiga, impôs a obrigatoriedade do diploma de advogado para os delegados e modernizou a Força Pública de São Paulo, que se tornou modelo para as demais no país. Colocou os presos por vadiagem e embriaguez para trabalhar em obras públicas, poupando milhões em mão de obra. Sua divisa era: "Não prender sem motivo, não prender sem processar." Tão eficiente foi a sua gestão que o governador seguinte, Albuquerque Lins, o manteve no cargo. O secretário apoiou a Campanha Civilista, fazendo com que Rui Barbosa recebesse maciça votação no estado bandeirante.

A atuação de Washington Luís como prefeito da capital e presidente do estado foi de tal forma notável e repleta de realizações duradouras, que faz jus a um livro por si só; aqui serão mencionadas apenas algumas.

Como prefeito em dois mandatos consecutivos, enfrentou os chamados quatro "G": Guerra Mundial, gripe espanhola, greves operárias e a grande geada de 1918. Sobre as greves, declarou: "A agitação operária é uma questão que interessa mais à ordem pública do que à ordem social; representa o estado de espírito de alguns operários, mas não de toda a sociedade." Essa declaração, distorcida por jornalistas da oposição, ficou assim: "Questão social é caso de polícia." Instaurou feiras livres, construiu casas proletárias em terrenos municipais e lançou o concurso que escolheu a altaneira divisa paulista *Non Ducor Duco*, "Não sou conduzido, conduzo", inscrita no brasão da cidade.

Ao se instalar no Palácio dos Campos Elísios, sede do governo estadual, a 20 de maio de 1920, iniciou um vasto programa de obras de rodagem, fiel ao seu mote "Governar é abrir estradas" e ao exemplo dos Estados Unidos, cuja prosperidade resultava, em boa medida, de sua imensa malha rodoviária. Reformou o ensino público estadual, o Poder Judiciário, refinanciou as dívidas interna e externa do estado e criou os processos de indenização por acidente de trabalho. A despeito das pressões dos grandes cafeicultores, não se comprometeu com a compra de estoques para elevar o preço do café, julgando que tal responsabilidade cabia ao governo federal. Em alguns anos, essa bomba que passou adiante explodiria nas suas próprias mãos.

Washington Luís encarnou todo o glamour e sofisticação de um *ancien régime* que se findava. Não era somente elegantíssimo, senão também cultivado, amante dos livros tanto quanto de mulheres. Historiador, publicou na *Revista do Instituto Histórico e Geográfico de São Paulo* duas monografias: "Contribuição à história da capitania de São Paulo no governo de Rodrigo César de Menezes" e "Testamento de João Ramalho". Escreveu ainda uma comédia teatral, *O barão de Potovski*, entusiasta que sempre foi das artes performáticas. Tinha uma bela voz de barítono e era estudioso de Verdi. Também amava esportes e participou de ralis automobilísticos em Santos, Bragança e no Vale do Paraíba.

Nas tardes de fim de semana, em companhia de amigos, quase todos médicos e advogados, gostava de discutir sobre literatura e arte. "Envolviam-se em discussões bizantinas sobre o verdadeiro sentido da estética como ramo da filosofia, ou sobre a natureza do processo de criação artística. Perdiam-se em tediosas considerações sobre a diferença entre ver e olhar uma pintura, diversão culta, refinada, que revelava erudição e berço."[2]

Poucos governantes brasileiros promoveram a cultura como ele. Por iniciativa sua foram criados em São Paulo o Museu do Ipiranga e o Museu Republicano de Itu, bem como a Casa de Rui Barbosa, no

Rio de Janeiro. Lançou o escritor Monteiro Lobato como expoente máximo da literatura infantojuvenil nacional ao pedir-lhe um livro para ser usado em aulas de leitura nas escolas estaduais, e esse livro foi *A menina do nariz arrebitado*.

Em contrapartida, quando presidente prestou um enorme desserviço à ciência brasileira, negando-se a prestigiar, com sua presença, uma homenagem oferecida em 1928 por cientistas e jornalistas ao Pai da Aviação, Santos Dumont, que retornava da França. Tudo porque Herbert Hoover se encontrava no Rio em visita oficial e Washington Luís não queria ofender o presidente do país que até hoje, sem o menor fundamento, reivindica a invenção do avião.*

A única coisa tranquila na gestão de Artur Bernardes foi sua sucessão. Em prosseguimento ao Café com Leite, o candidato único e aceito por unanimidade, quase por aclamação, tamanho o seu prestígio, foi o paulista por adoção Washington Luís.

No dia 15 de novembro de 1926, o novo presidente da República tomou posse na Câmara sob chuva de pétalas e passeou em carro aberto, sem proteção, pelo centro do Rio, entre vivas e clamorosos aplausos das multidões eufóricas que se acotovelavam nas ruas São José, Sete de Setembro, Misericórdia e Primeiro de Março, ao som de clarins e dos sinos da Igreja da Misericórdia, que repicavam em dobre festivo. O povo estava tão aliviado por se ver livre de Bernardes que teria recebido bem qualquer presidente; que este fosse o folgazão, o carismático Rei da Fuzarca, era melhor que a encomenda.

Uma célebre marchinha carnavalesca dessa época homenageava o presidente pândego:

---

* Santos Dumont voou a 23 de outubro de 1906, num objeto mais pesado que o ar, diante de centenas de pessoas em Paris. Três anos depois, os irmãos norte-americanos Wright alegaram ter realizado tal voo na Carolina do Norte, *sem testemunhas*, no ano de 1903. Contudo, em 1904, eles haviam convocado repórteres para testemunhar seus voos e não conseguiram sair do chão. Ver *Who really invented the airplane?*, de David C. Cooke.

Ele é paulista?
É, sim senhor!
Falsificado?
É, sim senhor!
Cabra farrista?
É, sim senhor!

Washington levantou o estado de sítio, libertou os presos políticos, fechou os infernais presídios de Clevelândia e da ilha da Trindade e permitiu a legalização do Partido Comunista Brasileiro, que mal nascera em 1922 e já fora proscrito. Mas negou-se a anistiar os tenentes que haviam tomado parte em levantes contra o governo.

Como gesto de agradecimento ao Rio Grande do Sul, que não causara problemas à sua ascensão, entregou a pasta da Fazenda a um político gaúcho, Getúlio Vargas, protegido de Borges de Medeiros, líder supremo da política rio-grandense. O próprio Vargas admitia nada entender de finanças, mas isso não importava, pois a economia seria conduzida pelo presidente.

Sem mudar a diretriz de quase todos os governos anteriores, Washington Luís beneficiou a atividade cafeeira em detrimento de outras. A borracha amazônica e o açúcar nordestino restringiam-se ao mercado interno; o cacau do sul da Bahia e o mate de Mato Grosso representavam apenas 3% das exportações brasileiras. Crescia a irritação contra o café e contra São Paulo e multiplicavam-se no Congresso os pedidos insistentes de amparo governamental a outros produtos. Mesmo no estado bandeirante, setores agastados com a hegemonia do PRP fundaram o Partido Democrático (PD), que representava os interesses da classe média urbana paulista.

A queda, em 1929, da Bolsa de Nova York e a subsequente crise mundial derrubaram de novo o preço do café, e os cafeicultores exigiram que o governo federal comprasse a produção excedente. Washington Luís recusou-se, perdendo com isso boa parte do apoio da oligarquia paulista à qual tudo devia.

Com o fracasso da sua política econômica, voltaram a insatisfação e as greves. A oposição cresceu e o presidente, voltando atrás em suas medidas liberais, obteve a aprovação da chamada "Lei Celerada", que restabelecia a censura à imprensa, o cerceamento da liberdade de expressão e devolvia o PCB à clandestinidade.

Malgrado todas as suas qualidades, como homem e como administrador, Washington era um mau político, adepto do ultrapresidencialismo praticado por seus dois predecessores, a Política do Presidente que estimulava rebeliões sob o pretexto de sufocá-las. Sempre fora teimoso e inflexível, e tais defeitos, numa época volátil como aquela, resultaram-lhe fatais.

Em visita ao Brasil com seu grupo de comédia, a atriz francesa Gabrielle Dorziat, encantada com o presidente, declarou à imprensa: "*Il a le physique du rôle, du charme, et les plus beaux yeux du monde!*" O escritor e homicida Gilberto Amado, que conheceu o presidente, assim o descreve em seu livro *Depois da política*:

> Washington Luís, espadaúdo, musculoso, lustroso bigode, espesso cavanhaque, cabelos abundantes, reluzia nestes anos de 1928-29, no esplendor de uma maturidade robusta. Seu contato era saudável, sua voz cheia, viril; os sobrolhos densos ensombrar-lhe-iam o ar sem o sorriso que a miúdo o clareava. Sempre bem-vestido, gravata túmida no colete fechado, caracterizava-o na conversa, sob a cortesia de maneiras, uma benevolência superior, que lhe era tão inerente ao feitio que ele não se dava conta de quão ofensiva podia tornar-se. Ouvir... não ouvia.

Amado acrescenta: "Outra característica que não quero esquecer era a absoluta desconsideração do presidente pelo efeito dos seus gestos e atitudes na sensibilidade dos atingidos por ele. Que o prejudicado ou o repelido pudesse recordar-se, ressentir-se, reagir — não lhe ocorria."

É possível que esse egoísmo inconsciente tenha desempenhado um papel na madrugada de 23 de maio de 1928, no apartamento 235 do Hotel Copacabana Palace, onde morava a linda marquesa Elvira Vichi Maurich, amante italiana do presidente da República. Ela e Washington tiveram uma violenta discussão, que terminou com a ciumenta marquesa dando-lhe um tiro no abdome. O presidente foi internado às pressas na Casa de Saúde Pedro Ernesto, com uma crise de apendicite aguda, segundo os boletins médicos. Pouco depois do atentado, a jovem de 28 anos se suicidou, atirando-se da janela: um gesto que simbolizava a própria República Velha, então nos estertores. Washington Luís, contudo, recuperou-se rapidamente da cirurgia para "retirada do apêndice".

Em 1929, sempre desafiando a sorte, que nunca o abandonara, o presidente provocou uma crise política sem precedentes ao impor o governador paulista Júlio Prestes como seu sucessor, quebrando a alternância do acordo Café com Leite, segundo o qual o próximo presidente deveria ser o governador mineiro Antônio Carlos. Insistindo que o seu plano de estabilização requeria um presidente afinado com a sua política, Washington Luís mostrou-se irredutível.

A fim de não ver o seu nome e o seu estado desmoralizados, Antônio Carlos resolveu lançar candidatura própria; e, para não parecer que o fazia por revanche ou ressentimento, indicou para a presidência outro candidato que não ele: Getúlio Vargas — que deixara a pasta da Fazenda para se tornar governador do Rio Grande do Sul — e para vice o governador da Paraíba, João Pessoa: formava-se a Aliança

Liberal, congregando todos os setores da sociedade que não suportavam mais a República Oligárquica.

Nas eleições de 1º de março de 1930, o presidente jogou todo o seu poder para que o resultado fosse o desejado por ele: mais de um milhão de votos para Júlio Prestes contra 780 mil para Getúlio Vargas. Bem sabia a Aliança Liberal que o resultado fora fraudado, porém não podia reclamar, porque também cometera fraude nos estados controlados por ela. Mas o que realmente deu início à conspiração foi a "degola" dos candidatos aliancistas eleitos para o Congresso Nacional, a fim de garantir maioria parlamentar para Júlio Prestes. Foi a gota d'água.

Durante meses, contudo, nada ocorreu. A oposição não se decidia a empunhar armas contra o governo. Então, quando tudo indicava que Prestes tomaria posse em 15 de novembro sem percalços e que Seu Lulu, como sempre, levaria a melhor, um incidente provocou uma reviravolta total na situação.

Na tarde de 26 de julho, João Pessoa, governador da Paraíba e candidato a vice-presidente derrotado nas eleições de março, tombou assassinado a tiros numa confeitaria em Recife. O crime fora cometido pelo membro de um grupo político rival e por motivos pessoais, porém os aliancistas exploraram politicamente o assassinato, responsabilizando Washington Luís, que era ligado ao "coronel" inimigo dos Pessoa. "Caim, que fizeste de teu irmão? Presidente da República, que fizeste do presidente da Paraíba?", apostrofou o deputado gaúcho Lindolfo Collor na tribuna da Câmara.

Manifestações contra o governo pipocaram por todo o país. João Pessoa se tornou mártir e a capital da Paraíba foi rebatizada com seu nome. Sentindo-se fortalecida, e com total apoio da população, para quem Washington Luís não era mais o patusco Rei da Fuzarca, mas tão somente o repressor Dr. Barbado, a poderosa Aliança Liberal desencadeou a Revolução de 1930, marchando sobre o governo (ver página 163).

Em uma charge publicada na revista *Careta*, a 10 de agosto, Washington Luís aparece como garçom oferecendo café com leite a um freguês "povão" que, de garfo e faca nas mãos, responde:

— Essa história de café com leite já está pau! Traga-me um churrasco...

Antes que os revolucionários chegassem à capital, o próprio estado-maior do presidente o depôs, para evitar derramamento de sangue, visto que Washington Luís aferrava-se ao poder. Por fim, o presidente deposto, a 24 de outubro, deixou o Palácio Guanabara e, dois dias depois, completou 61 anos no Forte de Copacabana, onde ficou detido. Em 21 de novembro embarcou para um longo exílio nos Estados Unidos e na Europa.

A 28 de junho de 1934, sua leal esposa, Sofia, faleceu em Lausanne, na Suíça. Washington Luís voltou ao Brasil depois da redemocratização, em 1947, e fixou residência em sua querida São Paulo. Nunca mais retornou à política, preferindo dedicar-se aos seus bem-amados estudos históricos. Em 1956, um ano antes de falecer, publicou um livro: *A capitania de São Vicente*.

A REVOLUÇÃO QUE DEU CERTO

Ao contrário de todas as outras revoluções brasileiras, a de 1930 foi bem planejada e organizada durante meses por lideranças experientes, e financiada pelos governos estaduais alinhados com a Aliança Liberal. Aos principais tenentes — com exceção de Luís Carlos Prestes, que havia ido a Moscou preparar sua Intentona Comunista — foram designados comandos em pontos estratégicos para um ataque coordenado à Capital Federal.

A liderança e articulação política do movimento ficaram a cargo dos dois gaúchos mais inteligentes da chamada Geração de 1907, tão diferentes em temperamento quanto iguais em objetivos: o cauteloso governador Getúlio Vargas e o seu inflamado secretário do Interior e da Justiça, Osvaldo Aranha. Os estrategistas militares eram os generais Miguel Costa e Góis Monteiro; Juarez Távora comandava o movimento no Nordeste. O objetivo era capturar as doze Regiões Militares espalhadas pelo Brasil, com as quais a União mantém o controle militar dos estados.

A revolução estourou a 3 de outubro, partindo do Rio Grande do Sul, Paraná e Minas, e da Paraíba no dia 4. Ocorreram alguns enfrentamentos com tropas legalistas, facilmente dominadas. A rebelião confluiu na direção do Rio de Janeiro e os revolucionários, instalados no norte do Paraná, prepararam-se para invadir São Paulo a partir de Itararé, já em território paulista. Mas a Batalha de Itararé passou à história como a batalha que não aconteceu. Antes do confronto decisivo, a 24 de outubro, oficiais do Exército e da Marinha, no Rio de Janeiro, depuseram o presidente e formaram uma junta militar. A junta não queria entregar o poder, mas mudou de ideia diante das manifestações populares e por medo dos revolucionários.

Assim, em 3 de novembro, Getúlio Vargas recebeu a presidência e dominou a política brasileira por um quarto de século.

ERA VARGAS
1930–45

Toda revolução é seguida por uma ditadura instaurada sob o pretexto, suposto ou sincero, de consolidá-la, e que, via de regra, acaba por trair seus princípios mais idealísticos. Foi assim com as revoluções francesa, russa, cubana. E com a brasileira.

Elevado ao poder supremo por uma revolução, Getúlio Vargas, único civil brasileiro a se tornar ditador, transformou o país como homem nenhum já fez, antes ou depois. Não somente graças às suas inquestionáveis qualidades como estadista, mas também ao longo tempo que ficou no poder, foi o melhor de todos os presidentes do Brasil, a ponto de dar nome ao período que constituiu um divisor de águas na nossa história. Seu desserviço aos valores democráticos e liberais, contudo, foi proporcional à sua contribuição em todo o resto.

Esse período se divide em **Governo Provisório**, de 1930 a 1934, **Governo Constitucional**, de 1934 a 1937, quando Vargas foi eleito pela Assembleia Constituinte que gerou a Carta de 1934, e **Estado Novo**, de 1937 a 1945, resultante de um golpe de Estado do próprio Getúlio para se perpetuar no poder, seguido de uma nova Constituição, a de 1937.

Em linhas gerais, a orientação econômica desse período foi oposta à da República Velha, ou seja, estatizante, de combate à política de importação/exportação e incentivo à indústria nacional. Politicamente, no entanto, foi autoritário, centralizador e, do ponto de vista social, teve na legislação trabalhista um grande avanço (para a época), que incorporou o proletariado à vida nacional.

A Era Vargas constituiu o meio-termo entre o radicalismo dos tenentes e o ultraconservadorismo das elites.

Mandato: 1930-45

Apelidos: Gegê, Pai dos Pobres, Esfinge dos Pampas

> *Aí chegô um baixinho,*
> *um cabra barrigudinho,*
> *pra tomá conta da nau.*
> *E ali ficou quinze anos,*
> *não quis saí nem a pau.*

Luiz Peixoto

Getúlio Dorneles Vargas nasceu na cidade rio-grandense de São Borja, próxima à fronteira com a Argentina, em uma família de estancieiros gaúchos com mais prestígio que fortuna. Manuel Vargas, seu pai, era um militar que combatera na Guerra do Paraguai, recebera de Floriano a patente de coronel e de Prudente a de general. Em 1872 desposou Cândida Dorneles, ou Candoca, com quem teve cinco filhos, cujos nomes parecem escolhidos pela sonoridade: Viriato, Protásio, Getúlio, Espártaco e Benjamim.

Ao completar 8 anos, Getúlio disse ao pai que desejava ser soldado. Manuel objetou:

— O militar está sempre exposto às balas do inimigo.

— Nesse caso, prefiro ser o inimigo — foi a resposta do guri.

> Era um menino arredio, introspectivo, cuja vida se resumia em andar pelos cantos mergulhado na leitura de algum livro, fugindo dos brinquedos das demais crianças. Lia tudo que lhe caía nas mãos: revistas, livros, jornais, almanaques etc.[1]

Manuel era chimango, Candoca maragato, ou seja, castilhista e anticastilhista (ver página 45). Getúlio tinha mais de 10 anos quando eclodiu a sangrenta Revolução Federalista, colocando pai e mãe em campos opostos. Essa circunstância contribuiu para formar o espírito conciliador que toda a vida demonstrou.

Outro incidente infantil, que decerto ensinou ao futuro estadista os benefícios da paciência, ocorreu quando ele tinha 12 anos. Brincando com seu único amigo, Gonzaga, um negrinho de 11 anos, quebrou sem querer um quadro do líder chimango Júlio de Castilhos, que adornava a sala de jantar.

— Vamo disparôz, nhô, sinão entramo no laço! — exclamou Gonzaga, arrepiando carreira.

O pequeno Getúlio encarapitou-se numa árvore, enquanto o pai saía à sua procura para castigá-lo. A indignação do general, no entanto, cedeu à preocupação, e em algumas horas toda a família, agregados e peões vasculhavam a fazenda Itu em busca do menino. Mas este continuou em seu esconderijo. Somente quando a mãe gritou "Meu filho, se estás escondido aqui perto, se me ouves, aparece, que não te acontecerá nada" ele desceu. "E assim, aos 12 anos, Getúlio aprendia por experiência própria que, enquanto a situação não está garantida, não se deve descer da árvore."[2]

Aos 15 anos, Getúlio foi mandado para estudar em Ouro Preto, onde já moravam seus irmãos mais velhos, Viriato e Protásio. Sua permanência na antiga Vila Rica foi breve. Em uma briga de rua, Viriato, Protásio e outros gaúchos mataram a tiros um estudante paulista, crime pelo qual saíram impunes graças aos amigos poderosos do pai: Júlio de Castilhos e Pinheiro Machado. Não seria o último delito desses cangaceiros gaúchos. Em 1907, seu pai seria nomeado prefeito de São Borja, cargo legado a Viriato em 1911 e a Protásio em 1919. Um e outro foram mandantes de assassinatos, sempre se esquivando da justiça graças ao cacife político paterno.[3] Benjamim também se envolveu com violências de todo tipo, além de jogatinas, sociedade com banqueiros do bicho, casas de prostituição e enriquecimento ilícito. Os irmãos Vargas, como os Bonapartes, foram um embaraço ao membro mais célebre da família.

Fiel à promessa de infância, Getúlio ingressou na carreira militar, mas, em poucos anos, mudou de ideia e decidiu estudar direito, treinamento preferido dos políticos brasileiros. De novo pode ter sido por influência paterna. Talvez Manuel Vargas, que investira suas esperanças no filho mais velho, tenha percebido que um energúmeno como Viriato não iria longe na política, ao contrário de Getúlio, em quem o pai nunca apostara por achá-lo ensimesmado.

Durante seu período estudantil em Porto Alegre, Getúlio aprofundou suas leituras, Zola, Nietzsche, Eça, Raul Pompeia e também — como nada é perfeito — Júlio de Castilhos, o déspota por quem seu pai lutava e de cujas obras Getúlio absorveu o amor positivista à "ditadura científica" e o consequente desprezo pela democracia representativa.

Bacharel em 1907, ganhou nesse mesmo ano o cargo de segundo promotor público de Porto Alegre, e, dois anos depois, obteve um assento na Assembleia dos Representantes, como os gaúchos chamavam sua Assembleia Legislativa, nele permanecendo por sucessivos mandatos até ser eleito deputado federal, em 1922, e nomeado ministro da Fazenda, em 1926, pelo novo presidente, Washington Luís. Deveu essa elevação fulgurante ao padrinho político Borges de Medeiros, líder do PRR juntamente com Pinheiro Machado desde a morte de Castilhos.

Semelhante a um espantalho raquítico, esse "coronel", herdeiro digno da autocracia castilhista, foi dono do Rio Grande do Sul por um quarto de século, reclegendo-se sucessivamente a governador, ou fazendo eleger fantoches, graças ao voto de cabresto.

> Não era fácil para o eleitor divergente comparecer diante da mesa eleitoral, cercada de brigadianos e capangas do chefe político local, e declarar o seu voto a favor de um candidato da oposição. Votar era um ato de bravura para muitos. O dr. Borges, baseado neste sistema de intimidação, tinha vencido cinco eleições.[4]

Fartos do soba chimango, federalistas encabeçados por Assis Brasil, numa reedição da Revolução de 1893, rebelaram-se em outra guerra gaúcha que durou um ano e deixou mais de mil mortos. Impedido de concorrer novamente em 1928, o "Ditador dos Pampas" resolveu colocar uma criatura sua no Palácio Piratini: ninguém menos que seu leal protegido Getúlio Vargas, na esperança de que continuasse a ser um dócil títere. Mas o novo governador, que já zelara o suficiente pelos interesses do padrinho no Congresso e no ministério, estava decidido a zelar, agora, pelos seus.

Após dois anos à frente do governo rio-grandense, que Borges de Medeiros deixara à beira da falência, Getúlio saneou as finanças estaduais, concorreu à presidência e, a 3 de novembro de 1930, tomou o poder, conforme visto, por meio de uma revolução (ver página 164).

Ao se tornar presidente provisório, Getúlio contava 48 anos. Simpático, com menos de 1,60m de altura, nada em sua aparência anódina o prenunciava como vulto dominante da política brasileira nos 25 anos seguintes. O cativante sorriso seria sua marca registrada mais tarde, por obra do DIP, Departamento de Imprensa e Propaganda.

Estava casado há quase vinte anos com a filha de um riquíssimo estancieiro e banqueiro, Darci Sarmanho, com a qual tivera, tal qual seu pai, cinco filhos. Ela era uma típica esposa gaúcha de antanho: mulher do lar, devotada à família, fiel ao marido e indiferente às suas escapadas, ainda mais em uma província de cultura tão obsessivamente machista, onde era mais comum ao homem de certa posição ter amantes do que não as ter.

A gentileza e amabilidade do pequeno grande homem eram reconhecidas até pelos inimigos, dos quais dizia não tê-los que não pudessem vir a se tornar amigos. Seu autocontrole era confundido com frieza, a ponto de Joel Silveira dizer que quem lhe apertasse a mão gripava. Com muito mais acuidade soube lê-lo, e aos seus colaboradores mais próximos, o formidável Rodrigo Cambará, em *O tempo e o vento*, de Érico Veríssimo:

> É um homem calmo numa terra de esquentados. Um disciplinado numa terra de indisciplinados. Um prudente numa terra de imprudentes.

Um sóbrio numa terra de esbanjadores. Um silencioso numa terra de papagaios. Domina seus impulsos, o que não acontece com o Flores da Cunha. Controla sua fantasia, coisa que o Osvaldo Aranha não sabe fazer. Se o João Neves usa da sua palavra privilegiada para dizer coisas (e coisas que às vezes o comprometem), Getúlio é o mestre da arte de escrever e falar sem dizer nada.[5]

De fato, preferia ouvir a falar, o que o deixava em vantagem com relação a interlocutores e constituiu uma das chaves do seu sucesso, como relembrou seu secretário, Luís Vergara: "Quando tinha uma pessoa na sua presença, deixava-a falar e gesticular e bastavam poucos segundos para fazer-lhe o retrato psicológico, executado, a bem dizer, de modo instantâneo. Esse poder de auscultação mental permitia-lhe conhecer as molas que acionavam qualquer indivíduo colocado diante dos seus olhos."[6]

Mas essa impassibilidade era aparente, segundo Alzira, filha predileta de Vargas: "Sempre me pareceu estranho ouvir, anos mais tarde, dizerem que papai era de índole calma e serena, o homem que sabia esperar. Saber, ele o sabia, mas não gostava. Aprendeu a controlar seu temperamento impaciente, ardoroso, quase intempestivo, nas lides da própria experiência."[7]

Fiel a esse traço pessoal, o novo presidente provisório não perdeu tempo: havia um país a reconstruir, e o governo anterior deixara uma dívida de 1,3 bilhão de dólares. Assumindo poderes ditatoriais, aboliu a Constituição de 1891, criou o Ministério do Trabalho, Indústria e Comércio, o Ministério da Educação e Saúde, a Justiça Eleitoral e instituiu o voto secreto e o feminino, que estreariam nas eleições para a Assembleia Constituinte em 1933.

Afastou todos os governadores, com exceção de Olegário Maciel, de Minas, que apoiara a revolução, e nomeou interventores para os estados, muitos deles seus aliados tenentes, pondo fim à obscena Política dos Governadores. Foi essa a principal causa do primeiro grande conflito que abalou esse governo turbulento, comparado ao qual o de Artur Bernardes foi uma calmaria.

A oligarquia cafeeira de São Paulo, que ditara os rumos da política brasileira desde a Proclamação da República, vendo-se despojada de sua posição de liderança nacional, desatou a conspirar contra a União. Quando Getúlio nomeou interventor de São Paulo o tenente João Alberto, os paulistas recusaram ser governados por um não paulista, e pernambucano ainda por cima — sendo o preconceito contra nordestinos já bem arraigado na Pauliceia.

Embora Vargas tenha atendido a todas as exigências do PRP, inclusive nomeando interventor um oligarca local, a revolta armada eclodiu em 9 de julho de 1932. Como pretexto para mover essa guerra — que nada foi além de um espernear de suseranos ciosos dos privilégios perdidos e de uma classe média que se julgava superior ao resto do país — os paulistas alegaram querer uma nova Constituição (embora as eleições para a Constituinte já estivessem marcadas), de modo que esse levante pseudo-heroico foi chamado de Revolução Constitucionalista.

Sem sequer saírem do estado, as tropas revoltosas, desorganizadas e mal-equipadas, foram esmagadas pelas forças federais em menos de três meses, com saldo de 633 mortos, vexame comemorado pela soberba bandeirante como vitória todo dia 9 de julho desde então.

A nova Constituição foi promulgada em 1934, estabelecendo que o próximo presidente fosse eleito de forma indireta pelos membros da Assembleia Constituinte. Getúlio Vargas saiu vitorioso, é claro.

A legitimação constitucional não deu sossego ao presidente. Em 1935, Vargas destruiu a Intentona Comunista, que tentara derrubá-lo e transformar o Brasil em um satélite de Moscou (ver página 183). O episódio só serviu para provocar, nele e nos conservadores, saudade dos seus três anos como ditador. E o meio a que recorreram para matar essa saudade foi uma fraude.

O movimento integralista, inspirado no nazifascismo, abrigava muitos membros das Forças Armadas, entre os quais um capitão, Olímpio Mourão Filho, que forjou um suposto projeto comunista para tomar o poder por meio de sabotagem e crimes de todo tipo. Getúlio e a cúpula militar aprovaram a farsa: o "Plano Cohen" saiu em todos os jornais e foi martelado no programa governista de rádio *Hora do Brasil*.

Algo parecido aos famigerados *Protocolos dos Sábios de Sião*, engodo produzido na Rússia czarista para justificar a perseguição aos judeus — e, não por acaso, Cohen é um nome judeu —, esse documento singular está dividido em tópicos referentes a ações que os comunistas supostamente deveriam perpetrar, como "Agitação de operários e estudantes", "Confusão nas Forças Armadas", "Perseguição à Igreja", "Empastelamento de jornais, saques e violação de mulheres" etc. O interessante tópico "Incêndios em casas de família" traz as seguintes advertências:

> Cogitam os comunistas de um "Comitê dos Incêndios" para atacar simultaneamente casas de família, incendiando-as a fim de obrigar o Corpo de Bombeiros a agir em vários pontos, tornando-se inútil como força militarizada para a defesa da ordem, "em cada rua principal do bairro deverá ser ateado fogo a um prédio, no mínimo", concluem as instruções. Os incendiários, dois ou três no máximo, disfarçados em mata-mosquitos ou qualquer outro meio, entrarão na casa armados de material próprio, e de surpresa lançarão fogo à mesma.

Ainda traumatizados pela rebelião vermelha de 1935, os brasileiros acreditaram na veracidade do documento. O Congresso, a pedido do presidente, decretou estado de guerra; quarenta dias depois, era fechado. Com o apoio do Exército e dos integralistas, Vargas rasgava mais uma Constituição e dava um golpe em si mesmo, instituindo a ditadura do Estado Novo. As eleições de 1938 foram suspensas e os partidos políticos, extintos. Todos eles. Inclusive a AIB, Ação Integralista Brasileira.

Os integralistas, que esperavam ser convidados para o governo, ficaram revoltados com o que consideravam uma traição do presidente. Getúlio nunca apreciara radicais, de esquerda ou de direita, e certamente não haveria de repartir o poder com homens que marchavam como as milícias fascistas, de farda verde, braçadeiras com o sigma grego e fazendo a saudação nazista aos brados de "anauê".

A vingança dos galinhas-verdes, como eram chamados, foi terrível. Na madrugada de 10 de maio de 1938, oitenta integralistas invadiram o Palácio Guanabara, nova residência oficial do presidente (os Vargas nunca gostaram do Catete), e, do jardim, abriram fogo de metralhadora contra as janelas. A família presidencial ficou exposta ao assédio inimigo por cinco horas, durante as quais Getúlio e Alzira pediram socorro ao Exército, sem serem atendidos.

Há fortes suspeitas de que o ministro da Guerra, general Dutra, retardou o quanto pôde o envio de reforços, na esperança de que o presidente fosse eliminado. Ele e outros oficiais, agora que já estavam em uma ditadura, queriam substituir o mandatário civil por um militar. Por fim, incapaz de aguardar mais, enviou tropas que dominaram e prenderam os atacantes.

Assim, livre da oposição tanto à extrema esquerda quanto à extrema direita, o ditador pôde levar a cabo as boas realizações pelas quais ficou lembrado — as leis de proteção ao trabalhador, a modernização e industrialização do país — e as ruins — as arbitrariedades, a censura à imprensa e o culto à sua personalidade, ambas por meio do DIP. "Se se quiser definir o Estado Novo numa fórmula sintética, pode-se dizer que ele foi, a um tempo, autoritário e modernizador."[8]

Talvez o maior dano do Estado Novo ao Brasil tenha sido o agigantamento do Estado. Esse processo, iniciado em 1930 e consolidado em 1937, transferiu muitas atribuições dos estados e municípios para a área de competência federal. A fim de administrar a colossal burocracia advinda desse inchaço da máquina pública, foi criado em 1938 o DASP (Departamento Administrativo do Serviço Público), instrumento importante para a melhoria dos padrões administrativos, mas também de concentração de poder nas mãos do presidente e seus sucessores.[9]

A despeito do poder quase ilimitado que concentrou nas mãos, foi sempre homem de hábitos frugais e austeros. Avesso à vida noturna, preferia um churrasco a um baile, e não tinha vícios, exceto charuto. Seus passatempos eram domésticos, como leitura ou pingue-pongue com a esposa. Muito de vez em quando jogava golfe com amigos. À exceção do genro, Amaral Peixoto, interventor do Rio de Janeiro, jamais nomeou um parente para cargo público, e mandava os filhos de ônibus para a escola. Em líder algum o poder subiu menos à cabeça. Quando o cardeal Leme quis traçar-lhe a ascendência de nobres espanhóis do tempo dos reis católicos, Getúlio respondeu que, para sul-americanos, a busca por antepassados termina no mato ou na cozinha.

Aliás, o anedotário getuliano é tão vasto que já foram publicadas coletâneas de histórias, quase todas apócrifas, sobre os ditos e feitos de Vargas.

Farto material para elas foi a predominância, entre os políticos que orbitavam Getúlio, de alguns dos tipos mais feios da vida pública nacional, como o dolicocéfalo Gustavo Capanema (ministro da Educação e Saúde Pública), o apavorante Lourival Fontes (DIP), o medonho Apolônio Sales (ministro da Agricultura), o grotesco Góis Monteiro (chefe de Estado-Maior), o estupor Eurico Dutra (ministro da Guerra). O próprio Getúlio fazia graça do seu museu de horrores particular e, quando o deputado oposicionista Osório Borba criticou-o num jornal, o presidente disse a Vergara:

— Está aí outro adversário que precisamos conquistar. É também, dizem, um expoente da feiura nacional. Se pudesse trazê-lo para a minha equipe ganharia duas vantagens de uma só vez: enriqueceria a minha galeria de feiosos e me livraria de um oposicionista inteligente, corajoso e de muito caráter.

Talvez como antídoto inconsciente para tanta feiura, Getúlio apaixonou-se perdidamente pela mulher mais bela do seu tempo. Casada com Simões Lopes, oficial de gabinete da presidência, Aimée Souto Maior de Sá era uma morena alta, de olhos verdes, inteligente e divertida, que entre abril de 1937 e maio de 1938 manteve um caso extraconjugal com o presidente. Sabemos disso pelo diário do próprio Getúlio. Publicado em 1995, não traz revelações bombásticas, apenas apontamentos cotidianos bem prosaicos, do tipo "despachei com fulano", "choveu hoje", "visitei sicrano". A grande novidade está nas dezenas de referências a uma certa "bem-amada", que ele não identifica, mas que sabemos ser Aimée, nome francês que significa "amada".

Foi uma paixão avassaladora, capaz de desmentir qualquer comentário sobre a suposta frieza do Maquiavel de Bombachas. Após o primeiro encontro amoroso, ocorrido em meados de abril de 1937 — ele tinha 55 anos, ela 33 —, Getúlio escreve no dia 29:

> Terminado o expediente, saí à tardinha para um encontro longamente desejado. Um homem no declínio da vida sente-se, num acontecimento destes, como banhado por um raio de sol, despertando energias novas e uma confiança maior para enfrentar o que está por vir. Será que o destino, pela mão de Deus, não me reservará um castigo pela ventura deste dia?

Em 5 de outubro, ele a chama de "luz balsâmica e compensadora dos meus dias atribulados". No dia 15 do mesmo mês, anotou que "após os despachos, fui ao encontro de uma criatura que, de tempos a esta parte, está sendo todo o encanto da minha vida".

Tornar-se ditador com plenos poderes, em novembro, parece ter aumentado o fôlego sexual do pequeno presidente, pois o ritmo dos encontros se acelerou:

"Fui ver a bem-amada." (23 de novembro)
"Segui para o Guanabara e fui ver a bem-amada." (7 de dezembro)
"Após as audiências, saí com o Fiúza e fui ver a bem-amada." (10 de dezembro)
"Aniversário da Darci, que ela quis comemorar juntamente com a formatura dos filhos, Alzira e Lutero. [...] À noite, recepção e baile. Mas a outra, que veio, era a mais bela flor da festa. Estava elegantíssima." (12 de dezembro)
"Terminado o expediente, fui ver a bem-amada. Derivativo para uma vida de trabalhos e hostilidades." (16 de dezembro)
"Fui ver a bem-amada. Regressei antes da noite." (24 de dezembro)
"Fui depois ver a bem-amada." (29 de dezembro)
"Fui ver a bem-amada. E isto encheu a minha tarde." (23 de janeiro de 1938)
"Depois fui ver a bem-amada." (26 de janeiro)
"Fui ver a bem-amada." (1º de fevereiro)
"Depois fui ver a bem-amada, talvez a despedida, e foi magnífica!" (4 de fevereiro)

O relacionamento duplamente proibido começou a beirar a temeridade. Longe da *garçonnière* onde costumavam se encontrar, os amantes arriscaram-se a fazer sexo num matagal, ao ar livre:

Levanto-me cedo e vou ao *rendez-vous* previamente combinado. O encontro deu-se em plena floresta, à margem de uma estrada. Para que um homem da minha idade e da minha posição corresse esse risco, seria preciso que um sentimento muito forte o impelisse. E assim aconteceu. Tudo correu bem. Regressei feliz e satisfeito, sentindo que ela valia esse risco e até maiores.

O caso tomava proporções tais, que já corria por várias bocas. Em 7 de abril, o presidente escreve:

> À tarde, novo encontro. Soube então que, por conversa telefônica transmitida a outra pessoa, comentavam-se no Rio os meus amores. Que o assunto fora tratado em casa do Osvaldo Aranha, que deveria vir aconselhar-me. Tenho dúvidas, à vista da leviandade do informante.

Depois, no dia seguinte:

> Novo encontro feliz. A vida se regulariza, trabalho com satisfação. Uma trégua às inquietações provocadas por esta paixão alucinante e absorvente que, encontrando sua válvula normal de descarga, tranquiliza por momentos e constitui um motivo de exaltação para trabalhar e produzir. Sinto, porém, que não pode durar muito. Esse segredo tem no seu bojo uma ameaça de temporal que pode desabar a cada instante.

Os cônjuges traídos acabaram descobrindo tudo. Simões Lopes pediu o desquite e parece ter pedido demissão também. Getúlio, talvez para compensá-lo, ou evitar que fizesse um escândalo, nomeou-o presidente do recém-criado DASP.

Com Darci, a coisa foi mais grave. Em 23 de maio, ele escreve: "Fui ver a bem-amada. O regresso, só, causou desconfiança e uma crise doméstica." Cansada de ser a amélia dos pampas, Darci pode ter feito ameaças. A partir de então, passaram a dormir em quartos separados. Aimée e Getúlio tiveram de pôr fim ao tórrido *affair*. Para fugir do falatório, ela começou vida nova na Europa, talvez com dinheiro dado por ele, já que nada podia esperar do marido cornudo, com quem não tivera filhos. Em 29 de maio, tiveram o penúltimo encontro:

> Fui ver a bem-amada. Era uma despedida. Almoçamos juntos e passamos uma tarde deliciosa, toda de encanto, afastando a tristeza de separações. Regressei quase à noite.

A verdadeira despedida dos pombinhos foi a 31 de maio de 1938. Getúlio nunca mais a viu. Tentou, em vão, se consolar com outras aventuras. Em 9 de junho, escreveu:

> Após as audiências, retiro-me e vou a uma visita galante. Saio um tanto decepcionado. Não tem o encanto das anteriores. Foi-se o meu amor, e nada se lhe pode aproximar.

No dia 18, falou com Aimée ao telefone, no que parece ter sido o último contato entre os dois. O apontamento final de 1938 (o diário vai até 1942) foi:

> E assim passou-se, para mim, o ano de 1938, tendo uma ponta de amargura por alguma coisa longínqua, que era a minha fina razão de viver.

Getúlio teve outras amantes, como as cantoras Linda Batista e Ângela Maria, a poetisa Adalgisa Néri, esposa do monstrengo Lourival Fontes, e a famosa vedete Virgínia Lane, mas nenhuma preencheu dentro dele o vazio deixado por Aimée. A bem-amada de Vargas teve uma vida longa e feliz. Casou-se com um milionário norte-americano e, graças à sua beleza, encanto e bom gosto, brilhou na Europa como badaladíssima *socialite*, chegando a ser considerada uma das mulheres mais elegantes do mundo pela revista *Time*. Morreu em 2006, aos 103 anos de idade.

Darci não voltou a partilhar a cama com o marido, mas permaneceu impecável no cumprimento das obrigações de primeira-dama. Em 1942, com a entrada do Brasil na II Guerra Mundial, fundou a Legião Brasileira de Assistência, da qual se tornou a primeira presidente. A LBA tinha como função ajudar familiares de soldados brasileiros enviados aos combates na Europa. Em uma jogada diplomática extremamente astuta, o presidente fingira apoiar o Eixo até conseguir que os Estados Unidos, em troca do apoio dele aos Aliados, financiassem a construção da Companhia Siderúrgica Nacional. Dado o apoio, submarinos alemães, em represália, torpedearam navios brasileiros, fazendo com que o Brasil ingressasse no conflito mundial.

O ano de 1943 inaugurou o inferno astral de Vargas. Em fevereiro, seu filho caçula, Getulinho, morreu de poliomielite, com apenas 26 anos. A oposição ao presidente começou a crescer, sobretudo entre as Forças Armadas, para quem não fazia sentido que soldados brasileiros fossem combater regimes totalitários na Europa quando seu próprio país padecia sob uma ditadura. "Em uma situação de política semiaberta, um civil poderia se tornar um ditador apoiado por militares", interpreta o professor inglês Richard Bourne; "em uma situação de ditadura que estava se abrindo para a democracia, o civil poderia ser descartado a fim de abrir caminho a um presidente militar eleito".[10]

Optando pelo menor dos males, em março de 1945 o presidente lançou Eurico Dutra, o traiçoeiro ministro da Guerra, candidato à sua sucessão. Foi um erro, porque Góis Monteiro, que se achava mais merecedor desse apoio que Dutra, a partir de então se voltou contra

Getúlio. Dutra e Góis Monteiro eram os principais líderes militares a dar sustentação ao seu governo, e foi instigando a rivalidade entre ambos que lhes conservou a lealdade. Fortalecendo os militares, ele havia criado um monstro agora prestes a devorá-lo.

Mesmo com eleições marcadas, e não podendo reeleger-se, articulou para permanecer no poder. Talvez achasse que qualquer um entre seus possíveis sucessores poria a perder a sua obra — como efetivamente ocorreu. Poucos acreditavam que haveria, de fato, eleições. Muitos previam um novo golpe, como o de 1937. Segundo piada da época, Getúlio teria dito: "Meu candidato é Eurico; mas se puder, eu fico."

Com esse intuito, estimulou a criação de dois partidos ideologicamente distintos, o PSD, que reunia os interventores getulistas, e o PTB, cuja base era a estrutura sindical peleguista criada por ele. Também se voltou para as massas populares — o nascimento do populismo no Brasil — apelando aos sindicalistas e aos seus inimigos de outrora, os comunistas, devolvendo-os à legalidade. Surgiu um movimento popular a favor da sua permanência, o queremismo, nome derivado de "queremos Getúlio".

Quando, para fortalecer a sua posição, nomeou o seu encrenqueiro irmão Benjamim chefe de polícia do Distrito Federal — posto-chave para a defesa do regime —, as Forças Armadas viram nisso uma manobra continuísta. Góis Monteiro antecipou-se e, posicionando tanques em frente ao Palácio Guanabara, depôs o presidente no dia 29 de outubro. "A História e o tempo falarão por mim, discriminando responsabilidades", declarou este.

Vargas foi embora para São Borja; Darci e os filhos permaneceram no Rio. Cinco anos depois, no entanto, ele voltaria, "nos braços do povo", em suas próprias palavras. O quarto e último canto da Getulíada estava por vir.

Cavaleiro da Esperança ou da Triste Figura?

Verdadeira fábrica de falsos heróis, a propaganda esquerdista latino-americana teve em Luís Carlos Prestes, depois de Che Guevara, a sua mais esmerada criação. Poucas pessoas se tornaram lendas em vida, sem mérito para ser sequer lembradas depois de mortas, como o ex-capitão gaúcho convertido ao comunismo.

Exilado na Argentina depois da sua imprestável e destrutiva coluna, o "Cavaleiro da Esperança" negociou com Getúlio e Osvaldo Aranha, no fim de 1929 e início de 1930, a participação na Revolução de 30 como um de seus líderes, recebendo de Aranha a exorbitante quantia de 800 contos de réis, cerca de 80 mil dólares, para comprar armas. Contudo, em maio, para perplexidade daqueles com quem havia se comprometido e de quem recebera uma pequena fortuna, Prestes declarou-se marxista e anunciou que não participaria de uma "revolução burguesa". Tampouco devolveu o dinheiro, que serviria para comprar seu ingresso no PC soviético e financiar a própria revolução.

Em seguida, foi à União Soviética buscar apoio do assassino em massa Stálin para tomar o poder e instaurar a República Soviética do Brasil. Voltou clandestinamente com um punhado de agentes russos e alemães do Comintern com vasta experiência em explodir coisas e matar gente.

Um desses terroristas era a alemã Olga Benário, do Exército Vermelho, que entrou no país se fazendo passar por esposa de Prestes, mas que, eventualmente, tornou-se sua companheira não apenas no sentido cubano do termo. Foi a primeira mulher dele; aos 37 anos, o Cavaleiro da Esperança era virgem. Formavam um casal pouco convencional, ele diminuto e mirrado como uma cigarra, ela grandalhona e pouco feminina. Uma amiga íntima de Olga a achava alemã demais para ser bonita, e com cara de cavalo (*Pferdegesicht*).[11] O próprio Prestes a descrevia como "mais alta que eu, relativamente bonita". Pouco convencional e desarmônico: em junho de 1935, Olga enviou um telegrama ao Comintern pedindo para voltar a Moscou, talvez por não suportar mais o camarada Prestes, que não tolerava ser contrariado e se comportava como um tirano antes mesmo de tomar o poder.

Durante meses, a revolução de Prestes foi planejada com tanta discrição e sigilo que, antes mesmo de desencadeada, o governo brasileiro, e até o britânico, já sabiam dela. Mal organizado, o levante ocorreu em Natal a 23 de novembro, mas só muito depois em Recife e no Rio de Janeiro. As quarteladas foram dominadas por tropas federais, não sem antes matar cem pessoas no Nordeste, a maioria civis, e mais algumas dezenas na Capital Federal.

No melhor estilo esquerdista, Prestes buscou "traidores" a quem responsabilizar por seus erros: a culpa recaiu sobre Elvira Calônio, namorada do secretário-geral do PCB, uma adolescente pobre e iletrada de apenas 16 anos. Acusada de ter denunciado os "camaradas", Elvira foi estrangulada até a morte por ordem de Prestes com a anuência de Olga.

O casal Prestes gostava de se comparar a Giuseppe e Anita Garibaldi, embora aos olhos das autoridades e do povo estivessem mais para Lampião e Maria Bonita. Em março de 1936, foram presos dentro do seu "aparelho" no bairro do Méier. Ele não sofreu tortura, mas Olga foi deportada, grávida, para a Alemanha, onde morreu num campo de concentração em 1942, pois era judia; a criança sobreviveu. Alguns responsabilizam Vargas por isso, mas em 1936 pouca gente sabia da existência desses campos e, de qualquer forma, o governo brasileiro não tinha motivo algum para poupar Olga, uma estrangeira ilegal que entrara no país munida de documentos falsos e propósitos não exatamente turísticos. Com sua hipocrisia habitual, os comunistas criticam o presidente por não demonstrar uma compaixão que eles próprios jamais tiveram, como a execução de Elvira Calônio deixou bem evidente. Mártir do comunismo, Olga acabou transformada por seus biógrafos esquerdistas em uma espécie de Joana d'Arc bolchevique.

Desbaratada a sua intentona, os comunistas, até então tolerados, passaram a ser implacavelmente perseguidos, presos, torturados, exilados ou mortos. Segundo o sinistro chefe de polícia do Rio de Janeiro, Filinto Müller, só entre novembro de 1935 e maio de 1937 foram detidos 7.056 comunistas ou suspeitos de o serem. Os presos eram tantos que não havia cárceres suficientes, houve que improvisar navios de guerra como presídios.

Estrategista incompetente, terrorista quixotesco e ídolo com pés de barro, Luís Carlos Prestes acabou anistiado em 1945, quando Getúlio precisou do apoio dos comunistas para se perpetuar no poder. Comparava o seu encarceramento ao de Napoleão em Santa Helena, e até o fim da vida, aos 92 anos, negou seu envolvimento com o Comintern.

PERÍODO DEMOCRÁTICO
1946-64

Assim chamado por situar-se entre duas ditaduras, caracterizou-se não só pela retomada da via democrática, ainda que frágil e constantemente ameaçada por movimentos golpistas tanto civis quanto militares, mas também pelo abandono definitivo do modelo agrário-exportador do Brasil pré-industrial, que teimou em existir até o governo Dutra, cujo inepto ministro da Fazenda, Correia e Castro, defendia abertamente que o Brasil deveria continuar para sempre exportando produtos primários e importando produtos industrializados, pela simples razão de que essa era "uma característica da América Latina".

A industrialização nacionalista promovida pelo segundo governo Vargas, iniciada no primeiro, era produtora de aço e fontes de energia, como eletricidade e petróleo. Nesse modelo o Estado controlava a indústria e a custeava com a agricultura de exportação. O governo de Juscelino Kubitschek deu um passo à frente: abriu a indústria nacional ao capital estrangeiro, associou a iniciativa privada à iniciativa estatal e mudou o foco da produção para bens duráveis, como automóveis.

O próprio Getúlio aprovou inteiramente essa mudança, pois liberou recursos, quando presidente, para que Juscelino, então governador de Minas, implementasse essa nova política econômica, que trouxe prosperidade, tornou o Brasil mais independente em relação às crises mundiais do setor agroexportador, mas também desencadeou, a longo prazo, um perigoso processo inflacionário.

Mandato: 1946-51

Apelidos: Grão-de-Bico, Catedrático do Silêncio

O general Dutra, por exemplo, talvez houvesse feito um governo menos ruim se os seus comandados tivessem compreendido o que ele dizia.

Barão de Itararé

Eurico Gaspar Dutra foi, acima de tudo, homem de excepcional coerência, pois tinha cara de tolo, fama de tolo, agia como um tolo... e era um tolo. Até sua aparência o proclamava: muito baixo, a redonda cabeçorra metida entre ombrinhos estreitos, o nariz achatado, empurrado para dentro, lábios finos demais, orelhas de abano. Tinha, segundo Oswald de Andrade, a cara de um feto sexagenário boiando num frasco de álcool. E, como se não bastasse, falava como tolo, trocando o som do "s" por "x", conforme satirizado em uma marchinha do Carnaval de 1951:

> Voxê qué xabê.
> Voxê qué xabê.
> Voxê pixija xabê.
> Pra que voxê qué xabê?

Cumpre reconhecer, no entanto, que desde cedo procurou compensar a notória falta de inteligência com a disciplina e a determinação necessárias para formar um bom militar. O que ele foi. E nada mais.

Testemunha, desde menino, das lutas sangrentas pelo comando da sua então província de Mato Grosso, travadas entre o senador Generoso Ponce e o facinoroso coronel Totó Pais — aliado da família de Joaquim Murtinho, ministro da Fazenda de Campos Sales —, o jovem Eurico compreendeu que, na ainda incipiente República brasileira, disputas políticas só se resolviam com o uso da violência.

Na primeira vez que tentou se alistar no Exército em Cuiabá, sua cidade natal, foi reprovado: era franzino demais para um rapaz de 18 anos. A junta médica informou que ele tinha um sopro no coração e não viveria muito. Tentou de novo, em Corumbá, e desta vez seu pai, um capitão reformado, diminuiu-lhe a idade em dois anos nos documentos, de modo que o físico de Dutra se equiparou ao dos demais alistandos.[1]

Em 1902, ingressou na Escola Preparatória e Tática, em Rio Pardo, no Rio Grande do Sul, onde teve por colega outro baixinho que também seria presidente da República: Getúlio Vargas. Dois anos depois, estava inscrito na Escola Militar da Praia Vermelha, no Rio de Janeiro. No entanto, em novembro de 1904, durante a Revolta da Vacina, um general golpista assumiu o comando dos cadetes e marchou contra o Catete para depor o presidente Rodrigues Alves. Os revoltosos foram derrotados, o general morto, a escola fechada, Dutra ferido num olho e seu sonho de se tornar oficial do Exército postergado.

Eventualmente, formou-se com louvor na Escola do Estado-Maior, em 1923, e foi galgando os degraus da hierarquia militar, sempre por mérito. Durante a Revolução Constitucionalista, em 1932, destacou-se por sua coragem e eficiência como tenente-coronel, a ponto de Benjamim Vargas recomendá-lo ao presidente, seu irmão, que o promoveu a general e depois, em 1936, a ministro da Guerra.

Embora desconfiasse, com toda a razão, da lealdade de Dutra, o presidente, por falta de opção, escolheu-o para seu sucessor. O candidato favorito às eleições de 1945 era o brigadeiro Eduardo Gomes, o ex-tenente trapalhão que agora concorria à presidência pela recém-fundada UDN, União Democrática Nacional, partido extremamente reacionário, ligado a setores oligárquicos desalojados do poder pela Revolução de 1930. Por conseguinte, sua política era diametralmente oposta à de Vargas em todos os aspectos, e a sujeição absoluta dos udenistas ao capital estrangeiro foi bem simbolizada em 1946, quando seu primeiro presidente, o senador Otávio Mangabeira, em pleno Senado, beijou a mão do general norte-americano Eisenhower, que visitava o país.

Dutra saiu candidato pelo PSD, mas sua campanha não decolou. Por causa do defeito de dicção, quase não falava — o que lhe valeu o apelido de Catedrático do Silêncio — e, quando o fazia, ninguém entendia direito. Em contrapartida, Eduardo Gomes conquistava o voto das mulheres graças à sua aparência, enfatizada pelo inacreditável *slogan* "Vote no brigadeiro,* que ele é jovem, bonito e solteiro". Não existiam pesquisas eleitorais, mas a vitória dele era dada como certa.

Impedido de permanecer no poder, Getúlio, no seu retiro em São Borja, resolveu entrar na campanha. Dutra precisou se comprometer publicamente a apoiar o programa do PTB e a continuar a obra do predecessor. Em troca, o presidente deposto divulgou, no dia 28 de novembro, sete dias antes da eleição, um manifesto de apoio à candidatura de Dutra. Provando não ser mais inteligente que o Catedrático do Silêncio, o brigadeiro fez ataques ao eleitorado getulista, chamando-o "malta de desocupados que apoia o ditador", ou, segundo outra versão, de "marmiteiros", com isso ofendendo o proletariado.

O apoio de Getúlio e as gafes do brigadeiro foram decisivos. Dutra venceu com 55,4% dos votos, algo que nem seus correligionários, nem ele próprio, haviam julgado possível. Recebeu a faixa do presidente do STF, José Linhares, que assumira interinamente a presidência da República com o afastamento de Getúlio e cujo governo teve o mérito único da brevidade. Em apenas três meses de mandato, nomeou tantos parentes para cargos públicos, que se costumava dizer "os Linhares são milhares".

Nunca um presidente se vira diante de tarefa tão fácil. O país estava em ordem, as liberdades democráticas restauradas e as finanças superavitárias, graças ao crescimento da indústria nacional e às exportações durante a guerra. Pois em quatro anos o "Catedrático do Xilênxio" conseguiu pôr tudo isso a perder.

---

* Dizem que o doce chamado brigadeiro ganhou esse nome porque senhoras do comitê eleitoral de Eduardo Gomes o distribuíam nos comícios e reuniões, junto com o bordão. Segundo as más línguas, o confeito seria uma alusão ao testículo que o brigadeiro perdera em combate, pois não leva ovos na receita.

Na contramão da política econômica nacionalista de Getúlio, ainda necessária ao Brasil, Dutra escancarou o mercado de forma desordenada, eliminando restrições alfandegárias e, em vez de investir no país os 600 milhões de dólares-ouro e as divisas acumuladas, trocou-os por bens manufaturados nos Estados Unidos (Cadillacs, sobras industriais de guerra, quinquilharias plásticas como bonecas e ioiôs), desequilibrando a balança comercial e esgotando, nos primeiros dois anos de mandato, as reservas monetárias do país. A crise sobreveio, elevando o custo de vida.

Ignorou totalmente as promessas de campanha, deixando a legislação trabalhista, que ainda precisava de empenho para sua total implementação no país, virar letra morta em muitas regiões. Além disso, restringiu de tal forma o direito às greves, que a rigor elas só seriam legais nas perfumarias. Segundo Fernando Jorge,

> Na época de Dutra, os comícios populares eram dissolvidos a bala; as autoridades proibiram as comemorações de 1º de maio, o Dia do Trabalho; foram processados cerca de 1.500 operários paulistas, que entraram em greve. Os grevistas presos não podiam se comunicar com ninguém. Como haviam socorrido as vítimas de espancamentos policiais, vários médicos se viram afastados dos centros de saúde, perderam os seus empregos.[2]

Dutra era casado há 32 anos com dona Carmela, uma senhorinha extremamente carola também conhecida como dona Santinha. Por influência dela, o presidente baixou um decreto, em 30 de abril de 1946, proibindo os cassinos, "aqueles antros de perdição e pecado, Eurico!", na visão de Santinha. A abolição das casas de jogos feriu de morte o florescente e rentável negócio do teatro de revista, condenando ao desemprego milhares de pessoas que viviam dele, entre músicos, atores, cantores, vedetes e técnicos. Essa proibição idiota e moralista prevalece até hoje.

Com o advento da Guerra Fria e a subsequente histeria anticomunista, Dutra fechou novamente o PCB, cassou os parlamentares comunistas — "aqueles ateus, Eurico!" — e rompeu relações diplomáticas com a URSS, que haviam sido restabelecidas por Getúlio, ao mesmo tempo que vendia armas ao sanguinário ditador Trujillo, o Bode da República Dominicana.[3]

> O governo Dutra, todos sabemos, foi medíocre, moralista e arbitrário, embora corresse a anedota de que ele só decidia alguma coisa depois de consultar o "livrinho" — a Constituição de 1946. ("O livrinho permite? Então me dá que eu assino, meu filho", costumava dizer aos seus ministros.) Dutra tinha notórios antecedentes golpistas e, para agravar, o seu governo estava articulado à conjuntura da Guerra Fria, o que estimulava e favorecia, sem dúvida, as suas inclinações antidemocráticas e anticomunistas.[4]

Segundo uma famosa anedota, ao desembarcar no Brasil, em 1947, o presidente dos Estados Unidos, Harry Truman, e o presidente Dutra, trocaram os seguintes cumprimentos:

— *How do you do, Dutra?*
— *How tru you tru, Truman?*

Dutra tentou consertar sua desastrosa política econômica com um plano desenvolvimentista cuja sigla era Salte (Saúde, Alimentação, Transporte e Energia). O plano passou no Congresso em 1948, mas nenhum dos seus quatro ministros da Fazenda conseguiu colocá-lo em prática.

Com o falecimento de d. Santinha em 1949, Dutra deixou o Palácio Guanabara e mudou-se para o Catete. Após governar como a sua cara, passou a faixa ao sucessor que era também seu antecessor: Getúlio Vargas (ver página 195).

A gestão Dutra nada foi além de um interregno de parvoíce na epopeia governamental getulista.

Dutra afastou-se da política, da qual nunca deveria ter se aproximado. Somente em duas ocasiões se manifestou: no ano de 1954, ao recomendar a renúncia de Getúlio — coerente também na traição ao homem a quem tudo devia —, e em 1964, quando tentou, após a deposição de João Goulart, articular seu retorno à presidência, sendo preterido por Castelo Branco.

O rapaz a quem a junta médica prognosticara vida curta morreu em 1974, aos 91 anos.

O RETRATO DO VELHO

No lustro do seu exílio autoimposto, Getúlio descansou após quinze anos sem férias. Sua deposição em 1945 não o impediu de se eleger senador pelo Rio Grande do Sul, na legenda do PSD, e por São Paulo, pelo PTB — coisa então permitida pela legislação —, mas quase não compareceu ao Senado, onde era acoimado por ataques udenistas, permanecendo recluso em São Borja a levar uma vida típica de estancieiro do Sul, montando a cavalo, bebendo chimarrão e plantando árvores. Sua silhueta avolumou-se, o que as bombachas realçavam em vez de disfarçar.

A fazenda Itu virou centro de romaria de políticos e correligionários pedindo a sua volta; a Esfinge dos Pampas fingia relutar, mas confessou ao brilhante jornalista Samuel Wainer que era exatamente o que pretendia: "Cão pastor que prova sangue de ovelha, só matando."

Na verdade, fazia constantes sondagens para saber se o momento político lhe era propício, constatando a devoção incondicional do povo por ele.

Por fim, a 19 de abril de 1950, dia do seu aniversário, uma multidão se acotovelava na granja São Vicente, de propriedade de um amigo de Getúlio, João Goulart. Este, trepado numa árvore e sem microfone, fez um emocionante discurso anunciando o regresso do ex-ditador: "Ele voltará, é o nosso candidato: isto é uma rebelião queremista." Getúlio confirmou as palavras dele, agradeceu o apoio e, para delírio de todos os presentes, concluiu abrindo os braços e dizendo: "Levai-me convosco!"

Lançado candidato à presidência pelo PTB, Getúlio, aos 67 anos, entregou-se a uma campanha exaustiva: comícios nos vinte estados da Federação e na capital, conversas com centenas de políticos, chefes locais e eleitores, apertos em milhares de mãos e beijos em incontáveis bochechas. Esbanjando carisma, enfrentou vento, chuva, sol, frio, calor, e pronunciou quase oitenta discursos que, reunidos, constituem um plano de governo.

> Num tempo em que ninguém falava em *marketing* político, numa época em que a televisão era apenas uma remota hipótese e as transmissões radiofônicas uma sinfonia de chiados, a campanha eleitoral de Getúlio foi, do ponto de vista estratégico, um sucesso de causar inveja ao mais experiente marqueteiro de hoje.[5]

Concorrendo de novo pela UDN, Eduardo Gomes fez enormes concentrações eleitorais e distribuiu quilos de brigadeiros, com apoio de quase todos os jornais e recursos ilimitados a seu dispor. Tudo em vão. A 3 de outubro de 1950, Getúlio venceu com 48,7% dos votos. Recebendo apenas 29,7%, o brigadeiro Gomes, bonito e solteiro como sempre (mas não tão jovem), amargou nova derrota infligida por Vargas, humilhação da qual se vingaria, anos depois.

No Carnaval de 1951, a marchinha "Retrato do Velho" comemorou a volta do sorridente Pai dos Pobres, aludindo à tradicional troca de retratos de mandatários nas repartições públicas:

> Bota o retrato do Velho outra vez,
> Bota no mesmo lugar.
> O sorriso do velhinho
> Faz a gente trabalhar.

Mandato: 1951-54

Apelido: Velho

Se não fosse Getúlio Vargas, hoje eu estaria sentado na Cinelândia, junto aos homens da minha geração, tocando aquela flautinha para encantar serpentes. Turistas amáveis, de blusões coloridos, dariam gorjetas e tirariam fotografias. Esse seria mais ou menos o Brasil em que estaríamos vivendo se não tivesse ocorrido aquilo que se pode chamar de Era de Vargas.

Carlos Heitor Cony

Para muitos, o segundo governo Vargas, democrático, foi de certa forma, a redenção do primeiro, autoritário. De volta ao Catete, ele disse ao seu novo ministro da Justiça, Tancredo Neves:

— Fui ditador porque as contingências do país me levaram à ditadura, mas quero ser um presidente constitucional dentro dos parâmetros fixados pela Constituição.

De fato, o ex-ditador foi o mais democrata dos presidentes eleitos, embora enfrentando dificuldades homéricas para se adaptar. O país cujo comando ele havia deixado em 1945 mudara muito. Democratizadas e ineficientes, as instituições não eram mais rígidas, inflexíveis e eficazes como no sistema autocrático ao qual ele se acostumara.

O novo presidente eleito deparava-se ainda com uma oposição que, talvez por influência de tantos anos sob regime de exceção, era intrinsecamente golpista. Mesmo antes que Vargas se candidatasse, o jornalista de araque Carlos Lacerda, da UDN, escreveu no seu jornal *Tribuna da Imprensa*, em 1º de junho de 1950: "O senhor Getúlio Vargas, senador, não deve ser candidato à presidência. Candidato, não deve ser eleito. Eleito, não deve tomar posse. Empossado, devemos recorrer à revolução para impedi-lo de governar."

Por "revolução" leia-se "golpe".

Essa oposição era formada não somente por criaturas cujos interesses políticos e econômicos ele havia contrariado, como fósseis da República Velha, patrões ultrajados com a legislação trabalhista ou acionistas de multinacionais estrangeiras que encaravam a indústria nacional como concorrente, mas também por vítimas da ditadura getulista, como parlamentares cassados e jornalistas censurados pelo DIP. Toda a imprensa era hostil a Getúlio, à exceção do jornal *Última Hora*, fundado em 1951 por Samuel Wainer com o propósito explícito de ser a voz do governo Vargas. Graças ao PSD, o presidente contava com maioria no Congresso, mas muitos pessedistas eram simpatizantes da UDN.

Rejeitado pelas elites e pouco podendo contar com as Forças Armadas, divididas entre nacionalistas e entreguistas, Getúlio, como já fizera no fim do Estado Novo, buscou apoio nas massas populares, que o haviam levado de volta ao poder, e governou para elas.

Recebendo de Dutra, juntamente com a faixa presidencial, uma inflação de 60% — agravada pela Guerra da Coreia —, enquanto o salário mínimo continuava no patamar fixado em 1943, Getúlio corrigiu essa defasagem, aumentando o salário mínimo em 100%. A reação contrária foi tamanha que ele teve de afastar, a contragosto, o ministro do Trabalho, João Goulart. "Contra a justiça da revisão do salário mínimo se desencadearam os ódios", escreveu. Para acelerar o incremento industrial, fundou o BNDE, Banco Nacional de Desenvolvimento Econômico, e a Petrobras, que demorou dois anos para ser aprovada no Congresso; a Eletrobrás foi aprovada apenas em 1961!

Como ele mesmo disse em sua carta-testamento: "Quis criar a liberdade nacional de potencialização das nossas riquezas, através da Petrobras; mal começa esta a funcionar, a onda de agitação se avoluma. Outra minha iniciativa, a Eletrobrás, foi obstaculizada até o desespero. Não querem que o trabalhador seja livre, não querem que o povo seja independente."

O musical *Vargas*, de Dias Gomes, ilustra bem o conflito entre a política nacionalista de Getúlio e os interesses dos Estados Unidos (personificados pelo Embaixador):

> GETÚLIO
> Da minha boa vontade
> posso dar demonstração:
> o projeto do petróleo
> que mandei para o Congresso
> não propõe o monopólio.

Permite que o estrangeiro
entre também com dinheiro
na exploração do petróleo.

EMBAIXADOR
Este é o ponto, presidente,
que justamente me interessa:
de que nos vale ter lucros
se o senhor proíbe a remessa?

GETÚLIO
Eu? Há alguma coisa errada;
Não proibi. A remessa
foi apenas limitada.

"Os lucros das empresas estrangeiras alcançavam até 500% ao ano", acusou Getúlio. "Nas declarações de valores do que importamos, existiam fraudes constatadas de 110 milhões de dólares por ano."

Os que não queriam a liberdade e a independência do trabalhador, consoante o presidente, faziam uma campanha acirrada contra o governo, empenhados em derrubá-lo a qualquer custo. O udenista Carlos Lacerda, apelidado de "Corvo" por Samuel Wainer, caluniava e insultava o chefe de Estado e sua família, referindo sem parar a um imaginário "mar de lama" de corrupção por ter o governo facilitado empréstimos via Banco do Brasil para financiar o jornal *Última Hora*, de Wainer. Para seus ataques destemperados e agressões verbais Lacerda fez uso, além do seu jornal, de uma novidade no Brasil: a televisão. Foi o primeiro brasileiro a usar o aparelho politicamente de forma abusiva.

Em junho de 1954 a UDN protocolou pedido de *impeachment* contra o presidente da República, rejeitado por 136 votos a 35. Ainda faltava à oposição um acontecimento gerador de comoção pública para tornar a queda de Getúlio irreversível, algo semelhante ao que o assassinato de João Pessoa havia sido para a debacle de Washington Luís.

Pois esse evento, precisamente um assassinato, ocorreu em 5 de agosto de 1954.

Segundo a versão oficial — mais cheia de furos que roupa de mendigo (ver página 209) —, um pistoleiro, à noite, disparou contra Lacerda em frente ao prédio onde este morava, na rua Tonelero, em Copacabana, matando, em vez do udenista, um jovem oficial que o acompanhava. Lacerda teria recebido um tiro no pé. Dizendo-se vítima de um atentado, o Corvo acusou o presidente de ter mandado silenciá-lo e se fez fotografar com o pé engessado, carregado por dois oficiais.

Como o major assassinado, Rubem Vaz, era oficial da Aeronáutica, esta, numa demonstração da insolência a que chegara a milícia na Era Vargas, arrogou-se poderes policiais e judiciários e instaurou um inquérito sobre o assassinato, intimando e prendendo gente a seu bel-prazer, espécie de Inquisição ou poder paralelo que recebeu o nome de República do Galeão, em alusão à base aérea sede da Aeronáutica. A qual, dominada pelo brigadeiro Eduardo Gomes, que nunca perdoara a Vargas tê-lo derrotado duas vezes de modo tão humilhante, pressionava os interrogados de todas as formas, inclusive com tortura, para que implicassem o presidente, ou gente ligada a ele, no homicídio.

Conforme averiguado por esse inquérito viciado e totalmente ilegal, o suposto atentado fora encomendado por Gregório Fortunato, o Anjo Negro, chefe da guarda pessoal de Getúlio. Essa guarda, com cerca de oitenta homens, havia sido criada por Benjamim Vargas após o atentado integralista em 1938, e posta sob o comando de Gregório, um negro retinto de quase 2 metros de altura que trabalhava para a família Vargas há décadas e cuja lealdade a Getúlio, a quem servia como guarda-costas, era canina. Foi descoberto que o Anjo

Negro, por sua proximidade com o presidente, recebia propinas e fazia tráfico de influência.

A oposição golpista exagerou essa informação de tal forma que a imprensa transformou os Vargas em caudilhos sanguinários, o Catete em antro de corrupção desenfreada e os aliados de Getúlio em vendilhões do Templo. Boa parte do povo, que tanto devia ao presidente, acreditou na farsa, martelada dia e noite nos jornais, nas rádios e nas televisões, e voltou-se contra o seu benfeitor.

A guerra psicológica movida contra Getúlio foi uma das maiores encenações políticas da América do Sul. Só poderia ter sido montada no Rio de Janeiro, cidade cuja estrutura física lembra um palco e é particularmente apropriada para qualquer tipo de encenação. Dizia o dr. Goebbels, ministro da Propaganda de Hitler, em 1936, em Berlim: "Mintam, mintam, que alguma coisa fica."[1]

Brigadeiros primeiro, encabeçados por Eduardo Gomes, em seguida generais, encabeçados por Juarez Távora, por fim uma parcela expressiva das Forças Armadas, exigiram a renúncia do presidente. O ministro da Justiça instava-o a pedir estado de sítio ao Congresso, prender os revoltosos, mas o presidente, que, segundo o próprio Tancredo Neves, sofria de "complexo de ditador", jamais acatou lançar mão de qualquer violência. "Ele preferiu a destruição do seu governo e a sua destruição política a se utilizar até dos instrumentos de defesa, com o complexo de que tinha de ser um presidente constitucional e não mais um ditador."[2]

Na madrugada de 23 para 24 de agosto, foi realizada uma reunião ministerial de emergência para decidir o que fazer com o governo. A maioria apoiava a renúncia; Tancredo Neves e Alzira Vargas, que trabalhava como assessora do pai, eram favoráveis à resistência armada;

os ministros da Guerra, da Aeronáutica e da Marinha discutiam entre si, um jogando a responsabilidade no outro. Algumas horas mais tarde, Getúlio saberia que o general Zenóbio da Costa, seu ministro da Guerra, se bandeara para a oposição em troca da promessa de continuar ministro sob o novo governo do vice-presidente Café Filho, que também conspirava. Talvez a isso se referisse o almirante Guilhobel, ministro da Marinha, ao sentenciar lugubremente:

— Lamento verificar, presidente, que o senhor seja sempre traído por seu ministro da Guerra!

Por fim, Getúlio disse:

— Já que os senhores não decidem, eu vou decidir. Determino que os ministros militares mantenham a ordem pública e respeitem a Constituição. Uma vez restabelecida a disciplina, estarei disposto a solicitar uma licença até que se apurem as responsabilidades. Do contrário, se os amotinados quiserem impor a violência e chegar até o Catete, encontrarão apenas o meu cadáver.

Getúlio tentou dormir, mas seu sono foi constantemente interrompido pelas notícias cada vez piores que lhe chegavam. Seu irmão Benjamim fora intimado a depor no Galeão. Às 6h30 tomou conhecimento de que a cúpula militar aceitaria a licença do presidente desde que fosse definitiva, agora com o apoio do traidor Zenóbio. Era o mesmo que dizer que estava deposto. O círculo se fechara.

Aos 72 anos, o líder que trouxera o Brasil para o século XX respeitava-se demais para ceder à sanha de tais celerados. Já fora deposto uma vez e não suportaria de novo essa humilhação. Além disso, estava exausto e com a saúde abalada pelo estresse, sobrepeso e consumo vitalício de carne vermelha e tabaco.

Às 8h30, um tiro ressoou pelo palácio.

Familiares e auxiliares lançaram-se ao quarto do presidente e o encontraram sobre a cama, agonizante: metera uma bala no próprio coração. Era o ato extremo, após uma vida inteira de autocontrole. Seu filho Getulinho faria 37 anos naquele dia.

Sobre a cabeceira estava a sua carta-testamento, esboçada por ele e passada a limpo, dias antes, pelo amigo Maciel Filho, que havia escrito alguns dos melhores discursos presidenciais. Meia hora depois, a mensagem era transmitida pela Rádio Nacional a todo o país.

> Era escravo do povo e hoje me liberto para a vida eterna. Mas esse povo de quem fui escravo não mais será escravo de ninguém. Meu sacrifício ficará para sempre em sua alma e meu sangue será o preço do seu resgate. Lutei contra a espoliação do Brasil. Lutei contra a espoliação do povo. Tenho lutado de peito aberto. O ódio, as infâmias, a calúnia não abateram o meu ânimo. Eu vos dei a minha vida. Agora ofereço a minha morte. Nada receio. Serenamente dou o primeiro passo no caminho da eternidade e saio da vida para entrar na História.

O homem mais poderoso do Brasil durante dezenove anos deixou apenas uma fazenda em São Borja, de 46 hectares, e um apartamento em construção no Rio de Janeiro.

Jamais uma notícia chocou e comoveu a nação brasileira de modo tão avassalador. Esquecidas das greves, da inflação e, principalmente, das mentiras da oposição golpista ao longo de cinco anos, multidões acorreram em peso ao velório, pranteando o único político que lhes dera dignidade. Homens choravam, mulheres desmaiavam. Misturando revolta à dor, turbas depredaram as redações da *Tribuna da Imprensa*, *O Globo*, *Diário Carioca* e outros jornais hostis ao presidente, além de atacar a embaixada norte-americana e a Standard Oil. Lacerda teve de fugir para o exterior. Artistas populares improvisavam:

Lamente, povo, lamente,
O Brasil perdeu a paz.
Morreu nosso presidente,
O Brasil não presta mais!

Arrependido de sua traição, o general Zenóbio renunciou ao cargo de ministro e se retirou da vida pública. A República do Galeão desmoronou e a UDN, sem jamais conseguir apoio popular, chegou ao poder com Jânio Quadros, em 1961, mas somente por seis meses, e depois acabou no lixo da História. Os comunistas, que haviam se voltado outra vez contra Getúlio no segundo governo, acharam conveniente identificar-se com a popularidade póstuma do Pai dos Pobres e o tornaram um dos seus.

Com o suicídio, Getúlio garantiu a normalidade do processo eleitoral e fez o sucessor que queria, Juscelino Kubitschek, mas também o que não queria, João Goulart. Assim como o PSD e o PTB nasceram de Vargas, o pedessista Juscelino era metade do que Getúlio fora, e o petebista Goulart a outra metade. JK era o desenvolvimentismo e a industrialização, Jango a estatização e o nacionalismo. Um era o estadista, o outro o populista. O progresso e o social.

Curiosamente, o sacrifício do ex-ditador assegurou dez anos de sobrevida à democracia, fato confirmado por Tancredo: "Eu acho que o suicídio teve realmente como consequência a eleição do Juscelino. Mas o suicídio também adiou 1964. Se não fosse o suicídio de Vargas, 1954 já teria sido 1964. Você verifica: as lideranças de 1964 são as mesmas lideranças de 1954, com os mesmos objetivos."[3]

O grande legado pessoal de Getúlio foi o respeito ao bem público e o amor ao Brasil. Sua política econômica, adequada ao país no seu tempo, já não atende às necessidades de uma nação moderna em um mundo globalizado, ao passo que o modelo liberal antiestatizante, prematuramente defendido pela UDN na década de 50, é hoje o melhor sistema para uma nação industrializada. Um dos políticos que entenderam isso com mais clareza foi o presidente Fernando Henrique Cardoso, conforme expressou em 1994, no seu discurso de despedida ao Senado:

> Eu acredito firmemente que o autoritarismo é uma página virada na História do Brasil. Resta, contudo, um pedaço do nosso passado político que ainda atravanca o presente e retarda o avanço da sociedade. Refiro-me ao legado da Era Vargas — ao seu modelo de desenvolvimento autárquico e ao seu Estado intervencionista. Esse modelo, que à sua época assegurou progresso e permitiu a nossa industrialização, começou a perder fôlego no fim dos anos 70. Atravessamos a década de 80 às cegas, sem perceber que os problemas conjunturais que nos atormentavam — a ressaca dos choques do petróleo e dos juros externos, a decadência do regime autoritário, a superinflação — mascaravam os sintomas de esgotamento estrutural do modelo varguista de desenvolvimento.

O maior tributo internacional a Getúlio Vargas foi o que lhe prestou o jornal britânico *Manchester Guardian*, em seu obituário de 25 de agosto de 1954: "Fisicamente diminuto, a sua estatura moral o habilitou a governar um país tão grande quanto a Europa durante tantos anos. Suas reformas sociais e econômicas foram sem precedentes no Brasil. Até 1930, o Brasil tinha sido um país; Vargas transformou-o em uma nação."

Tonelero: o atentado que nunca houve

Assim como o imaginário "mar de lama" do segundo governo Vargas, o suposto atentado contra Carlos Lacerda, na noite de 5 de agosto de 1954, é outro exemplo típico de como uma mentira, repetida à exaustão, acaba assimilada como verdade.

Alcino Nascimento, o homem acusado de disparar contra Lacerda, matando acidentalmente o major Vaz, não era pistoleiro e sim um detetive do governo, um secreta. A missão que Gregório Fortunato lhe dera jamais fora matar Lacerda, mas tão somente segui-lo e descobrir-lhe os podres, a fim de usá-los contra o corvídeo. Imaginar que Gregório seria estúpido a ponto de encomendar um assassinato cuja culpa só poderia recair sobre o homem que ele queria proteger a todo custo é, isto sim, de uma estupidez ímpar. Se quisesse calar Lacerda para sempre, o Anjo Negro poderia facilmente ter contratado um assassino de aluguel do Rio Grande do Sul ou de outro estado, que sumisse sem deixar rastro após fazer o serviço, em vez de recorrer a homens da guarda que ele mesmo comandava.

Personagem dos mais funestos, Carlos Lacerda havia sido expulso do PCB por ter delatado seus companheiros na época do Estado Novo. Virando a casaca, tornou-se o mais enraivecido reacionário anticomunista e antigetulista do Brasil, além de moralista e papa-hóstia. Para Samuel Wainer, o Corvo não passava de um renegado, "um mísero frustrado em sua própria profissão, uma alma de alcaguete a serviço de todos os movimentos antipopulares, anti-humanos e antinacionais". Gregório havia descoberto que, como bom hipócrita, Lacerda frequentava uma amante num hotel do bairro carioca de Santa Teresa, embora sua intemperança e costume de dar chiliques sugiram homossexualidade reprimida. Alcino deveria segui-lo e anotar tudo.

Na noite de 5 de agosto, quando Lacerda chegou de carro à Tonelero, acompanhado pelo filho adolescente e pelo major Vaz, Alcino aproximou-se do automóvel para anotar o número da placa. Ao vê-lo, o major caiu sobre ele e aplicou-lhe uma chave de braço. Uma bala atingiu Vaz pelas costas; Alcino desvencilhou-se, metendo-lhe dois tiros no peito. Como ele mesmo contou, após cumprir 23 anos de prisão:

> Eu não era pistoleiro. Não saí para matar ninguém, nunca podia imaginar que aquele segurança do Lacerda fosse um major. [Vaz] rodeou o carro pela frente e surgiu na traseira. Ele me atacou e eu saltei. Aí surgiu um tiro, não sei de onde partiu — uma bala passou zumbindo no meu ouvido. O segundo tiro parece que atingiu o major pelas costas, justamente na hora em que ele me deu uma chave de braço, no braço esquerdo. Conforme ele me quebrou, eu já tinha levado a mão pro revólver. Eu estava com um Smith & Wesson, calibre 45, e dei dois tiros no peito dele.

E acrescentou: "Matei-o porque eu era um secreta e não podia ser preso. *Não houve atentado algum.*"
Alcino reiterou sua versão em entrevista a Geneton Moraes Neto:
— Nunca passou pela minha cabeça, nem pela de Gregório, a ideia de mandar matar Carlos Lacerda. Isto foi farsa do processo.
— Mas o processo provou que o senhor foi contratado para eliminar Carlos Lacerda...
— O processo que provou isso foi feito no Galeão, não foi feito na Polícia Civil. Porque, na Polícia Civil, o processo foi completamente diferente. Lá, eu pude depor como determinava a lei. Já no Galeão nunca tive assistência de advogado. Só tivemos inimigos no Galeão.

Alcino confirmou que havia sido torturado no Galeão para contar a história que os brigadeiros golpistas queriam.

Após o crime, Alcino e Climério, seu chefe, que o acompanhava, precipitaram-se para o táxi que os trouxera e cujo ponto era em frente ao Catete. Não tinham plano de fuga porque, como não houve atentado algum, não lhes ocorrera que precisariam fugir.

Posando de vítima, Lacerda deu três versões diferentes do suposto atentado:

1) No mesmo dia do episódio, contou que foi alvo de tiros vindos de vários locais diferentes, como uma tocaia. Ele teria disparado também, com seu revólver 38.

2) Em agosto de 1967, em entrevista a *Manchete*, disse que havia um único atirador, Alcino, que disparou contra ele e o major Vaz. Ele teria trocado tiros com o pistoleiro.

3) Em 1977, na longa entrevista que resultou no livro *Depoimento*, afirmou não ter trocado tiros com o pistoleiro, e sim arrastado o filho para um lugar seguro e só depois atirado contra o agressor, que já estava longe.

Em todas as versões, ele afirma ter recebido um tiro no peito do pé.

As muitas contradições entre as versões provam que ele mentia. Além disso, se Lacerda tivesse levado um balaço de 45, precisaria amputar o pé. E mais: dois vizinhos testemunharam que ele, após os tiros, caminhava perfeitamente. Uma dessas testemunhas depôs no Galeão, mas seu depoimento não foi incorporado ao inquérito.

Assim, com o pé tão gravemente ferido, Lacerda ainda conseguiu dirigir de Copacabana até o Hospital Miguel Couto, na Gávea, com o corpo do major Vaz no carro. No hospital, fez engessar o pé, pavoneando o gesso por toda parte. Detalhe: pé ferido não se engessa. Gesso é para fraturas. Até hoje muitos duvidam que o Corvo tenha mesmo sido alvejado, inclusive porque toda a documentação do hospital sobre esse ferimento — boletim de socorro, registro no livro de ocorrências e radiografias — desapareceu misteriosamente.

As coisas inexplicáveis não param por aí:

- Rubem Vaz foi, como relatou Alcino, atingido por duas balas no peito — disparadas pelo secreta — e uma nas costas. Quem disparou essa terceira bala?
- O corpo do major nunca foi submetido à necropsia: os golpistas não permitiram que fosse examinado no Instituto Médico-Legal, alegando que o governo tentaria incriminar Lacerda, embora pudessem indicar médicos para participar do exame pericial.
- Lacerda recusou-se a entregar sua arma para ser periciada, sob o mesmo pretexto. Por quê?

Todos os envolvidos no episódio, Gregório, Alcino, Climério e outros igualmente inocentes, foram detidos no Galeão, onde permaneceram incomunicáveis durante cinquenta dias, submetidos a torturas e intimidações de todo tipo — como ameaçar jogá-los de um avião — para que confirmassem a história mentirosa criada por Lacerda, pelos brigadeiros antigetulistas e pela imprensa. Condenado a 25 anos, Gregório foi assassinado na prisão, bem como Climério. Até o infeliz motorista do táxi, que nada tinha com a história, recebeu pena de 11 anos de detenção como cúmplice de assassinato.

Tudo isso deixa claro que o "atentado" da rua Tonelero não passou de uma farsa cuidadosamente montada para transformar um homicídio culposo em um atentado, com propósito exclusivo, e infelizmente bem-sucedido, de denegrir o governo honesto de um homem de bem.

Mandato: 1954-55

Um reles café de panela, muito requentado e que, na xícara, ficara reduzido a um modesto cafezinho, um café pequeno, um café filho.

Barão de Itararé

O potiguar João Fernandes Campos Café Filho não é lembrado por qualquer outro dado da sua ignota biografia, exceto como o vice-presidente que, por um ano, ocupou a presidência após o suicídio de Vargas.

Nascido em Natal e batizado na Igreja Presbiteriana — o único rio-grandense-do-norte e primeiro protestante a ser chefe de Estado no Brasil —, Café Filho praticou advocacia e até foi aprovado para o Tribunal de Justiça, embora nem tivesse concluído a faculdade de Direito. Trabalhou também como jornalista e militou na política de esquerda, participando de greves portuárias e têxteis, até eleger-se deputado federal em 1934. Depois de apoiar a Aliança Liberal, foi acirrado crítico do Estado Novo, tendo inclusive que morar alguns anos na Argentina para não ser preso.

De volta ao Brasil com a redemocratização, parece ter mudado radicalmente a sua cor política, pois de "perigoso agitador" — como a polícia de Natal o classificara em 1923 — aderiu ao fisiologismo de Ademar de Barros, governador de São Paulo e líder do poderoso Partido Social Progressista (PSP), que Café levou para o Rio Grande do Norte. Sua candidatura à vice-presidência da República foi parte do acordo feito por Ademar para apoiar Getúlio Vargas à presidência, nas eleições de 1950.

Café tinha baixa estatura, testa alta, olhos amendoados um tanto furtivos e algo vagamente reptiliano na fisionomia. Era homem de certo cultivo, descrito por Cony como "um nordestino que, entre o jerimum e a política, civilizou-se ao extraordinário ponto de saber quem era e o que fazia Lurçat".[1]

Vargas não gostava dele, mas teve de incluí-lo na sua chapa em troca dos votos paulistas. Segundo Samuel Wainer, "Getúlio não confiava em Café, tinha-lhe horror físico. [...] Getúlio certamente sentira em Café o cheiro do oportunismo, da mediocridade, da traição, numa intuição premonitória que seria dramaticamente confirmada em agosto de 1954".[2]

Na crise de agosto de 1954, Café propôs a Getúlio que ambos renunciassem, decerto antevendo que o presidente recusaria, como de fato recusou. No dia 11, encontrou-se às escondidas com Carlos Lacerda no Hotel Serrador, Rio de Janeiro, onde combinaram que ele assumiria a presidência tão logo os golpistas depusessem Getúlio; em troca, partilharia o poder com a UDN. O suicídio do presidente não desfez a barganha. Com um sorriso de orelha a orelha, Café Filho recebeu a faixa presidencial num Congresso Nacional quase vazio; a cidade estava em peso atendendo ao velório no Catete.

Todos os inimigos de Vargas foram convidados para o novo ministério. A geração seguinte das oligarquias escorraçadas em 1930 retomava o poder, auxiliada pelos tenentes que tanto haviam combatido essas mesmas oligarquias. Para ministro da Guerra, o novo presidente nomeou um dos generais que haviam assinado o pedido de renúncia de Getúlio, Teixeira Lott.

A UDN ainda não estava satisfeita: queria que as eleições legislativas de outubro fossem adiadas, prevendo que o PSD e o PTB cresceriam, após o suicídio de Vargas. O calendário foi mantido, no entanto, e os dois partidos getulistas realmente cresceram, enquanto a UDN diminuiu, perdendo dez cadeiras no Congresso.

Horas depois do sepultamento de Getúlio em São Borja, os principais herdeiros do seu legado, Osvaldo Aranha, Tancredo Neves e João Goulart, reuniram-se na fazenda deste último para decidir o que fariam. Como relembrou Tancredo,

> Concluímos que caminhávamos para uma ditadura. O governo do Café Filho era, na realidade, o governo do brigadeiro Eduardo Gomes e do general Juarez Távora, homens interessados num governo forte no Brasil,

o que aliás veio a se confirmar em 1964. Pareceu-nos essencial, para assegurar as eleições marcadas para 1955, o lançamento de uma candidatura à presidência. Concluímos também que o candidato deveria pertencer ao PSD e a um grande estado. Fixadas essas premissas, entendemos que o candidato deveria ser o governador Juscelino Kubitschek.[3]

Juscelino fora um bom amigo de Getúlio, que o ungira seu sucessor em conversas informais com Tancredo.

Mero fantoche dos udenistas, o presidente Café, pronunciando-se no programa radiofônico *A Voz do Brasil*, a 27 de janeiro de 1955, falou que "os prenúncios de uma sucessão convulsionada surgiram desde que foi indicada, por um partido, uma candidatura, sem maiores entendimentos com as outras forças políticas", e à qual "muitos atribuem o propósito de restaurar a ordem de coisas encerrada tragicamente a 24 de agosto de 1954". O discurso era uma ameaça velada, embora bastante óbvia, à candidatura de Juscelino, cuja resposta foi:

— Deus poupou-me o sentimento do medo. A duração da minha candidatura está condicionada à duração da própria democracia em nossa pátria.

Juscelino rompeu com o presidente e, quando um repórter de *O Cruzeiro* lhe perguntou, maliciosamente, "E o problema do café?", o mineiro respondeu com outra pergunta: "O vegetal ou o animal?"

Em abril, João Goulart, do PTB, embarcou na chapa como candidato a vice. E a UDN viu, horrorizada, Getúlio Vargas ressuscitar em seus dois herdeiros, na mesma poderosa aliança de partidos que já dera vitória a Dutra em 1946, como Bruto, assassino de César, deparando-se com o fantasma deste quando da aproximação dos exércitos coligados de Marco Antônio e Otaviano, sucessores do ditador romano.

A UDN, a Escola Superior de Guerra (ESG), comandada por Távora e foco de militares antivarguistas, e o Clube da Lanterna — grêmio de fisiocratas fundado por Carlos Lacerda em 1953 e dirigido por outro pseudojornalista, Amaral Neto, chamado pelos desafetos de Amoral Nato — fizeram das tripas coração para impugnar a chapa Juscelino--Jango, que ainda por cima contava com o apoio dos comunistas. De volta do seu breve exílio e agora deputado, eleito em 1954, Lacerda xingou o governador de Minas de "condensador da canalhice nacional" em seu pasquim, no qual, em setembro, divulgou um documento falso, a Carta Brandi (ver página 217), na tentativa desesperada de destruir os adversários. Tudo em vão.

Com a prevista vitória de Juscelino e Jango, a 3 de outubro, sobre Juarez Távora, Ademar de Barros e o líder integralista Plínio Salgado, os esforços antigetulistas se concentraram em impedir a posse dos vencedores. Tentou-se até impugnar o resultado da eleição com o argumento ridículo de que, como o PCB estava na ilegalidade desde 1947, os votos comunistas com os quais Juscelino e Jango se elegeram não eram válidos. "Esses homens não podem tomar posse, não devem tomar posse, nem tomarão posse", açulava o Corvo na *Tribuna da Imprensa*. O ministro da Guerra, no entanto, era contrário a tais tentativas golpistas e defendia o cumprimento incondicional da Constituição.

O estopim dessa crise política ocorreu no dia 1º de novembro, durante o enterro do presidente do Clube Militar. Um coronelzinho com o nome surpreendentemente adequado de Bizarria Mamede fez um inflamado discurso, conclamando os militares a impedir a posse dos eleitos. O general Lott quis punir tamanho ato de sedição, mas o bizarro discursista, por pertencer à direção da ESG, respondia diretamente ao presidente da República.

Teixeira Lott pediu a Café Filho que punisse o sedicioso. Café prometeu a solução do problema para depois do Dia de Finados e, cumprido o prazo, requisitou uma licença, no dia 3, alegando problemas de saúde; o presidente da Câmara dos Deputados, Carlos Luz, assumiu interinamente a presidência. Para Juscelino, isso foi uma manobra de Café para demitir Teixeira Lott sem que Minas reagisse, pois Luz era mineiro. Com Lott afastado do caminho, os militares antigetulistas dariam um golpe de Estado. Mas pode ser também que Café Filho tenha, de fato, sofrido um infarto. A saúde do presidente sempre fora muito ruim. Aos 33 anos, tentara contratar um seguro de vida, mas a seguradora rejeitou, alegando que o proponente sofria de insuficiência cardíaca.

Demitido por Carlos Luz, o paladino da legalidade Teixeira Lott desfechou, a 11 de novembro, o chamado Golpe Preventivo, uma intervenção militar para garantir a posse do presidente eleito. Carlos Luz foi afastado e, quando Café Filho tentou reassumir a presidência, foi impedido, com a anuência do Congresso, que confiou o poder ao presidente do Senado, Nereu Ramos, seguinte na linha da sucessão constitucional, até a posse de Juscelino Kubitschek, em 31 de janeiro de 1956.

Segundo o barão de Itararé, "no dia 11 de novembro faltava Café e Luz no Catete. Só havia Pão de Lott".[4]

Como pagamento por sua traição a Getúlio Vargas, Café Filho acabou deposto pelo seu próprio ministro da Guerra.

Totalmente desmoralizado, retirou-se da vida pública e tentou justificar seus atos do modo mais cabotino possível na autobiografia *Do sindicato ao Catete: memórias políticas e confissões humanas*.

O Corvo volta a atacar

Depois do pseudoatentado da rua Tonelero, a nova farsa de Carlos Lacerda publicada em seu jornaleco a 16 de setembro de 1955 foi a Carta Brandi, documento supostamente escrito em 5 de agosto de 1953 por um ex-deputado peronista, Antonio Brandi, ao então ministro brasileiro do Trabalho, João Goulart.

A carta mencionava armas compradas por Goulart na província argentina de Córdoba, com o propósito de instaurar uma república sindicalista no Brasil, a exemplo da que o caudilho Perón estabelecera na Argentina. Informava a missiva que "referente à mercadoria [armas] adquirida por V. Excia. na Fábrica Militar de Córdoba, posso lhe antecipar que já foram tomadas providências para que seja remetida via Uruguaiana, como mercadorias alimentícias".

Goulart, que visitara a Argentina diversas vezes, negou a história toda e o PTB, sem a menor hesitação, exigiu do governo um inquérito para esclarecer a verdade. A investigação ficou a cargo do general Maurell Filho, que, após algumas viagens à pátria de Evita, anunciou que a carta era uma fraude forjada por dois picaretas argentinos em julho. Conforme a revista *O Cruzeiro* de 10 de dezembro: "Houve, por conseguinte, tempo de sobra para o sr. Lacerda e seu grupo investigarem a identidade da dupla que lhe entregou o documento falso."

Com a Carta Brandi o farsante Lacerda esperava obter o mesmo nível de comoção que as cartas falsas de Artur Bernardes ou o Plano Cohen, mas não conseguiu impedir a eleição de Juscelino nem a de Jango — que, aliás, recebeu mais votos que o próprio JK —, em uma demonstração de que nem sempre a falta de escrúpulos e de caráter é bem-sucedida.

Mandato: 1956-61

Apelidos: Nonô, JK, Presidente Bossa-Nova

Juscelino é o poeta da obra pública.

Guimarães Rosa

Mineiro de Diamantina, Juscelino Kubitschek de Oliveira tinha apenas dois anos quando seu pai, um caixeiro-viajante, morreu. Ele, sua mãe, Júlia Kubitschek — descendente de ciganos tchecos —, e sua irmã, Maria da Conceição, ficaram desamparados, tendo de enfrentar sérias privações. O menino nem sequer podia andar calçado. Júlia, que era professora primária, pediu transferência e mudou-se com os filhos — a quem chamava de Nonô e Naná — para Grupiara, onde obteve permissão de morar na escola em que lecionava.

Como não havia ginásio em Grupiara nem recursos para financiar os estudos de Juscelino, Nonô ingressou no Seminário Diocesano diamantinense, deixando-o aos 15 anos, concluído o curso de Humanidades: o futuro namorador não tinha vocação para o sacerdócio, embora tenha sido católico fiel a vida toda. Em 1921, ingressou na Faculdade de Medicina de Belo Horizonte, trabalhando como telegrafista para custeá-la. Formou-se médico em 1927.

Pouco antes de sua formatura, em uma festa beneficente, conheceu Sara Luísa Gomes de Sousa Lemos, de 18 anos, filha de um deputado. A mãe de Sara, Luísa Negrão, era contra o namoro, pois Juscelino não tinha berço, mas a filha, perdidamente apaixonada pelo jovem e charmoso médico, teimou que se casaria com ele, e só restou à mãe aceitar o fato. Era uma moça enérgica e determinada a ponto de Juscelino dizer, anos depois, a um amigo: "Muita gente que não a conhece de perto se ilude com a Sara, por vê-la assim, tão miudinha, tão sorridente, ninguém imagina a fortaleza que ela é. Uma rocha." Gostava dela, mas não estava apaixonado, e tentou romper o noivado dando a sua viagem como pretexto. Sara, no entanto, disse que esperaria por ele.

Juscelino estava decidido a fazer especialização em urologia na França. Adorava viajar e se ressentia do isolamento dos mineiros com relação ao resto do país e do mundo. Tinha visto um carro pela primeira vez aos 21 anos e ficara abismado diante do mar, em uma viagem ao Rio. Raspou suas economias, vendeu o Ford que havia acabado de comprar, fez empréstimo no banco e zarpou no fim de abril de 1930, recriminado por parentes e amigos, que achavam especialização na Europa um luxo ao qual somente ricos e protegidos podiam se dar.

Essa viagem expandiu os horizontes do jovem montanhês. Em um café parisiense conheceu o compatriota Cândido Portinari, que estudava belas-artes na Cidade Luz, de onde Juscelino partiu numa excursão pelo Mediterrâneo Oriental. No Cairo, visitou o espólio de Tutancâmon, descoberto há pouco, e se maravilhou com a história do faraó que construiu uma nova capital no meio do deserto, Aquenaton, com quem, futuramente, o criador de Brasília seria comparado. Na Turquia, conheceu as peripécias de outro visionário, que transferira a capital de Istambul para Ancara: Kemal Atatürk. Passeou por Viena, completou 28 anos de idade em Praga, terra de seus antepassados, visitou Berlim, depois concluiu seu curso em Paris e voltou ao Brasil em novembro.

O país que Nonô reencontrou não era o mesmo que deixara. A Revolução de 1930 havia derrubado a velha ordem oligárquica e foi saudada com entusiasmo pelo recém-chegado. Sara o aguardava e o casamento foi marcado para 31 de dezembro de 1931. Ela desejava muitos filhos, mas em onze anos de tentativas o casal teve apenas uma filha, Márcia, e adotou outra, Maria Estela.

Gabriel Passos, casado com a irmã de Sara, conseguiu que Juscelino fosse nomeado médico do Hospital Militar da Força Pública de Minas Gerais, onde, como capitão-médico, participou das forças mineiras que combateram a Revolução Constitucionalista de 1932.

Por essa época, fez amizade com um deputado pouco conhecido, Benedito Valadares. No ano seguinte, após o falecimento de Olegário Maciel, o presidente Vargas nomeou para o lugar dele, como interventor de Minas Gerais, precisamente esse político obscuro, causando surpresa geral.* Valadares lembrou-se do simpático capitão-médico do Túnel da Mantiqueira e chamou-o para ser seu secretário. Foi o início da carreira política de Juscelino.

Juscelino construiu sua base política em Diamantina e foi eleito deputado federal, em 1934, pelo Partido Progressista de Minas Gerais (PP-MG). Ficou menos de três anos na Câmara, fechada em novembro de 1937 pelo golpe do Estado Novo. Da sua passagem por ela nada ficou, nenhum projeto ou discurso. Era homem para o Executivo, não para o Legislativo. Após um breve retorno à atividade médica — em que atendia de graça numerosas famílias pobres —, foi nomeado prefeito** de Belo Horizonte por Benedito Valadares, no ano de 1940. A grande oportunidade para o jovem político diamantinense mostrar todo o seu valor havia chegado.

Sua administração foi um marco na história de Belo Horizonte, como seria, mais tarde, em Minas Gerais e no Brasil. Remodelou a capital mineira de 280 mil pessoas, asfaltando as principais ruas, rasgando novas avenidas, ligando o centro aos subúrbios, aperfeiçoando a rede de esgotos, o abastecimento de água, e erguendo o magnífico conjunto da Pampulha, traçado por um arquiteto recém-formado, Oscar Niemeyer. A incrível Capela de São Francisco, com pinturas e afrescos de Portinari, foi amaldiçoada por um arcebispo, sinal de que o gosto artístico do viajado Juscelino era muito modernista para os padrões mineiros.

O grande intelectual Antônio Houaiss assim definiu essa gestão: "Ele foi o transformador de Belo Horizonte, cidade fisicamente nova, mas espiritualmente desatualizada. Foi um prefeito não rotineiro que

---

* Dizem que a população, surpreendida, questionava a inesperada escolha, originando a expressão "Será o Benedito?".
** Nas interventorias os prefeitos eram nomeados, não eleitos, e seu mandato, como o dos interventores, não tinha duração fixa.

floresceu na província. Até então os nomes novos de Minas só vinham a florescer no Rio de Janeiro."

Criou ainda uma orquestra sinfônica, o Museu Histórico da capital e o Paço das Artes. As obras eram feitas com tal rapidez que ele ganhou o apelido de "Prefeito Furacão".

Com a deposição de Getúlio em 1945, Benedito Valadares foi afastado da interventoria e Juscelino, em consequência, substituído na prefeitura. Pelo recém-fundado PSD, que ele lutou para fortalecer no estado, candidatou-se a deputado federal, sendo o segundo mais votado em Minas, depois do próprio Getúlio. Nunca perdeu uma eleição na vida, exceto para a Academia Brasileira de Letras, muito tempo depois.

Mudando-se para o Rio de Janeiro, assumiu o mandato como deputado constituinte, mas, de novo, poucas marcas deixou de sua atuação: não era parlamentar, e sim administrador. Como membro da Comissão Permanente de Transporte e Comunicação, percorreu o Brasil e também visitou os Estados Unidos e o Canadá, viagens que muito contribuíram para suas concepções político-administrativas.

Em julho de 1950, a executiva do PSD se reuniu no Rio de Janeiro e escolheu como candidato a governador Juscelino, que teve por adversário o seu concunhado Gabriel Passos. Foram apenas dois meses de campanha. "Ele comeu a poeira das estradas que depois mandaria asfaltar, visitou 168 municípios, dançou em forrós pelas madrugadas e jamais perdeu o fôlego ou o sorriso."[1]

A 3 de outubro, recebeu 714 mil votos contra 544 mil para Passos, e tomou posse em 31 de janeiro de 1951, no mesmo dia em que Getúlio Vargas voltava ao Catete como presidente eleito.

Tendo feito do binômio energia-transportes o eixo de sua campanha, o novo governador procedeu à industrialização de um estado essencialmente agrário recorrendo, para tal fim, ao capital privado. Foram construídos mais de 3 mil quilômetros de estradas, 75 aeroportos, 251 pontes, a Companhia Energética de Minas Gerais (CEMIG), cinco usinas hidrelétricas, duas estatais, 120 novos postos de saúde, 137 prédios escolares, quatro faculdades, cinco conservatórios musicais e uma escola de belas-artes. Ao longo de sua gestão, os 680 mil alunos matriculados na escola primária saltaram para mais de um milhão.

O dinheiro para esses investimentos altíssimos entrava graças ao formidável talento de Juscelino para a negociação. "Os recursos não saem dos cofres públicos, saem da cabeça do governador", dizia. O seu excelente relacionamento com o presidente Vargas, cujo governo liberou 528 milhões de cruzeiros através do Departamento Nacional de Estradas de Rodagem, também ajudava muito. Ciente de que o estado de Minas ficaria ressentido com a instalação da Companhia Siderúrgica Nacional no estado do Rio, Getúlio, a pedido de Juscelino, ajudou a instalar, na região metropolitana de Belo Horizonte, a siderúrgica alemã Mannesmann, inaugurada a 14 de agosto de 1954, com a presença do presidente. Foi a última solenidade pública de Getúlio. Dez dias depois estava morto.

Além da bem-sucedida parceria política — sua espetacular ascensão ocorrera na Era Vargas, dentro de um partido varguista e sempre com a bênção do próprio Vargas —, Juscelino nutria um sentimento filial por Getúlio, figura eminentemente paternal, com sua mística de Pai dos Pobres e o sorriso bonachão. Ao saber, no dia 24, que o presidente se suicidara, exclamou:

— Que notícia terrível! Ainda mais para mim, que não tive pai.

Foi o único governador a comparecer ao velório.

Segundo o mineiro Tancredo Neves, Getúlio, após sua visita a Minas, instruiu-o a iniciar a articulação de Juscelino como candidato à presidência.

Ele ficou muito impressionado com a força do Juscelino aqui em Minas na ocasião, com a popularidade do Juscelino. E o Juscelino, quando queria ser amável, era genial. Ele cercou o presidente de todas as atenções, de todo o carinho, todo o afeto, numa hora difícil, não é? Ele deu ao presidente a última demonstração de solidariedade, de apreço e de estima que o presidente teve como homem público.[2]

A dedicação ao velho presidente nos últimos dias deste não obedeceu a interesse político, pois todos os governadores haviam se afastado de Vargas, submerso em uma maré de impopularidade. Foi lealdade mesmo. O sorriso de Juscelino não era falso como o de Perón, antes irradiava um calor humano autêntico.

Tancredo cumpriu a instrução de Getúlio à risca e articulou a candidatura do conterrâneo.

E assim, como observou Nelson Rodrigues, Juscelino trouxe a gargalhada para a presidência da República e se tornou JK, cujo quinquênio foi um interlúdio de democracia, honradez e eficiência em meio aos 130 anos de autoritarismo, corrupção e incompetência da história republicana brasileira.

Uma vez no poder, graças ao único golpe legalista ocorrido em Pindorama, o novo presidente de 54 anos contagiou o país inteiro com a sua simpatia, energia e otimismo. Chamado de "Anos Dourados", seu governo foi um sucesso sem precedentes, do ponto de vista social, político e econômico. No social porque se pautou pela mais rigorosa constitucionalidade, sem se desviar um centímetro que fosse da via democrática; no político porque a aliança PSD-PTB garantiu-lhe um Congresso absolutamente cooperativo e porque JK sempre soube negociar e barganhar com a oposição, inclusive anistiando os golpistas* que haviam tramado contra ele antes e depois da

---

* Duas semanas depois da posse do presidente, em fevereiro de 1956, dois oficiais da Aeronáutica lideraram uma pequena rebelião frustrada em Jacareacanga, no Pará.

sua posse; e no econômico porque o seu Plano de Metas, conhecido como "50 anos em 5", gerou taxas de crescimento que alcançaram 10% ao ano.

As rodovias e hidrelétricas foram multiplicadas e a produção de aço chegou a 2,5 milhões de toneladas em 1960, viabilizando a implantação da indústria automobilística. A meta de veículos até o fim do quinquênio era de 100 mil; foram produzidos 321.150. A ambiciosa empreitada de ampliar a fronteira agrícola em direção a Goiás e Mato Grosso, desbravando o cerrado do centro do país, foi coroada com a edificação de uma nova capital para o Brasil (ver página 232).

Esguio e impecável com a aparência, JK não era bonito, mas esbanjava charme. Ainda mais que Getúlio, era o homem do diálogo e do acordo por excelência, dono de rara habilidade para transformar inimigos em amigos. Vaidoso, já em 1956 tingia os cabelos no barbeiro do palácio, o que fez até o último dia de vida.

Fazia muito sucesso com as mulheres, visto que, além de encantador, era culto, viajado e pé de valsa. Ao completar 66 anos, em 1968, um júri feminino o elegeu o homem mais charmoso do Brasil. Seu casamento, em contrapartida, esteve longe de ser bem-sucedido.

Sara tudo fez para apoiá-lo em sua carreira política e foi uma das melhores primeiras-damas do país. Sempre envolvida com obras assistenciais, fundou a organização Pioneiras Sociais, que promoveu auxílio a pessoas carentes em Minas, e no Rio de Janeiro o centro de reabilitação que leva o seu nome, assim como vários hospitais, além de apoiar a construção do Memorial JK, projetado por Oscar Niemeyer. Contudo, Juscelino e Sara eram diferentes demais e não combinavam. Alguém que os conheceu nos anos 30 e 40 não entendia como um homem tão sedutor e afetuoso havia se ligado a uma moça tão altiva e gelada. Ao passo que ele era espontâneo, jovial e informal (mas nunca vulgar), Sara não tinha nada de simples. Gostava de formalidade, de pose. Era distante com os empregados. Não concedia intimidades. Foi ela quem instituiu o protocolo no Palácio da Liberdade [...] Sara detestava a maneira como a política abocanhava a intimidade da família, as peripécias da vida sem horários, os inevitáveis companheiros, a vulgaridade dos políticos do interior — uma gente que falava alto e manchava o sofá com cabelos oleosos. Reagia contra a constante ebulição, as noites passadas fora.[3]

Outra coisa à qual Sara reagia eram as constantes aventuras extraconjugais do marido, por sinal mais lendárias que verídicas. Se Juscelino tivesse todas as amantes que lhe atribuem — entre as quais a escritora Clarice Lispector e as atrizes Tônia Carrero, Kim Novak e até Marlene Dietrich — não lhe restaria tempo para governar. Algumas histórias são mirabolantes, como a de que transou com a mulher de um embaixador estrangeiro durante um voo, ou de que a operação de apendicite a que se submeteu seria, na verdade, para retirar uma bala disparada por um marido traído.[4] Ele mesmo reprovava que um político prejudicasse sua carreira por causa de mulher, como Benedito Valadares, que largava o que estivesse fazendo quando sua amásia telefonava.

— Seu pai poderia ter sido presidente — disse a Helena Valadares —, só não foi por causa da Nelita.

Juscelino teve alguns *affairs*, porém sua família se nega a divulgar-lhe a correspondência sentimental para proteger os nomes dessas mulheres, muitas delas vivas até hoje e casadas com homens poderosos. A principal dessas amantes, no entanto, é bem conhecida e já faz parte do folclore jusceliniano.

O presidente conheceu Maria Lúcia Pedroso, casada com José Pedroso, líder do PSD, em 1958, num jantar em Copacabana. Aos

25 anos, ela era pequenina e lindíssima. Em uma foto dessa época, aparece entre Sara e Juscelino. Deslumbrado com a beleza da moça, o presidente passou a noite dançando com ela e, no último bolero, convidou-a para um chá no Catete. Assim teve início um romance que durou quase vinte anos. Ela foi o grande amor de sua vida. No diário de JK, é citada 338 vezes, com os codinomes de "Espanhol", "Constantino" e "Audiência", a exemplo de uma anotação de junho de 1974: "Jantar no João, Sindicato dos Livros. Com Audiência até 1:30h."[5]

Nem todos os acordes dessa valsa de cinco anos foram harmônicos. As pressões do cargo aliadas à terrivelmente calórica dieta mineira fizeram o presidente sofrer um infarto, do qual se recuperou bem e sem quase ninguém saber. A política desenvolvimentista gerou inflação e endividamento, houve greves, a UDN continuou tentando sabotar o governo, Carlos Lacerda crocitou por um lustro sem parar e o presidente rompeu com o FMI e suas exigências descabidas. Ainda assim, JK teria feito seu sucessor caso seu candidato não fosse Teixeira Lott e se o adversário deste não fosse o fenômeno Jânio Quadros.

JK tivera oito ministros da Fazenda, mas somente um ministro da Guerra, Teixeira Lott, que assegurara a posse do presidente eleito e a relativa tranquilidade do seu quinquênio. Não sendo homem de deixar um favor sem retribuição, o presidente lançou-o como seu candidato, mas o marechal Lott não se sentia à vontade falando em público, seus discursos eram monótonos e versavam, por exemplo, sobre a importância do "lusco-fusco da cabine indevassável".

Em 31 de janeiro, JK teve de passar a faixa presidencial a Jânio Quadros, o demagogo da vassoura que o criticara a campanha inteira, mas não se importava com isso, pois já estava adiantado em sua articulação para voltar à presidência em 1965, e dançou para fora do poder embalado, talvez, pela canção recentemente composta em sua homenagem por Juca Chaves:

Bossa-nova mesmo é ser presidente
Desta terra descoberta por Cabral,
Para tanto basta ser tão simplesmente
Simpático, risonho, original.

Depois desfrutar da maravilha
De ser o presidente do Brasil,
Voar da Velhacap pra Brasília,
Ver a Alvorada e voar de volta ao Rio.
[...]
Isto é viver como se aprova,
É ser um presidente bossa-nova!

Quando sua candidatura para a sucessão do presidente João Goulart já estava homologada pelo PSD — no auge da campanha "JK 65" —, sobreveio o Golpe de 1964. Juscelino, que se elegera senador ao deixar a presidência, teve o mandato cassado. Os militares golpistas sabiam que o imenso prestígio popular do grande democrata fazia dele uma crítica involuntária e ambulante à ditadura que impuseram ao país. Em protesto contra aquele "vendaval de insânias", como ele mesmo definiu, Juscelino foi morar três anos na Europa, a maior parte em Lisboa, aguardando o retorno da normalidade constitucional. Ela só voltou duas décadas depois.

JK visitou o Brasil — e Maria Lúcia — algumas vezes, sendo obrigado, em uma dessas ocasiões, a depor num inquérito policial-militar durante um mês, às vezes por dez horas seguidas, para explicar a um punhado de coronéis a origem dos seus bens: não podendo acusá-lo de comunista, os militares precisavam achá-lo culpado de corrupção, conforme as calúnias dos udenistas. Jamais encontraram nada de que incriminá-lo, mesmo assim o proibiram de voltar à política.

Impossibilitado de ir a Brasília, onde sua presença excitaria os rancores militares, comprou terras na vizinhança e virou fazendeiro.

O ano de 1968 foi funesto para o país e para Juscelino. Dois dias depois de promulgado o AI-5, ele foi preso em casa e ficou incomunicável durante um mês no 3º Regimento de Infantaria, em São Gonçalo, sem ser acusado de nada. Libertado, viajou aos Estados Unidos para se submeter a uma cirurgia na próstata.

O caso de JK e Maria Lúcia, que durava já dez anos, foi finalmente descoberto pelo marido dela. De revólver na mão, jurou matar os dois, mudou de ideia e ameaçou matar Autran Dourado, secretário de imprensa de Juscelino, que acobertava o caso. "Do José Pedroso eu só tenho medo de chifrada", declarou Dourado. Por fim, o cônjuge traído não matou ninguém, mas fez coisa pior: contou tudo a Sara.

O afastamento da política havia piorado, em vez de melhorar, o casamento do ex-presidente. Sara se empenhava ao máximo em fazer o marido sentir-se culpado. "Certa vez, no apartamento de Paris, passou a reclamar na frente de amigos da triste sina de ser casada com político, de ser primeira-dama, de estar ali exilada, longe das filhas, de ter passado uma vida de sacrifícios e transtornos. Juscelino se limitava a dizer que ela vivera em palácios, mas Sara prosseguiu em sua verrina."

Durante o exílio, JK queixava-se a um amigo:

— Minha vida é um inferno... aqui são os militares, em Portugal é a Sara!

Quando dissera que Deus lhe havia poupado o sentimento do medo, Juscelino não levara em conta a temível esposa.

> Durante uma festinha na Gávea Pequena — reunião familiar e alegre, com uísque e dança —, chegou o recado da portaria de que um carro preto estava subindo a ladeira. Segundo uma testemunha, o presidente

entrou em pânico: "É a Sara!" Mandou todo mundo se esconder. Foi um constrangimento, uma vergonha — e aí se verificou que não era a Sara, e então ele confessou a uma amiga que não tinha medo do Exército, nem do Lott, nem do Lacerda, que a única pessoa que metia medo nele era a Sara. E a festa era perfeitamente inocente.[6]

Ela, que nunca se resignara às traições do marido quando ele era uma autoridade, simplesmente soltou os cachorros em cima do mero cidadão. Talvez sua fúria fosse menor se Juscelino tivesse várias amantes, em vez de uma só, oficial, por quem era apaixonado há uma década. Sara ordenou que ele permanecesse no sítio, proibindo-o de vir ao Rio e de aparecer em sua própria casa, do contrário ela faria um escândalo. Daí surgiu o costume de ele viajar ao Rio de carro para ver Maria Lúcia, pois em aeroportos era reconhecido.

Em 1972, JK visitou Brasília pela primeira vez após sete anos: "Senti-me como um súdito romano das Gálias, que pela primeira vez visita Roma. A Roma do primeiro século, com seus palácios de mármore, a suntuosidade e sua consciência de centro do mundo civilizado. [...] Gostei de ver como Brasília está bonita. Tive a certeza de que ela se constituirá na sede da civilização latina, no terceiro milênio. Senti-me como o semeador que, do alto do penhasco, observa a seara indestrutível."

Por essa época, trabalhou na redação de suas memórias em dois volumes, *Meu caminho para a presidência* e *Como construí Brasília*.

Três anos mais tarde, soube que a cirurgia nos Estados Unidos fora malsucedida e o câncer se espalhara. "Vinte e quatro horas depois do meu enterro, ninguém mais vai lembrar-se de mim", comentou, deprimido, com a amiga Vera Brant. A nova operação encerraria sua vida sexual, de modo que JK quis libertar Maria Lúcia de qualquer compromisso. Ela respondeu que, pelo contrário, seria ainda mais carinhosa com ele. Abraçaram-se e choraram muito.

Endividado até os cabelos e enfermo, o ex-presidente foi poupado de uma agonia dolorosa por um fim súbito. Em 22 de agosto de 1976, a caminho do Rio de Janeiro pela Via Dutra, seu Opala verde metálico foi fechado por um ônibus na altura do quilômetro 165, cruzou a pista e bateu de frente contra a lateral de uma carreta. Juscelino e Geraldo, seu motorista por 36 anos, morreram na hora.

Surgiram suspeitas de que o grande estadista pudesse ter sido eliminado pelos militares, num assassinato disfarçado de acidente, mas não havia motivo para isso: eles o tinham matado dez anos antes.

— Já fiz tudo que tinha de fazer — falou a um primo a dois dias de sua morte. — Sou realista. A única coisa que queria agora era morrer. Não tenho temperamento para esperar. Meu último desejo seria ver o Brasil voltar à normalidade democrática, mas isso vai demorar muito e quero ir embora.

Foi enterrado na capital erguida pela sua capacidade de sonhar, na presença de 100 mil pessoas e ao som de sua música preferida, "Peixe vivo".

"De todos nós, é o nome dele que vai durar mil anos", disse seu adversário Afonso Arinos. "Juscelino estará na memória das gerações porque sua aventura vital foi extraordinária."

Uma capital no meio de lugar nenhum

Em 1823, José Bonifácio, o Patriarca da Independência, escreveu em um memorando: "Parece muito útil, até necessário, que se edifique uma nova capital do Império no interior do Brasil para assento da corte, da Assembleia Legislativa e dos tribunais superiores, que a Constituição determinar. Esta capital poderá chamar-se Petrópole ou Brasília."

Sessenta anos depois, João Bosco, santo italiano fundador da Ordem dos Salesianos e que nunca esteve na América do Sul, descreveu uma visão profética:

> Entre os paralelos 15° e 20° havia um leito muito extenso, que partia de um ponto onde se formava um lago. Então, uma voz disse: "Quando escavarem as minas escondidas no meio destes montes, aparecerá aqui a grande civilização, a terra prometida, onde jorrará leite e mel. Será uma riqueza inconcebível."

Brasília foi construída exatamente dentro das coordenadas mencionadas, e são João Bosco nomeado padroeiro da nova capital, juntamente com Nossa Senhora Aparecida.

O artigo 3º da Constituição de 1891 determinava que a União demarcasse uma área de precisamente 14.400 quilômetros quadrados no Planalto Central, para que nela fosse estabelecida "a futura Capital Federal". Em concordância à velha prática brasileira de deixar tudo para depois, essa determinação demorou 69 anos para ser cumprida, e só o foi porque alguém do povo cobrou.

Durante a campanha de Juscelino à presidência, num comício em Jataí, Goiás, um certo Toniquinho interpelou o candidato:

— Já que o senhor se declara disposto a cumprir integralmente a Constituição, desejava saber se irá pôr em prática aquele dispositivo da Carta Magna que determina a transferência da capital da República para o planalto goiano.

Juscelino já tinha o seu Plano de Metas pronto e nem cogitara a nova capital, mas respondeu ao Toniquinho sem hesitar:

— Acabo de prometer que cumprirei, na íntegra, a Constituição, e não vejo razão para ignorar esse dispositivo. Durante o meu quinquênio, farei a mudança da sede do governo e construirei a nova capital.

Assim, às trinta metas do seu plano de governo foi acrescentada a construção de Brasília, que ele denominou "a Metassíntese".

Foi criada uma gigantesca empreiteira, a Novacap, que iniciou em fevereiro de 1957, com apenas 3 mil operários, batizados de "candangos", as obras da cidade futurista projetada pelos arquitetos Oscar Niemeyer e Lúcio Costa. Nove meses depois, cerca de 12 mil pessoas moravam e trabalhavam em Brasília.

Em 41 meses, onde só havia deserto e só se ouvia "o miado da onça", erguia-se a cidade mais moderna do mundo. Nunca algo semelhante ocorrera no país. Brasília em construção passou a ser a nova terra das oportunidades.

A oposição, naturalmente, criticava tudo, falava na rapidez excessiva da execução, em desvio de verbas e superfaturamento. Houve, de fato, corrupção, mas em escala muito pequena para um projeto tão monumental. Israel Pinheiro, diretor da Novacap, não deixou grande fortuna e Sebastião Pais de Almeida, o ministro da Fazenda chamado de Tião Medonho e considerado bilionário por ter vendido todos os vidros para as janelas da nova capital, morreu sozinho e falido.

O escritor francês André Malraux, ministro da Cultura de Charles de Gaulle, durante visita oficial ao Planalto, em 1959, perguntou a JK:

— Como conseguiu construir isso tudo em pleno regime democrático, presidente? Obras como Brasília só são possíveis sob uma ditadura!

Em 1987, Brasília foi o único monumento arquitetônico com menos de um século a ser tombado pela Unesco como patrimônio cultural da humanidade.

Nada, porém, deve ter sido mais gratificante para JK do que ter sua mãe, a octogenária dona Júlia, viva e lúcida para olhar a cidade pronta pela janela do Palácio da Alvorada e dizer a Sara:

— Só mesmo Nonô para fazer tudo isso.

Em suas memórias, Juscelino resumiu a própria vida diante da imagem de Brasília terminada: "Como valeu a pena!"

Mandato: 1961

Apelido: Vassourinha

Jânio é a UDN de porre.

Afonso Arinos

Jânio da Silva Quadros não foi apenas o mais caricato de todos os presidentes brasileiros, senão também o de maior interesse para as ciências sociais, como representante máximo do populismo no país.

Seu pai, Gabriel, era médico, engenheiro agrônomo e jornalista de fim de semana. Mudando-se com a família de Campo Grande (cidade natal de Jânio) para Curitiba em 1924, teve, no entanto, de partir de lá quando, opondo-se à Revolução de 1930, perdeu o emprego público que obtivera na capital paranaense. Instalou-se, por fim, em São Paulo, onde o poder estadual, detido pelo PRP, também se opunha à Aliança Liberal de Getúlio Vargas. Fundou a Farmácia do Povo, no largo do Cambuci. Jânio — assim batizado por ter nascido em janeiro — relembrou essa fase de sua vida da seguinte forma:

> A duras penas, e com assombrosa firmeza, conseguia ele instalar-nos na capital. Alugou para residência um sobrado à rua Voluntários da Pátria. Desdobrava-se trabalhando. Médico e farmacêutico, infatigável e imaginoso, provia a família, composta de minha mãe e uma irmã de nome Dirce, com o mínimo necessário. Nunca nos faltou nada. Excetuando-se o luxo, tudo o mais tínhamos com abundância. Eu, porém, era um estorvo. Magricela, olhos tristes, refugiava-me na leitura, errando pela casa, na indolência forçada. Certa noite, ouvi do meu quarto que era traçado o meu destino. Cedo, à roda das sete horas, coube à minha mãe, uma santa e fatigada mulher, comunicar-me o decidido: seria internado no Colégio Arquidiocesano, com saída semanal aos domingos. Isso, se bem comportado. Dava assim um adeus definitivo ao cinema ocasional, aos jogos mais ou menos inocentes, inclusive o futebol, às coleções de selos, à leitura errática, na qual consumia as noites até as primeiras luzes da aurora.[1]

Aluno mediano, dotado de aguda inteligência e gênio tempestuoso, arremessou um tinteiro à cabeça de um professor que o admoestara com rispidez. Em 1934, sua irmã, Dirce, morreu de tuberculose, aos 15 anos, tornando filho único aquele "moço calado, sempre ao lado da mãe, livro aberto, a ler". No ano seguinte, ingressou na Faculdade de Direito de São Paulo, onde foi colega do futuro "Senhor Diretas", Ulysses Guimarães.

Em 1938, começou a lecionar geografia e português nos prestigiosos colégios da elite paulistana Dante Alighieri e Vera Cruz. Em 1939, conheceu Eloá Vale, que se tornaria sua esposa três anos depois. Ela estava com 15 anos, ele com 21. "Eu jamais conhecera homem tão feio", confessou Eloá.

Muito discreta e absolutamente amélia, foi uma influência estabilizadora sobre o instável marido ao longo de meio século de matrimônio. Sempre ao seu lado, cuidava-o e segurava-lhe o microfone nos comícios, para ele poder gesticular à vontade. Tiveram somente uma filha, que recebeu o nome da finada irmã de Jânio, Dirce.

Em 1940, ele se graduou bacharel em ciências jurídicas e, nos sete anos seguintes, dividiu seu tempo entre a docência e a prática como advogado criminalista.

Foi por essa época que, segundo o folclore político, o quiromante armênio Sana Khan, examinando a mão do jovem professor mato-grossense, profetizou que ele seria eleito vereador, prefeito, governador e presidente da República, depois renunciaria, voltaria ao poder e, por fim, seria assassinado. Tal anedota soa tão verossímil quanto outra em que o mesmo Sana Khan, no ano de 1929, vaticinou a um certo governador gaúcho três lustros, ou quinze anos, de poder supremo. Em todo caso, o vidente teria sido a razão pela qual Jânio deu o seguinte e decisivo passo em sua vida.

Os alunos de Jânio foram seus cabos eleitorais quando ele se candidatou a vereador, em 1947, pelo Partido Democrata Cristão. Recebeu 1.707 votos e ingressou na política como um dos cinco menos votados dos 45 vereadores eleitos em São Paulo naquele ano.

Sua vereança foi frenética: em três anos, apresentou 2.007 proposições. Por sua iniciativa foi regulada a profissão de engraxate em São Paulo, criou-se o Coral Municipal, proibiu-se a colagem de cartazes em logradouros públicos, fizeram-se obrigatórios os banquinhos para ascensoristas e as luvas para lixeiros e garis.

Outras proposições, no entanto, eram inspiradas por um conservadorismo quase medieval, como proibir a venda de Coca-Cola (a "água negra do imperialismo", segundo ele), de histórias em quadrinhos e a prática de bingo, que ele considerava um perigosíssimo jogo de azar.

Em 1950, foi o deputado estadual mais votado, com 17.840 votos. No legislativo estadual, combateu também o consumo de balas e os álbuns de figurinhas, que "têm sentido altamente nocivo para a formação do caráter e da mentalidade infantil, quando não vicioso".

A ascensão meteórica de Jânio na política ocorreu graças à sua capacidade de convencimento das massas populares. Nos comícios, abusava da grandiloquência de expressões e gestos que fascinavam a gente humilde. Sua aparência estranha, logo de cara, causava impacto.

> Um desvio no olho esquerdo, resultado de um acidente na juventude com um lança-perfume estilhaçado, desnorteava-lhe a expressão, aumentada pelos óculos pretos, pesados, tortos e sempre caídos no meio do nariz. O olho ferido tentava, em vão, achar o lugar certo na órbita. Além de caolho e parecido com Groucho Marx, Jânio era magro, nervoso, colérico e desleixado. Barbeava-se mal, usava cabelos longos despencados na testa, colarinhos tortos, gravatas com laços

adormecidos e ternos amarfanhados com os ombros salpicados de caspa (ou seria talco?).[2]

Talvez fosse talco. Jânio era um rematado ator, cínico e sincero como todo grande político. Nada do que fazia ou dizia era acidental e sim muito bem calculado para gerar comoção nos moradores da periferia, dos cortiços e das favelas.

Exímio comunicador, denunciava a corrupção e o descaso dos poderosos para com o povo. Num estado que tinha por governador o trampolineiro Ademar de Barros, cujo *slogan* era "Ademar rouba mas faz", o discurso moralista do novo líder carismático recebia calorosa acolhida. Castilho Cabral, presidente do Movimento Popular Jânio Quadros e um dos homens que mais trabalharam pela criação do mito, observa que Jânio caiu no gosto popular porque "o pobre sempre gosta de um Antônio Conselheiro que zurza os ricos e prometa a salvação, mesmo à custa de sacrifícios".[3]

O mais surpreendente no personagem messiânico criado por Jânio é que seu modo rebuscado de falar hipnotizava as multidões apesar de ser — ou talvez exatamente por ser — incompreensível. A massa silenciava diante de palavras como "soezes", "antolho", "víspora", "equânime", "infrene" ou "alijado", saídas de uma cabeça sempre a sacudir-se e pontuadas pelo alçar de sobrancelhas inquietas. Assim, à solidariedade de homem do povo, um igual aos que o ouviam, ele acrescentava a autoridade de mestre. "Num Brasil vergado pelo peso de massas iletradas reverentes às astúcias intelectuais, a postura professoral e pernóstica do tribuno, conjugada a um excepcional talento histriônico, arrebatava os impressionáveis. Depois do Modernismo, os intelectuais se esforçaram para aproximar a linguagem escrita da oral, dessacralizando-a. Jânio fazia o contrário, cultivando o purismo e o arcaísmo da língua com o fervor de um cruzado da gramática.

Cortejava a norma culta inacessível que nem em Portugal se praticava e, ao mesmo tempo, defendia os valores 'do povo' clamando contra suas carências, na linguagem solene do passado."[4]

O próximo desafio seria a prefeitura da maior cidade do país. Concorrendo pelo PDC, apenas com o apoio do nanico PSB, enfrentou o também professor Francisco Cardoso, candidato apoiado pelo governador Nogueira Garcez, pelo presidente Vargas, pelo ministro João Goulart, pelo ex-prefeito Prestes Maia, pelo brigadeiro Eduardo Gomes e pela mais poderosa coligação de partidos já reunida no estado: PSP, PSD, UDN, PTB, PRP, PR e PRT. O mote da campanha de Quadros era "o tostão contra o milhão".

Em 22 de março de 1953, desmentindo todos os prognósticos, Jânio obteve 66% dos votos contra 26% de Francisco Cardoso, vencendo até nos bairros ricos e de classe média. A vitória foi tão espetacular que o senador-jornalista Assis Chateaubriand comentou, no Senado: "Estamos diante de um fenômeno dos mais impressionantes da vida política brasileira. Vimos um homem sozinho, capitaneando um partido minúsculo, derrotar um conjunto de partidos que dispunham das simpatias de poderosos jornais, de uma imensa rede radiofônica e de outros recursos de propaganda."

Jânio foi um dos melhores prefeitos de São Paulo, demitindo milhares de funcionários públicos inúteis, saneando as finanças da CMTC, inaugurando o parque do Ibirapuera — como memorial do quarto centenário da metrópole —, entre muitas outras melhorias na vida dos seus 3 milhões de habitantes. Mas ficou apenas um ano e meio no cargo, do qual se desincompatibilizou para concorrer a governador, em 1954.

Foi nessa campanha que adotou por símbolo a vassoura, como já o fizera Hermes da Fonseca. E, desta vez, teria por adversário ninguém menos que o seu maior inimigo político: Ademar "rouba mas faz" de

Barros. Além disso, rompera com o PDC e concorria por uma coligação de nanicos, o PSB e o PTN. Com o país ainda traumatizado pelo suicídio de Getúlio, as eleições de 3 de outubro deram vitória apertada a Jânio, com 34,2% dos votos contra 33,3% para Ademar.

Aos 38 anos, vencedor de três eleições em cinco anos e recém-eleito governador do estado mais rico do Brasil, Jânio Quadros era um político a ser levado muito a sério. Ninguém mais ria de seus maneirismos e esquisitices.

Com dois meses de governo estadual, seu nome já era cogitado para a eleição presidencial de 1955. Percebendo que, fora de São Paulo, ainda não tinha cacife para tanto, fechou um acordo com o governo federal, comprometendo-se a apoiar o candidato udenista Juarez Távora. Em troca, Café Filho daria ministérios a três paulistas. Os janistas ligados ao trabalhismo não gostaram de ver seu líder apoiando um gorila como Távora, mas Jânio fazia uma jogada certeira para se tornar presidente em 1960: aproximava-se da UDN, de cujo apoio necessitaria, e assegurava que nenhum paulista de expressão concorreria com ele à presidência.

O novo governador enfrentou tremendas dificuldades. Seu modo personalista de administrar chocou-se com a complexidade de uma máquina burocrática imensamente maior que a municipal. Sua independência, mania de confrontação e desprezo por acordos granjeavam-lhe desafetos por toda parte. A Assembleia Legislativa estava solidamente dominada pela oposição, e os três prefeitos da capital durante sua gestão — Lino de Matos, Toledo Piza e Ademar de Barros — foram implacáveis inimigos seus.

Na Câmara, rompeu com quase todos os 44 deputados federais de São Paulo. Demitiu 11 mil servidores, medida impopular. E também hostilizou a imprensa, constantemente processando e ameaçando jornalistas que publicassem o que não lhe agradava, ou retirando aos jornais insubordinados verbas de publicidade do governo estadual. Atitude temerária, considerando que os veículos de divulgação naquela época tinham poder para derrubar gente graúda.

E Jânio fazia inimigos até na própria família.

Seu pai, Gabriel, que ganhara péssima reputação como médico aborteiro de prostitutas no Bom Retiro, era descrito por Viriato de Castro, um dos biógrafos de Jânio, como "homem irascível, sem medidas, nervoso, superexcitado, emocionalmente desequilibrado, dado a manias de exibicionismo e valentias".

Invertendo os papéis familiares, aproveitou-se da carreira política do filho para se eleger vereador e deputado estadual. Uma vez na Assembleia Legislativa, passou a atacar o governador. Jânio tentou fazê-lo calar-se, internando o pai num manicômio. Não adiantou. Gabriel fez publicar nos jornais um retrato implacável, conquanto fidedigno, do filho.

> Sua índole selvagem faz com que prevaleça sempre, com energia dominante, unicamente a sua autoridade. É um mestre na simulação. Sua ambição de poder e vaidade ilimitada são uma constante. É um dos políticos mais inteligentes do nosso século. Não titubeia, todavia, visando galgar um posto mais elevado, em relegar ao mais negro abandono os que nele confiaram. Somente deu golpes sobre golpes para impressionar o populacho e desmoralizar os antagonistas [...]. Acredito que, elegendo-se presidente da República, Jânio não titubeará em dissolver o Congresso Nacional, pois já se revelou com sobras a sua vocação para caudilho. E será uma espécie de Idade Média o panorama do país, uma vez elevado ao cargo máximo da nação.

Gabriel achava que, se o filho chegasse à presidência, seria deposto ou assassinado. "Ele pensa que na esfera federal poderá fazer uso da famosa vassoura, que é seu símbolo. Está enganado. Na prefeitura e no estado ele abre inquéritos para apurar desonestidades, corrupções, mau uso de dinheiro público, e pune, processa, demite. No cenário federal a coisa é diferente. Os grupos econômico-financeiros, os trustes, a pressão internacional etc., e sobretudo as Forças Armadas, não permitirão os excessos de Jânio."

Para sorte do governador, seu pai destruiu a si próprio antes de destruí-lo. Gabriel havia começado um *affair* com a sua empregada doméstica, que abandonara o marido para morar com o patrão. Impaciente com a tramitação do desquite na justiça, o deputado invadiu, armado e com capangas, a casa do feirante José Guerreiro, esposo da amásia, para sequestrar os filhos dela, que Gabriel alegava serem seus. Desarmado pelo feirante, acabou morto a tiros. Guerreiro foi julgado e absolvido por legítima defesa.

Com semelhante pai, dificilmente Jânio seria o mais afetivo dos homens. Em geral ríspido com as pessoas, a não ser que as quisesse cativar, sua brutalidade estendia-se aos entes mais queridos, como na ocasião em que apresentou a mãe ao jornalista Joel Silveira, em 1960: "Esta é a dona Leonor, minha mãe. Está com câncer já adiantado, irreversível!" Quando seu próprio neto pediu-lhe que o tratasse por "você", Jânio respondeu que "o protocolo proíbe rigorosamente intimidades com moleques e imbecis, como é o caso do senhor".

Não se lhe conhecem amantes; talvez temesse fim igual ao do pai. Alguns lhe atribuem um caso com a escritora de romances eróticos Adelaide Carraro, em cuja obra *Eu e o governador* a narradora se envolve com um governador não identificado, mas que, pela retórica pernóstica, bem pode ser Jânio. Ao longo de toda a sua vida pública o Homem da Vassoura foi acusado de assediar mulheres sexualmente.

Não há melhor exemplo do seu personalismo que os "bilhetinhos" enviados às repartições públicas, interferindo nos mais variados assuntos. Ao chefe da Casa Militar mandou um desses, pedindo inquérito sobre um policial apelidado de Elefante, recomendando "rigor com o bicho". Em outro, enviado ao secretário de Justiça referente a um juiz de paz cujo cartório funcionava só uma hora por semana, ordenava: "1) Demitir. 2) O homem não é de trabalho, mas de paz mesmo." À sua própria esposa, que solicitava os salões do aeroporto de Congonhas para realizar uma exposição beneficente, despachou: "Indeferido. Encontre V. S^a outros meios. O local não existe para tais iniciativas. É favor não insistir." Uma criança, filha de um funcionário da Companhia Paulista de Estradas de Ferro acusado de furto, escreveu ao governador contando as dificuldades de sua família e pedindo sua intervenção. Jânio encaminhou a carta ao presidente da Companhia com um recado: "Atenda. Sei que posso apelar para o coração do grande paulista. Não sei se o operário roubou o chumbo. Sei que outros, roubando muito, e pesando mais que qualquer chumbo roubado, estão em liberdade."

O governo estadual de Jânio foi muito bem-sucedido, sobretudo graças à recuperação econômica promovida por seu secretário da Fazenda, o diligente e austero Carvalho Pinto, sobrinho-neto do presidente Rodrigues Alves. Em parte, tal sucesso se deveu à política desenvolvimentista de Juscelino; quando a indústria automobilística chegou, São Paulo tinha várias usinas, erguidas por Jânio, para fazer-lhe frente, de modo que as fábricas e o capital foram para o estado bandeirante, cuja quilometragem de estradas asfaltadas no quadriênio janista aumentou quatro vezes. JQ foi o JK de SP.[5]

Findo o mandato, fez eleger Carvalho Pinto seu sucessor, em 1958, derrotando outra vez Ademar de Barros, que concorria a um terceiro mandato no governo paulista. Jânio elegeu-se deputado pelo PTB do Paraná e, em 1959, saiu candidato a presidente pela poderosa UDN, com o apoio do principal expoente udenista, Carlos "Corvo" Lacerda.

Seu relacionamento com esse partido reacionário foi conflituoso, e por duas vezes Jânio ameaçou renunciar à candidatura para impor a sua vontade, criando um precedente que acabaria sendo-lhe fatal.

Em campanha, subiu as favelas do Rio de Janeiro, visitou várias bibocas, discursou para multidões em delírio e, gripado, entrou numa farmácia da Rocinha para tomar injeção à vista de todos. Castilho Cabral sentia que o líder retornava às origens, voltava a ser Jânio. O país inteiro cantarolava junto com a marchinha transmitida pelo rádio:

> Varre, varre vassourinha
> Varre, varre a bandalheira
> O povo já está cansado
> De sofrer dessa maneira
> Jânio Quadros esperança
> Desse povo abandonado

A 3 de outubro de 1960, Jânio venceu com 5,6 milhões de votos, a maior votação já obtida no país; o marechal Lott, candidato do governo, recebeu 3,8 milhões. Pela primeira vez no Brasil republicano um candidato de oposição vencia eleições presidenciais. O vice-presidente eleito, no entanto, não foi o da sua chapa, o senador udenista Milton Campos, e sim o da chapa de Lott, João Goulart, reelegendo-se na vice-presidência. Também por vez primeira um presidente eleito recebia a faixa em Brasília.

A tarefa que aguardava o novo presidente era maior do que ele podia dar conta. Do governo JK herdara inflação, déficit público e dívida externa galopantes. Não tinha um programa de governo e, como ele mesmo admitiria trinta anos depois, desconhecia a verdadeira situação político-econômica do país. Não possuía base parlamentar, pois o governo derrotado conservara a maioria no Congresso eleito em 1958, de modo que Jânio enfrentaria uma oposição formada pelos maiores partidos da República, o PSD, o PTB e o PSP. Fora de São Paulo, não conhecia os políticos nacionais, que de qualquer forma sempre desprezara. Um espírito conciliador como o de Juscelino demoveria tais obstáculos, mas JQ não era JK. Como lembra o seu biógrafo Ricardo Arnt, ele fora eleito para varrer, não para conciliar.

Mesmo assim, lançou-se à administração do país com a infatigável dedicação de costume, da qual deu testemunho o seu secretário particular, José Aparecido:

> Jânio é um administrador que dificilmente se repetirá na vida brasileira. Competente, dedicado, minucioso, com senso de organização, memória fotográfica, rapidez de decisão, consciência de autoridade e energia, ninguém o suplantará no conjunto de qualidades para o exercício da função. Nunca chegou ao Palácio do Planalto depois de 6h30 e nunca abandonou sua mesa de trabalho antes das 20h. Sua pauta de audiência era previamente organizada e cumprida rigorosamente. Ninguém tinha acesso ao seu gabinete sem ser convocado. A conversa era sempre objetiva, de serviço, com sentido prático. As decisões, tomadas na hora e imediatamente ditadas às taquígrafas, que chamava nos intervalos de audiência e despacho.[6]

Julgando terno e gravata impróprios para o calor de Brasília, preferia usar *slacks* indianos, apelidados "pijânios". À noite, depois do trabalho, isolava-se no Palácio da Alvorada com Eloá e se entregava ao seu passatempo preferido: assistir a filmes, com predileção pelos de caubói.

Juntamente com as medidas moralizantes que não deveriam ocupar o tempo precioso de um chefe de Estado, como proibir brigas de galo, lança-perfume e biquínis em concursos de miss, Jânio enviou ao

Congresso os projetos de lei antitruste, de limitação e regulamentação da remessa de lucros e a pioneira proposta de lei de reforma agrária, todas engavetadas, ao mesmo tempo em que escandalizava os conservadores, sobretudo seus aliados udenistas, dando prosseguimento à política externa de Getúlio e Juscelino, que em plena Guerra Fria contemplava todos os povos, inclusive os do bloco socialista, desviando-se do favoritismo norte-americano — política cujo clímax foi a condecoração, com a Ordem do Cruzeiro do Sul, do genocida Che Guevara, então ministro da Indústria e Comércio de Cuba.

Em 18 de agosto, Lacerda, eleito governador da Guanabara no ano anterior, foi a Brasília conversar com o presidente no Alvorada, à noite. Pedira a audiência para solicitar auxílio financeiro ao seu jornal, *Tribuna da Imprensa*, que andava em apertos. Jânio relutara em recebê-lo e dava-lhe pouca atenção, parecendo ansioso por livrar-se dele. Tudo indica que aguardava uma visita feminina, aproveitando que Eloá estava no Rio. Jânio mandou Lacerda falar com Pedroso Horta, ministro da Justiça, e, quando o governador da Guanabara voltou ao Alvorada, onde esperava hospedar-se, encontrou suas malas na porta.

Furioso com a desfeita, o Corvo se vingou. Em 24 de agosto de 1961 — dia do sétimo aniversário do suicídio de Getúlio Vargas — fez um discurso em cadeia nacional de rádio e televisão, no qual, com a costumeira leviandade, denunciou o presidente da República de planejar o fechamento do Congresso e se tornar ditador. Sua ida a Brasília, dias antes, teria sido a convite do ministro Horta, que desejava a participação de Lacerda no golpe de Estado.

Na manhã seguinte, sem ainda ter digerido a acusação do Corvo, o país tomou conhecimento de que o presidente Jânio Quadros, a seis meses e 23 dias da posse, renunciava ao cargo.

Na carta-renúncia, entregue nesse dia a Pedroso Horta para ser lida no Congresso e cujo estilo em muito remete à carta-testamento de Vargas, Jânio diz: "Desejei um Brasil para os brasileiros, afrontando, nesse sonho, a corrupção, a mentira e a covardia que subordinam os interesses gerais aos apetites e às ambições de grupos ou indivíduos, inclusive, do exterior. Sinto-me, porém, esmagado. Forças terríveis levantam-se contra mim, e me intrigam ou infamam, até com a desculpa da colaboração. Se permanecesse, não manteria a confiança e a tranquilidade, ora quebradas, e indispensáveis ao exercício da minha autoridade. Creio, mesmo, que não manteria a própria paz pública."

Às 11h, embarcou com d. Eloá num avião para São Paulo.

Uma invasão alienígena não teria estarrecido a nação mais que a notícia da súbita renúncia do seu idolatrado presidente. Ninguém conseguia entender a razão de tal gesto. Correu o boato de que, perguntado por que o fizera, Jânio, com seu habitual descaso pela coerência, respondera: "Fi-lo porque qui-lo."

A atitude inexplicável de Jânio teve as mais nefastas consequências possíveis. Após uma tentativa militar frustrada de impedir que o vice, João Goulart, assumisse a presidência, este foi empossado no cargo e, ao cabo de três anos de tensões permanentes com conspiradores civis e militares, foi derrubado em 1964 por um golpe de Estado que mergulhou o país nas trevas de uma ditadura militar por nada menos que 21 anos.

Jânio passou o resto da vida tendo de responder sobre as causas da sua renúncia. Quais eram as "forças terríveis" a que aludira? Por que não resistira, se tinha o povo ao seu lado e as Forças Armadas lhe eram leais? Trinta anos escoariam até que o ex-presidente, de modo claro e objetivo, explicasse o que realmente aconteceu (ver página 253). Até lá, evasivas e repetitivas, suas respostas não convenciam ninguém, exceto um diminuto grupo de persistentes correligionários paulistas. Afinal, para o estado bandeirante ele foi um presente dos deuses tanto quanto uma caixa de Pandora ao país. Os brasileiros, em geral, nunca o perdoaram por tê-los decepcionado e abandonado.

Foi, pois, em São Paulo que procurou colar os cacos de sua estilhaçada carreira política, concorrendo ao governo do estado, em 1962. Perdeu para o arqui-inimigo, Ademar de Barros, reeleito a um terceiro mandato: a primeira derrota eleitoral de Jânio. E não seria a última.

Em abril de 1964, a ditadura cujo advento ele precipitara cassou-lhe os direitos políticos, deixando-o inelegível por dez anos. Apesar de os golpistas não terem motivo algum para cassá-lo — não era subversivo nem corrupto —, o ministro do Exército, Costa e Silva, segundo a lenda, odiava o Homem da Vassoura por este ter, bêbado, numa recepção anos antes, beliscado as nádegas de sua esposa, Yolanda Costa e Silva.

O ex-presidente submergiu num período de ostracismo, durante o qual praticou um pouco de advocacia, escreveu livros de gramática e história, um dicionário da língua portuguesa, uma coletânea de contos com mais erudição gramatical que qualidade literária, e pintou quadros até razoáveis de crianças sombrias e tristes. Também fumava muito — quarenta cigarros por dia — e tentava afogar o arrependimento com garrafas de Royal Salute e Buchanan's, arruinando uma saúde que nunca fora lá essas coisas. Suas finanças também iam mal, às vezes não tinha dinheiro para a conta do supermercado.

Sua volta ao páreo eleitoral ocorreu em 1982. Filiado ao PTB, concorreu ao governo de São Paulo, no primeiro sufrágio direto em vinte anos; mas, após uma campanha acirrada e cheia de ataques pessoais, perdeu para Franco Montoro, do PMDB, que se tornou um dos governadores mais incompetentes da história paulistana.

Em 1985, lançou-se candidato à prefeitura de São Paulo pelo PTB, apoiado pelo moribundo PDS e o ultraconservador PFL. Como em sua candidatura a prefeito, três décadas atrás, o adversário situacionista era um Cardoso, o senador Fernando Henrique Cardoso, do PMDB.

Porém, diferente daquela época, não restava a Jânio vigor para campanhas exaustivas. Seu passo era trôpego e suas mãos, trêmulas. Para grande deleite seu, aliás, que exagerava sua debilidade, pedindo ajuda ao caminhar e explicando a quem, perplexo, o auxiliava, que "o povo adora sentir pena dos governantes". No entanto, a doença da sua companheira inseparável era bem real. Com a sensibilidade que sempre o caracterizou, ele a apresentava no palanque dizendo: "Aqui está minha mulher, Eloá, segurando o microfone, CAN-CE-RO-SA!"

A campanha de Jânio não poupou golpes baixos contra o oponente, um dos quais a contratação de um caluniador profissional conhecido por Marronzinho, que em seu jornal *A Voz* publicava manchetes chamando Fernando Henrique de maconheiro e atribuindo-lhe frases em que xingava os janistas de pretos e burros ou dizia que "Se fosse em Paris, eu ganharia". Jânio tentou colar em Cardoso a pecha de elitista e a si mesmo a de filho da periferia. "Quero que ele vá à Vila Anglo-Brasileira para ver se consegue conquistar um voto lá. Mas antes terá, evidentemente, de procurar no mapa da cidade para descobrir onde fica."

Fernando Henrique tentava rebater: "Qual o verdadeiro Jânio? O que faz o discurso fascista da TFP ou o que visitou Cuba e condecorou Che Guevara?" Mas argumentos racionais são inúteis (ou improfícuos, nas palavras de Jânio) contra populismo carismático. A maioria da população votava para prefeito pela primeira vez na vida. Vinte e um anos de ditadura militar tinham feito a maturidade política do país regredir ao que era antes da Revolução de 1930. E havia que considerar a rejeição paulista à péssima administração Montoro. Fernando Henrique, no entanto, estava tão confiante de que as multidões a clamar, no ano anterior, por Diretas Já lhe dariam a vitória, que chegou a se deixar fotografar na cadeira de prefeito.

Jânio venceu por uma margem apertada: 37,5% dos votos contra 34,2% para Cardoso e 19,7% para Eduardo Suplicy, do PT, vitória somente possível porque as eleições ainda não tinham dois turnos. "Desde que saiu da presidência, o Jânio só pensou em voltar", disse um de seus secretários, João Mellão Neto.

O Homem da Vassoura estava de volta.

No dia da posse, convocou a imprensa e, de barba branca sem bigode, como Lincoln, seu ídolo máximo, borrifou inseticida na cadeira de prefeito em que se sentara Cardoso, porque "nádegas indevidas a usaram".

Assumia uma cidade bem diferente da que governara em 1953-54. Sua área triplicara, sua população quadruplicara, tudo se multiplicara, sobretudo os problemas e a burocracia. Assegurando que aquela era a sua última empreitada político-administrativa, pendurou um par de chuteiras à porta de seu gabinete no parque do Ibirapuera. Na verdade ambicionava suceder, em 1989, ao presidente Sarney, com quem mantinha ótimas relações: seria a sua chance de voltar ao Planalto.

Retomando o velho estilo janista de governar, mistura de medidas populistas de efeito com administração impecável, ressuscitou os bilhetinhos, fechou casas de prostituição, proibiu biquíni no Ibirapuera, saiu aplicando multas de trânsito pessoalmente, afastou alunos homossexuais da Escola de Balé do Teatro Municipal e fechou cinemas que exibiam o filme *A última tentação de Cristo*, considerado ofensivo à fé cristã; ao mesmo tempo, aprimorou serviços públicos, restaurou teatros e bibliotecas, encomendou obras viárias essenciais, criou a Guarda Civil Metropolitana e implantou ônibus de dois andares, iguais aos de Londres — descartados por se enroscarem nos cabos de trólebus.

Ao contrário de suas administrações anteriores, não enxugou a máquina, antes aumentou o número de secretarias e administrações regionais. Para não repetir erros antigos, buscou o apoio da Câmara Municipal negociando as administrações regionais com os sempre gananciosos vereadores. Seus adversários acusaram-no de lotear a prefeitura. Curiosamente, ao corrigir sua principal deficiência política, que era a aversão a acordos, foi acusado de corrupção pela primeira vez na vida. Suas relações com a imprensa jamais foram piores. Se antes não tivera muita paciência com a mídia, agora, velho e acusado por ela de corrupto,* não tinha nenhuma.

Com a saúde em declínio e a ascensão, no quadro político, de um Jânio Quadros mais jovem e mais bonito, Fernando Collor de Melo, a ambição do Homem da Vassoura de recuperar a Presidência foi gradualmente abandonada. Sua filha, Tutu Quadros, deu o golpe de misericórdia no janismo moribundo. Os dois viviam às turras, mas quando ela se casou com o secretário municipal de Planejamento, Marco Antônio Mastrobuono, Jânio ficou furioso e afastou o genro. A reação de Tutu foi denunciar à imprensa um suposto esquema de propinas da prefeitura. Jânio internou a filha à força numa clínica psiquiátrica.

Eleita deputada federal nas costas do pai, deixou o PTB em 1988 e, ingressando no PSDB, começou a atacar o prefeito na Câmara, acusando-o de ter uma conta na Suíça — que a Polícia Federal não encontrou — e denunciando a guinada conservadora do pai: "O Jânio de hoje não é o mesmo Jânio de ontem. Ele, que foi o maior governador paulista, tinha ideias progressistas e até socialistas, hoje representa a extrema direita. Ele nem tinha secretária. Batia seus discursos, levava uma flanela de casa para limpar o gabinete e tinha uma chave da porta da Câmara." Jânio foi o único político brasileiro atacado publicamente pelo pai e pela filha.

A morte de Eloá, em 1990, reaproximou filha e pai, que pediu votos aos janistas para reeleger Tutu na Câmara dos Deputados. Porém, Tutu

---

* Luiza Erundina, do PT, sucessora dele na prefeitura, fez uma devassa nas contas da administração Jânio e nada encontrou de irregular.

destruíra a sua carreira política ao destruir a do prefeito. "Os janistas não votariam numa filha de Jânio que só brigava com ele, falava mal dele e fazia oposição a ele", diz o neto de Quadros. "E os antijanistas não votariam nela simplesmente pelo fato de ela ser filha do Jânio."

Após sofrer três derrames cerebrais, Jânio morreu em 1992, aos 75 anos.

A divisão dele em dois Jânios, mencionada por muitos que o conheceram, tão intensa que só a morte pôde reconciliá-los, permanece até hoje no modo como Jânio Quadros divide opiniões. Difícil é ficar indiferente a ele. Castilho Cabral descreve tal dicotomia com precisão:

> Para os pobres, era a esperança; para os ricos, a segurança. Nos comícios, demagogo, desgrenhado; no governo, sincero, composto. Não fazia amigos, conquistava adeptos. Ídolo do povo, gênio no palanque, nadava na multidão e tinha horror a reuniões. Orador de fôlego, abominava ouvir discursos. Trato difícil, ríspido com os companheiros mais íntimos, retinha a todos com uma palavra carinhosa na hora da reação. Frio e calculista, parecia intempestivo e temperamental. Intérprete da vontade popular, tinha profundo desprezo pela opinião alheia. Feria fundo a susceptibilidade de um amigo e surpreendia-se com o ressentimento dele. Improvisador, parecia só se decidir após longo estudo. Avesso à organização partidária, somava legendas. Destruía partidos nas eleições, agasalhava-os no governo. Amava a solidão, e jamais estava só. Imprevisto, imprevisível, estranho, introvertido, Jânio era ávido de êxito e faminto pelo poder cujas pompas desprezava.

Por fim, o maior tributo já prestado ao Homem da Vassoura foi o de Tancredo Neves, que não se enganava sobre as pessoas: "Foi a mais penetrante inteligência política que encontrei até hoje. Possuía o que poderíamos chamar de mediunidade política, tal a clareza e objetividade com que antevia os acontecimentos. Com um mínimo de estabilidade emocional e um certo controle sobre a audácia de suas jogadas, teria sido o chefe civil da Grande Revolução Brasileira."

O MISTÉRIO DA RENÚNCIA

Não houve, de fato, mistério algum. Os milhares de brasileiros e centenas de diplomatas estrangeiros que, durante décadas, especularam sobre a causa do gesto indecifrável do presidente Jânio não enxergaram, ou não quiseram enxergar, que a explicação mais simples era a melhor: a renúncia foi uma manobra política malsucedida.

No trigésimo aniversário do acontecimento, a 25 de agosto de 1991, Jânio, no Hospital Albert Einstein, onde viria a falecer seis meses depois, contou toda a verdade ao neto Jânio John — a quem chamara de moleque imbecil — com uma objetividade que jamais facilitara a órgão de imprensa algum:

— Quando assumi a presidência eu não sabia a verdadeira situação político-econômica do país. A minha renúncia era para ser uma articulação. Nunca imaginei que ela teria sido de fato aceita e executada. Renunciei à minha candidatura à presidência em 1960 e não aceitaram. Voltei com mais fôlego e força. Meu ato de 25 de agosto de 1961 foi uma estratégia política que não deu certo, uma tentativa de governabilidade. Também foi o maior fracasso político da história republicana do país. O maior erro que já cometi.

"Tudo foi muito bem planejado e organizado. Mandei o João Goulart em missão oficial à China, no lugar mais longe possível, assim ele não estaria no Brasil para assumir ou fazer articulações políticas. Escrevi a carta da renúncia no dia 19 de agosto e entreguei para o ministro da Justiça, Oscar Pedroso Horta, no dia 22. Eu acreditava que não haveria ninguém para assumir a presidência. Pensei que os militares, os governadores e, principalmente, o povo nunca aceitariam a minha renúncia e exigiriam que eu ficasse no poder. Jango era, na época, semelhante a Lula [em 1991]: completamente inaceitável para a elite. Achei impossível que ele assumisse, porque todos iriam implorar que eu ficasse."

— Você queria ser um ditador? — perguntou Jânio John ao avô.

— Absolutamente, não! — respondeu Jânio. — Eu poderia ter sido, mas não o quis. Se eu tivesse mandado os militares fecharem o Congresso, eles teriam me obedecido. Charles de Gaulle renunciou na França e o povo foi às ruas exigir a sua volta. A mesma coisa ocorreu com Fidel Castro, em Cuba. Era isso que eu esperava. Eu jamais teria sido um ditador militar. Cheguei à presidência com mais de 5 milhões de votos, um recorde, uma vitória esmagadora. Eu nunca fui nomeado nada em minha vida. Sempre fui eleito. Eu absolutamente nunca teria sido um presidente colocado e sustentado por militares. Renunciei no Dia do Soldado porque quis sensibilizar os militares e conseguir o apoio deles. Era para ter criado um certo clima político. Imaginei que, em primeiro lugar, o povo sairia às ruas, seguido pelos militares, e que os dois me chamariam de volta. Fiquei com a faixa presidencial até o dia 26, um pouco antes de embarcar no *Uruguay Star*. Achei que voltaria de Santos para Brasília na glória. Ao renunciar, pedi um voto de confiança à minha permanência no poder. Isso é feito frequentemente pelos primeiros-ministros na Inglaterra. Fui reprovado e o país pagou um preço muito alto. Deu tudo errado.

Explicando exatamente o que dera errado, acrescentou:

— Fiquei surpreendido quando o Congresso se reuniu em sessão extraordinária, aceitou a minha renúncia e pôs o presidente da Câmara dos Deputados, Ranieri Mazzilli, na presidência da República, até o

Jango retornar da viagem. O que mais deu errado foi a falta de apoio popular. Achei que o povo sairia às ruas. Enganei-me. O povo brasileiro é muito passivo. Todo mundo ficou chocado, mas ninguém reagiu.

No final da conversa, o debilitado ex-presidente fez ao neto outro esclarecimento importantíssimo para a mitologia janista:

— Eu nunca disse "fi-lo porque qui-lo"; isso seria um erro grave de português. Disse "fi-lo porque o quis". É incrível como as coisas são distorcidas!

Mandato: 1961-64

Apelido: Jango

Fora! A Nação não mais suporta a permanência do sr. João Goulart à frente do governo. Chegou ao limite final a capacidade de tolerá-lo por mais tempo.

Correio da Manhã, 1º/4/1964

João Belchior Marques Goulart era, esse sim, um rico estancieiro de São Borja. Seu pai se chamava Vicente e sua mãe, Vicentina. Vicente era vizinho e amigo dos Vargas de longa data. Lutara junto a Getúlio na Revolução de 1930 e fora sócio de seu irmão, Protásio, em duas empresas: a Vargas, Goulart & Cia. Ltda. e o Saladeiro Itaqui, ambas especializadas em charque. João Belchior foi o sexto de sete irmãos, dos quais cinco eram mulheres.

Não se destacou nos estudos, e sim como jogador de futebol e arruaceiro. Aos 14 anos foi expulso de uma escola em Porto Alegre, tendo de concluir o ginasial em Uruguaiana. Ainda adolescente, engravidou uma empregada de 16 anos, expulsa de casa pela família Goulart. O filho, Noé, foi criado por outra família e, em 1977, requereu na justiça, com sucesso, parte dos bens de Jango. Em 1943, outra empregada da família, Laires de Lencina, ficou grávida de Jango. Também expulsa da fazenda, teve uma filha, que acabou criada pela irmã, Juraci, esposa de Gregório Fortunato, o Anjo Negro de Getúlio Vargas.

Matriculado na Universidade Federal do Rio Grande do Sul, interessava-se apenas por futebol e pelos prostíbulos da capital gaúcha. Em um deles contraiu sífilis, que lhe afetou o joelho esquerdo, dificultando a sua locomoção e impedindo-o de jogar futebol. Jango sempre atribuiu sua leve claudicação a um coice de cavalo.[1]

Nunca se interessou por política; não passava de um típico *playboy* gaúcho, boêmio e namorador. Formado bacharel em direito, jamais exerceu a advocacia, preferindo trabalhar com o que mais gostava e conhecia: pecuária. Após a morte do pai, em 1944, passou a administrar as terras da família, que não eram poucas: 14 mil hectares e 30 mil cabeças de gado. E de modo algum teria sido mais que um próspero estancieiro se o presidente Getúlio Vargas, deposto, não tivesse voltado a São Borja em 1945.

Jango passou a visitar o ex-ditador com frequência, ajudando-o a tocar a fazenda Itu e a comprar gado. Amável, simpático e bom ouvinte, levava-lhe jornais, cobria de atenções o velho solitário e só conversava com ele a respeito de gado, nunca sobre política, pela qual não se interessava mesmo e sobre a qual Getúlio mantinha-se bem informado com os correligionários que vinham dar-lhe o beija-mão. Surgiu entre os dois são-borjenses, separados por uma geração, o vínculo afetivo de um homem que perdera um filho — Getulinho morrera com 26 anos, a idade de Jango — e de outro que perdera o pai recentemente. Jango também ficou muito amigo de Maneco,* o filho de Getúlio que cuidava da estância da família em Itaqui.

A política acabou se impondo: Jango tornou-se homem de confiança e pupilo de Vargas, aprendendo tudo sobre a arte com o melhor dos mestres. A trajetória de fazendeiro apolítico a presidente da República, que normalmente levaria uma vida, Jango percorreu em meros 16 anos. Em 1945 filiou-se ao PTB no diretório do partido, em Porto Alegre, e participou da campanha de Dutra, nesse mesmo ano elegendo-se deputado estadual. Em 1950, junto com a eleição de Getúlio, elegeu-se deputado federal; em 1951 assumiu a Secretaria do Interior e Justiça do Rio Grande do Sul; em 1952 tornou-se o presidente nacional do PTB; em 1953 foi nomeado ministro do Trabalho, em 1955 eleito vice-presidente, em 1960 reeleito vice-presidente, e em 1961, com a renúncia de Jânio, elevado à presidência, aos 43 anos.

"Apesar do exercício de tantos cargos no Legislativo e no Executivo, é difícil encontrar alguma ideia, uma frase, uma lei, enfim, algo de relevante para a posteridade que João Goulart tenha produzido", observa o professor Villa. "Esse vazio de realizações e de ideias acabou,

---

* Em 1997, Maneco Vargas matou-se com um tiro no coração, igual ao pai. Deixou escrito em uma carta: "Não pretendo entrar na história, mas simplesmente deixar a história passar." Seu filho, Getúlio Dorneles Vargas Neto, suicidou-se com um tiro na cabeça em 17/7/2017.

paradoxalmente (ou até por isso), produzindo a carreira política de grande êxito da república populista."[2]

Jango tinha aparência mais agradável que atraente, estatura média e tendência a engordar. Na maturidade, os cabelos começaram a rarear no alto da cabeça, que ele cobria com o topete repuxado para trás. Cardíaco, sofreu quatro infartos — o último deles fatal —, condição pouco favorecida pela atroz dieta gaúcha, baseada em carne vermelha, pelo sedentarismo e pelo desregramento sexual. Quando secretário de Justiça, continuava assíduo dos lupanares de Porto Alegre, a tal ponto que seu assessor precisava levar os processos da Secretaria ao bordel favorito de Jango, o Cabaré da Mônica.

Casou-se tarde para a época, 37 anos, pouco antes de ser eleito vice-presidente. Maria Teresa, de 17 anos, era sobrinha de Espártaco, irmão de Getúlio: mais um vínculo com a família Vargas. Tinha 23 anos quando o marido se tornou presidente e é considerada a mais bonita e elegante das primeiras-damas do Brasil. Seus penteados e roupas lançavam moda entre as brasileiras, assim como sua juventude e beleza incentivavam calúnias udenistas sobre supostas infidelidades.

Quanto às infidelidades de Jango, nem ele mesmo se dava ao trabalho de negá-las.

— Você vai ser a primeira em tudo, vai ser sempre a primeira mulher — disse à noiva, com seu carregado sotaque gaúcho —, mas não vai me proibir de sair à noite.

Ela relembrou em uma entrevista, quarenta anos depois, que "não houve uma vedete do Carlos Machado que o Jango não tivesse comido... sem contar a paixão pelo jogo, pelo turfe e pelo álcool".

Após o casamento, ele foi morar no Rio e a deixou em São Borja. Isolada nos pampas e sem o marido, a recém-casada de 18 anos tentou o suicídio, ingerindo uma dose elevada de barbitúricos. "Não sei se foi a solidão. Não sei se foi aquela casa cheia de portas cerradas. Não sei se eram aquelas mulheres ciumentas me cercando." Jango interrompeu a campanha eleitoral, voou para São Borja e levou a esposa para o Rio de Janeiro, onde tiveram um casal de filhos. Pouco depois, Maria Teresa foi morar na Espanha com as crianças: era o único modo de manter o casamento.

> Morando na Espanha, não teve de passar pela situação constrangedora de abrir os jornais e ler que o marido era assíduo frequentador da boate Sacha's, na rua Padre Antônio Vieira, no Leme, onde, em 1958, a vedete preferida do vice-presidente era Aída Campos, conhecida como "Joãozinho Boa-Pinta", devido ao corte de cabelo rente à nuca. Aída logo seria substituída por Carla Morel, depois por Fernanda Souto Maior, por Mara Rúbia, por Angelita Martinez, por...[3]

"Ele sempre teve respeito ao casamento, aos filhos", disse o filho de Jango, João Vicente. "Sempre protegeu a vida familiar."

Vice-presidente da República, Jango estava na China quando Jânio Quadros renunciou, em agosto de 1961. Segundo a lei, o vice deveria concluir o mandato presidencial. Ranieri Mazzilli, presidente da Câmara dos Deputados, assumiu provisoriamente a presidência até a chegada do seu legítimo ocupante.

O pior pesadelo dos conservadores se realizava: o principal nome do trabalhismo no Brasil, que duplicara o salário mínimo quando ministro do Trabalho, o temido populista a quem enxergavam, equivocadamente, como um peronista e um comunista, e, acertadamente, como um defensor da reforma agrária e da nacionalização de empresas, estava prestes a ser o primeiro mandatário do país.

Em flagrante violação da Constituição, os ministros militares manifestaram-se contra a elevação de Goulart à presidência, numa tentativa de golpe de Estado. Imediatamente Leonel Brizola, governador do Rio

Grande do Sul, liderou uma campanha nacional pela posse de Jango, seu cunhado, e contra os golpistas, com apoio do III Exército, que se posicionou a favor da legalidade. O próprio Mazzilli não concordava com o golpe.

O Congresso contornou a crise por meio de um acordo: o sistema presidencialista de governo seria substituído pelo parlamentarista, em que o presidente tem seus poderes diminuídos — perdendo o comando, por exemplo, das Forças Armadas, que cabe ao primeiro-ministro. A emenda previa a realização de um plebiscito para referendar ou não a mudança de sistema, porém, evidenciando a má-fé, os opositores de Jango conseguiram marcá-lo para 1965, depois que o mandato dele expirasse. Empossado presidente, a 7 de setembro de 1961, Jango encarava a posse como uma vitória pessoal, crente de que ela ocorrera graças ao seu prestígio e não à solidez das instituições democráticas.

Foi uma pena o parlamentarismo, sistema comprovadamente democrático e esclarecido, que dera cinquenta anos de estabilidade ao país durante o Segundo Reinado, ter sido proposto apenas como um arranjo para limitar a ação de Jango e resolver um impasse. Nos 16 meses seguintes, o novo presidente nada fez além de manobrar para reverter o sistema parlamentar ao presidencialismo autoritário, ineficaz e vulnerável a todo tipo de crise política. Chegou mesmo, com a ajuda do Comando Geral dos Trabalhadores (CGT), a fomentar greves contra os seus gabinetes, sabotando o próprio governo. Os dois primeiros premiês — Tancredo Neves e um gaúcho com o interessante nome de Brochado da Rocha — pediram demissão, enquanto o terceiro e último, Hermes Lima, chegou a declarar: "Este governo não é nem de extrema direita nem de extrema esquerda, mas de extrema-unção."

Em tais condições, a única coisa que o governo parlamentarista realizou, por pressão do presidente, foi a antecipação do plebiscito para 6 de janeiro de 1963. Graças à campanha de Jango, atribuindo todos os problemas nacionais ao parlamentarismo, este recebeu somente 2 milhões contra quase 9,5 milhões de votos para o presidencialismo. Se Jango tivesse governado com a mesma habilidade com que manobrou para reaver os poderes presidenciais, o fim do seu governo e do período democrático no Brasil teria sido menos traumático.

Jango viu no resultado do plebiscito mais um triunfo pessoal, como se tivesse sido eleito presidente. Com o retorno ao presidencialismo, no entanto, voltou o clima de golpe e conspiração contra o governo. Os extremismos de esquerda e de direita acirravam-se, militares nacionalistas e entreguistas estranhavam-se, as tensões iniciadas no segundo governo Vargas elevavam-se à décima potência. A inflação galopava (quase 80% em 1964) e o Plano Trienal, pacote de medidas econômicas de Celso Furtado e Santiago Dantas, ministros do Planejamento e da Fazenda, fracassou. As greves recomeçaram, desta vez contra o próprio Jango.

A verdade é que, tão ávido pelos poderes presidenciais, Jango não tinha ideia de como usá-los. O grande desafio de um governo brasileiro, naquela época, era o de conciliar desenvolvimento econômico e modernização com democracia plena e políticas sociais. Goulart claramente não era o administrador capaz de tal transição. Embora fosse um político hábil, com capacidade notável de discursar para as massas e angariar votos, nunca foi um estadista e só sabia gerenciar fazendas. Jamais tivera um programa de governo e, pressionado por todos os setores da sociedade, cada um fazendo reivindicações urgentes, o presidente oscilava, ora à direita, viajando aos Estados Unidos para dar garantias de combate ao comunismo, ora à esquerda, enviando anteprojeto de reforma agrária ao Congresso, dividindo cada vez mais o país e aprofundando o caos financeiro, social, político e militar.

Se antes colocava a culpa de tudo no parlamentarismo, o presidente agora atacava o Congresso por não aprovar as "reformas de base", que envolviam medidas assustadoras para os conservadores: reforma agrária, reforma urbana (vista como desapropriação de imóveis), nacionalização de empresas estrangeiras etc. Premido por Brizola e sua Frente de Mobilização Popular, que reunia grupos esquerdistas radicais como as Ligas Camponesas, a UNE e o CGT, o presidente deu uma guinada final para a esquerda. Preparando um golpe, solicitou ao Congresso estado de sítio, mas não foi atendido. Resolveu então aprovar as reformas por decreto e prestar contas diretamente à população, numa série de comícios mobilizados pelas organizações sindicais.

No comício de 13 de março de 1964 (uma sexta-feira), diante da Central do Brasil, no Rio, o presidente, acompanhado por Maria Teresa, discursou para 150 mil pessoas, dizendo que a Constituição "não mais atende aos anseios do nosso povo. É antiquada porque legaliza uma estrutura econômica já superada, injusta e desumana. O povo tem que sentir a democracia que ponha fim aos privilégios de uma minoria proprietária de terras". Brizola pôs mais lenha na fogueira afirmando que o Congresso Nacional "é um poder controlado por uma maioria de latifundiários, reacionários, privilegiados e ibadianos".* Jango anunciou ter assinado um decreto encampando as refinarias de petróleo privadas e outro desapropriando terras às margens de ferrovias e rodovias federais.

A resposta da classe média veio seis dias depois, na Marcha da Família com Deus pela Liberdade, que reuniu 500 mil pessoas em São Paulo, gritando palavras de ordem tais como "Um, dois, três, Brizola no xadrez; e se tiver lugar, põe também o João Goulart". Foi o aval civil para o golpe militar que vinha sendo tramado há meses, nos quartéis de todo o país.

---

* Alusão aos membros do IBAD, Instituto Brasileiro de Ação Democrática, organização anticomunista fundada em 1959 e financiada por empresas estadunidenses.

A 31 de março, tropas do Exército lotadas em Minas desencadearam a rebelião, deslocamento chamado de Operação Popeye, porque seu comandante, o general Olímpio Mourão Filho, criador do fraudulento Plano Cohen, fumava cachimbo. A insurreição teve a bênção dos Estados Unidos, a participação das três Armas e o apoio de conspiradores civis de alto coturno, como os governadores dos três maiores estados brasileiros, Carlos Lacerda (Guanabara), Ademar de Barros (São Paulo) e Magalhães Pinto (Minas Gerais).

Sem nem esperar ser deposto, como Washington Luís e Getúlio, Goulart simplesmente abandonou a presidência, fugindo rumo ao Rio Grande do Sul e de lá exilando-se com a família no Uruguai, para onde fugiu também — disfarçado de mulher, segundo o folclore político — o seu cunhado Brizola, cujo radicalismo havia precipitado a queda do presidente.

Jango passou seus últimos anos levando a vida que sempre quis, a de estancieiro dos pampas, administrando propriedades no Uruguai, Paraguai, Argentina e Brasil, embora proibido pelo regime militar de retornar ao seu país.

Com o advento da ditadura no Uruguai, foi convidado pelo amigo Perón, que retornara ao poder após longo exílio na Espanha, a morar na Argentina.

Morreu de infarto na cidade de Mercedes, em 1976, aos 57 anos.

Recentemente, surgiu a teoria conspiratória de que Jango foi envenenado pela Operação Condor, aliança político-militar que eliminava opositores na América do Sul durante a década de 70. De novembro de 2013 a novembro de 2014, uma equipe de peritos coordenada pela Polícia Federal examinou os restos mortais do presidente e não encontrou substância tóxica alguma que confirmasse a tese de envenenamento.

O Corvo depenado

Desde que, em sua juventude, dedurou os colegas do PCB à polícia de Filinto Müller, roubou dinheiro de uma revista da qual foi redator e cortou os pulsos para escapar ao serviço militar, Carlos Lacerda, que nunca foi bom jornalista, escritor ou político, escolheu a hipocrisia, a calúnia e a fraude como ferramentas para atingir seu objetivo final, nada menos que o poder.

Quando trabalhava para os Diários Associados, de Assis Chateaubriand, apareceu no enterro de um homem que nem conhecera trajando luto completo, apenas para ser visto. Seu então colega Samuel Wainer apelidou-o Corvo e Lacerda fez jus à alcunha, tornando-se um beneficiário da morte alheia. Foi assim com o homicídio do major Vaz, a quem chamava ruidosamente de amigo embora mal o conhecesse, galvanizando o incidente o mais que pôde.

Por causa do suposto atentado na rua Tonelero, a classe jornalística o tomou por paradigma do profissional de imprensa a quem o governo quer calar, esquecendo-se que esse ícone espúrio, quando governador da Guanabara, em 1961, fez apreender edições do *Correio da Manhã*, o matutino ao qual devia sua carreira no jornalismo. Chamaram-no "demolidor de presidentes" sem considerar que todos os presidentes que ele supostamente demoliu foram democráticos e constitucionais. Ao se meter a besta com os ditadores militares, acabou depenado e de asas cortadas.

Encorpado, de traços femininos, olhos esgazeados por trás de lentes espessas como fundo de garrafa e acentuada tendência maníaco-depressiva, Carlos Lacerda tentava compensar sua insegurança e baixa autoestima com uma truculência excessiva, para deleite dos leitores da imprensa marrom. Escreveu um livro intitulado *O poder das ideias*, embora jamais tenha lançado mão delas, mas tão somente da agressão verbal, das mentiras e dos xingamentos na *Tribuna da Imprensa*, no rádio e na TV.

Wainer achava que ele tinha ódio da humanidade; Jorge Amado o julgava um crápula; Graciliano Ramos o retratou como Julião Tavares, vilão do romance *Angústia* (Lacerda publicou matérias sob o pseudônimo Júlio Tavares). Foi algumas vezes agredido fisicamente — coisa de que parecia gostar — pelos alvos de suas invectivas destemperadas, como o filho de Osvaldo Aranha, a quem chamara de ladrão. Negrão de Lima, prefeito do Distrito Federal que o sucedeu no governo da Guanabara, desancou-o numa carta aberta em julho de 1958, dizendo-lhe, entre outras verdades:

> O seu destino, pobre-diabo, é esse mesmo, o de atassalhar, denegrir, mentir, injuriar e difamar o próximo, a ponto de não escaparem do seu furor vesânico os seus próprios correligionários. Para isso você foi feito. Este é seu triste e doloroso fado. Todos os recalques perversos, todos os ressentimentos inconfessáveis, todos os matizes da infâmia e baixeza humana se caldearam para compor a sua monstruosa personalidade moral.

Após precipitar o Golpe de 1964, tornando-se coveiro do regime democrático, o que pretendia essa ave de rapina? Nada menos que ser empoleirado na presidência da República — mesmo objetivo, por sinal, de Magalhães Pinto e Ademar de Barros. A suspensão das eleições diretas para presidente, em 1965, pôs fim às suas pretensões.

— É duro a gente se preparar a vida inteira para exercer uma função e na última hora ser impedido de fazê-lo — lamentou-se.

Ainda esperneou, aproximando-se de dois dos homens que mais atenazara, os ex-presidentes JK e Jango, com quem formou a Frente

Ampla, em oposição à ditadura pela qual tanto se batera. Sobreveio o AI-5 e Lacerda acabou engaiolado num regimento da Polícia Militar. Em 30 de dezembro de 1966, teve os direitos políticos suspensos por dez anos. Morreu meses após recuperá-los, em 1977.

DITADURA
MILITAR
1964-8

Não há dúvida de que o Golpe de 1964 ocorreu em resposta a um clamor da população brasileira, incapaz de suportar por mais tempo o caótico governo de João Goulart, que deixou o país à beira de uma guerra civil.

O problema foi que, em vez de restaurar a ordem e convocar eleições, os militares, que denominavam o seu golpe "revolução", tomaram gosto pelo poder e o retiveram à força e à revelia da nação por mais de vinte anos, alternando-se em cinco generais-presidentes cujos governos apresentaram graus variados de totalitarismo.

Esses cinco ditadores — todos oriundos do Colégio Militar de Porto Alegre, fundado por Júlio de Castilhos — não somente governaram por meio de arbítrio e acentuada violência, mas também, com seu desenvolvimentismo nacionalista e estatizante, agigantaram o Estado ainda mais que a Era Vargas. Durante esta foram criadas 15 novas empresas estatais; na ditadura militar, 302.

A política econômica do período gerou crescimento entre 1968 e 1978, mas também um endividamento externo monstruoso e uma bola de neve inflacionária que só começou a derreter em 1994, sob o sol do Plano Real.

A despeito da ênfase no desenvolvimento, esse regime fortaleceu algumas das práticas mais retrógradas da República Velha, como estimular participação congressual maior de pequenos estados paupérrimos do Norte e do Nordeste, controlados por famílias oligárquicas, em detrimento dos estados de população mais numerosa e instruída do Sul e do Sudeste.

Tacanhos, de escassa erudição — tirante Castelo Branco —, parca nobreza de caráter, provincianos e com limitado entendimento do que ocorria no mundo fora de seus quartéis, os generais-presidentes condenaram o país à indigência cultural, impondo a censura, reprimindo intelectuais e artistas, contribuindo para que o cinema nacional, promissor no início da década de 60, degenerasse em fábrica de pornochanchadas, e que o principal produto da cultura brasileira fosse a telenovela.

Falar deles com enfoque maior nas pessoas do que em seus governos, segundo a proposta deste livro, é uma tarefa ingrata. Circunscritas às casernas, suas vidas antes da presidência mal se distinguem do costumeiro "serviu em tal batalhão, foi promovido à patente qual, comandou tal regimento". Como sói ocorrer em instituições fechadas, exclusivistas, tudo é secreto e confidencial, de modo que pouco se conhece de suas vidas pessoais, exceto o que eles mesmos divulgaram e que não foge muito de dados obteníveis em qualquer lugar, a saber, local e data de nascimento, escola militar em que estudou, nome da esposa, quantos filhos teve etc.

Os relatos de seus mandatos ditatoriais são igualmente monótonos, verdadeira sucessão de decretos-lei, um mais autoritário que o outro, seguidos ou não de reações oposicionistas pacíficas ou violentas imediatamente esmagadas, sempre com a aquiescência de um Congresso submisso e de lideranças civis com mãos atadas.

Os capítulos desta seção, portanto, serão mais curtos que nas demais.

MANDATO: 1964-67

APELIDOS: CEARENSE, QUASÍMODO

Com a morte de Castelo Branco, a humanidade perdeu pouca coisa, ou melhor, perdeu coisa alguma. Com o ex-presidente, desapareceu um homem frio, impiedoso, vingativo, implacável, desumano, calculista, ressentido, cruel, frustrado, sem grandeza, sem nobreza, seco por dentro e por fora, com coração que era um verdadeiro deserto do Saara.

Hélio Fernandes

O militar escolhido para liderar a conspiração se contra Jango e se tornar, aos 70 anos de idade, o primeiro presidente da ditadura inaugurada pela "revolução" de 1964, foi o homem mais horroroso que já governou o Brasil. Na verdade, essa era a única característica em que o marechal cearense **Humberto de Alencar Castelo Branco** — filho de militar, nascido em Mecejana, distrito de Fortaleza — excedia todos os seus pares.

Baixo, atarracado, sem pescoço, com desvio na coluna, tinha uma cabeça desproporcionalmente grande enterrada nos ombros, da qual saíam orelhas pontudas de abano e na qual, metidos em duas cavernas escuras, cintilavam olhinhos cheios de malícia sublinhados pela grande boca torta. Tingidos de preto e penteados para trás, os cabelos pareciam cerdas de vassoura.

Quando estudante, recebeu o apelido de Quasímodo, nome do corcunda de Notre-Dame, e era desprezado pelos colegas cadetes por sua feiura e falta de força física. Procurou, então, sobressair pelas qualidades intelectuais, tornando-se o único letrado entre os cinco ditadores do regime. Aliás, descendia do escritor José de Alencar, por parte de mãe.

Em 1922, após dois anos de namoro por carta, casou-se com uma moça chamada Argentina, amiga de sua irmã, que morava em Minas. Foi o momento "Bela e a Fera" dos dois jovens, pois Argentina era uma beldade da época, classificada em terceiro lugar num concurso de beleza promovido por um jornal de Belo Horizonte. Tiveram dois filhos.

Castelo Branco combateu as insurreições tenentistas e as revoluções de 1930 e 1932. Sempre ansioso por agradar aos superiores, subiu depressa na hierarquia militar, chegando a oficial de gabinete de Dutra quando este foi ministro da Guerra e, mais tarde, a comandante de uma das divisões da Força Expedicionária Brasileira enviada para combater na II Guerra Mundial. Dizia-se legalista, mas os verdadeiros partidários da legalidade, como Teixeira Lott, percebiam que não passava de um arrivista e o detestavam.

Após o golpe de 1964, o intimidado Congresso, transformado em Colégio Eleitoral, reuniu-se em 11 de abril para escolher o próximo presidente. Concorriam três generais: Castelo Branco, Juarez Távora e o ex-presidente Dutra. Castelo Branco recebeu 361 votos, de um total de 475. Távora teve 3 votos, Dutra, 2.

A fim de conservar uma ilusão de independência, o Congresso elegeu um vice-presidente civil, José Maria Alkmin, líder do PSD de Minas Gerais. E assim teve início o que Thomas Skidmore chamou de "domínio dos tecnocratas sob tutela militar".[1]

Por meio do AI-1, o presidente eleito procedeu à cassação de mandatos parlamentares e direitos políticos; por meio do AI-2, extinguiu os partidos, permitindo a existência de apenas dois: o governista Arena (Aliança Renovadora Nacional) e o oposicionista MDB (Movimento Democrático Brasileiro); e, por meio do AI-3, aboliu as eleições diretas para presidente da República, governadores e prefeitos das capitais.

Ao todo, Castelo promulgou 312 decretos-lei.

Com o intuito de justificar tantas arbitrariedades, outorgou uma Constituição em 1967, que durou apenas vinte meses, pois foi suplantada pelo AI-5. Os militares violavam quaisquer leis, inclusive as que eles próprios criavam. No mesmo ano, a Lei de Imprensa cerceava a liberdade de pensamento, expressão e informação.

Como toda ditadura precisa espionar seu povo, Castelo criou o SNI, Serviço Nacional de Informação, inspirado na CIA, porém mais afim, em seus métodos, com a Gestapo e a KGB. O primeiro chefe desse órgão de imenso poder e prestígio no regime foi o general Golbery do Couto e Silva.

Tendo assumido o poder com o discurso de que a intervenção militar seria transitória, esse presidente lançou as bases para uma longa permanência do regime de exceção, permitiu que seu sucessor fosse eleito indiretamente, e pior, que fosse um gorila da chamada linha dura do Exército.

Durante a presidência do "legalista" e "liberal" Castelo Branco, que durou 1.065 dias, foram praticados 3.747 atos punitivos (média de 3 por dia): 1.574 demissões, 569 reformas de militares, 547 suspensões de direitos políticos por dez anos, 526 aposentadorias, 165 transferências de militares para a reserva, 116 cassações de mandatos políticos, 75 exclusões da Ordem do Mérito, 60 cassações de medalhas, 40 expulsões, 36 destituições, 22 exonerações, 5 disponibilidades, 4 cancelamentos de uso de insígnias militares, 4 cassações de aposentadorias, 2 cassações de autorizações, 1 descredenciamento e 1 cassação de posto e patente.

Quatro meses depois de deixar a presidência, em 1967, morreu num acidente aéreo. Poucos o prantearam.

Tortura

Entre o Golpe de 1964 e a Lei da Anistia, em 1979, o regime militar torturou cerca de 2 mil pessoas no Brasil.

As modalidades desse método selvagem de interrogatório eram variadas e de uma crueldade quase engenhosa, envolvendo as tradicionais pancadas, palmatórias, empalações, afogamentos e pau de arara, mas também injeções de pentotal sódico, o chamado "soro da verdade", a "geladeira", em que o torturado era submetido a temperaturas baixíssimas numa cela minúscula, e a horripilante "cadeira do dragão", espécie de cadeira elétrica.

Quando o governo começou, em 2002, a indenizar vítimas de tortura, choveram pedidos de indenização no Ministério da Justiça. Bastava ter sido preso, mesmo por alguns dias ou horas, para virar vítima de suplícios também, pois os agentes da repressão mantinham registros das prisões, mas não de torturas.

Pau de arara tornou-se um negócio altamente rentável nos círculos esquerdistas. O escritor Fernando Gabeira disse que "o pagamento de indenizações tornou-se um instrumento de cooptação na mão dos governos, e a própria lista de quem vai ser indenizado é um processo político". Lembrando que, em 2010, o total de indenizações da chamada Bolsa Ditadura chegava a 4 bilhões de reais, dinheiro pago não pela ditadura, mas pelo contribuinte brasileiro. Millôr Fernandes achava essas indenizações uma vergonha: "Quer dizer que aquilo não era ideologia, era investimento?"

Nem todos os militantes marxistas que mentiram sobre ter sido torturados fizeram-no pelo dinheiro, e sim pela aura de mártires que isso conferia.

Presa em 1973, a jornalista Mírian Macedo apregooou por quarenta anos as torturas padecidas no DOI-Codi. Recentemente, no seu *blog*, contou a verdade.

> Dizer que tinha sido torturada era uma mentira "quase" doméstica, que eu comecei a contar algum tempo depois da prisão, uma patifaria que eu cometia posando de heroína, primeiro, para alguns amigos, depois para meus filhos. Era sempre aquela coisa vaga sobre ser "torturada", sem esclarecer demais, nem pesar muito nas tintas, apenas colhendo os louros do vitimismo.

Não só Mírian confessou não ter sido torturada coisa nenhuma, como ainda revelou que muitos outros militantes faziam o que ela fez.

> Na verdade, a pior coisa que podia nos acontecer naqueles "anos de chumbo" era *não* ser preso. Como assim, todo mundo ia preso e nós não? Ser preso dava currículo, demonstrava que éramos da pesada, revolucionários perigosos, ameaça ao regime, comunistas de verdade! Sair dizendo que tínhamos apanhado, então! Mártires, heróis, cabras bons.[2]

Mandato: 1967-69

Apelido: Costa

O AI-5 foi um golpe dentro do golpe, um golpe de misericórdia na caricatura de democracia.

Fernando Gabeira

Artur da Costa e Silva nasceu em Taquari, Rio Grande do Sul, filho de um dono de armazém. Desde pequeno tinha fama de briguento e mandão.

Ao contrário de Castelo Branco, não passava de um bronco iletrado. Seu colega Cordeiro de Farias confirmou que "depois que saiu da Escola Militar, Costa e Silva nunca mais leu um livro, nunca estudou nada". Outros colegas de Porto Alegre diziam que ele era "mulherengo", embora não conhecessem mulher alguma com quem se relacionara. No entanto, ao ver a paranaense Yolanda Barbosa, de 10 anos, Costa e Silva, aos 18, confidenciou a um amigo ser aquela "a guria com quem vou me casar". O autor da biografia "chapa-branca" que narra o episódio parece achar perfeitamente normal um marmanjo cobiçar uma criança dessa forma.[1]

Oito anos depois, casaram-se. Tiveram um filho.

Ministro da Guerra de Castelo Branco, Costa e Silva perseguiu JK e vários outros civis honrados. Ao se tornar presidente, era um sargentão baixo, dono de uma expressão notavelmente desprovida de perspicácia, rosto flácido, narigão inchado e, à sombra deste, um bigodinho curto e ralo, semelhante a um código de barras. A fim de parecer mais perigoso e menos obtuso, usava óculos escuros.

Em junho de 1968 ocorreu, no Rio de Janeiro, a Passeata dos Cem Mil, uma das muitas manifestações contra o governo autoritário, que se propusera temporário e, no entanto, perpetuava-se. Mas o que de fato forneceu à linha dura o pretexto para endurecer o regime foi um discurso proferido no início de setembro pelo deputado carioca Márcio Moreira Alves, que já havia denunciado as arbitrariedades da ditadura em seu livro *Torturas e torturados*, lançado — e apreendido — em 1966.

Conclamando a população a boicotar o desfile militar de 7 de setembro e as moças a não namorar militares, o deputado emedebista falou, em seu discurso:

— Quando pararão as tropas de metralhar na rua o povo? Quando uma bota, arrebentando uma porta de laboratório, deixará de ser a proposta de reforma universitária do governo? Quando teremos, como pais, ao ver nossos filhos saírem para a escola, a certeza de que eles não voltarão carregados em uma padiola, esbordoados ou metralhados? Quando o Exército não será um valhacouto de torturadores?

O discurso foi considerado ofensivo às Forças Armadas e o governo decidiu processar o deputado, exigindo que o Congresso lhe suspendesse a imunidade parlamentar, mas este, em 12 de dezembro, corajosamente se negou a fazê-lo. No dia seguinte, o general-presidente promulgou o AI-5, um dos decretos-lei mais arbitrários da história, que basicamente lhe dava poderes ilimitados, para cassar e encarcerar a quem quisesse, instrumento que durou onze anos e foi a principal ferramenta do regime (ver quadro na página 281).

Quem conheceu Yolanda Costa e Silva descreveu-a como uma espécie de Lady Macbeth, sempre impulsionando o marido a conspirar para obter mais poder. Extremamente ambiciosa, envolvida com contrabando, presentes caros em troca de favores, rapazes jovens e outros escândalos, todos cuidadosamente abafados pelo SNI, chegou a gravar, secretamente, as conversas do marido, a quem chamava de "o Costa".

> Sempre atenta às coisas da política e nada satisfeita em participar apenas de cerimônias de caridade, ela colecionou em seu currículo um empurrãozinho numa vida pública que iria, anos depois, balançar o país. Não era segredo que ela tinha extrema simpatia por um empresário chamado Paulo Maluf, que conheceu quando morava em São Paulo e o marido era comandante do II Exército. E também não é segredo que dona Yolanda não apenas aplaudiu como influenciou para que Maluf entrasse na vida pública num alto cargo da Caixa Econômica Federal.[2]

A simpatia do casal se devia ainda ao fato de Maluf pagar as dívidas de jogo de Costa e Silva, um jogador contumaz, aficionado por pôquer e corridas de cavalos, sem contar as finas joias com que o futuro governador biônico paulista presenteava a primeira-dama.

Yolanda meteu-se em tamanha quantidade de negócios escusos pelas costas do Costa, que este, ao ser informado a respeito pelo SNI, sofreu um derrame, em 27 de agosto de 1969, ficando incapacitado de governar.

No fim de 1966, já se sabia que a saúde do recém-eleito presidente era péssima. Seu médico declarou então: "Ele não está bem. Já teve um enfarte e acho que não viverá mais que dois anos." Errou por um ano.

O diagnóstico foi de trombose na região parietal direita.

Falando e caminhando com muita dificuldade, ao dar de cara com a esposa, Costa conseguiu dizer: "Você tinha razão." Não se sabe a que se referia, mas foram suas últimas palavras; depois, perdeu por completo o dom da fala.

No dia 30 de agosto, não conseguia mais se levantar e estava com o corpo todo paralisado, exceto o braço e a perna esquerdos. Ficou claro para todos que ele nunca mais retomaria suas funções como presidente.

Embora a própria Constituição imposta pelo regime determinasse que o vice civil, Pedro Aleixo, deveria assumir, uma junta militar de três generais, corretamente chamada de Três Patetas pelo deputado Ulysses Guimarães, do MDB, ignorou a lei e, por decisão do Alto-Comando do Exército, entregou o poder, no dia 7 de outubro, a outro general, então chefe do SNI, que conseguiu a façanha de superar seus dois predecessores em brutalidade: Emílio Médici.

Artur da Costa e Silva morreu a 17 de dezembro, após 113 dias de agonia.

Ato Institucional nº 5

Juntamente com o AI-5, foi anunciado pelo ministro da Justiça, Gama e Silva, em cadeia de rádio e TV, na noite de 13 de dezembro de 1968, o Ato Complementar nº 38, que decretava o fechamento do Congresso por tempo indeterminado.

O AI-5 autorizava o presidente da República a decretar o recesso do Parlamento, cassar mandatos parlamentares, suspender, por dez anos, os direitos políticos de qualquer cidadão, bem como a garantia do *habeas corpus*, confiscar bens considerados ilícitos e intervir em estados e municípios, afastando autoridades locais e nomeando interventores, chamados de "governadores biônicos".

Quando o presidente Costa e Silva apresentou o AI-5 ao seu ministério, todos os presentes o aprovaram, com a honrosa exceção do vice-presidente, Pedro Aleixo.

— Dr. Pedro — perguntou Gama e Silva —, o senhor desconfia das mãos honradas do presidente Costa e Silva, a quem caberá aplicar esse Ato Institucional?

Aleixo respondeu:

— Das mãos honradas do presidente, não, senhor ministro. Desconfio, porém, do guarda da esquina.

Pedro Aleixo não assinou o decreto-lei, o que lhe custou a presidência quando esta ficou vaga pela doença do ditador.

O Congresso foi reaberto apenas em outubro de 1969, para referendar a escolha do general Médici à presidência da República. Como diria este, mais tarde: "Eu tenho o AI-5 na mão e, com ele, posso tudo. Se eu não posso, ninguém mais pode".[3]

MANDATO: 1969-74

APELIDOS: MILITO, GARRAFA AZUL

O período Médici, na minha opinião, foi o pior período da História do Brasil, desde Pedro Álvares Cabral. [...] as pessoas eram mortas, eram torturadas, havia um mínimo de liberdade, as pessoas desconfiavam umas das outras.

Sérgio Cabral

Não há governo no Brasil que se compare, em repressão, censura, opressão, sequestros, prisões ilegais e tortura, ao de **Emílio Garrastazu Médici**, gaúcho de Bagé e filho de um comerciante uruguaio. Ninguém mais adequado para continuar a obra fatídica do finado Costa e Silva.

Sempre circunspecto, Médici falava pouco e sorria menos ainda. Tinha lábios muitíssimo finos e uma expressão meio aparvalhada nos estúpidos olhos azuis. Era tão pouco espontâneo que não permitia intimidades nem aos amigos, de quem sua preguiça e toleima eram bem conhecidas. Segundo Carlos Chagas, não fez outra coisa em seu governo além de jogar biriba e assistir a jogos de futebol nos estádios com um radinho de pilha colado ao ouvido — coisa suficiente para torná-lo popular entre as classes C e D. Até Geisel, que gostava dele e lhe devia a presidência, observou que Médici "não era homem de grandes luzes, nem de trabalhar muito".[1]

Casou-se aos 25 anos com a única mulher que teve na vida, Cila, ainda mais reservada que ele e que decerto precisou se anular inteiramente como pessoa para conviver com tal tipo. Chamava-o de "Milito", curioso amálgama involuntário de "Emílio" e "milico". Tiveram dois filhos, que receberam, durante a presidência do pai, comendas e a Ordem Militar de Cristo. Por mérito, sem dúvida.

A característica mais marcante desse mandato ditatorial foi o ufanismo esquizofrênico. Enquanto oposicionistas eram torturados nos porões do Dops e do DOI-Codi, a propaganda oficial vendia a imagem de um Brasil onde tudo ia às mil maravilhas, um "país que vai para a frente", divulgando *slogans* patrioteiros como "Brasil: ame-o ou deixe-o". A vitória do Brasil na Copa de 1970 ajudou a reforçar esse discurso. Como o próprio tirano sintetizou, na única entrevista que deu durante a sua presidência, "o país vai bem, mas o povo vai mal".

Em sua gestão surgiu o maior símbolo da incompetência administrativa do regime militar: a rodovia Transamazônica, que liga a

Paraíba ao Amazonas, e cuja maior parte até hoje, mais de 45 anos após a inauguração em 27 de agosto de 1972, não foi nem asfaltada, o que a torna impraticável quando chove.

O segundo elefante branco foi a usina nuclear Angra 1, comprada por Médici da empresa norte-americana Westinghouse, que só foi inaugurada em 1983 e, até 1986, havia quebrado 22 vezes. Além de muito perigosa, seu custo inicial, de 300 milhões de dólares, escalou para seis vezes mais. Hoje ela continua tendo recorrentes problemas técnicos, produzindo muito aquém da sua capacidade e consumindo recursos sem fim.

Em 1974 foi inaugurada a ponte Rio-Niterói, de 13km, terceira grande obra faraônica do ciclo militar e a mais efetiva de todas, cuja construção demorou cinco anos e custou a vida de 72 operários.

O presidente alegava pretender restaurar a democracia, mas foi obrigado a endurecer o regime devido à ação das guerrilhas rural e urbana, que ele aniquilou (ver quadro na página 285). Tamanho era o amor desse déspota pela repressão que chegou a nomear presidente do Congresso e líder da Arena o carrasco Filinto Müller, algoz supremo do Estado Novo.

Para ele, comandar o Brasil não diferia de comandar um batalhão. Não tinha apego pelo poder. Usou inúmeras vezes do AI-5 para impor suas decisões, assim como faria, caso estivesse em um quartel, com o regulamento militar. De todos os presidentes do Brasil, foi aquele que menos se interessou pela política.[2]

O professor Villa ainda acrescenta: "O único documento lido todos os dias pelo presidente era o informe do SNI. Era por meio dele que 'sabia' como estava o Brasil. Não tinha relação de proximidade com nenhuma liderança política, nem com artistas ou intelectuais."

Em 1971, quando o deputado cassado Rubens Paiva desapareceu — sua tortura e morte só foram confirmadas quarenta anos mais tarde —, a esposa dele pediu ao general Cordeiro de Farias que intercedesse junto ao presidente, mas Cordeiro, que não era nenhum democrata, respondeu estar afastado de Médici porque se recusava a falar com assassinos.[3]

Se as notícias para a democracia não foram boas, na economia jamais foram melhores. Durante o governo Médici ocorreu um crescimento econômico inédito na história do Brasil, o chamado "milagre econômico", atribuído ao ministro da Fazenda, Delfim Netto. O PIB cresceu 14%, a inflação caiu, as exportações cresceram 275% e as reservas internacionais chegaram a 6,4 bilhões de dólares, sendo em 1967 de apenas 198 milhões.

Em compensação, a dívida externa, no mesmo período, saltou de 3,2 bilhões de dólares para 8,4 bilhões.[4]

REVOLUCIONÁRIOS OU BANDIDOS?

Segundo a retórica da esquerda, os grupos guerrilheiros surgiram como reação à instauração da ditadura. Pura lorota, pois muitos já existiam antes de 1964.

Também ao contrário da narrativa mentirosa esquerdista, esses grupos nunca lutaram pela restauração da democracia. Inspirados pelo exemplo de Cuba, onde uma guerrilha tomou o poder, em 1959, esquerdistas brasileiros quiseram fazer o mesmo aqui, sendo inclusive treinados e financiados pela ditadura comunista de Fidel Castro.

No Brasil, porém, a luta armada não passou de ações isoladas de assaltos a bancos, sequestros e ataques a instalações militares, sem apoio popular algum. Os que aderiam à guerrilha vinham majoritariamente da classe média.

Os mais célebres guerrilheiros a lutar contra a ditadura — célebres por acabarem "martirizados" — foram Carlos Marighella e Carlos Lamarca. O primeiro, com 56 anos em 1967, participara da Intentona Comunista de 1935. Fundou a ALN (Ação Libertadora Nacional), com a qual pretendia, segundo suas próprias palavras, transformar o Brasil no novo Vietnã. Em seu *Manual do guerrilheiro urbano*, escreveu: "O terrorismo é uma arma a que o revolucionário nunca pode renunciar."

A ação mais espetacular da ALN, em conluio com o MR-8 (Movimento Revolucionário Oito de Outubro), foi o sequestro, em setembro de 1969, de um embaixador norte-americano no Rio de Janeiro, em troca de cuja libertação o governo brasileiro soltou 14 presos políticos. Um deles era José Dirceu, mais tarde ministro do governo Lula e criminoso condenado à prisão por corrupção e formação de quadrilha (ver página 377).

Em novembro de 1969, o terrorista Marighella foi emboscado e morto a tiros numa rua chique de São Paulo, em uma ação coordenada pelo delegado Fleury, do Dops, bicho-papão dos esquerdistas. A ALN continuou em atividade até 1974.

Capitão do Exército que se tornou guerrilheiro, Lamarca liderou a VPR (Vanguarda Popular Revolucionária), que, fundindo-se com o Colina (Comando de Libertação Nacional), gerou a VAR-Palmares, cuja grande conquista e motivo de orgulho foi ter roubado 2,5 milhões de dólares do cofre da amante do governador paulista Ademar de Barros, em 18 de julho de 1969. "Esse dinheiro, roubado do povo, a ele será devolvido", declarou Lamarca, que não devolveu um centavo a ninguém. Foi capturado e fuzilado no sertão baiano, em 1971, aos 33 anos de idade.

Houve tentativas de criar focos de guerrilha rural, mas, assim como a urbana não recebeu apoio algum do proletariado, a rural tampouco o recebeu dos camponeses.

A luta armada no Brasil teve fim em 1973, e já foi tarde.

Mandato: 1974-79

Apelido: Alemão

Esse troço de matar é uma barbaridade, mas eu acho que tem que ser.

Ernesto Geisel

Gaúcho como os dois predecessores, chefe da Casa Militar sob Castelo Branco e presidente da Petrobras sob Médici, **Ernesto Beckmann Geisel**, filho de pai alemão e mãe gaúcha — tão pomposo e formal que foi definido por alguém como um monumento de si mesmo —, assumiu o poder prometendo uma abertura "lenta, gradual e segura" do regime autoritário. Quase todos esses ditadores prometiam o mesmo e apenas endureciam mais a repressão, dando um passo à frente e dois para trás.

Para a sucessão de Médici não se fez consulta alguma ao Alto-Comando do Exército, foi uma escolha pessoal do presidente. Este preferia Orlando Geisel, irmão de Ernesto, mas Orlando declinou, alegando problemas de saúde. O presidente disse:

— Então vamos resolver logo isso. Você acha que o candidato deve ser o Ernesto? Então é o Ernesto e está acabado.[1]

No Colégio Eleitoral, Geisel concorreu pela Arena com Ulysses Guimarães, pelo MDB. Recebeu 400 votos, e Ulysses, 76.

Sua posse, em 15 de março de 1974, deu o tom do que viria a seguir. Estavam presentes três ditadores sul-americanos: Augusto Pinochet, do Chile, Hugo Banzer, da Bolívia, e Juan Maria Bordaberry, do Uruguai. Para um presidente que, segundo os otimistas, iniciaria o processo de transição para a democracia, isso era um sinal bem pouco auspicioso.

No início de 1975, fez suspender a censura prévia à imprensa escrita, embora mantivesse a vigilância sobre o rádio e a TV; em abril de 1977, irritado com as vitórias do MDB na eleição de 1974 e subsequente aumento da bancada emedebista na Câmara e no Senado, bem como no pleito municipal dois anos depois, Geisel simplesmente fechou o Congresso. Um passo à frente, dois para trás.

Em 1957, bem antes de sua presidência, o general perdeu o filho Orlando, atropelado por um trem ao cruzar a via férrea de bicicleta. O rapaz tinha apenas 16 anos. Alguns opinam que essa tragédia transformou Geisel, até então homem discreto e cordial, em um *iceberg* recluso e seco.

O que de fato compeliu o regime a uma distensão foi a pressão de segmentos poderosos, como a Igreja Católica, a eleição, nos Estados Unidos, em 1977, do presidente Jimmy Carter, crítico das ditaduras e defensor dos direitos humanos, e a má repercussão internacional de episódios como os assassinatos do jornalista Vladimir Herzog, em outubro de 1975, e do metalúrgico Manuel Fiel Filho, três meses depois, ambos em São Paulo. Torturados e mortos no DOI-Codi, teriam se enforcado, segundo a versão oficial, o primeiro com seu cinto, o segundo com as próprias meias.

Quarenta e dois adversários do regime foram mortos e 39 desapareceram, durante essa gestão.

No início de 1978, Geisel ungiu como sucessor o general Figueiredo, chefe do SNI. Houve muita oposição, nos círculos militares, a essa escolha. O general Hugo de Abreu, chefe da Casa Militar, pediu demissão, alegando considerar Figueiredo inteiramente despreparado para a função, "além de fraco intelectualmente e de pouca cultura". Além disso, o escolhido tinha apenas três estrelas, enquanto a regra era de que o presidente tinha de ser um general de quatro estrelas. Entretanto, como Geisel detinha o controle do Alto-Comando do Exército, onde eram elaboradas as listas de promoções, a decisão dele prevaleceu.

Geisel também escolheu o futuro vice-presidente, Aureliano Chaves, governador de Minas Gerais muito parecido com uma anta.

Por fim, no dia 1º de janeiro de 1979, Geisel extinguiu todos os atos institucionais, inclusive o AI-5. Figueiredo tomou posse a 15 de março.

No governo Geisel, a inflação anual de 18% subiu para 40%, a dívida externa galopou um tanto mais e milhões de dólares foram jogados fora com a usina nuclear de Angra 2, que só começou a funcionar em 2001.

Fim do Milagre

Foi a economia que acabou por derrubar a ditadura. "As famílias um pouco mais abastadas ostentavam o segundo carro na garagem, e mesmo os estratos de baixa renda haviam conseguido participar da festa do consumo", segundo Guido Mantega, ministro de Dilma Rousseff, em alusão ao "milagre econômico".[2] Até o fim do governo Médici, os brasileiros estavam muito contentes com o regime militar e pouco se importavam com a repressão política, que, afinal de contas, penalizava uma parcela ínfima da população.

Tudo isso mudou em 1973, quando os países árabes produtores de petróleo fecharam um cartel, fazendo o preço do barril saltar de 3,37 dólares para 11,25. Como o Brasil importava 80% do petróleo que consumia, a dívida externa, entre 1978 e 1981, foi de 43 bilhões de dólares para 61 bilhões. Sem dinheiro, o governo imprimiu alguns milhões de notas, elevando a inflação a níveis estratosféricos.

Em vez de cortar gastos, o governo Geisel preferiu persistir na política desenvolvimentista de seus antecessores, privilegiando grandes obras de infraestrutura, como a hidrelétrica de Itaipu, e no protecionismo à indústria nacional, fortalecendo as empresas estatais e algumas preferidas pelo governo — principalmente produtoras de maquinário — por meio de desoneração tributária e crédito barato via BNDES, que entre 1974 e 1986 emprestou 6,4 bilhões de dólares, dos quais apenas um quarto foi pago.

Mandato: 1979-85

Apelido: João Valentão

Prefiro cheiro de cavalo a cheiro de povo.

João Figueiredo

O presidente militar que concluiu o processo de abertura "lenta, gradual e segura" pouco tinha a recomendá-lo para a tarefa. Filho do general Euclides Figueiredo — gorila que participou da repressão aos camponeses na Guerra do Contestado, combateu a Revolução de 1930, aderiu à tentativa de golpe integralista contra Vargas em 1938 e por fim se tornou udenista —, o carioca **João Batista de Oliveira Figueiredo** não era nem um pouco mais democrata que seus antecessores, porém, como já não tinha o AI-5 para brutalizar a quem quisesse, precisou fazer concessões que eles jamais sonhariam fazer.

Assim, tentou se aproximar do povo e da imprensa livre, coisa bem difícil para ele. "Eu continuo cada vez mais militar. Estou fazendo uma força desgraçada para ser político", declarou numa entrevista; "o que eu gosto é de clarim e de quartel". Deixava-se fotografar com frequência, inclusive de sunga, fazendo ginástica. Por causa dessa exposição, sabemos mais sobre ele que sobre qualquer outro general-presidente.

Figueiredo foi o mais humano dos ditadores militares, o que não quer dizer que fosse uma pessoa agradável. No início do seu governo, comentou sobre o processo de abertura:

— É para abrir mesmo, e quem quiser que não abra eu prendo e arrebento!

Ao visitar Florianópolis, cometeu uma terrível gafe: inaugurou, em homenagem à capital catarinense, uma estátua de Floriano Peixoto, odiado pelos florianopolitanos desde a sanguinária repressão à Revolta da Armada, em 1894. Estudantes vaiaram o presidente, que quis partir para cima deles. Desde então, foi-lhe associada a música de Dorival Caymmi:

João Valentão é brigão
Pra dar bofetão
Não presta atenção e nem pensa na vida

A todos João intimida
Faz coisas que até Deus duvida

    Seu irmão mais velho, o dramaturgo Guilherme Figueiredo, tinha-lhe horror e suplicava ao general-presidente que não o fizesse passar vergonha, com sua estupidez e inconveniência, em ocasiões sociais. A uma criança de 10 anos que lhe perguntou o que faria se, como o pai, ganhasse salário mínimo, João respondeu que daria um tiro na cabeça.

    O pai de Figueiredo havia sido preso algumas vezes e, após a derrota da Revolução Constitucionalista, da qual tomara parte, vivera dois anos no exílio. Isso, sem dúvida, influenciou o presidente a priorizar a Lei da Anistia, assinada em agosto de 1979, que beneficiou os exilados e presos políticos, mas também os torturadores e agentes da repressão.

    Os militares de linha dura não gostaram e promoveram atos de terrorismo, como sequestros e atentados a bomba, que João Valentão, para seu louvor, enfrentou corajosamente, até oferecendo-se como alvo.

    Foram restabelecidas as eleições diretas para o Legislativo e o Executivo, exceto para a presidência da República, e o pluripartidarismo, extinguindo-se a Arena e o MDB.

    O casamento de Figueiredo com a mãe de seus dois filhos, Dulce, era pura fachada: estavam separados há tempos e cumpriam juntos somente funções cerimoniais. Ambos mantinham casos extraconjugais, relevados pela sociedade machista conservadora para os homens, mas não para as mulheres, de modo que, segundo as más línguas, a esposa de Tancredo Neves, dona Risoleta, era uma santa com nome de vaca, ao passo que Dulce era uma vaca com nome de santa. Um Boeing saiu vazio de Brasília apenas para levar-lhe roupas de cama em Campinas.[1]

    Figueiredo expressou sua opinião sobre o sexo feminino em junho de 1988: "Mulher deveria ser como pasta de dentes, daquelas que a gente usa em viagens internacionais. Quem não gosta pode jogar o tubo fora. Quem gosta pede outro."

Teve um filho ilegítimo com uma funcionária do SNI, antes da presidência, e, durante esta, uma relação com a empresária Myrian Abicair, casada e dona de um famoso spa em São Paulo. O presidente dizia-lhe:

— Não quero você perto do poder. O poder é perigoso. Se souberem que você tem um caso com o presidente da República, os políticos e meus próprios amigos vão começar a te bajular para que você, na cama, consiga de mim as coisas que eles não conseguem no meu gabinete nem nas minhas churrascadas.[2]

O romance durou três anos e meio, até que João disse a ela:

— Meu paizinho, lá do céu, não deve estar gostando nada de eu ter essa vida adúltera. Eu te prometi casamento, mas não posso, como militar, me separar da minha mulher para casar com outra. Podemos continuar namorando, mas nada de casamento.

A resposta de Myrian foi: "Fique aí com seu paizinho." E caiu fora. Nunca mais se viram.

Embora esportista e quase atlético, o presidente sofreu um infarto em 1981 e colocou duas pontes de safena em 1983. Convalescente, chegou a dizer: "Se me derem chance, não volto." Depois, mudou de ideia: "Quando estou com vontade de bater em alguém, é sinal de que estou melhorando. E eu já estou com vontade de bater em uma porção de gente." Tinha hérnia de disco, resultado de anos praticando equitação, e sofria de fortes dores na coluna, que lhe azedavam o humor.

Depressivo e emocionalmente instável, ruminava um perpétuo rancor pelo fato de a imprensa e a população não lhe agradecerem todos os dias pela abertura. Na sua concepção, as liberdades democráticas eram um presente seu, não algo tomado por seus colegas e agora devolvido. Não entendia que alguém pudesse criticá-lo.

Quando oposicionistas o faziam, respondia: "Fui eu quem deu a eles o direito de falar."

Tão enfermo quanto o seu presidente, o país estava quase entrando em coma após duas décadas de governo militar, os efeitos colaterais do "milagre econômico" se fazendo sentir mais que nunca: em 1983, a inflação ultrapassava os 200%, a maior da história até então, e a dívida externa era de 91 bilhões de dólares. Delfim Netto, o homem do "milagre" e agora ministro do Planejamento, optou desta vez por arrochar a economia, sem sucesso.

A oposição ergueu a bandeira das eleições diretas para presidente. Grandes manifestações populares pediam por "Diretas Já". Em janeiro de 1984, um grande comício em São Paulo reuniu mais de 200 mil pessoas. Mas a emenda Dante de Oliveira, que propunha essa alteração na Constituição, precisava dos votos de dois terços dos congressistas para ser aprovada. Por isso, mesmo recebendo apenas 65 "não" contra 298 "sim", deixou de passar no Congresso Nacional graças aos 112 parlamentares que não compareceram para votar.

O próximo presidente seria, mais uma vez, eleito pelo Colégio Eleitoral, mas não seria um militar. Aliás, nenhum militar se candidatou, tão desgastado se encontrava o regime. Após muitas articulações, emergiram dois candidatos civis: Paulo Maluf, pelo PDS, novo partido do governo, e Tancredo Neves, pelo oposicionista PMDB.

O presidente não parecia muito interessado na própria sucessão. Ora dizia que não gostava de Maluf, ora dizia "Tancredo *never*". Estava doente, cansado, rabugento e só queria ir embora de vez para o Sítio do Dragão, seu refúgio no vale do Calembe: "Não vejo a hora de ser um João comum."

Em 15 de janeiro de 1985, Tancredo recebeu 480 votos contra 180 para Maluf. No entanto, a 14 de março, dia anterior à posse, foi hospitalizado com fortes dores abdominais, causadas por um tumor no intestino, vindo a falecer no Dia de Tiradentes, 21 de abril. Em seu lugar acabou empossado o vice na sua chapa, José Sarney, do PFL, um dos mais nefastos oligarcas patrocinados pela ditadura.

João não quis lhe passar a faixa; após seis anos de mandato, deixou o Palácio da Alvorada pela porta dos fundos. Não considerou legítima a posse do vice de Tancredo; em sua opinião, o poder deveria ser entregue a Ulysses Guimarães, presidente da Câmara dos Deputados, que convocaria novas eleições. Talvez tivesse razão. Ele mesmo se dava conta de quão contrária às aspirações democráticas era a presidência de um "coronel" como Sarney: "Eu fiz essa abertura aí, pensei que fosse dar numa democracia, e deu num troço que não sei bem o que é."

Em sua última entrevista, concedida no Sítio do Dragão, deu o recado final ao povo brasileiro:

— Me esqueçam!

O PRESIDENTE QUE NÃO ASSUMIU

Na época da sucessão de Figueiredo, nenhum político brasileiro vivo ostentava uma trajetória comparável à de Tancredo Neves. Aos 75 anos, participara de momentos decisivos da história recente do Brasil, como ministro da Justiça no segundo governo Vargas e primeiro-ministro de Jango, depois elegendo-se deputado, senador, governador de Minas Gerais e se destacando na campanha das Diretas Já.

Em 24 de agosto de 1984, dez dias após licenciar-se do governo de Minas para assumir a condição de candidato presidencial pelo PMDB, em meio à desgastante campanha eleitoral que o levaria à vitória — e à morte —, Tancredo foi a São Borja, no Rio Grande do Sul, para o 30º aniversário do suicídio de Getúlio.

Fazia muito frio no cemitério, de modo que um correligionário gaúcho, presente entre as centenas de pessoas que acompanhavam o idoso democrata, cedeu-lhe um poncho. E ainda fez uma tenebrosa premonição:

— Se o velho pega uma pneumonia, a gente vai ter de aturar o Sarney.[3]

NOVA REPUBLICA
1985-

Após o trauma causado por dois decênios de ditadura militar, este período, que começou com a eleição de Tancredo Neves, tem sido o mais longo de democracia ininterrupta já vivenciado pelo Brasil. No entanto, a transição do regime autoritário para o Estado democrático de direito ocorreu não por meio de uma renovação política, e sim devido a um pacto entre os políticos velhos e os políticos novos.

Como expressou bem o historiador Boris Fausto: "O fato de que tenha havido um aparente acordo geral pela democracia por parte de quase todos os atores políticos facilitou a continuidade de práticas contrárias a uma verdadeira democracia. Desse modo, o fim do autoritarismo levou o país mais a uma 'situação democrática' do que a um regime democrático consolidado."

Que esse período tenha sido inaugurado pela presidência de José Sarney, representante do que há de mais retrógrado e carcomido no sistema político brasileiro, não prenunciou coisa alguma de bom. O processo superinflacionário prosseguiu, inexorável, até a criação do Plano Real, em 1993. Com a consolidação da democracia, a estabilização da moeda, o fim da estatização e a introdução da economia brasileira no ritmo da globalização, os dois governos de Fernando Henrique Cardoso trouxeram crescimento e melhorias concretas para o país.

Os quatro governos esquerdistas seguintes, de Lula e Dilma Rousseff, anularam essas conquistas, reverteram ao estatismo, barraram o crescimento, aparelharam o Estado por meio do maior esquema de corrupção da História, promoveram a divisão da sociedade e o populismo, causaram a falência da gestão pública e uma recessão sem precedentes. O *impeachment* de Dilma Rousseff, em 2016, impediu que o Brasil se tornasse uma ditadura de esquerda calcada na Venezuela chavista, mas fez com que seu sucessor, Michel Temer, herdasse um país completamente arruinado e 14 milhões de desempregados.

Mandato: 1985-90

Apelido: Sir Ney

José Sarney foi um dos piores presidentes da República que o Brasil suportou. Provinciano e medíocre, instaurou no Maranhão uma das mais implacáveis e reacionárias oligarquias já vistas, condenando sua terra e sua gente a condições de miserabilidade, analfabetismo e atraso econômico e social dignas de um soba africano.

Hélio Fernandes

A transição do Brasil para o regime democrático foi, de certa forma, sabotada pela morte de Tancredo e subsequente posse de seu vice, José Sarney, na presidência. Nenhum homem seria menos talhado para a tarefa de reconduzir o país à democracia do que esse apadrinhado de ditadores. Como era de esperar, não moveu uma palha para averiguar os numerosos crimes e arbitrariedades cometidos pela ditadura.

O nome de batismo é **José Ribamar Ferreira de Araújo Costa**. Seu avô, que trabalhava na fazenda de um inglês chamado Ney, deu ao filho o nome Sarney de Araújo Costa em homenagem ao patrão "Sir Ney". Mais tarde José Ribamar, a quem chamavam "Zé do Sarney", adotou o nome do pai e virou José Sarney.

Desembargador sem posses, Sarney Pai arranjou para o filho recém-formado em direito um emprego de secretário no Tribunal de Justiça. Nessa época os processos eram distribuídos por sorteio, cabendo ao secretário sortear o desembargador que cuidaria deste ou daquele caso. Sarney Filho, que então usava bigode estilo Clark Gable, fazia negócios rentáveis com esse "sorteio", a ponto de um empresário italiano prejudicado pelo esquema declarar Al Capone mero aprendiz perto do "rapaz do bigodinho".[1]

Como a justiça, no Maranhão, sempre esteve atrelada ao governo, Sarney Pai introduziu o filho na política, no cargo de oficial de gabinete do governador Vitorino Freire. Aos 24 anos, sem ter sido sequer vereador, elegeu-se quarto suplente de deputado federal, em 1954, com suspeita de fraude na 41ª Zona Eleitoral de São Luís. Quatro anos depois, foi eleito deputado pela UDN, é claro. Apoiou resolutamente o golpe de 1964 e congratulou Costa e Silva pelo AI-5, em 1968, tornando-se a coqueluche dos militares, que o ajudaram a ser governador do Maranhão, em 1965, e senador, em 1970.

Teve início a construção de sua oligarquia, a maior de que se tem notícia no Brasil contemporâneo. Acusado, entre muitas outras coisas, de grilar milhares de hectares, aumentando a área da fazenda Maguari, supostamente herdada do sogro, amealhou uma fortuna incalculável e distribuiu concessões de empresas e serviços estatais entre sua família e protegidos, de tal forma que o estado passou a funcionar como um feudo seu. Nem os Acióli, no Ceará, alcançaram o nível de controle sobre uma unidade federativa brasileira comparável ao dos Sarney. Virtualmente dono do Maranhão, agia como tal: sua mansão em São Luís está repleta de antiguidades surrupiadas de acervos do estado, como o portão de ferro fundido do cemitério de Alcântara, ilha tombada pelo Patrimônio Histórico, que ele levou para casa como peça de decoração. Em visita à mansão Sarney, o mandatário português Mário Soares pensou tratar-se de um museu.[2]

Foi ainda presidente da Arena e do que a Arena se tornou, o PDS, opondo-se às Diretas Já. No dia seguinte à derrota da emenda Dante de Oliveira, enviou um telegrama de felicitações ao deputado Paulo Maluf, candidato à sucessão de Figueiredo. A ditadura, no entanto, agonizava, e dissidentes do PDS, entre os quais Sarney, criaram a Frente Liberal, em oposição ao governo. Esse grupo, que depois originou o Partido da Frente Liberal (PFL) — nada além de uma UDN com outro nome —, aliou-se ao PMDB, cujo candidato à presidência era Tancredo Neves, formando a chamada Aliança Democrática. Sarney articulou para ser indicado a vice-presidente na chapa e conseguiu, a despeito de passar a vida repetindo que aceitou a contragosto a nomeação, imposta pelo seu partido. Tancredo precisou tampar o democrático nariz; a crermos em Palmério Dória, ele preferia até Maluf como vice.[3] Nos comícios da Aliança Democrática, Sarney era vaiado impiedosamente, filhote da ditadura que sempre foi.

A morte intempestiva de Tancredo deu a Sarney muito mais do que ele havia barganhado. E assim, com a experiência acumulada de quase vinte anos de desgoverno do seu estado, realizou um dos governos mais desastrosos da história do Brasil. Embora o Plano Cruzado — que consistiu basicamente na substituição do cruzeiro pelo cruzado e no congelamento de preços — tenha causado euforia em 1986, elevando o ministro da Fazenda, Dilson Funaro, a herói nacional e transformando donas de casa em "fiscais do Sarney", empenhadas em acusar estabelecimentos comerciais que reajustassem suas tabelas, o resultado foi queda na produção, aumento de importações com consequente desequilíbrio da balança comercial e ágio. O governo, no entanto, camuflou o desabastecimento e manteve a ilusão monetária até as eleições de novembro, que deram uma vitória esmagadora ao PMDB. O Plano Cruzado II e o Plano Verão também fracassaram, e Sarney entregou o governo com uma inflação mensal de 84%.

Não contente em arruinar um estado e um país, Sarney ainda cometeu atentados à língua portuguesa em seus livros, além de inaugurar no Brasil, por pura ignorância, o uso do cretiníssimo linguajar politicamente correto — depois adotado pelas esquerdas — com o costume de dirigir pomposos discursos a "brasileiras e brasileiros"* em rede nacional.

Embora se expressasse muito mal, oralmente e por escrito, o coronel desde jovem teve veleidades literárias, chegando a colaborar em jornais maranhenses e a publicar obras. Compensando com prestígio político e fortuna pessoal a absoluta falta de talento literário, acabou eleito membro da Academia Brasileira de Letras em 1980, derrotando o grande autor Orígenes Lessa. Segundo o *Estado de S. Paulo* de 17 de julho, os funcionários da Casa de Machado de Assis argumentaram que "além de ser um político atuante e todos que desfrutam de tal condição são sempre bajulados pelos acadêmicos, ele possui alguns livros".

---

* Em português, assim como em italiano, francês e espanhol, o masculino plural representa o todo, de modo que "brasileiros" se refere a homens e mulheres de nacionalidade brasileira. Qualquer coisa além disso é feminismo esquerdista barato.

Um desses é o terrível *Marimbondos de fogo*.* "As estrelas são vacas/ que vagam e se perdem/ nas enseadas da noite", lemos, perplexos. Talvez, como sugeriu o escritor Fernando Jorge, astronautas devessem viajar munidos de capim rumo à imensidão estrelada, ou antes, avacalhada. Impagáveis de tão ruins são ainda os versos "Ventos e ventas ardentes/ Das minhas tardes videntes". Tardes videntes?

Sua prosa consegue ter a mesma qualidade da sua poesia. Millôr Fernandes chamou um de seus romances, *Brejal dos Guajas*, de "catedral do avesso do pensamento humano", acrescentando que com *Marimbondos de fogo* Sarney atingiu apenas a mediocridade, mas que com *Brejal* se superou, pois "só um gênio conseguiria fazer um livro errado da primeira à última frase".[4]

José Ribamar é dado ainda a superstições e a um tipo estranho de religiomania revelado quando, em visita à Fundação Sarney, em São Luís — outro sorvedouro de recursos estaduais, aliás investigado pelo Ministério Público —, o jornalista Reynaldo Turollo Jr. encontrou, em uma sala fechada à visitação pública, certa bizarra galeria de retratos da família Sarney e políticos aliados, todos pintados usando vestimentas de padres, freiras e apóstolos, museu de horrores apelidado de Galeria da Blasfêmia.

A cafonice de novo-rico brasileiro encontrou nele sua expressão mais fiel. Em visita a Nova York, o presidente dos jaquetões safári alugou uma limusine branca, de que até a máfia já desistiu "por sabê-las jecas demais", ressaltou Paulo Francis, que acrescentou ter sentido cheiro de capim a um quarteirão de onde se encontrava Sarney, cujo nariz redondo e arrebitado sobre o espesso bigode dava-lhe uma aparência vagamente canina. Depois de velho, pôs-se a tingir de preto os

---

* Segundo o grupo Casseta & Planeta, essa era a primeira obra da trilogia completada por *Marimbondos de porre* e *Marimbondos de ressaca*.

ralos cabelos, sinal inequívoco de perda do senso do ridículo causada por décadas de bajulação.

Outra prova dessa perda ocorreu quando, em visita oficial à abadia de Westminster, Londres, o então presidente, posando de maranhense até a medula, fez o gesto ridiculamente teatral de pisar a lápide de lorde Cochrane, por ter esse herói da Guerra da Independência saqueado São Luís em 1823. Pelo menos o saque de Cochrane durou um dia, e não meio século.

A 25 de junho de 1987, em "visita cultural" ao Rio de Janeiro para ir à ABL, ao Instituto Histórico e Geográfico e ao Paço Imperial, o mandatário pseudoliterato teve seu ônibus apedrejado por manifestantes gritando palavras de ordem como "Sarney é um ladrão, Pinochet do Maranhão" e "Sarney é um salafrário, está roubando o meu salário". Ao cabo do mandato presidencial, sua impopularidade era tão grande que nenhum dos 22 partidos que concorriam à eleição de 1989 queria o seu apoio. O professor Villa nos recorda que Sarney,

> Temendo eventuais processos, buscou a imunidade parlamentar. Candidatou-se ao Senado. Mas tinha um problema: pelo Maranhão dificilmente seria eleito. Acabou escolhendo um estado recém-criado: o Amapá. Lá, eram três vagas em jogo — no Maranhão, era somente uma. Não tinha qualquer ligação com o novo estado. Era puro oportunismo. Rasgou a lei que determina que o representante estadual no Senado tenha residência no estado. Todo mundo sabe que ele mora em São Luís e não em Macapá. E dá para contar nos dedos de uma das mãos suas visitas ao estado que "representa". O endereço do registro da candidatura é fictício? É um caso de falsidade ideológica? Por que será que o TRE do Amapá não abre uma sindicância (um processo ou algo que o valha) sobre o "domicílio eleitoral" do senador?[5]

Em 1994 fez eleger a filha, Roseana, para o primeiro de quatro mandatos como governadora do Maranhão. Em 2001, ela foi indicada pré-candidata à presidência do país pelo PFL. Mas o sonho de ter mais um presidente na família foi por água abaixo quando a Polícia Federal fez uma batida na empresa Lunus Participações — pertencente a Roseana e ao marido, Jorge Murad —, onde encontrou 1.340.000 reais não declarados. Desmoralizada, Roseana Sarney retirou a candidatura.

Assim que Lula foi empossado em 2003, Sarney descobriu sua alma gêmea, tornando-se aliado do novo presidente, aliança depois renovada no governo de Dilma Rousseff. O velho coronel passou a ter mais poder ainda que na sua presidência, nomeando afilhados para órgãos importantes da administração federal. Depois que a filha foi derrotada na eleição ao governo do Maranhão em 2006, ele conseguiu fazer a Justiça Eleitoral afastar o governador eleito, Jackson Lago, sob acusação de compra de votos. Detalhe: a presidente do TRE, que anulou a eleição, era Nelma Sarney, cunhada do coronel. Eterna herdeira, Roseana herdou o mandato e conseguiu mais outro, na eleição de 2010.

Desde que Sarney foi eleito presidente do Senado, em 2009, denúncias de irregularidades não pararam de surgir. Lula defendeu-o publicamente, dizendo: "O Sarney tem história no Brasil suficiente para não ser tratado como se fosse uma pessoa comum."

Em meados de 2009, em São Luís e demais cidades maranhenses, podia-se:

- Nascer na Maternidade Marly Sarney.
- Morar numa dessas vilas: Sarney, Sarney Filho, Kyola Sarney ou Roseana Sarney.
- Estudar nas escolas: Municipal Rural Roseana Sarney (Povoado Santa Cruz, BR-135, Capinzal do Norte); Marly Sarney (Imperatriz); José Sarney (Coelho Neto).

- Pesquisar na Biblioteca José Sarney.
- Informar-se pelo jornal *Estado do Maranhão*, TV Mirante, rádios Mirante AM e FM, todos de Sarney; no interior, por uma de suas 35 emissoras de rádio ou 13 repetidoras da TV Mirante.
- Saber das contas públicas no Tribunal de Contas Roseana Murad Sarney.
- Entrar de ônibus na capital pela ponte José Sarney, seguir pela avenida Presidente José Sarney, descer na rodoviária Kyola Sarney.
- Reclamar? No Fórum José Sarney de Araújo Costa, na Sala de Imprensa Marly Sarney, e dirigir-se à Sala de Defensoria Pública Kyola Sarney.[6]

Em 2012, no estado onde 61% dos moradores não têm sequer ensino básico, existiam 161 escolas com o nome de Sarney. O pobre Maranhão ocupa o penúltimo lugar no *ranking* do Índice de Desenvolvimento Humano (IDH), à frente apenas de Alagoas, e sua renda *per capita* é a menor do país. Somente 6,5% dos municípios têm rede de esgoto. Entre 2000 e 2010, a taxa de mortes por armas de fogo subiu 282%, de acordo com o Mapa da Violência.

Na virada de 2013 para 2014, ocorreu um banho de sangue na penitenciária de Pedrinhas, em São Luís, causado por lutas de facções de presidiários. O saldo foi de 62 mortos, muitos deles decapitados e esquartejados. A barbárie incluiu estupros de familiares visitantes de presos, transbordou os muros do cárcere e se alastrou pelas ruas, com incêndios a ônibus e ataques a delegacias comandados por detentos. Uma criança de 6 anos morreu queimada.

Enquanto cabeças rolavam, literalmente, dentro do presídio de Pedrinhas, a governadora Roseana Sarney ocupava-se com cabeças de camarão, abrindo licitação para abastecer as geladeiras do Palácio dos Leões e outras residências oficiais do governo. A lista de alimentos é para nababo nenhum botar defeito: 80 quilos de lagosta fresca, ao custo de 6.373,60 reais; duas toneladas e meia de camarões frescos grandes com cabeça, médios com cabeça para torta, seco torrado graúdo sem cabeça e casca, entre outros tipos (mais de 100 mil reais); 950 quilos de sorvete (oito sabores), que custariam aos cofres estaduais perto de 55 mil reais; 40 mil reais de filé de pescada-amarela fresca, 39.500 reais em patinhas de caranguejo (750 quilos); 180 quilos de salmão (fresco e defumado), a 9.700 reais; 850 quilos de filé-mignon limpo, a 29 mil reais; 22 mil reais em galinhas; cinquenta caixas de bombom; trinta pacotes de biscoito champanhe; 2.500 garrafas de 1 litro de guaraná Jesus (refrigerante famoso no Maranhão); 120 quilos de bacalhau do Porto da melhor qualidade; mais de cinco toneladas de carne bovina e suína; e 108 mil em ração para peixe. Gasto total previsto? Mais de um milhão de reais.[7]

Impossível não fazer a mesma indagação de um dos maiores especialistas em José Sarney, Millôr Fernandes: "Sir Ney, ao deixar o governo, não deixou pedra sobre pedra, ou só deixou podre sobre podre?"

A Constituição de 1988

Aos deputados e senadores eleitos em 1986 coube a elaboração da nova Constituição. A Assembleia Constituinte foi instalada em fevereiro de 1987 e os trabalhos se arrastaram até setembro de 1988. É a mais longa de todas as Constituições brasileiras, com 320 artigos (a de 1891, por exemplo, tinha 91), célebre pela atenção excessiva a detalhes irrelevantes para uma Carta Magna, que poucos constituintes pareciam saber o que é e para que serve.

O artigo 230 estipula que "aos maiores de 65 anos é garantida a gratuidade dos transportes coletivos". Questões de âmbito puramente doméstico como "Os pais têm o dever de assistir, criar e educar os filhos menores, e os filhos maiores têm o dever de ajudar e amparar os pais na velhice, carência ou enfermidade" (art. 229) também estão presentes. A carta prevê ainda que "a língua portuguesa é o idioma oficial da República Federativa do Brasil" (art. 13), como se alguém pretendesse adotar outro. A palavra "garantia" figura 46 vezes no texto constitucional, "direitos" aparece 16 vezes, mas "deveres" é citada apenas quatro.

Sarney interveio para aumentar seu mandato de quatro para cinco anos. Com esse objetivo, transformou a Constituinte em balcão de negócios, oferecendo dezenas de concessões de rádio e televisão; o responsável por essas negociatas foi o ministro das Comunicações de Sarney, seu colega oligarca Antônio Carlos Magalhães (que tem um retrato na Galeria da Blasfêmia, vestido de monge). E assim o presidente obteve os cinco anos por 328 votos a 222, na única votação em que compareceram os 559 constituintes.

Mandato: 1990-92

Apelidos: Prefeito Mosca, Caçador de Marajás, Rei Sol

Não fui eu quem derrubou Fernando da presidência da República. Ele mesmo se destruiu. Foi derrotado por sua própria megalomania e pela incapacidade de reconhecer as limitações do ser humano.

Pedro Collor de Melo

"Se a sua mãe é uma cebola e o seu pai um alho, como você quer cheirar bem?" Esse ditado árabe explica, em parte, algumas atitudes do presidente cuja vida pessoal foi a mais conturbada de toda a República. O ex-governador e senador alagoano Arnon de Melo, pai de **Fernando Afonso Collor de Melo**, que abateu a tiros um colega no plenário do Senado, José Kairala — por engano, pois o verdadeiro alvo era Silvestre Péricles de Góis Monteiro —, não tinha tempo para a família. A mãe gaúcha de Fernando, Leda Collor, filha do ministro do Trabalho de Vargas, Lindolfo Collor, era uma matriarca severa, formalíssima e obcecada por aparências. Carregava um revólver na bolsa. Pouco surpreende que os cinco filhos desse casal não tenham sido criados com muito amor.

Defendido por Sobral Pinto, advogado de Luís Carlos Prestes e Graciliano Ramos, o senador udenista se livrou da cadeia, em 1963, mas sua carreira política estava acabada. Durante seu mandato, havia conseguido uma concessão de emissora de TV, que, juntamente com o jornal que fundara, *A Gazeta de Alagoas*, constituiu o núcleo de um conglomerado de comunicações que enriqueceria a família. Morreu em 1983.

Fernando Afonso nasceu no Rio de Janeiro, à época Distrito Federal. Desde criança manifestava queda pela teatralidade: aos 3 anos queria ser cardeal, atraído pelos pomposos trajes vermelhos dos príncipes da Igreja. Teve infância abastada, mas não feliz. Diferente dos colegas da escola, a mãe não ia buscá-lo, ele não podia brincar na rua ou em casa de amigos nem assistir à televisão, considerada vulgar por Leda. Sofria de arritmia cerebral, que às vezes lhe provocava desmaios, os quais controlava com medicamentos fortíssimos.[1]

Após se formar, de muita má vontade, em economia na Universidade Federal de Alagoas, assumiu a chefia da Organização Arnon de Melo, aos 22 anos. Sua juventude foi a do típico *playboy* sibarita e inconsequente que não precisa prestar contas a ninguém, exceto aos pais indiferentes e poderosos. Segundo o irmão, consumia drogas e apresentava todos os sintomas de transtorno bipolar, a tal ponto de não sabermos a qual contingência responsabilizar por suas oscilações de humor. Na adolescência era tão violento que, não contente em agredir homens e mulheres, destruía ambientes inteiros, como boates e andares de hotel, a golpes de caratê, do qual é faixa preta.

Contudo, o fato de ser não apenas rico, mas também bonito, atlético, ter 1,84m e educação aristocrática, fazia com que as mulheres relevassem suas tempestades de fúria. Extremamente vaidoso, teve dúzias de casos amorosos, muitos com atrizes e apresentadoras da Rede Globo, emissora da qual é filiada até hoje a TV Gazeta de Alagoas, pertencente à Organização Arnon de Melo. Em 1975, desposou a *socialite* carioca Lilibeth Monteiro de Carvalho, com quem teve dois filhos. Suas infidelidades e violências, no entanto, puseram fim ao casamento após seis anos.

Em 1979, o governador de Alagoas, Guilherme Palmeira, nomeou Collor — então membro da Arena — prefeito biônico de Maceió. Ainda segundo seu irmão, Fernando foi apelidado Prefeito Mosca porque só viajava o tempo todo, voando de lá para cá. Nos últimos dias à frente da pequena prefeitura, autorizou a contratação de 5 mil servidores públicos. "Imagine-se um prefeito que não vai à prefeitura, só inaugura poste se tiver banda de música, faz política distribuindo emprego público e no Carnaval desfila pelos bailes atracado a prostitutas."[2]

O Prefeito Mosca era popular, contudo. Eleito deputado mais votado de Alagoas em 1982, apresentou, como parlamentar, onze projetos, nenhum dos quais aprovado. Em 1984 foi a favor das Diretas Já e, no ano seguinte, no Colégio Eleitoral, votou em Paulo Maluf, padrinho do seu segundo casamento.

Rosane Malta não poderia ser mais diferente da sua primeira esposa. "O que Lilibeth tinha de cosmopolita e sofisticada, Rosane tinha de provinciana. Enquanto Lilibeth se sentia em casa na Riviera francesa, Rosane guardava na memória, como a sua mais venturosa viagem, um passeio de carro a Recife. O modo frequentemente violento de fazer política em Alagoas, que sempre causara estranheza em Lilibeth, era visto por Rosane com a naturalidade esperada de uma autêntica Malta de Canapi."[3]

Pedro Collor, cujo ódio ao irmão se estendia à cunhada, descreve as origens desta:

> Canapi, Inhapi e Mata Grande. Encravados no alto sertão alagoano, onde a seca só não mata mais que bala de revólver, esses três municípios são dominados há décadas pelos Malta. No interior das Alagoas não existem dessas modernidades do Brasil pós-Revolução de 30. Lá ainda se vive como na República Velha, o voto é controlado um a um pelo chefe político, e a honra dos machos, defendida a tiro. Mata-se por absolutamente qualquer coisa, a linguagem é a da violência, e os hábitos, absolutamente primitivos. A política é feita na base do favor, e o dinheiro público, tratado como propriedade privada dos donos do poder.

Embora tivesse 20 anos, alguma beleza e os Maltas fossem aliados políticos dos Collor, o casamento dos jovens foi malvisto por ambas as famílias. Os conservadores Maltas não apreciavam a ideia de Rosane desposar um divorciado, ao passo que os esnobes Collor achavam Rosane uma sertaneja matuta e malvestida. Um irmão menor de idade e um tio de Rosane matariam a tiros um candidato a prefeito de Canapi; um primo dela havia matado o genro de um vereador em Maceió. *Tutti buona gente*. Rosane não amenizava o desprezo dos Collor ao dizer que ir à Itália valia a pena só para comprar sapatos, ou pedindo ao noivo uma "pistola" de peles, em vez de uma estola. De partida para a lua de mel, contou à sogra que os recém-casados ficariam pouco tempo no Cairo porque pretendiam seguir viagem para o Egito.[4]

Fernando e Rosane chamavam um ao outro de Quinho e Quinha, corruptelas de "Pucununinho" e "Pucununinha", segundo a explicação dela. Apesar da esterilidade de Rosane, o casamento durou vinte anos. Os dois foram o presidente e a primeira-dama mais jovens que o Brasil já teve.

Collor estava entre os dissidentes do PDS que se filiaram ao PMDB. Em 1986, na esteira do efêmero sucesso do Plano Cruzado, quando os candidatos apoiados pelo presidente Sarney venceram em 22 dos 23 estados, Fernando foi eleito governador de Alagoas, derrotando o candidato do PFL, Guilherme Palmeira, ex-governador que o introduzira na política.

Herdeiro do fascínio materno por aparências, e tendo ao seu alcance todos os recursos midiáticos e profissionais de *marketing* que o dinheiro pode pagar, Collor fez uma propaganda tão eficaz da sua gestão que a imprensa nacional o aclamou como "Caçador de Marajás",* por ter estrategicamente combatido alguns funcionários públicos que recebiam salários demasiado altos. Montado nessa popularidade, candidatou-se à presidência da República em 1989 por um partido nanico, o PRN, e apoiado por uma coligação de legendas de aluguel.

Vista como alternativa conservadora às duas outras principais candidaturas, de Leonel Brizola e Lula, ambas de esquerda, a sua foi bem recebida pela classe média. Nunca a TV tivera tanto peso em uma eleição, e o fotogênico Collor era dono de TV. Soube, além disso,

---

* Na verdade, ele nomeou 65 pessoas como marajás: nove eram parentes, dezenove parentes de sua esposa, e os demais, parentes de amigos. Ver Eduardo Reina, "Collor, o criador de marajás das Alagoas", *Jornal da Tarde*, 29/7/1989.

capitalizar a insatisfação do país com o governo Sarney, do qual se tornou crítico ferrenho, chamando-o de "antro de corrupção" e adotando um discurso moralista. Desejoso, ainda, de afastar de si a pecha de candidato da elite, entregou-se a rompantes populistas, dirigindo-se ao povo como "minha gente" e asseverando, nos discursos inflamados, que governaria para os "pés descalços", os "descamisados" — termo tomado de empréstimo ao peronismo.

— Sou o candidato da sociedade civil! — exclamou num comício em Manaus, a 24 de maio, concluindo pateticamente: — Não me deixem só!

Vencedor no primeiro turno, em 15 de novembro, foi ao segundo, com Lula. Adotou a estratégia de associar o adversário ao comunismo internacional, que dava sinais de desgaste com a decadência da URSS e a queda do Muro de Berlim, a 9 de novembro. Alertando a população de que, se Lula vencesse, confiscaria a poupança do povo, Collor foi ainda favorecido pelo sequestro do empresário Abílio Diniz, em dezembro, por bandidos chilenos de um grupo de esquerda aliado ao PT.

"Quanto mais Collor crescia, mais o PT enlouquecia. O programa eleitoral de Lula foi aumentando o tom e partiu, desvairado, para a ridicularização e a agressão pessoal", esclarece o jornalista Sebastião Nery, assessor de imprensa de Collor.

Surgiu então a ideia de usar uma entrevista em que a ex-namorada de Lula revelava ter sido pressionada por este a abortar uma filha de ambos. Ela se negara a interromper a gravidez e se queixava das migalhas que recebia dele para sustentar a menina. A história não era nova, já saíra em matérias no *Jornal do Brasil* e no *Estadão*. "Parte da assessoria de Collor, como eu, achava que não precisava radicalizar e usar as entrevistas da Miriam. Outros, que não se podia deixar de dar o troco aos ataques do PT, que cada dia ficavam mais violentos. De toda parte chegavam reclamações de que o programa de Collor estava frio, tímido, medroso, não respondia à altura ao programa de Lula."[5]

A entrevista foi ao ar e caiu como um míssil sobre a campanha lulista. Mestres da baixaria política, os petistas queixaram-se de golpe baixo e difamaram Miriam, acusando-a de ter sido subornada. Lula apressou-se em reconhecer a filha natural e gravar programas ao seu lado, mas tamanho oportunismo convenceu só os seus partidários, que, inconformados com a derrota, posteriormente alegaram que a edição do último debate televisivo entre os dois candidatos na Globo prejudicara Lula. Mais uma mentira. O desempenho de Lula nesse programa — que ele finaliza chamando o adversário de "caçador de maracujás" — foi péssimo, e, de qualquer forma, em momento algum ele havia superado o oponente nas intenções de voto.

A 17 de dezembro, Collor recebeu 35 milhões de votos contra 31 milhões de Lula: o primeiro presidente eleito por sufrágio direto desde Jânio Quadros, quase trinta anos antes.

A contragosto, José Sarney passou a faixa presidencial a Fernando Collor em 15 de março de 1990. No dia seguinte, o país foi surpreendido pelo confisco dos depósitos de todas as contas bancárias, incluindo cadernetas de poupança, com valores acima de 50 dólares ou 50 mil cruzados novos. Essa era a tal "bala" com que o presidente eleito havia declarado que mataria o "tigre da inflação". Não houve protestos populares contra a medida. Mesmo à custa de suas economias, o povo, que enxergava o novo presidente como Salvador da Pátria, queria derrubar a inflação de 2.000% ao ano. O cruzeiro voltou a ser a moeda nacional, substituindo o cruzado.

A despeito de seu gosto por pompa e circunstância, Collor foi o único presidente a dispensar as residências oficiais, preferindo permanecer na sua própria, a Casa da Dinda, às margens do lago Paranoá, em Brasília. De lá saía todos os dias para fazer sua corrida, usando camisetas com dizeres tais como "Não às drogas". Semelhante a Mussolini, adotou uma imagem de estadista-atleta, viril, incansável e indestrutível. Além do *cooper*, também praticava publicamente natação, jet-ski, aviação e caratê.

O estilo machão atingiu o cúmulo do ridículo durante uma solenidade em Juazeiro do Norte, a 3 de abril de 1991. Após um tumulto causado por manifestantes de esquerda, o presidente, esquecendo toda a sua *finesse*, discursou:

— Não nasci com medo de assombração, não tenho medo de cara feia. Isso o meu pai já me dizia desde pequeno, que havia nascido com aquilo roxo, e tenho mesmo, para enfrentar todos aqueles que querem conspirar contra o processo democrático.

Enojada com tamanha vulgaridade, sua esposa depois o recriminou:

— Está querendo dar uma de nordestino macho, Quinho? Mas você é carioca![6]

Como era tradicional a toda primeira-dama desde Darci Vargas, Rosane presidia a Legião Brasileira de Assistência (LBA). Sob a direção dela, esse imenso órgão assistencial adquiriu 66,5 milhões de cruzeiros em cestas básicas, sem licitação e com preços superfaturados, além de se tornar uma cornucópia para os pais, amigos e primos da mulher do presidente, segundo a Polícia Federal de Alagoas. Uma nova mansão para os Maltas em Canapi foi financiada pelo contribuinte.

Como se isso não bastasse, em 1991 correu um boato de que Rosane tinha um amante, do qual engravidara e abortara. Ela se defendeu de modo mais convincente das acusações de adultério do que das denúncias de corrupção:

> Como primeira-dama, eu mal ficava sozinha para ir ao banheiro. Seguranças me acompanhavam o tempo todo. Além disso, eles tinham um livro onde anotavam tudo o que eu fazia para poder passar o serviço ao

colega, na troca de turno. Ali ficava registrado a que horas eu saí para caminhar, quem me acompanhou, quando eu voltei, enfim... tudo. E Fernando poderia ter acesso a esse caderno se quisesse.[7]

Fernando não pareceu convencido, falou em separação e foi visto sem aliança. Chegou a incumbir o advogado de providenciar os papéis do divórcio. A mãe de Rosane, Rosita, deu à imprensa uma declaração cuja ameaça velada não escapou a ninguém:
— Na minha família não há mulheres separadas: só solteiras ou viúvas.

Enquanto isso, Joãozinho, o irmão caubói de Rosane, dava um tiro no prefeito de Canapi, que falara mal dela.

Subitamente, tudo voltou ao normal. A aliança reapareceu no dedo presidencial e a primeira-dama continuou na direção da LBA, distribuindo benesses e cargos a parentes e amigos.

Por que o presidente recuou?

Pedro Collor supõe que tal recuo fora devido ao medo de Rosane revelar que injetava supositórios de cocaína no esposo. Rosane, que nada ganhava defendendo o ex-marido em seu livro, disse que Collor nunca consumiu drogas enquanto esteve casado com ela.

Não há dúvida, porém, de que Rosane possuía um ascendente sobre o marido tão ébrio de autossuficiência. "Que poderosa e estranha força teria Rosane Malta sobre Fernando Collor de Melo?", indaga o irmão deste.

Em seu curto governo, Collor fez algumas coisas boas pelo país. Iniciou, ainda que timidamente, o processo de privatizações de estatais dispendiosas, verdadeiros cabides de emprego e focos de corrupção; enxugou a máquina pública suprimindo ministérios, autarquias e fundações, demitiu funcionários fantasmas e reduziu restrições à importação.

Infelizmente, porém, o seu Plano Collor I revelava-se um fracasso. Por falta de dinheiro em circulação, os preços haviam caído, mas a produção também. A economia ficou estagnada, o Brasil entrou em recessão, com altos níveis de desemprego... e a inflação ressurgiu. O Plano Collor II foi igualmente ineficaz, e a inflação voltou a subir em maio de 1991, chegando a 20%.

Esses planos desastrosos eram assinados pela incompetente ministra da Fazenda, Zélia Cardoso de Melo, acusada de ter feito fortuna com o confisco das contas bancárias e o congelamento de preços.[8] Ela não fora a primeira escolha para o cargo; o presidente queria o economista Roberto Campos. Além de espoliar a poupança dos brasileiros, a ministra de rosto quadrado protagonizou um dos mais indigestos romances públicos de que se tem notícia, mantendo uma relação adulterina* com o ministro da Justiça, Bernardo Cabral, outra completa nulidade física e política. Collor afastou os pombinhos e nomeou para a pasta da Fazenda Marcílio Marques Moreira, cuja grande solução econômica foi contrair um empréstimo de 2 bilhões de dólares junto ao FMI para garantir as reservas internas. A inflação continuou subindo.

Collor fez outras péssimas escolhas ministeriais. Para ministro do Trabalho nomeou um sindicalista, Rogério Magri, segundo o qual o salário do trabalhador era "imexível". Justificando o uso de carro oficial para levar sua cachorra Orca ao veterinário, alegou que esta era um ser humano como qualquer outro. Acabou afastado por receber subornos de até 30 mil dólares. A Secretaria de Assuntos Estratégicos foi para Leoni Ramos, que armou esquemas de propina na Petrobras, na Vale do Rio Doce e em outras estatais.

Quando o presidente tentou melhorar a imagem do seu ministério procurando nomes idôneos, como Adib Jatene para a Saúde e João

---

* Depois do affair com Cabral, a ex-ministra desposou o humorista Chico Anysio. Com mais engenhosidade que bom gosto, outro humorista, Carlos Roberto Escova, apelidou-a de Cupim por gostar de pau velho. Separada, foi condenada em 2000 por corrupção passiva, mas absolvida em 2006 por falta de provas.

Mellão Neto para o Trabalho, já era tarde demais. Indignada com a volta da inflação após o sacrifício inútil de suas poupanças e desencantada com o Indiana Jones brasileiro, a população estava receptiva à avalanche de acusações contra ele desencadeada pelo seu próprio irmão, no primeiro semestre de 1992.

Fernando e Pedro sempre se detestaram, o que não era exceção, e sim a regra, nessa família disfuncional.* Quando Collor assumiu seus compromissos públicos, a direção do grupo Arnon de Melo foi confiada a Pedro, que divulgava, com prazer, notícias desfavoráveis ao presidente, como o escândalo da LBA. Fernando decidiu, então, fundar um novo jornal, o *Tribuna de Alagoas*, juntamente com PC Farias, ex-tesoureiro da campanha presidencial e factótum de Collor (ver página 326).

Percebendo que o novo jornal do presidente tomaria o mercado e os funcionários da *Gazeta*, Pedro resolveu destruir o irmão mais velho. Em maio de 1992, denunciou à revista *Veja* o chamado "esquema PC", mecanismo pelo qual empresários pagavam a PC Farias propinas para fechar negócios com o governo, semelhante ao de Gregório Fortunato, mas em escala monumental.

O pivô dessa briga entre irmãos foi a insinuante mulher de Pedro, Teresa, cuja exposição na mídia ao lado do marido lhe valeu o título de "musa do *impeachment*". Segundo Rosane, o ódio mortal de Pedro por Fernando se devia ao fato de Teresa ter sido amante de Fernando, por quem continuou apaixonada mesmo após se casar com Pedro. Pedro alegava outra coisa: que Fernando tentava convencer Teresa a se separar dele para desestabilizá-lo e tirá-lo das empresas.

---

* Ao morrer, Pedro falava apenas com a irmã Ana Luísa, que não falava com Leopoldo, chegando este a esbofeteá-la numa discussão. No ano em que faleceu, 2013, Leopoldo também estava brigado com Fernando e queria destruí-lo. Ledinha não falava com Fernando e o chamava de "Rei Sol"; ela e Ana Luísa se odiavam. "E a minha família que era a violenta", desabafou Rosane em 2009, numa entrevista.

Fernando, por sua vez, disse ao seu porta-voz, Cláudio Humberto, que Teresa era amante não dele, mas de outro cunhado dela.⁹

Horrorizada com essa lavagem de roupa suja da sua orgulhosa família em praça pública, a matriarca, dona Leda Collor, destituiu o filho caçula da chefia do grupo Arnon de Melo, alegando que ele estava mentalmente perturbado. Em setembro, dias antes da renúncia do presidente, sofreu três paradas cardíacas e, inconsciente, foi hospitalizada. Morreu sem sair do coma, a 25 de fevereiro de 1995. Dois meses antes havia morrido, em consequência de quatro tumores no cérebro, seu filho Pedro, que arrastou a própria mãe no afã de aniquilar o irmão.

Em 26 de maio, foi instaurada uma CPI para investigar o "esquema PC". A coisa começou a ficar grave quando o motorista da presidência, incumbido de levar cheques aos beneficiários do esquema, revelou a existência de contas fantasmas usadas por Collor. Este, que até então se comportara como se a coisa não fosse com ele, negou, em um pronunciamento, manter contato com PC, a quem via quase todos os dias e que, inclusive, era vizinho da Casa da Dinda. "Não me deixem só! Eu preciso de vocês", voltou a apelar, desta vez sem comover ninguém. A 1º de setembro, um pedido de *impeachment* do presidente foi encaminhado à Câmara.

À medida que o cerco se fechava, as variações de humor do chefe de Estado se intensificavam. "Em determinado instante ele é calmo como um lago suíço e, no seguinte, tem uma explosão de raiva", diz sua ex--esposa, contra quem, surpreendentemente, ele nunca ergueu a mão. Crises de depressão abatiam-no e ele perdeu peso. Ingeria antidepressivos e muitos remédios em geral, até injeções para rejuvenescimento, prescritas por uma médica de Araxá.

No feriado de 7 de setembro, em um último arroubo de autoconfiança, Collor conclamou a população a usar verde e amarelo, em solidariedade a ele. A resposta foi uma multidão vestida de preto, em sinal de protesto. Manifestações contra o presidente ganharam as ruas, dominadas por estudantes de caras pintadas, que camuflavam com civismo a sua vontade de cabular aulas.

Fernando, que durante um ano havia governado praticamente por meio de medidas provisórias, como se o Congresso não existisse, colhia agora os frutos do seu isolamento político. Oriundo de um minúsculo e miserável estado da Federação, não construíra uma base de apoio, não fortalecera seu partido nem fizera alianças. Até aliados de outrora, como Ulysses Guimarães, o abandonaram. Achava-se extraordinário a ponto de poder governar sozinho, acreditando, em sua esquizofrenia, na imagem fantasiosa que criara de si mesmo.

Esse divórcio da realidade se manifestava também nos rituais de bruxaria que o casal presidencial praticava num porão da Casa da Dinda. Collor, segundo Rosane, era extremamente supersticioso e "adora qualquer tipo de mandinga". Descalços e vestidos de branco, sob a orientação da macumbeira Cecília de Arapiraca, os dois ofereciam sacrifícios de galinhas e bodes a espíritos em troca de proteção e de malefícios contra inimigos. O apresentador Silvio Santos, único capaz de derrotar Collor na eleição à presidência, teria tido sua candidatura impugnada graças a um trabalho de "Mãe Cecília", envolvendo colocar um amuleto na boca de sete defuntos. Essa vigarista contou que aumentava abusivamente os seus preços porque, com o tempo, os espíritos foram se acostumando ao que havia de melhor, exigindo que ela (incorporando tais espíritos) bebesse uísque importado e fumasse charuto cubano. Também cobrava por supostos sacrifícios de búfalos, macacos e até fetos humanos abortados, depois telefonava para o seu cliente mais importante e descrevia o ocorrido. Perdulário como sempre, Fernando se deixava enganar e lhe pagava fortunas em dólar.

Seja porque os espíritos ficaram gananciosos demais ou por alguma outra razão, o fato é que os sacrifícios não surtiram o efeito desejado, pois a Câmara autorizou o Senado a julgar o presidente. Percebendo que não tinha chance de ser absolvido, renunciou ao cargo no dia 29 de setembro, para escapar do processo, mas em vão: teve seus direitos políticos cassados, ficando inelegível até o ano 2000.

Nos anos que se seguiram, muitas pessoas que o haviam prejudicado ou traído morreram, supostamente vitimadas pela "maldição do *impeachment*": Ulysses Guimarães em outubro de 1992, Pedro Collor em 1994, PC Farias em 1996, Leopoldo Collor em 2013. Rosane Collor afirmou que essas mortes foram "encomendadas" aos espíritos por Fernando. Ela mesma não teria morrido porque, como se tornou evangélica, ficou protegida.

O ex-presidente partiu com Rosane numa longa viagem ao exterior, esbanjando dinheiro como se não houvesse amanhã. Em Miami, foi-lhe oferecido um dossiê que acusava os principais nomes do PSDB, Mário Covas, José Serra, Sérgio Motta e Fernando Henrique Cardoso, de serem sócios em uma empresa com 368 milhões de dólares numa conta caribenha. Collor queria se vingar dos tucanos por terem feito oposição acirrada ao seu governo, inclusive votando a favor do *impeachment*. Junto com o irmão Leopoldo, comprou os documentos por 2,2 milhões de dólares através de uma conta deste nas Bahamas.

Mal caiu nas mãos da imprensa, o Dossiê Caimã foi exposto como uma das maiores fraudes políticas do Brasil, com documentos fajutos, dados equivocados e assinaturas coladas, montada por falsários desejosos de lucrar com os desafetos do presidente Fernando Henrique, então em campanha pela reeleição. Collor conseguiu safar-se dessa, mas Leopoldo ficou arruinado, pois o irmão nunca o ressarciu. Até sua morte, em 2013, Leopoldo fez de tudo para se vingar de Fernando.

De volta ao Brasil, Collor reconheceu, em 1998, um filho natural, fruto de uma noite que passara dezoito anos antes com uma ex-miss Maceió. Mais que por súbito amor paterno, fez isso porque pretendia disputar a prefeitura de São Paulo em 2000, na suposição de que, como a posse ocorreria em 2001, ele poderia concorrer; mas a candidatura foi impugnada pela Justiça Eleitoral.

Em 2004, separou-se de Rosane, trocando-a por uma arquiteta de 26 anos, quase trinta anos mais nova que ele e com quem teve gêmeas. Rosane entrou com um processo na justiça que se estende até hoje, inconformada com a mesada de 20 mil que recebe, embora não tenha tido filhos com o ex-marido.

Collor concorreu duas vezes ao governo de Alagoas e perdeu; em compensação, elegeu-se senador em 2007, sendo reeleito em 2014.

Os milhões desviados pelo "esquema PC" nunca foram recuperados. Rosane especula que podem ter sido divididos entre Collor, Augusto Farias, irmão de PC, e mais alguns escroques. Depois da morte de PC (ver página 326), Fernando viu-se impedido de movimentar uma conta suíça do seu factótum. Ele e Augusto, inimigos figadais desde que este, deputado federal, se abstivera na votação do *impeachment*, de repente estavam amiguinhos em 2010, na época da campanha de Collor ao governo de Alagoas. Segundo Rosane,

> Desde que reatou com Augusto, o patrimônio de Fernando aumentou muito, e a única explicação plausível para isso é que ele passou a ter acesso à tal conta no exterior que o irmão de PC estava barrando. Só os lucros de suas empresas e muito menos o salário de senador não seriam capazes de alavancar o seu padrão de vida dessa forma. Em São Paulo, ele tem automóveis esportivos das marcas Ferrari e Maserati. Só em Maceió, são oito ou nove carros, entre os quais um Porsche zerinho. Tem carro para ele, para os filhos, para o papagaio, para o periquito, aquela coisa toda.[10]

Três desses carros de luxo — o Porsche de 400 mil reais, uma Ferrari de 1 milhão e um Lamborghini de 2,5 milhões — foram apreendidos pela Polícia Federal na Casa da Dinda, em 15 de julho de 2015. O que Rosane não sabia é que o ex-marido estava envolvido também no gigantesco esquema de desvio de dinheiro da Petrobras, o Petrolão, graças a outro inimigo que se tornou amigo em 2009: ninguém menos que Lula, então presidente da República (ver página 404). Acusado de ter recebido 26 milhões de reais em propina, o "homem daquilo roxo" defendeu-se na tribuna do Senado, dias após a apreensão dos veículos, xingando o procurador-geral, Rodrigo Janot, de "filho da puta".

No mesmo mês de julho, a PF encontrou na casa de Collor um despacho de macumba endereçado a Rodrigo Janot. Em uma foto, o rosto do procurador estava num círculo feito a caneta, e acima dele escritos os nomes de vários orixás: Iemanjá, Elegbara, Oxalá, Ogum, entre outros.[11]

Em 2016, o senador Collor não apresentou um projeto de lei sequer, embora mantivesse 80 assessores lotados no seu gabinete. Foi também um dos senadores que mais gastaram com segurança particular: até setembro, desembolsou 230 mil reais do Senado com uma empresa particular, embora, como ex-presidente, já tivesse direito a uma equipe de segurança.

No dia 15 de agosto de 2017, o Supremo Tribunal Federal aceitou uma denúncia contra o senador na Operação Lava Jato, tornando-o réu pelos crimes de corrupção passiva, lavagem de dinheiro e comando de organização criminosa. Foi acusado de receber mais de 30 milhões em propina, de uma subsidiária da Petrobras.

Morcego Negro

Antes de ser PC Farias, Paulo César, ex-seminarista e vendedor de carros usados, era o Paulinho Gasolina. Graças ao enorme esquema de propina montado por ele, que movimentou quase um bilhão de dólares e envolveu pelo menos 52 empresas, 100 empresários e autoridades públicas, enriqueceu fabulosamente, construiu uma mansão com elevador, comprou imóveis, carros e um jatinho particular, batizado de Morcego Negro. Detido, conseguiu fugir do país e, após 152 dias foragido, foi preso na Tailândia e extraditado. Passou dois anos preso numa cela especial em Brasília e, apesar de indiciado em mais de 100 inquéritos, obteve permissão para responder por seus crimes em liberdade.

Na manhã de 23 de junho de 1996, PC e a namorada, Susana Marcolino, foram encontrados mortos a tiros na cama, em sua casa de praia em Guaxuma. O laudo oficial, assinado pelo legista Badan Palhares, da Unicamp, foi que Susana matou PC e se suicidou. Mas essa versão de crime passional foi contestada e, no ano seguinte, uma equipe da USP concluiu a ocorrência de um duplo homicídio.

Os guarda-costas de PC, suspeitos por um tempo, foram inocentados. O deputado Augusto Farias, irmão de PC, foi acusado de ser o mandante dos assassinatos, de ter pago 400 mil dólares a Badan Palhares para fraudar o laudo pericial e de tentar subornar os delegados encarregados da investigação. Como ele tinha foro privilegiado, o caso foi ao Supremo Tribunal Federal, que arquivou o processo.

Mandato: 1992-95

Apelido: Presidente-Tampão

Esta é a maior obra de seu governo: ter sido pouco presidente. Uma espécie de reizinho que encontrou o primeiro-ministro certo, a saber, Fernando Henrique [...]. De todo modo, é absurdo dizer que Itamar fez seu sucessor. O sucessor é quem fez Itamar.

Marcelo Coelho

Ao concorrer à presidência, o megalômano Fernando Collor, que jamais aceitaria em sua chapa um candidato a vice que lhe fizesse sombra, procurou o político mais anódino, do partido mais insignificante, que pudesse encontrar. Sua escolha recaiu sobre o senador mineiro do PL, **Itamar Augusto Cautiero Franco,** e foi perfeita a ponto de ninguém dar pela existência deste até o momento em que, instaurado o processo de *impeachment*, o país começou a se perguntar quem tomaria o lugar de Collor quando este caísse.

Itamar foi empossado presidente interino a 2 de outubro de 1992, herdando um país em crise e a maior inflação de sua história: 1.100% em 1992 e 2.708,55% no ano seguinte. Todos achavam que ele apenas esquentaria a cadeira presidencial até a eleição de 1994. Todos se equivocaram.

Itamar Augusto nasceu a bordo de um navio de cabotagem que fazia a rota Salvador-Rio de Janeiro. Foi registrado na Bahia, mas cresceu em Juiz de Fora, Minas Gerais. Alguns dizem que seu prenome foi tirado do nome da embarcação, *Itagiba*,[*] e por ter nascido em alto-mar; contudo, Itamar é um nome bíblico bastante comum.

Sua família não era rica, tradicional nem ligada à política. Mais novo de quatro filhos, foi o único a ingressar na vida pública. O pai, engenheiro, havia morrido dois meses antes do seu nascimento, de modo que a criação de Itamar Augusto coube à mãe e às irmãs. Uma destas, Matilde, confirma que ele foi o "queridinho da mamãe", sempre favorecido por ela em qualquer disputa entre os irmãos. Como sói ocorrer a caçulas assim mimados por mulheres, sem a orientação firme de um pai, Itamar cresceu um adulto melindroso e imaturo. Tancredo dizia que ele "guarda os rancores na geladeira". No Brasil é comum dizer de uma pessoa teimosa que ela tem "personalidade

---

[*] O *Itagiba* foi um dos seis navios afundados, em agosto de 1942, por um submarino alemão, provocando a entrada do Brasil na II Guerra Mundial.

forte", confundindo inflexibilidade com firmeza. Nesse sentido, Itamar Franco tinha personalidade forte, a saber, não passava de um turrão. Bom aluno e atleta, embora não excepcional, formou-se em engenharia civil no ano de 1954. Trabalhou brevemente no IBGE e no Sesi. Em todo lugar por onde passou, não deixou marca alguma, exceto a lembrança de sua turra. Começou na carreira política aos 23 anos, mas perdeu todas as eleições de que participou, até ser eleito, em 1966, já filiado ao MDB, prefeito de Juiz de Fora. Sua ideologia era tão oscilante quanto seu humor: mudou de partido cinco vezes ao longo da carreira. Eleito e reeleito ao Senado, destoou de sua mediocridade habitual na atuação notável como constituinte, posicionando-se a favor da reforma agrária, do parlamentarismo e contra os cinco anos de mandato para Sarney.

Nem alto nem baixo, nem gordo nem magro, nem bonito nem feio, nem inteligente nem burro, Itamar personificava o que o direito penal denomina "homem médio", *Homo medius*, o indivíduo que em tudo ocupa um meio-termo, espécie de unidade de medida do comportamento humano ou parâmetro para a sociedade em geral. A única coisa que chamava atenção na aparência dele era um topete grisalho semelhante a uma crista de garnisé. "É como se a personalidade abusiva de seu antecessor, Fernando Collor de Melo, tivesse absorvido tudo o que um presidente possa ter de pessoal", opina o articulista Marcelo Coelho. "Itamar quase não existe."[1]

Casou-se em 1968, teve duas filhas e se separou em 1978. Chegou livre e desimpedido à presidência, caso único até então. Segundo o jornalista Márcio Moreira Alves, Itamar era um homem muito "desfrutável"; Eduardo Bueno o acha "idiossincrático como um solteirão ranzinza". O episódio mais marcante do seu breve mandato presidencial — apelidado República do Pão de Queijo por serem mineiros o presidente e diversos ministros — ocorreu no Rio de Janeiro, em 1994, enquanto ele assistia aos desfiles do Carnaval no Sambódromo — o primeiro presidente a fazer isso também. Ao seu lado, flertando com ele, uma garota de programa, Lilian Ramos (que, como muitas mulheres do mesmo ofício, se intitulava modelo e atriz), foi fotografada num ângulo que evidenciava a ausência de roupa íntima sob a minissaia, escândalo para os conservadores, chacota para os liberais.

O outro episódio pelo qual Itamar é lembrado foi sua tentativa malfadada de relançar o ultrapassado Fusca — por não saber dirigir Brasília, segundo piada então corrente.

Se no tempo de Jango a população mal sabia como o parlamentarismo funcionava, em 1993, alienada da política por vinte anos de regime militar, sequer tinha noção do que era. Assim, em abril, no plebiscito para a escolha da forma e sistema de governo, previsto na Constituição de 1988, quase 30% dos votantes não compareceram ou anularam o voto. Manteve-se o regime republicano presidencialista.

Foi durante o governo medíocre de Itamar, porém, que a hiperinflação teve fim, com a criação do Plano Real pelo seu ministro da Fazenda, Fernando Henrique Cardoso (ver página 332), que anteriormente ocupara a pasta das Relações Exteriores. Graças a esse primeiro de dois únicos acertos na sua presidência, Itamar deixou o cargo com altos índices de aprovação, após realizar o segundo e último: lançar como candidato à sua sucessão, em 1994, o mesmo Fernando Henrique, eleito no primeiro turno. Itamar foi o primeiro presidente da República desde Artur Bernardes a eleger seu sucessor.

Ao deixar a presidência, foi nomeado embaixador em Portugal e, posteriormente, na OEA. Sua justa gratidão a Fernando Henrique degenerou em rancor quando, desejoso de concorrer à presidência em 1998, teve de desistir do seu intento porque o presidente havia conseguido mudar a Constituição e se candidataria à reeleição, levando consigo toda a base de apoio de Itamar. Contrariado, resignou-se a concorrer ao governo de Minas, conseguindo ser eleito desta vez. Mas não perdoou Fernando Henrique pelo sucesso e, tão logo empossado, fez de tudo para sabotar o governo do presidente reeleito. Sua primeira medida como governador foi suspender o pagamento de dívidas de Minas Gerais à União, causando queda no crédito internacional do país, afastando investimentos estrangeiros e desencadeando a desvalorização do real.

Contrário às privatizações, seu governo estadual foi pífio a ponto de ele nem tentar a reeleição, consciente de que perderia, e entregou o cargo ao sucessor, o senador Aécio Neves, que declarou ter recebido um estado quebrado e totalmente desorganizado. Em troca de seu apoio a Lula na eleição presidencial de 2002, Itamar recebeu outra embaixada, desta vez na Itália.

Passou os anos seguintes tentando se reeleger presidente, governador ou senador, sem sucesso. Em 2008, mais de catorze anos após deixar a presidência, transtornado de inveja por Fernando Henrique Cardoso ter conquistado o seu lugar na história do Brasil como o sábio estadista que devolveu a estabilidade econômica à nação enquanto ele, Itamar, não passava do presidente-tampão de cabelo ridículo flagrado com uma marafona sem calcinha, soltou numa entrevista ao *Jornal do Brasil* a declaração bombástica de que Fernando Henrique não era o verdadeiro autor do real, que assinara as cédulas da nova moeda após ter deixado o Ministério da Fazenda.[2]

Com exceção dos petistas — sempre ávidos por denegrir o homem que os tornou obsoletos —, ninguém levou a sério os delírios do quase octogenário político sem cargo.

Em outubro de 2010, Itamar obtém, finalmente, uma nova cadeira no Senado, da qual se licenciou em maio ao ser diagnosticado com leucemia. Faleceu a 2 de julho de 2011.

Supersticioso, nunca trajava terno marrom, não se sentava ao lado da janela em aviões, não usava meias ou sapatos pretos durante voos e sempre votava pontualmente às 16h45.

O PLANO QUE FUNCIONOU

Em dois anos e três meses de governo, Itamar chegou a nomear 55 ministros; só a pasta da Fazenda teve seis titulares. O quarto deles, Fernando Henrique Cardoso, foi o que teve êxito; os dois que o sucederam terminaram de implementar a sua política econômica.

Embora não fosse economista e sim sociólogo, Fernando Henrique montou uma equipe com alguns dos melhores economistas do país, que incluía Pedro Malan, Edmar Bacha, André Lara Resende, Pérsio Arida e Gustavo Franco.

A primeira etapa do novo plano de combate à inflação foi a criação, em maio de 1993, da URV, Unidade Real de Valor, um indexador de preços e salários que gradualmente evoluiu para o real — a décima moeda da história do país —, não sendo necessário recorrer a congelamentos, como Sarney, nem a confiscos, como Collor, para deter o processo inflacionário.

O Plano Real foi o único que conseguiu acabar com a hiperinflação a médio e longo prazo. Com o valor da nova moeda equiparado ao dólar, os resultados do plano foram imediatos: entre julho e novembro de 1994 a inflação havia caído para 2,93%. Segundo a Fundação Getulio Vargas, até 1995 a população miserável do país diminuiu de 35,3% para 28,8%. Em 2014, mais de 28 milhões de pessoas haviam saído da miséria graças ao Plano Real, responsável também pela elevação de Fernando Henrique Cardoso à presidência da República em 1994 e 1998.

Mandato: 1995-2003

Apelidos: FHC, Príncipe dos Sociólogos

O acadêmico inovador, o político habilidoso, o ministro-arquiteto de um plano duradouro de saída da hiperinflação e o presidente que contribuiu decisivamente para a consolidação da estabilidade econômica.

Dilma Rousseff

Que alívio para o país, após a decepção com o "Fernando do Mal", eleger desta vez o "Fernando do Bem", um homem honrado, intelectual de prestígio, literato de verdade (ao contrário de Sarney), sem vínculo com forças retrógradas, embora longe de ser um aventureiro, democrata até demais para os padrões nacionais e, principalmente, autor do único plano anti-inflacionário que funcionou a médio e longo prazo. Mas o caminho percorrido para que o jovem sociólogo marxista se tornasse o melhor presidente da Nova República foi longo, demorado e gradual.

Nascido no Rio de Janeiro em uma família de classe média alta, **Fernando Henrique Cardoso** era filho, primo, sobrinho, neto e bisneto de militares graduados. Primogênito de três irmãos, gozou de infância feliz e recebeu primorosa educação. Amante da literatura desde a adolescência, quando descobriu Balzac, Victor Hugo e Jorge Amado, sempre foi muito sociável e dado à amizade, sobretudo com pessoas igualmente inteligentes.

Em 1952, graduou-se em ciências sociais na USP, onde teve por professores alguns próceres da intelectualidade acadêmica contaminada de marxismo, como Antônio Cândido e Florestan Fernandes. No ano seguinte, aos 21 anos, casou-se com a colega de turma Ruth Vilaça Correa Leite, nove meses mais velha, natural de Araraquara, filha de um contador e de uma professora de botânica. Nem bonita nem feia, mas tão brilhante quanto ele, Ruth fez doutorado em antropologia. Tiveram três filhos.

Com o auxílio de Fernandes, de quem se considera discípulo, o recém-formado Fernando iniciou carreira magisterial na própria USP. Sua reputação e contatos fizeram com que, no governo Jânio Quadros, fosse convidado a integrar o Conselho Nacional de Economia, mas o jovem professor recusou: interessava-o apenas a carreira acadêmica. De fato, ele e Ruth, o sociólogo e a antropóloga, levavam uma vida tipicamente intelectual, chegando a ciceronear, em 1962, o mais célebre casal de inteligências do século XX, com quem, aliás, se identificavam: Jean-Paul Sartre e Simone de Beauvoir, em visita ao Brasil.

Com o Golpe de 1964 e a subsequente notícia de que tropas do Exército o procuravam — inclusive prendendo outro docente por engano —, Fernando fugiu com a família, primeiro para a Argentina, depois rumo ao Chile. Em 1969, foi aposentado compulsoriamente pelo AI-5. Numa visita ao Brasil, em 1975, acabou detido em São Paulo pela Operação Bandeirantes, encapuzado e interrogado, sem mais. "Fui perseguido porque tinha influência intelectual e por estar ligado ao Seminário de Marx", explicou. "A posição do nosso grupo era claramente esquerdista, mas nessa altura eu não tinha a mais remota ligação com o PC. Essa ligação terminou nos anos 50."[1]

Entre 1964 e 1978, Fernando Henrique publicou diversas obras e lecionou em universidades no Chile, França, Estados Unidos e Inglaterra. Seus anos no exílio ampliaram a sua perspectiva política e econômica, afastando-o do simplismo de teorias marxistas, que ele subscrevera em livros como *Capitalismo e escravidão no Brasil Meridional*, desenvolvimento de sua tese de doutorado em sociologia (1961).

Eleito presidente, em 1994, foi-lhe atribuída pela *Folha de S.Paulo* uma frase que ele nega ter dito: "Esqueçam tudo o que escrevi." Se não disse, deveria, pois muito do que escreveu na juventude não vale o papel em que foi impresso.

É o caso de *Dependência e desenvolvimento na América Latina*, de 1969, obra de 200 páginas que teve 256 edições impressas no México e se encontra na lista dos "dez livros que comoveram o idiota latino-americano".[2]

Coescrito com o sociólogo chileno Enzo Faletto, o livro advoga a existência de uma "dependência" dos países periféricos, isto é, subdesenvolvidos, com relação ao "centro", a saber, os países desenvolvidos, que determinam as funções dos periféricos na economia mundial. Ou seja, a velha paranoia marxista sobre o complô dos países ricos para que os países pobres continuem pobres, expressa num academicismo quase ininteligível.

Millôr Fernandes ofereceu um prêmio a quem conseguisse explicar o que "o ociólogo preferido por nove entre dez estrelas da ociologia da Sorbonne" quis dizer no seguinte trecho:

> É evidente que a explicação técnica das estruturas de dominação, no caso dos países latino-americanos, implica estabelecer conexões que se dão entre os determinantes internos e externos, mas essas vinculações, em qualquer hipótese, não devem ser entendidas em termos de uma relação "causal-analítica", nem muito menos em termos de uma determinação mecânica e imediata do interno pelo externo. Precisamente o conceito de dependência, que mais adiante será examinado, pretende outorgar significado a uma série de fatos e situações que aparecem conjuntamente em um momento dado e busca-se estabelecer, por seu intermédio, as relações que tornam inteligíveis as situações empíricas em função do modo de conexão entre os componentes estruturais internos e externos. Mas o externo, nessa perspectiva, expressa-se também como um modo particular de relação entre grupos e classes sociais de âmbito das nações subdesenvolvidas. É precisamente por isso que tem validez centrar a análise de dependência em sua manifestação interna, posto que o conceito de dependência utiliza-se como um tipo específico de "causal-significante" — implicações determinadas por um modo de relação historicamente dado e não como conceito meramente "mecânico-causal", que enfatiza a determinação externa, anterior, que posteriormente produziria "consequências internas".[3]

Nada mais distante da objetividade e clareza de livros mais recentes, lúcidos e despojados de todo ranço esquerdista, como *A soma e o resto* e *Diários da presidência*.

Começou tarde na política, em 1978, de volta ao Brasil. Filiado ao MDB, elegeu-se suplente de senador por São Paulo. Quando Franco Montoro, o titular, desocupou a cadeira ao tomar posse como governador em 1983, Fernando Henrique substituiu-o e, senador, participou ativamente da campanha pelas Diretas Já.

Nem sempre foi o homem moderado e conciliador da sua maturidade. É inspirador vê-lo tornar-se melhor e mais sábio com o passar dos anos. O aplauso e reconhecimento mundiais por sua atividade intelectual, em tão tenra idade, fizeram sua vaidade inata beirar a soberba, como ficou evidente em 1985, quando concorreu à prefeitura de São Paulo.

Representante do que havia de mais moderno e esclarecido na política brasileira pós-ditadura, Fernando Henrique subestimou seu principal concorrente, Jânio Quadros, a quem desprezava como um velho demagogo decrépito, esquecendo-se que esse velho demagogo decrépito havia sido, outrora, um dos políticos mais astutos e votados do país. Tamanha era a sua confiança na vitória, que se deixou fotografar sentado na cadeira de prefeito. Perdeu para Jânio, por uma diferença de menos de 4%, e o Homem da Vassoura, com a veia histriônica de sempre, dedetizou publicamente a cadeira: uma lição de humildade que Fernando jamais esqueceu.

Favorito nas pesquisas de intenção de voto durante toda a campanha, o "sr. Henrique Cardoso", como Jânio o chamava, cometeu erros crassos, melindrando o eleitorado conservador. Um deles foi confessar, em entrevista à *Playboy*, que já fumara um cigarro de maconha. Depois, questionado pelo jornalista Boris Casoy, num debate televisivo entre os candidatos, se acreditava em Deus, o senador, em vez da insincera profissão de fé que qualquer outro político faria, desconversou:

— É uma pergunta típica de alguém que quer levar uma questão íntima para o público, que quer usar uma armadilha para saber a convicção pessoal do senador Fernando Henrique Cardoso, que não está em jogo.

Acabou estigmatizado como "candidato maconheiro e ateu".

Em 1986, submeteu-se a uma cirurgia plástica para eliminar as feias bolsas negras que pendiam sob os seus olhos. Nunca foi bonito, mas era considerado charmoso, condição aprimorada por sua cordialidade, eloquência e trato social. Ao contrário dos antecessores Nilo Peçanha e Campos Sales, admitia alegremente sua ascendência negra, dizendo-se "mulatinho". Comparado por alguém a Júlio César, respondeu, com muito humor, estar mais para Cipião Africano. Reeleito senador nesse mesmo ano, com mais de 6 milhões de votos, participou da Assembleia Nacional Constituinte.

Insatisfeito com o fisiologismo do PMDB — cujos principais membros eram o presidente Sarney e o governador paulista Orestes Quércia —, Fernando Henrique e outros dissidentes, como Mário Covas, José Serra e Franco Montoro, fundaram, em 25 de junho de 1988, o PSDB, Partido da Social Democracia Brasileira, único de orientação parlamentarista em todo o país. O símbolo escolhido para a nova agremiação foi o tucano, a mais bela e típica ave da fauna do Brasil. Na sua primeira eleição presidencial, no entanto, o PSDB não levantou voo: em 1989, Mário Covas ficou em quarto lugar, com pouco mais de 10% dos votos. O candidato tucano não havia feito nenhuma aliança: outra lição devidamente aprendida por Fernando Henrique, cujo nome comprido os jornalistas transformaram em sigla, FHC.

FHC foi líder do PSDB no Senado até 1992, quando o presidente Itamar Franco o convidou para ser seu ministro das Relações Exteriores.

Em 1993, assumiu o Ministério da Fazenda e criou o Plano Real, que matou o dragão da inflação, lançou uma moeda forte e deu poder de fogo ao seu criador para concorrer à sucessão presidencial com apoio do governo.

Cônscio de que o PSDB, ainda novo, dispunha de uma estrutura incipiente, e não querendo repetir o erro de Covas, costurou uma aliança com o reacionário PFL, que contava com uma base forte no Nordeste — onde Fernando Henrique era pouco conhecido —, especialmente na Bahia, controlada pelo senador e "coronel" Antônio Carlos Magalhães. O candidato a vice, fornecido pelo PFL, era o senador pernambucano Marco Maciel, cuja total inexpressividade política era compensada pela aparência estranhíssima, semelhante a um enorme dedo vestido de terno e gravata.

O principal concorrente de FHC ao pleito de 1994 era Luís Inácio Lula da Silva, outrora seu aliado em manifestações contra o regime militar. Mesmo em campos opostos, Fernando Henrique sempre tratou o pequeno arrivista como a um velho amigo, embora este, que jamais cultivou uma amizade desinteressada em toda a sua vida, atacasse o adversário durante a campanha inteira, comparando-o a Fernando Collor e chamando o Plano Real de "estelionato eleitoral".

O símbolo da campanha de FHC foi a mão aberta, em oposição ao punho fechado do radicalismo esquerdista, mas também sinalizando as cinco metas do seu programa: agricultura, segurança, emprego, saúde e educação. Para não ser taxado de elitista, apresentava-se como professor, não sociólogo. Nada era mais ridículo que ver esse homem sofisticado usando chapéu de couro, montando jegue e comendo buchada de bode em Caruaru.

Venceu no primeiro turno, em 4 de outubro de 1994, com 54% dos votos. Seu governo começou sob os melhores auspícios, pois, além de muito popular, as alianças que costurara lhe garantiam ampla maioria no Congresso. Em contrapartida, essas mesmas alianças fizeram muitas reformas pretendidas pelo novo presidente, como a previdenciária, administrativa e fiscal, custarem a sair do papel, quando saíam.

Mesmo assim, foi mais longe do que teria ido qualquer outro mandatário em iguais condições. Fez cortes no orçamento, nos salários de burocratas, na quantidade da dívida de estados e municípios que o governo federal teria de cobrir, e privatizou empresas estatais onerosas (ver página 348). Com o dinheiro poupado graças a tais medidas, investiu maciçamente em infraestrutura física, mas também em educação e programas sociais* de longo prazo.

Extinguiu os ministérios da Marinha, do Exército e da Aeronáutica, reunindo-os em apenas um, o Ministério da Defesa, o qual entregou a um civil. Com isso, colocava as Forças Armadas sob controle, impedindo um novo golpe militar, porém, ao mesmo tempo, deixando o país vulnerável contra milícias ilegais, como o MST. Em seus dois mandatos, quase 600 mil famílias de agricultores sem-terra foram assentadas, mais que o dobro do total nas três décadas precedentes, e em quantidade bem maior que nos dois subsequentes governos esquerdistas; caiu a taxa de mortalidade infantil e a expectativa de vida dos brasileiros subiu de 65 anos, em 1992, para 71, em 2000.

Se há dúvidas sobre a veracidade do ditado "por trás de todo grande homem há sempre uma mulher", no caso dos presidentes do Brasil ele tem sido muito veraz. Ruth Cardoso foi certamente a melhor primeira-dama que tivemos. Atingida pela gestão desastrosa de Rosane Collor, a LBA, extinta no primeiro dia de mandato do novo presidente, em 1º de janeiro de 1995, foi substituída pelo programa Comunidade Solidária, sob a direção de Ruth. O sucesso do programa foi tamanho que,

---

* Houve também alguns projetos discutíveis, como o Proer, criado em 1995 para socorrer instituições financeiras em dificuldades, porém usado para salvar, com dinheiro público, bancos falidos por falcatruas dos donos.

em dezembro de 2002, os projetos em execução mobilizavam 135 mil alfabetizadores, 17 mil universitários e professores, 2.500 associações comunitárias, 300 universidades e 45 centros de voluntariado. Lula, naturalmente, cancelou o programa em seu primeiro ano de governo.

Nem tudo era harmonia nesse formidável casal. Apesar das indiscutíveis afinidades, Fernando e Ruth diferiam num ponto fundamental da vida pública: ela, ao contrário dele, não desempenhava com boa vontade a pompa e o ritual do poder. Para começar, não apreciava o título de "primeira-dama", que, no seu entender, pressupunha um rebaixamento na condição de igualdade que sempre mantivera com o esposo. Tampouco se sentia confortável com o assédio da população. Quando, em novembro de 1994, uma estudante pediu-lhe autógrafo chamando-a de "tia", recebeu uma reprimenda: "Não me chame de tia."

Como quer que fosse a vida conjugal de ambos — não é incomum, em uniões tão cerebrais, a parte sexual ser relegada a segundo plano —, o fato é que Fernando Henrique pulou a cerca. Quando professor, devia ser constantemente assediado por alunas jovens e curiosas, situação que a investidura no poder intensificou. Um dos seus casos extraconjugais teria sido, segundo rumores na internet, com a bela jornalista e apresentadora Ana Paula Padrão; outro, assumido, foi com a também jornalista Miriam Dutra. FHC chegou a reconhecer como seu um filho dela, nascido em 1991. Em 2011, contudo, por pressão dos seus filhos com Ruth, ele e o rapaz se submeteram a um exame de DNA, que resultou negativo: o filho de Dutra não era seu. Aos 80 anos de idade, o ex-presidente poderia ter poupado a si mesmo dessa humilhação pública.

Com a aproximação do fim do seu mandato, FHC instou a base aliada a iniciar as articulações para que a Constituição fosse alterada e ele pudesse concorrer à reeleição. Foi muito criticado por isso, mas sabia que reformas como as que o Brasil necessitava não podiam ser implementadas em quatro anos, ao passo que só nos governos parlamentaristas ou ditatoriais um chefe de governo pode ficar no poder por tempo suficiente para realizar políticas indispensáveis. E ele era parlamentarista por convicção.

A emenda da reeleição foi aprovada em junho, porém boatos de compra de votos de deputados, supostamente intermediada pelo ministro das Comunicações, Sérgio Motta, chegaram à imprensa.

> Toda essa especulação se baseava em um comentário "grampeado" de um dos parlamentares, que na ocasião teria dito "o Sérgio acertará isso". De qualquer forma, ao fato foi dada livre e ampla interpretação, tendo a oposição se utilizado largamente dele, embora nada se tenha comprovado contra a lisura do ministro ou sobre o seu envolvimento com esses parlamentares.[4]

A esse respeito, o próprio Fernando Henrique se limitou a comentar:

> Afirmou-se que a reeleição obrigou a uma relação espúria com o Congresso, inclusive com compra de votos. Mentira. Todo mundo queria reeleição naquela ocasião. Todos os editoriais de jornal, todas as pesquisas de opinião. A reeleição ganhou na Câmara por mais de quarenta votos, e no Senado com 80% de aprovação. Comprar voto pra quê?

As calúnias da oposição de nada serviram: em 4 de outubro de 1998, com 53% dos votos válidos, FHC derrotou Lula novamente, a primeira reeleição presidencial consecutiva da República. Mas as dificuldades desse novo mandato fariam o anterior parecer um piquenique.

Em abril de 1999, FHC perdeu seus principais aliados: no dia 19, o ministro Sérgio Motta, e, dois dias depois, o presidente da Câmara, Luís Eduardo Magalhães. Este, considerado uma versão nova e menos prepotente do pai, Antônio Carlos Magalhães, ditava o rumo das votações que interessavam ao governo no Congresso. Morreu de infarto, com apenas 43 anos.

Ainda maior para o presidente foi a perda de Sérgio Motta, seu velho amigo e principal articulador junto ao Congresso. Como ministro, estimulou empresas estatais de comunicação a investir no Programa Nacional de Cultura, desenvolvido por FHC. Espécie de porta-voz informal da presidência, "Serjão, o Trator", como era conhecido, atacava os inimigos de Fernando Henrique com a rudeza e impiedade que faltavam a este, além de empregar sua considerável energia para fazer aprovar a emenda da reeleição e os processos de privatização (ver página 348). Gordo e de sorriso quase desdentado, lembrava um pouco o personagem João Bafo de Onça, de Walt Disney. Pouco antes de morrer, vítima de uma infecção pulmonar causada pela *Legionella pneumophila*, bactéria que prolifera nos aparelhos de ar-condicionado sem manutenção, enviou um fax ao presidente, que o leu em público, com lágrimas nos olhos: "Não se apequene. Cumpra seu destino histórico. Coordene as transformações do país."

Para Paulo Markun, "a articulação política do governo jamais seria a mesma depois da dupla perda em menos de uma semana".[5]

Apopléticos com mais essa derrota nas urnas, Lula e os petistas iniciaram uma feroz campanha golpista intitulada "Fora FHC", inundando o Congresso com pedidos de *impeachment* contra o presidente, os quais eram arquivados, um após o outro, por absoluta falta de embasamento. As denúncias, cuja maioria envolvia políticos da base aliada acusados de corrupção, nem de longe respingavam na pessoa de Fernando Henrique.

Como o de Vargas, o segundo governo FHC foi malsucedido, e primariamente pela mesma razão: crise internacional. A queda da economia dos Tigres Asiáticos (Hong Kong, Coreia do Sul, Cingapura e Taiwan), da Rússia e, depois, da Argentina, causou abalos financeiros que o Brasil ainda não estava preparado para suportar. O real precisou ser desatrelado do dólar e a inflação ressuscitou, mas não nos índices anteriores. O anúncio da moratória de Minas Gerais, por parte do ressentido Itamar Franco, fez despencar todos os índices das bolsas de valores no Brasil e as cotações dos títulos da dívida externa brasileira. Em 2001, como desgraça pouca é bobagem, o aumento do consumo de energia elétrica em decorrência da melhora do poder aquisitivo da população, somado a intensas estiagens no período, provocou blecautes pelo país afora, na chamada Crise do Apagão. O resultado desses infortúnios todos, nenhum de responsabilidade do presidente, foi a queda vertiginosa da sua popularidade.

Em 2002, o candidato escolhido para disputar a sucessão de FHC foi o seu amigo José Serra, um dos mais notáveis homens públicos do Brasil contemporâneo. À frente do Ministério da Saúde, Serra implementou dezenas de programas excelentes; o de combate à aids foi inclusive adotado por outros países e apontado como exemplar pela ONU. Criou a lei de incentivo aos medicamentos genéricos, possibilitando a queda dos preços dos remédios, e eliminou os impostos federais dos medicamentos de uso continuado, entre muitas outras conquistas na área da saúde. O candidato oposicionista à sucessão presidencial foi, mais uma vez, Lula, sanguessuga de Fernando Henrique e, em breve, de todo o país.

Tendo sido vítima de campanhas eleitorais difamatórias desde muito cedo — em 1985, Jânio havia declarado que "se Cardoso for eleito, colocará maconha na merenda das crianças" —, e alheio, por educação e temperamento, a qualquer baixaria, FHC exigiu que a campanha de Serra mantivesse um nível elevado. O máximo que esta apresentou foi um programa em que a atriz Regina Duarte declarava ter medo de Lula e do que a vitória dele traria ao país, mas esse depoimento profético não causou maior impacto, pois o Brasil havia perdido o medo do

"Lulinha Paz e Amor" criado pelos marqueteiros a soldo do PT. FHC não permitiu sequer que os tucanos vinculassem o Partido dos Trabalhadores à invasão de sua fazenda na cidade mineira de Buritis, em 23 de março, levada a cabo por bandoleiros do MST, que provocaram depredações na propriedade e beberam todo o estoque de bebidas da adega — uísque, cachaça, vinho chileno e até vinagre.

Serra poderia ter vencido essa eleição mostrando quem o candidato do PT realmente era, mas por causa da leniência de Fernando Henrique perdeu, e o Brasil perdeu, caindo nas garras dos piores criminosos que já assolaram a nação. Lula venceu no segundo turno, com 61% dos votos contra 38% de Serra, e, em 1º de janeiro de 2003, recebeu a faixa das mãos de FHC, que foi o primeiro presidente democraticamente eleito a passar o cargo para outro igualmente eleito, desde 1961.

O Sapo Barbudo — como Brizola apelidara Lula na disputa de 1989 —, que nunca perdoaria Fernando Henrique por haver lhe roubado a vitória em 1994 e em 1998, ainda por cima no primeiro turno, renovou seus ataques ao odiado rival, chamando o governo dele de "herança maldita" enquanto se beneficiava de todas as medidas desse mesmo governo, inclusive copiando-lhe descaradamente os programas sociais e relançando-os com nomes diferentes.

Quando, em 2005, veio à tona o escândalo do Mensalão e a oposição cogitou exigir o *impeachment* de Lula, em vez de dar o troco pelo "Fora FHC", Fernando Henrique, incompreensivelmente, recomendou ao PSDB que não prosseguisse no intento de afastar o presidente mensaleiro. No que foi acatado, pois, ao contrário dos petistas, os tucanos jamais encararam adversários políticos como inimigos a serem eliminados.

A retribuição pelo favor veio em 2008, quando o governo Lula, na pessoa da chefe da Casa Civil, Dilma Rousseff, forjou um dossiê falso — uma das práticas petistas mais recorrentes — para enxovalhar ninguém menos que a ex-primeira-dama Ruth Cardoso, como registrou

Ignácio de Loyola Brandão na página 224 do seu livro *Ruth Cardoso: fragmentos de uma vida*:

> Ruth Cardoso tinha razão quanto a querer se distanciar da política como ela é feita no Brasil e em certos setores de Brasília. Ela, que sempre foi uma pessoa célebre pela integridade e pelo cuidado com a coisa pública, se viu ameaçada pela então chefe da Casa Civil, Dilma Rousseff, com um escândalo em torno de um dossiê sobre os gastos corporativos da presidência, em que alegava que Ruth havia despendido milhares de reais ou dólares em compras fúteis, inúteis e banais, em vinhos e comidas. Caiu mal no mundo político, no qual Ruth sempre foi respeitada até mesmo pelos adversários mais ferrenhos. O jornalista Augusto Nunes, que tem um *blog* dos mais visitados, não resistiu e comentou: "Dilma foi a primeira a agredir uma mulher gentil, suave, e também por isso tratada com respeito até por ferozes inimigos do marido." Pegaram pesado e Ruth sentiu o baque, logo ela que sempre teve o cuidado de separar o privado do público, até mesmo no aluguel de filmes exibidos no palácio. O dossiê teria sido preparado pela secretária executiva da Casa Civil, Erenice Guerra. As reações contra o dossiê foram imediatas e a chefe da Casa Civil se desculpou, voltou atrás. Ruth, elegantemente, ainda que magoadíssima, aceitou as desculpas, porém o círculo íntimo sabe quanto isso a feriu e atingiu um coração já afetado.

Nesse mesmo ano de 2008, a 24 de junho, Ruth Cardoso faleceu, vitimada por problemas cardíacos decerto agravados pelas sórdidas calúnias de que fora alvo.

Afastado da política, mas a acompanhando de perto, Fernando Henrique passou a dividir seu tempo entre o iFHC, Instituto Fernando Henrique Cardoso, fundação cultural criada em 2004, ao lançamento de livros e a dar palestras no Brasil e no exterior.

FHC revelou-se um ex-presidente tão ruim quanto foi bom presidente. Acometido por uma recaída do marxismo de sua juventude, tem assumido posicionamentos questionáveis, como a defesa da descriminalização das drogas, da regulação da mídia e da apuração apenas de violações cometidas por militares à época da ditadura, não por grupos de esquerda. Como mulher de malandro, defendeu Lula quanto mais este o difamou e destruiu seu legado, e se posicionou resolutamente contra o *impeachment* de Dilma Rousseff, reservando suas críticas ao colega de partido, o dinâmico e eficaz prefeito de São Paulo, João Doria, único tucano a tratar os esquerdistas como inimigos do Brasil que são.

"FHC quer ficar bem com todos, especialmente à esquerda", avalia o economista Rodrigo Constantino. "É o ícone do 'socialismo fabiano', versão mais *light* do socialismo. Consegue bater pesado só na direita, mas nunca na esquerda, mesmo na extrema esquerda."[6]

PRIVATIZAÇÃO JÁ

Como disse FHC no início do seu primeiro mandato, o modelo de desenvolvimento autárquico e intervencionista de Getúlio Vargas assegurou progresso e fomentou a industrialização do Brasil na década de 50, mas começou a ficar obsoleto nos anos 70. Na economia globalizada da atualidade, a privatização de empresas estatais é um poderoso instrumento gerador de riquezas, modernidade tecnológica e empregos, que dinamizou e tornou competitivas economias quebradas, como as da Itália e do Reino Unido, e empurrou para o século XXI países ainda atrelados ao passado, como a Espanha.

Administrador moderno e conhecedor da economia mundial, mesmo não sendo economista, FHC compreendeu o óbvio: que o Brasil não podia continuar com uma economia fechada e arcaica quando até países comunistas, como China e Vietnã, haviam descoberto os benefícios da privatização.

Na telefonia, energia e aviação encontram-se os três melhores exemplos do sucesso dessa política adotada pelo seu governo. O telefone era artigo de luxo e poucos podiam ter um; em 1998, ano da privatização da Telebrás, 25% das residências brasileiras tinham linha telefônica; hoje, 68% têm telefone fixo ou celular. Antes da privatização, a Companhia Vale do Rio Doce era a nona mineradora do mundo; hoje é a segunda. A Embraer estava à beira da falência quando foi a leilão em 1995; hoje é o terceiro maior fabricante mundial de aviões.

Há muitos outros exemplos das vantagens, em todos os níveis, de se privatizar uma estatal:

> As empresas que compraram as malhas da Rede Ferroviária Federal — típica estatal com muitos funcionários e pouco investimento — hoje transportam 80% de carga a mais. Para dar conta desse aumento, a indústria de equipamento ferroviário renasceu: o número de vagões produzidos saltou de 200 em 1992 para 7.500 em 2005, o que representou a construção de quatro novas fábricas e a criação de 30 mil empregos. Da mesma forma, os terminais portuários administrados por empresas privadas reduziram à metade o custo de movimentação de contêineres.[7]

"A privatização trouxe melhoria de serviços, redução da dívida pública e crescimento de vários setores, antes tolhidos por serem estatais", afirma o economista Armando Castelar Pinheiro, do Ipea. Lembrando também que, nas estatais, o critério para nomeação de diretores é meramente político e não técnico, importando menos que o dirigente seja um profissional competente do que apaniguado de um deputado, governador ou presidente.

A encarniçada guerra à privatização movida pelas esquerdas era vista por analistas imparciais como mero ódio ao progresso e amor ao atraso. No entanto, depois que o PT chegou ao poder, em 2002, e vampirizou a maior estatal brasileira, a Petrobras, no escândalo do Petrolão (ver página 404), a aversão petista por privatizações de estatais ficou mais bem explicada: essas empresas deveriam permanecer sob o controle do Estado para serem devidamente espoliadas quando os "companheiros" se instalassem no governo, transformando-as em antros de empreguismo, fisiologismo e corporativismo.

Mandato: 2003-10

Apelidos: Taturana, Barba, Sapo Barbudo, Apedeuta, Brahma, Luladrão, Molusco, Pixuleco, Jararaca

O ex-presidente Lula é um gângster. Ele chefia uma organização criminosa capaz de roubar, matar, caluniar e liquidar qualquer um que passe pela sua frente ameaçando seu projeto de poder.

Heloísa Helena

O homem mais nocivo ao Brasil em todos os tempos nasceu em Garanhuns, sétimo de oito filhos de um casal de lavradores do agreste pernambucano. A dramática história do pai de família violento, dos filhos sofridos e da mãe heroica levando a prole inteira em um pau de arara atrás do marido cruel, que havia partido para São Paulo com outra mulher, foi relatada pelo próprio Lula a uma jornalista* com todos os ingredientes de epopeia nordestina estilo *Vidas secas*,** inventada para construir sua hagiografia.

No ano de 2002, em uma demonstração deprimente do quanto a Teologia da Libertação abastardou a Igreja Católica no Brasil, o frade dominicano Frei Betto, apologista de Fidel Castro e da ditadura cubana, escreveu uma elegia a dona Lindu, mãe de Lula, saudando-a no final: "O Brasil merece este fruto de seu ventre: Luís Inácio Lula da Silva." Lula, portanto, era o Messias e Lindu, a Virgem Maria. Como disse José Nêumanne Pinto, "esse irrealismo encontra mais explicação nos mistérios gozosos do *marketing* político do que nos mistérios dolorosos da historiografia real."[1]

Não sabemos o quanto essa comovente saga de retirantes tem de verídica; não sabemos sequer se a família do garoto nascido **Luís Inácio da Silva** era tão pobre quanto ele alega, com óbvio propósito populista de atrair o eleitorado das classes C e D. Seja como for, testemunhas da década de 70 contaram a Nêumanne Pinto que o sindicalista Lula era menos ligado à sua própria família que à da esposa Marisa Letícia, cuja avó ocuparia no afeto dele precedência sobre sua mãe, Lindu.[2]

A única coisa que se sabe ao certo sobre a infância de Lula é que, em dado momento, o encontramos morando com a família no estado de São Paulo, primeiro em Santos, depois na Vila Carioca, um bairro da capital.

---

* Denise Paraná, autora do panegírico *Lula, o filho do Brasil*, de 2003.
** Em vez da cachorra Baleia inventada por Graciliano Ramos, Lula menciona o cão Lobo, que, segundo ele, precisou ficar para trás.

Segundo outra história contada por ele — e nesta podemos crer, pois não é do tipo que rende dividendos políticos, muito pelo contrário —, Lula, ainda menino, perdeu a virgindade com um animal, embora não saibamos de qual espécie. Como ele mesmo conta, "um moleque, naquele tempo, com 10, 12 anos, já tinha experiência sexual com animais... A gente fazia muito mais sacanagem do que a molecada faz hoje. O mundo era mais livre". Nota-se que, já em 1979, o ano dessa entrevista que deu à revista *Playboy*, Lula cultivava o famoso hábito de atribuir a todo mundo seus próprios desvios.

Mudando com frequência de domicílio e de emprego, Luís Inácio acabou indo trabalhar em uma fábrica de parafusos como torneiro mecânico, onde, no final de 1964, uma pesada prensa esmagou-lhe o mindinho esquerdo, que foi amputado. O Brasil inteiro pagaria muito caro, décadas mais tarde, por esse dedo perdido. Lula recebeu indenização de 350 mil cruzeiros, uma boa quantia para a época, com a qual até comprou um terreno.

Em 1968, por influência de um irmão, filiou-se ao Sindicato dos Metalúrgicos de São Bernardo do Campo e virou sindicalista, abandonando as fábricas. O "presidente operário", enaltecido por intelectualoides de esquerda, não chegou a trabalhar dez anos no ambiente fabril.

Lula subiu rápido nos círculos sindicais, embora não possuísse qualquer talento especial, nem eloquência ou carisma — que só desenvolveria anos depois, sob a tutela de marqueteiros. Era carrancudo, baixo, narigudo, tinha orelhas de abano e língua presa; mais tarde, quando político de esquerda, adotou uma barba fidélica. O tabagismo incontrolável tornou-lhe a voz cavernosa; os colegas chamavam-no Taturana, gíria para "maconheiro".[3]

O êxito sindical, que lhe granjeou fama e fortuna, deveu-se à violência de suas objurgatórias contra os patrões, aliada a uma sede insaciável de poder e a uma falta de escrúpulos quase patológica.

Aliás, o psiquiatra Ednei Freitas não hesitou em diagnosticá-lo psicopata: "Os pacientes com personalidade antissocial são altamente representados pelos chamados 'vigaristas'. São exímios manipuladores e frequentemente capazes de convencer outros indivíduos a participar de esquemas que envolvam modos fáceis de obter dinheiro ou de adquirir fama e notoriedade, o que eventualmente pode levar os incautos à ruína financeira, embaraço social ou ambos. Não falam a verdade e não se pode confiar neles para levar adiante qualquer projeto, ou aderir a qualquer padrão convencional de moralidade. Promiscuidade, abuso do cônjuge, abuso infantil e condução de veículos sob os efeitos do álcool são eventos comuns. Há ausência de remorso por tais ações, ou seja, tais pacientes parecem desprovidos de consciência."[4]

O saldo da sua atividade como líder sindical é exposto, com a precisão de sempre, pelo professor Villa:

> Lula, com seu estilo peculiar de fazer política, por onde passou deixou um rastro de destruição. No sindicalismo acabou sufocando a emergência de autênticas lideranças. Ou elas se submetiam ao seu comando ou seriam destruídas. E este método foi utilizado contra adversários no mundo sindical e também aos que se submeteram ao seu jugo na Central Única dos Trabalhadores. O objetivo era impedir que florescessem lideranças independentes da sua vontade pessoal. Todos os líderes da CUT acabaram tendo de aceitar seu comando para sobreviver no mundo sindical, receberam prebendas e caminharam para o ocaso. Hoje não há na CUT — e em nenhuma outra central sindical — sindicalista algum com vida própria. No Partido dos Trabalhadores — que para os padrões partidários brasileiros já tem uma longa existência —, após três decênios, não há nenhum quadro que possa se transformar em referência para os petistas. Todos aqueles que se opuseram ao domínio lulista acabaram tendo de sair do partido ou se sujeitaram a meros estafetas.[5]

Em 1969, casou-se com uma bonita operária mineira, Maria de Lourdes, que contraiu hepatite no oitavo mês de gravidez, em junho de 1971, vindo a falecer juntamente com o filho. Taturana caiu na gandaia, como ele mesmo relata, passando a ter casos em série. Quando uma de suas namoradas, a enfermeira Miriam Cordeiro, veio lhe dizer que estava grávida, Lula ordenou que ela abortasse, inclusive oferecendo-lhe dinheiro, mas esta se negou e deu à luz uma menina, em março de 1974, batizada com o nome de Lurian, junção dos prenomes dos pais. Lula as abandonou, pois já estava com outra mulher, que viria a ser sua segunda esposa, Marisa Letícia. O modo como a conheceu foi quase tão grotesco quanto a sua iniciação sexual.

Abusando de sua posição institucional para obter vantagens pessoais, Lula procurava saber quando algum trabalhador falecia para então, na qualidade de líder de sindicato, aproximar-se da viúva e tirar proveito sexual de sua carência e desamparo.[6] Quando um taxista lhe contou que seu filho casado fora assassinado ainda muito jovem, Lula pensou: "Qualquer dia eu vou papar a nora desse velho."

Prosseguindo seu romântico relato, conta-nos que,

> Nessa época, a Marisa apareceu no sindicato. Ela foi procurar um atestado de dependência econômica para internar o irmão. Eu tinha dito ao Luisinho, que trabalhava comigo no sindicato, que me avisasse sempre que aparecesse uma viúva bonitinha. Quando a Marisa apareceu, ele foi me chamar.

Qual não foi sua surpresa ao perceber que Marisa Letícia era a nora do taxista, que ele havia resolvido "papar".

Casaram-se naquele mesmo ano de 1974, tiveram três filhos e Lula ainda adotou o filho de Marisa Letícia do casamento anterior. Mas só reconheceu Lurian como filha quinze anos depois, para tentar salvar sua primeira candidatura à presidência. Marisa Letícia não permitia a aproximação dela com os meios-irmãos, e Lula dava a Miriam, de vez em quando, migalhas para que criasse a filha. Em certa ocasião, o ator Antônio Fagundes perguntou ao ex-dirigente sindical sobre seus filhos e ele respondeu, sentado ao lado de Lurian, que tinha quatro, todos homens.[7]

Exposta ao país inteiro na campanha de 1989, a garota tentou o suicídio.[8] Mais tarde, reconciliada com o pai, participou da lambança com que se regalou toda a prole lulista, ganhando passaporte diplomático, cartão corporativo e outras benesses, estendidas até o marido dela, acusado, em 2009, de tráfico de influência em obras de um porto em Santa Catarina.[9]

Em julho de 1979, na supracitada entrevista à *Playboy*, Lula fez mais uma confissão de que se arrependeria pelo resto da vida.

Ao lhe perguntarem quais os seus ídolos, afirmou admirar Mao Tse-tung, Khomeini (só democratas) e... Adolf Hitler.* "O Hitler, mesmo errado, tinha aquilo que eu admiro num homem, o fogo de se propor a fazer alguma coisa e tentar fazer." Diante da perplexidade do entrevistador, o líder sindical ainda explicou:

— É que todos eles estavam ao lado dos menos favorecidos.

Em 1980, o sindicato determinou greve geral; 140 mil metalúrgicos cruzaram os braços no dia 1º de abril. Declarada ilegal, a greve prosseguiu, e Lula, enquadrado na Lei de Segurança Nacional, teve prisão decretada juntamente com outros sindicalistas.

---

* Há mais de uma semelhança entre Hitler e Lula. O ano do nascimento de um (1945) é o de óbito do outro. *Führer*, o título do ditador nazista, significa "guia" em alemão, como o sicofanta Celso Amorim chamava o presidente petista. Hitler, como Lula, foi informante do governo, tomou a liderança do seu partido socialista e o reduziu a mera extensão de sua vontade. Ambos vociferavam em comícios, pregando ódio e dissensão, os camisas-vermelhas equivalendo aos camisas-pardas e o MST à SS. Demagogos populistas que faziam acordos com o grande capital por baixo do pano, ao mesmo tempo concentrando todos os poderes nas mãos do Estado, trouxeram calamidade aos respectivos países.

Ao saber da prisão do filho, dona Lindu, louvada por Frei Betto como a encarnação de Nossa Senhora, exclamou:

— Eu quero que se dane, cansei de avisar para ele![10]

Lula foi levado ao Dops, mas não à carceragem desse órgão de repressão do regime militar. Não podia ser preso, pois era um informante do Dops.

Sob o codinome "Barba", ele espionava os próprios colegas do sindicato e dedurava os mais radicais entre eles. "Lula nos prestava informações muito valiosas: sobre as datas e locais de reuniões sindicais, quando haveria greve, onde o patrimônio das multinacionais poderia estar em risco por conta dessas paralisações", relata Tuma Júnior, que trabalhava com o pai, Romeu Tuma, diretor do Dops.

> Lula combinava as greves com empresários e avisava o Dops. Muitas das greves que ele armava com os empresários eram para aumentar o valor de venda dos veículos, para lastrear moralmente a ideia de que "vamos repassar aos preços dos carros o aumento de salário obtido pela categoria que Lula comanda".[11]

Segundo ele, Lula não dormia no xilindró, como os demais, e sim "no bem-bom" em um sofá de couro vinho no quarto andar do edifício. Tendo propalado à imprensa que faria greve de fome, pelo contrário, enchia a pança de lulas à dorê compradas por Tuma num restaurante grego do Bom Retiro. "Nunca antes nem depois, na história deste país, um preso teve tanta regalia quanto Lula sob a guarda e custódia do Tumão. Nem os líderes do PCC, que comandam as cadeias de SP, poderiam sonhar com tantos privilégios, como o de despachar na sala do diretor, por exemplo."*

---

* Mesmo tratado a pão de ló pelo Dops, do qual era informante, Lula recebeu 20 mil reais de indenização do Bolsa Ditadura.

De vez em quando dava as caras na carceragem, para desviar dos sindicalistas as suspeitas de sua atividade como alcaguete.

No fim das contas, os patrões começaram a demitir os grevistas e a greve acabou. Havia durado 41 dias e de nada servira.

Ainda em 1980, teve lugar a fundação do Partido dos Trabalhadores, do qual Lula foi nomeado o primeiro presidente. A partir de então, abandonou as lides sindicalistas e se tornou político profissional.

À medida que enriquecia sem trabalhar, com todas as despesas pagas pelo partido, Lula corrigiu o ceceio ajudado por fonoaudiólogos, aprendeu a usar ternos Armani e aparar a barba, mas nunca pensou em se aprimorar como pessoa, buscando educação formal ou mesmo cursos preparatórios. Sempre teve horror à leitura e aversão pelo estudo. Não era apenas preguiça, mas também cálculo político: tinha de se manter ignorante para que o povo se identificasse com ele, num processo que o ator Carlos Vereza — um dos poucos de sua classe que não se venderam ao governo petista em troca de favores e sinecuras — denominou "glamourização do apedeuta".* Nem mesmo seu hagiógrafo inglês, o brasilianista Richard Bourne, conseguiu justificar essa apologia à ignorância:

> Muitos achavam que, em seus longos anos de campanha, Lula deveria ter dado um exemplo pessoal melhor; enquanto outros sindicalistas proeminentes haviam arrumado tempo para tirar diplomas ou qualificações legais, Lula nunca se incomodara com isso. Ao contrário de Nelson Mandela, por exemplo, que tinha estudado para graduação a distância enquanto estava na prisão, e encorajado sul-africanos pobres e negros a voltarem à escola quando foi presidente, Lula parecia ufanar-se

---

* É de autoria desse talentoso artista uma das melhores definições já cunhadas no país: "Lula é uma invenção da USP, da Unicamp e das Comunidades Eclesiais de Base, com o aval do falecido Golbery do Couto e Silva."

em jogar na cara de brasileiros mais instruídos tudo que ele havia conseguido com apenas um curso vocacional do Senai.¹²

A ojeriza de Lula ao aprendizado se estendeu ao prático: jamais se interessou em adquirir experiência administrativa exercendo cargos políticos executivos, exceto uma vez, em 1982, quando concorreu ao governo de São Paulo e perdeu para Franco Montoro. Depois disso, pleiteou somente a presidência da República, em todas as eleições desde 1989. Ao ingressar na política, alterou judicialmente seu nome, acrescentando-lhe a alcunha "Lula", visto que a legislação vigente proibia o uso de apelidos pelos candidatos.

Em 1986, Luís Inácio Lula da Silva elegeu-se deputado federal com votação recorde, porém sua atuação parlamentar foi pífia, limitada a votos em favor da legalização do jogo do bicho, da expropriação de terras produtivas etc. Quase não comparecia às sessões, que o entediavam mortalmente. Na Constituinte, votou pelo presidencialismo como regime de governo, em detrimento do parlamentarismo, embora não soubesse a diferença entre eles.*

Lula sempre se posicionou contra todos os avanços políticos, sociais e econômicos no país. Na presidência do PT, relutou em aderir às Diretas Já e ao mesmo tempo foi contrário à eleição indireta de Tancredo Neves, chegando a expulsar do partido petistas que votaram nele; opôs-se à convocação da Constituinte e, quando constituinte, não quis assinar a Carta de 1988, fazendo-o pressionado por Ulysses Guimarães; foi contra a Lei de Responsabilidade Fiscal, que promoveu a transparência dos gastos públicos; e, por fim, chamou de "estelionato

---

* Em 2009, sondando a possibilidade de um terceiro mandato, entusiasmado com o continuísmo na Venezuela e na Bolívia, lembrou que na Europa havia casos de premiês que ficaram mais de quinze anos no poder.

eleitoral" o Plano Real, que salvou a economia do Brasil. Todas essas medidas que combateu acabaram por beneficiá-lo.

Na quarta eleição de Lula à suprema magistratura, a assessoria petista resolveu que mudanças precisavam ser feitas na campanha. Não um programa de governo melhor; apenas alterações cosméticas.

Foi contratado o publicitário Duda Mendonça para melhorar a imagem do candidato. No lugar do Sapo Barbudo inventou-se o "Lulinha Paz e Amor", um homem leve, sorridente e bem-humorado, o oposto do Lula real, soturno, vulgar e de maus bofes. Em comícios, chorava tão copiosamente quanto transpirava. Suas choradeiras transmitiam ao emotivo povo brasileiro uma falsa impressão de sujeito afetuoso e sentimental. Os capitalistas perderam o medo quando ele escolheu para vice um rico empresário mineiro, José de Alencar, membro de um partido nanico.

E assim, em 2002, após treze anos e três humilhantes derrotas no primeiro turno, Lula finalmente venceu, no segundo turno, uma eleição presidencial. Conquistou o eleitorado ao fingir ser o que nunca foi, ocultando ao máximo sua verdadeira natureza. Lula é um produto de *marketing* político, nada mais. É a grande farsa nacional.

Essa vitória e as subsequentes convenceram a muitos de que estavam diante de um gênio da política, embora iletrado. Acreditar nisso revela o mesmo senso crítico de Lula ao abrir a boca. Os anedotários mal dão conta de registrar a totalidade de disparates, despropósitos, grosserias e piadas de mau gosto que jorram de sua logorreia desenfreada. Nunca um chefe de Estado no mundo inteiro falou tão abundantemente tendo tão pouco a dizer, como provam as frases abaixo, pinçadas de discursos improvisados:

"Uma palavra resume provavelmente a responsabilidade de qualquer governante. E essa palavra é 'estar preparado.'" (Brasília, 2002)

"Quando Napoleão foi à China,* ele cunhou uma frase que ficou famosa. Ele disse: 'A China é um gigante adormecido que, o dia que acordar, o mundo vai tremer.'" (2003)

"Eu gostaria de ter estudado latim, assim eu poderia me comunicar melhor com o povo da América Latina." (Brasília, 2003)

"A grande maioria de nossas importações vem de fora do país." (Brasília, 2003)

"O futuro será melhor amanhã." (Rio de Janeiro, 2004)

"Pelotas: exportadora de veado." (Porto Alegre, 2004)

"Nós estamos preparados para qualquer imprevisto que possa ocorrer ou não." (Goiânia, 2004)

"Na América do Sul, o Brasil só não faz fronteira com Chile, Equador e Bolívia." (2004)

"Minha mãe nasceu analfabeta." (Garanhuns, 2005)

"Se não tivermos sucesso, corremos o risco de fracassarmos." (Cuba, 2005)

"Um número baixo de votantes é uma indicação de que 'menas' pessoas estão a votar." (Brasília, 2005)

"O Holocausto foi um período obsceno na história da nossa nação. Quero dizer, na história deste século. Mas todos vivemos neste século. Eu não vivi nesse século." (Davos, 2006)

"Não será por falta de lealdade aos princípios que nos fizeram chegar à presidência que não iremos cumprir. Se a gente não cumprir é porque teve fatores extraterrestres que não permitiram que nós cumpríssemos." (2006)

"Eu mantenho todas as declarações erradas que fiz." (Brasília, 2006)

"Não é a poluição que está prejudicando o meio ambiente. São as impurezas no ar e na água que fazem isso." (São Paulo, 2006)

---

* E quando Confúcio foi à França, disse o quê?

"Certamente o embaixador russo soube. Certamente contou para o Putin. E certamente o Putin ficou meio 'Putin' com o Brasil." (2007)

"É tempo para a raça humana entrar no sistema solar." (Brasília, 2007)

"Uma mulher não pode ser submissa ao homem por causa de um prato de comida. Tem que ser submissa porque gosta dele." (2010)

Chamar de gênio alguém capaz de soltar pérolas tais é menoscabar a genialidade. Lula nunca foi sequer inteligente. Quando muito, possui uma acentuada argúcia animal, um instinto aguçado de sobrevivência, mas nada que se compare à capacidade de aprendizado e de associações mentais que se entende por inteligência humana.

Orgulhoso não só da própria ignorância e primitivismo, mas também de sua escatológica falta de educação, disse uma vez à sua ministra do Meio Ambiente, Marina Silva:

— Marina, essa coisa de meio ambiente é igual a um exame de próstata. Não dá para ficar virgem toda a vida. Uma hora eles vão ter que enfiar o dedo no cu da gente. Companheira, se é para enfiar, é melhor enfiar logo.[13]

De outra feita, perguntou a um ex-ministro, numa conversa telefônica gravada pela Polícia Federal, em 2016:

— Cadê as mulher (*sic*) de grelo duro lá do nosso partido, porra?

Ter como autoridade máxima do país um indivíduo que diz coisas assim não seria o fim do mundo se somente a boca dele fosse suja. Suas risadas expansivas nunca são de alegria, e sim de deboche. Jamais, longe das câmeras, manifestou carinho ou compaixão sincera por alguém. Em um vídeo que começou a circular pela internet em 2013, Lula ri enquanto o ignóbil governador do Rio, Sérgio Cabral Filho, destrata um garoto carente.

Em compensação, seus xingamentos e maus-tratos a subordinados são bem conhecidos, como na ocasião em que jogou longe uma papelada, berrando com assessores que a haviam entregado:

— Enfiem no cu esse discurso, caralho! Não é isso que eu quero, porra! Eu não vou ler essa merda! Vai todo mundo tomar no cu! Mudem isso, rápido![14]

A despeito da ladainha sobre combate à pobreza, seus objetivos sempre foram apenas dois: enriquecer e se perpetuar no poder. Simples assim. Todas as suas ações, despojadas da propaganda oficial que, desde a sua posse, tornou-se um quarto poder da República, demonstram isso.

Para atingir esses objetivos, instalou no governo uma quadrilha encarregada de aparelhar e saquear o Estado brasileiro, a fim de se manter indefinidamente no controle da União.[15] Só no Executivo criou, por medidas provisórias — foi o presidente que mais abusou desse recurso —, 20 mil cargos comissionados para os comparsas. Aliás, o mandatário falastrão nem fazia segredo de seus propósitos inconfessáveis. Em agosto de 2004, disse ao presidente da Costa Rica: "Fui ao Gabão aprender como é que um presidente consegue ficar trinta e sete anos no poder e ainda se candidatar à reeleição."[16]

Sua única atitude correta foi manter intacta a política financeira do antecessor. Para muitos, de fato, o primeiro mandato de Lula foi, do ponto de vista da economia, o terceiro mandato de FHC, com algumas privatizações de menos e escândalos de corrupção a mais. No governo da sua sucessora e fantoche, quando veio à tona a completa extensão e gravidade dos seus desmandos, ficou explicada a aversão petista à privatização: ao sair do controle do Estado as estatais não podiam ser espoliadas.

Uma das primeiras medidas oficiais de Lula foi de puro assistencialismo: um programa de combate à fome chamado Fome Zero. Fracasso total. Não saiu do papel, embora tenha consumido 42 milhões de reais em recursos públicos. Foi obrigado, então, a se apropriar dos programas sociais de FHC, que ele havia chamado, em 2000, de "política de dominação", e lançá-los com outro nome, Bolsa Família, e outra finalidade: em vez de um programa para ajudar pessoas carentes por tempo limitado, transformou-se no maior programa de compra de votos da América Latina.

Raras vezes um presidente assumiu o poder numa conjuntura mais favorável: inflação controlada, contas públicas em ordem, estatais ineficientes privatizadas, Lei de Responsabilidade Fiscal. Lula, no entanto, reivindicou o crédito por todas as realizações do antecessor, chamou o governo dele de "herança maldita" e até fundou um Instituto Lula, em patética imitação ao iFHC. Os petistas procuraram obsessivamente algo de que acusar a gestão anterior, chegando a recolher assinaturas para uma CPI que investigasse a suposta compra de votos para aprovação da emenda da reeleição, em 1997. Tudo em vão.

Em discursos, passou a utilizar incansavelmente o bordão "nunca antes na história deste país", como se o seu governo fosse um divisor de águas na existência do Brasil. De certa forma, foi mesmo, mas não como ele pretendia.

O nível de todos os serviços públicos despencou. Incapazes de gerenciar outra coisa além de esquemas de propina, os petistas mantiveram sua tradição de ineficácia administrativa.

> O caso do Instituto Nacional do Câncer (Inca) viraria referência do estilo petista de aparelhamento do Estado. Conhecido pela excelência no combate ao câncer, o Inca seria entregue, sob a gestão do PT, a uma senhora cuja experiência anterior consistira na direção de parques e jardins da prefeitura carioca. No hospital, portanto, faltava de tudo:

remédios, material de limpeza, equipamentos. Mas não faltavam petistas em todos os postos de confiança.[17]

O autoritarismo de Lula nunca foi tão manifesto quanto na ocasião em que um jornalista norte-americano, Larry Rohter, correspondente do *New York Times* no Brasil, publicou em 2004 um artigo insinuando que o presidente bebia mais que o recomendável para um chefe de Estado. Enfurecido, Lula ordenou a expulsão do jornalista, mas a ordem foi suspensa depois que o STF emitiu uma liminar, criticando-o severamente por se exceder em sua autoridade. Não foi a última vez que Lula quis intimidar a imprensa. Tentou até criar, sem sucesso, um Conselho Federal de Jornalismo, para "orientar, disciplinar, fiscalizar" a atividade dos jornalistas. Traduzindo: censura.

E o fato é que Rohter tinha razão: o Apedeuta (apelido cunhado pelo jornalista Reinaldo Azevedo) foi visto embriagado diversas vezes, criando situações embaraçosas até no estrangeiro. Como no fim de maio de 2005, na embaixada brasileira em Tóquio, quando, após quatro doses generosas de uísque, o presidente começou a soltar disparates e a se comportar de modo mais inconveniente que de costume, perante dezenas de pessoas.

— Tem horas, meus caros, que eu tenho vontade de mandar o Kirchner para a puta que o pariu. É verdade. Eu tenho mesmo! — coaxava.
— A verdade é que nós temos que ter saco para aturar a Argentina. E o Jorge Battle, do Uruguai? Aquele lá não é uruguaio porra nenhuma. Foi criado nos Estados Unidos. É filhote dos americanos. O Chile é uma merda. O Chile é uma piada. Eles fazem os acordos lá deles com os americanos. Querem mais é que a gente se foda por aqui. Eles estão cagando pra nós.[18]

Complexado desde sempre por ter nascido pobre e mestiço, jamais perdeu uma chance de colocar pobres contra ricos e negros contra brancos. Sobre a crise imobiliária dos Estados Unidos de 2008, comentou: "É uma crise causada por gente branca, de olhos azuis, que antes parecia que sabia tudo e que, agora, demonstra não saber de nada. Não conheço nenhum banqueiro negro ou índio."[19]

Apesar de seus ataques à "elite branca" e seus protestos de compromisso com a população carente, foram os ricos os maiores beneficiários do seu governo. Assim como a economia fascista de Mussolini tinha o IMI e o IRI, bancos públicos que forneciam crédito aos aliados do regime, o Banco do Brasil e o BNDES desempenham papel semelhante na economia lulopetista. O dinheiro dos impostos pagos pelos verdadeiros trabalhadores começou a ser repartido entre políticos governistas, empresários apadrinhados, jornalistas cooptados, sindicatos, ONGs, oportunistas de todo tipo... e entre os filhos de Lula, que, de inícios modestíssimos (Lulinha era zelador de zoológico), tornaram-se empresários milionários durante a presidência paterna.[20]

Mas a generosidade de Lula com o dinheiro público se estendia também a outras pessoas próximas que não faziam parte da família. Em 2006, nomeou sua amante, Rosemary Noronha, chefe de gabinete da presidência da República em São Paulo. Marisa Letícia, cuja atividade de primeira-dama se limitava a cirurgias plásticas e compras com cartão corporativo, sabia do caso, que começara em 1993, e as duas mulheres nunca estavam no mesmo lugar ao mesmo tempo. Nas viagens internacionais em que Marisa não acompanhava o marido, Rosemary integrava a comitiva oficial, e vice-versa. Pouquíssimo atraente para o que se espera de uma manteúda, Rosemary dava chiliques e tratava mal os empregados, como o seu amante presidencial. Oculto do público por dezenove anos, o caso dos dois veio à tona em 2012, quando a Polícia Federal desbaratou uma quadrilha chefiada por Rosemary, que negociava pareceres técnicos falsos a empresários trambiqueiros, numa ação que ficou conhecida como Operação Porto Seguro.[21]

Em junho de 2005, a verdadeira natureza desse desgoverno começou a vir à tona graças à eclosão do maior escândalo de corrupção do país até então: o Mensalão (ver página 376).

A oposição, despertando de sua inércia, articulou-se para pedir o *impeachment* do mandatário. Nem os petistas duvidavam que tal ocorreria. Caciques do partido chegaram a debater a hipótese de renúncia. Até que Fernando Henrique Cardoso, o nome mais venerável do PSDB, desaconselhou os colegas a pedir o afastamento de Lula, e não se falou mais no assunto. Assim, o Brasil perdeu a chance histórica de se livrar do câncer que o consumiu durante 13 anos (coincidentemente, o número do PT).

O presidente conseguiu superar a crise, sobretudo pelos índices econômicos favoráveis, resultantes das reformas do governo FHC, cujos frutos Lula colheu, e pela alta da demanda internacional por *commodities*.

Aos que não se deixavam enganar pela propaganda mentirosa do PT, outro tipo de medida era tomada. Foi o caso do filósofo Roberto Mangabeira Unger, autor de um artigo publicado na *Folha de S. Paulo* em 15 de novembro de 2005, que começava assim:

> Afirmo que o governo Lula é o mais corrupto de nossa história nacional. Corrupção tanto mais nefasta por servir à compra de congressistas, à politização da Polícia Federal e das agências reguladoras, ao achincalhamento dos partidos políticos e à tentativa de dobrar qualquer instituição do Estado capaz de se contrapor a seus desmandos. Afirmo ser obrigação do Congresso Nacional declarar prontamente o impedimento do presidente.

Impossibilitado de ignorar ou destruir esse conceituado intelectual, Lula, no início de seu segundo mandato, nomeou-o ministro de

Assuntos Estratégicos. Subitamente terminaram, como num passe de mágica, as críticas de Mangabeira Unger ao governo.

A inépcia da oposição foi um dos maiores aliados de Lula. Nas eleições presidenciais de 2006, em vez de escolher como candidato José Serra, então com chances concretas de vencer o presidente, que concorria à reeleição, o PSDB designou para a tarefa o governador de São Paulo, Geraldo Alckmin, competente, mas tão insípido que seu apelido era "picolé de chuchu".

Lula foi reeleito, mas apenas no segundo turno, em consequência da revelação, durante a campanha, de outro escândalo: a descoberta de mais um dossiê falso engendrado por petistas, difamando José Serra e Geraldo Alckmin, principais lideranças do PSDB, o denominado Escândalo dos Aloprados.

A reeleição de Lula chocou não somente os brasileiros bem-informados, mas também os próprios petistas bem-intencionados que haviam deixado o PT ao perceberem que o partido degenerara em uma camarilha lulista, na verdade os melhores nomes do petismo, como Cristovam Buarque, Plínio de Arruda Sampaio, Hélio Bicudo, Fernando Gabeira, Heloísa Helena e vários outros.

Um dos intelectuais que se mantiveram independentes e não se deixaram aliciar nem cooptar foi Arnaldo Jabor, que, incrédulo, exprimiu sua revolta com a eloquência habitual:

> Os culpados são todos conhecidos, tudo está decifrado, os cheques assinados, as contas no estrangeiro, os *tapes*, as provas irrefutáveis, mas o governo psicopata de Lula nega e ignora tudo. Questionado ou flagrado, o psicopata não se responsabiliza por suas ações. Sempre se acha inocente ou vítima do mundo, do qual tem de se vingar. O outro não existe para ele e não sente nem remorso nem vergonha do que

faz. Mente compulsivamente, acreditando na própria mentira, para conseguir poder. Este governo é psicopata.

E o pior é que o Lula, amparado em sua imagem de "povo", consegue transformar a Razão em vilã, as provas contra ele em acusações "falsas", sua condição de cúmplice e comandante em "vítima". E a população ignorante engole tudo.[22]

No seu segundo "governo psicopata", em vez de enxugar o gabinete ministerial e se afastar de uma base de apoio fisiológica, Lula aumentou o número de ministérios e se aproximou do que havia de mais carcomido e atrasado na política brasileira, como os oligarcas Sarney, Collor e Jader Barbalho, aos quais chamara de ladrões outrora. Sempre buscando paralelos absurdos na história, como se a conhecesse a fundo, justificou sua opção preferencial pelos coronéis com a seguinte cretinice: "Se Jesus Cristo viesse para cá e Judas tivesse a votação num partido qualquer, Jesus teria de chamar Judas para fazer coalizão."

A política externa de Lula conseguiu ser tão nefasta quanto a interna. Como os semelhantes se atraem, FHC foi amigo do esclarecido democrata Bill Clinton e Lula deu-se muito bem com o cúpido iletrado George W. Bush. De modo geral, no entanto, Lula se afastou dos Estados Unidos e se aproximou de países esquerdistas com economia falida (com o perdão da redundância), a exemplo de sua amada Cuba e a Venezuela do tiranete Hugo Chávez; de déspotas do Oriente Médio, como Ahmadinejad do Irã e Kadafi da Líbia; ou de republiquetas africanas governadas por velhos ditadores cujas dívidas com o Brasil foram perdoadas. Durante visita à capital da Namíbia, em novembro de 2003, julgou elogiar o país ao dizer: "Quando se chega a Windhoek, nem parece que se está na África."

A utilidade de tantas viagens internacionais foi inversamente proporcional à sua quantidade. FHC havia sido chamado de Viajando

Henrique Cardoso pela frequência de seus voos; porém, só no primeiro ano de governo, Lula percorreu o dobro de países visitados pelo antecessor: 28. Em oito anos de mandato, passou um ano, três meses e quinze dias fora do Brasil, além de comprar, por inacreditáveis 60 milhões de dólares, em 2005, um avião de luxo, batizado de Aerolula pelo povo perplexo.

O incidente diplomático mais deplorável ocorreu quando o italiano Cesare Battisti, condenado à prisão perpétua em seu país por quatro homicídios, se refugiou no Brasil em 2007. O governo da Itália pediu a sua extradição, mas como esse criminoso comum era ligado a um grupo terrorista chamado PAC (Proletários Armados pelo Comunismo), o notório bolchevique Tarso Genro, ministro da Justiça — que deportara de volta a Cuba dois atletas desesperados por escapar da ilha-presídio de Fidel Castro —, concedeu asilo e *status* de "refugiado político" ao assassino. Em novembro de 2009, o STF votou pela extradição de Battisti, porém, subserviente a Lula, submeteu a palavra final ao presidente, que decidiu pela permanência do homicida no país.

Os conselheiros dessa diplomacia catastrófica foram dois dos homens públicos mais ineptos da história política nacional: os bajuladores Celso Amorim, ministro das Relações Exteriores, que chamava Lula de "nosso guia",[23] e o assessor para Assuntos Internacionais, Marco Aurélio Garcia, célebre por fazer, em 2007, o gesto obsceno de bater a mão fechada na outra aberta durante um noticiário sobre a queda do avião que matou 200 pessoas em São Paulo. A este, Lula tratava de modo diferenciado, perguntando-lhe na frente de todo mundo: "Marco Aurélio, eu já mandei você tomar no cu hoje?"[24]

No início de 2010 ocorreu a mais canhestra tentativa de endeusamento do presidente: a estreia do filme *Lula, o filho do Brasil*, baseado na hagiografia de mesmo nome escrita por Denise Paraná, a mais cara produção do cinema brasileiro, quase 20 milhões de dólares de financiamento público — ou de empresas patrocinadoras aliadas ao governo, o que dá no mesmo. Nas salas de exibição, ouviam-se menos suspiros de fervor que risos abafados diante de galãs e mocinhas da TV Globo personificando indivíduos cuja aparência verdadeira se prestava mais a comédias-pastelão. O filme foi um fracasso de bilheteria e crítica, com menos espectadores que o infantil *Alvin e os esquilos 2*, também em cartaz à época.

Entre escândalos, mentiras, bravatas e autoglorificação, o desgoverno lulopetista se aproximava do fim. O Apedeuta iniciou articulações por um terceiro mandato, mas ao perceber que não conseguiria fazê-lo passar no Congresso, procurou um sucessor através do qual pudesse continuar no poder. Precisava de um "poste", espécie de herdeiro político a quem transferir votos e que também, como essa gíria dá a entender, fosse um estafermo, sem iniciativa e completamente dócil à sua vontade. Encontrou na anódina Dilma Rousseff, chefe da Casa Civil após a queda de José Dirceu (ver página 376), a criatura ideal para o projeto continuísta do PT.

A campanha presidencial foi sórdida até para os padrões rasteiros aos quais a corja lulista rebaixara tais disputas, e atingiu seu ponto mais baixo quando, na zona oeste do Rio de Janeiro, militantes petistas baderneiros e selvagens apedrejaram a comitiva do candidato do PSDB, José Serra, chegando a feri-lo na cabeça. Lula e Dilma escarneceram das vítimas dos camisas-vermelhas, dizendo que Serra fingira ser agredido. A vitória de Rousseff, a 31 de outubro de 2010, no segundo turno, com 56% dos votos, deixou em todos os brasileiros para quem ética e valores democráticos são mais que simples chavões políticos uma sensação incômoda de que, no Brasil, o crime compensa.

Depois de fazer o pior governo do Brasil até o momento — sua sucessora conseguiria superá-lo nesse quesito —, Lula deixou a presidência com elevados índices de popularidade. Afinal, os efeitos deletérios do seu desgoverno se fariam sentir nos mandatos de Dilma Rousseff, assim como os efeitos benéficos do governo FHC se fizeram sentir durante os seus mandatos. Deixou a presidência, mas não o poder, pois continuaria mandando e desmandando por intermédio do seu poste eleito, tornando-se o maior lobista do país, apelidado de "Brahma" pelos empreiteiros com quem fazia tráfico de influência.

Ao desocupar os Palácios do Planalto e Alvorada, levou deles, em 11 contêineres, uma enorme quantidade de objetos valiosíssimos pertencentes ao patrimônio público, entre joias, obras de arte, moedas, comendas, medalhas, espadas, adagas e esculturas.[25]

Esse homem que tanto contribuiu para o sucateamento da saúde pública no Brasil costumava afirmar, com característico cinismo, que o SUS era um sistema perfeito, orgulho da saúde pública nacional. Em 2011, ao ser diagnosticado com câncer de laringe, foi correndo tratá-lo no Sírio-Libanês, um dos hospitais particulares mais caros do país. Imediatamente teve início, na internet, a campanha "Lula, vai se tratar no SUS".

Por essas e outras, o Apedeuta tem ainda mais ódio à internet livre que à imprensa independente. Apesar de todo o dinheiro que o governo petista gastou com *blogs* de aluguel, a esmagadora maioria dos internautas dizia o que pensava sobre Lula e Dilma, convocando protestos contra ambos e neutralizando, no ambiente virtual, a propaganda política sórdida dos muito apropriadamente chamados "blogueiros sujos".

A partir de 2014, investigações da Operação Lava Jato revelaram que Lula, seus filhos, parentes e aliados vinham recebendo bilhões em propinas de uma gigantesca rede de financiamento político-partidário que traficava contratos, leis feitas sob encomenda, licitações etc.

Parte desses subornos vinham em forma de "presentes" a Lula, como um tríplex no Guarujá, pago e reformado pela empreiteira OAS, um sítio em Atibaia, pago e reformado pela OAS e pela Odebrecht, um apartamento em São Bernardo do Campo, também financiado pela Odebrecht, entre muitas outras benesses, como voos em jatinhos luxuosos e todo tipo de vantagem. Lula sempre negou ser dono desses imóveis, sem convencer ninguém.

Descobriu-se que o próprio Instituto Lula é uma central de arrecadação de cachês milionários, oficialmente em troca de palestras do "Brahma", pagas pelas mesmas grandes empreiteiras que ganham obras no exterior graças ao *lobby* do palestrante.

Atemorizado, Lula quis se candidatar à presidência nas eleições de outubro, mas a presidente, sentindo-se forte, insistiu em concorrer à reeleição: a criatura voltava-se contra o criador.[26]

Em 2015, logo após a reeleição de sua fantoche — sobre cuja campanha paira a suspeita de financiamento por doações ilegais —, revelações quase semanais do envolvimento de Lula no escândalo do Petrolão e os resultados catastróficos, para o país, dos doze anos de PT no poder, derrubaram a já desgastada popularidade desse líder tão endeusado* a ponto de se julgar imbatível.

Na grande manifestação de 16 de agosto pelo *impeachment* de Dilma Rousseff, que levou cerca de 2 milhões de pessoas às ruas, o principal astro foi o Pixuleco, boneco inflável de 13 metros representando o ex-presidente vestido de presidiário. Levado em turnê pelo país, o boneco se tornou o símbolo do ocaso do mito Lula.

No início de março de 2016, após repetidamente ignorar intimações da Polícia Federal para dar explicações sobre as suspeitas de enriquecimento ilícito, Lula foi conduzido coercitivamente a prestar depoimento no aeroporto de Congonhas. Aos policiais que foram

---

* Quando Lula fala, o mundo se ilumina", costuma repetir a militante petista Marilena Chaui, ao passo que a senadora Marta Suplicy, após declarar em 2012 que "Lula é Deus", deve ter mudado de religião, pois deixou o PT em 2015.

buscá-lo em seu apartamento, disse, em tom de ameaça, que seria eleito em 2018 e que se lembraria da cara deles.[27]

Após o depoimento, reuniu-se com a sua militância, fez-se de vítima, como sempre, alegou sofrer perseguição por parte das elites e declarou:

— Se quiseram matar a jararaca, não fizeram direito, pois não bateram na cabeça, bateram no rabo, porque a jararaca está viva.

E assim Lula admitiu, publicamente, ser um réptil peçonhento e traiçoeiro.

Aterrorizado pela possibilidade concreta de ser preso, o Jararaca procurou desesperadamente obter foro privilegiado. A presidente resolveu nomeá-lo ministro-chefe da Casa Civil. Um telefonema de Dilma para Lula, na véspera da posse, foi muito revelador:

— Seguinte, eu tô mandando o Bessias junto com o papel pra gente ter ele, e só usa em caso de necessidade, que é o termo de posse, tá?*

Lula foi ministro por apenas um dia. Juízes de todo o país concederam liminares suspendendo sua nomeação, por fim cassada pelo STF.

O *impeachment* de Rousseff, em 31 de agosto, jogou uma pá de cal nas esperanças de Lula consumar seu projeto criminoso de poder.

> Há dois anos, Lula vê sua biografia ser destruída capítulo a capítulo. Seu governo é considerado o mais corrupto da história. Seus amigos mais próximos estão presos. Seus antigos companheiros de sindicato cumprem pena no presídio. Seus filhos são investigados pela polícia. Dilma, sua invenção, perdeu o cargo. O PT, sua maior criação, corre o risco de deixar de existir. E para ele, Lula, o futuro, tudo indica, ainda reserva o pior dos pesadelos. O outrora presidente mais popular da história corre o risco real de também se tornar o primeiro presidente a ser preso por cometer um crime.[28]

---

* No final desse telefonema, interceptado pela Lava Jato e liberado para divulgação, Lula se despede da presidente dizendo "Tchau, querida", que se tornou o mote da campanha pelo *impeachment* dela.

Em 14 de setembro, o Ministério Público Federal denunciou Lula, Marisa Letícia e mais seis pessoas no âmbito da Operação Lava Jato, por corrupção passiva e lavagem de dinheiro. O procurador Deltan Dallagnol apontou o ex-presidente como "comandante máximo do esquema de corrupção identificado na Lava Jato".

— Todas as provas nos levam a crer, acima de qualquer dúvida razoável, que Lula era o maestro desta grande orquestra concatenada para saquear os cofres da Petrobras e de outros órgãos públicos — explicou o procurador. — Era o general que estava no comando da imensa engrenagem desse esquema, que chamamos de propinocracia.

Segundo a denúncia, o gigantesco esquema envolvia o valor de 6,2 bilhões de reais em propina, gerando à Petrobras um prejuízo estimado em 42 bilhões. "Após assumir o cargo de presidente da República, Lula comandou a formação de um esquema delituoso de desvio de recursos públicos destinados a enriquecer ilicitamente, bem como, visando à perpetuação criminosa no poder, comprar apoio parlamentar e financiar caras campanhas eleitorais", escreveram os procuradores.

No dia 3 de fevereiro de 2017, após 10 dias internada na UTI, Marisa Letícia faleceu em consequência de um AVC. Cerca de um ano antes, graças a um telefonema de 23 de fevereiro de 2016, interceptado pela Polícia Federal, o Brasil finalmente conhecera a esposa de Lula, que nunca deu uma declaração pública. Quando o filho Fábio lhe perguntou se muita gente batera panelas em São Bernardo do Campo, onde Lula reside — um programa do PT fora exibido na televisão —, ela respondeu que os panelaços tinham vindo apenas dos prédios novos dos "coxinhas", "esses que não conseguem comprar apartamento de 500 mil e ficam pagando", e acrescentou um comentário que deixaria o marido orgulhoso: "Deviam enfiar essas panelas no cu!"

Lula transformou o velório da esposa em comício e fez um discurso político carregado de ódio e vitimização, como de costume.[29] Embora

Marisa Letícia tivesse um aneurisma diagnosticado dez anos antes, fosse sedentária, fumasse e bebesse, Lula, mais tarde, acusou diretamente a Lava Jato pela morte da esposa.

Três meses depois, a 10 de maio de 2017, em depoimento ao juiz Sérgio Moro na cidade de Curitiba, Lula responsabilizou a falecida esposa por todas as tratativas relacionadas ao tríplex no Guarujá.[30]

Finalmente, no dia 12 de julho, sem foro privilegiado e sem "presidenta" para nomeá-lo ministro, o grande propinocrata foi condenado a 9 anos e 6 meses de prisão pelo juiz Moro, por corrupção passiva e lavagem de dinheiro.

Tendo recebido questionável permissão de aguardar em liberdade, até o processo ser julgado em segunda instância pelo Tribunal Regional Federal da 4ª Região, em Porto Alegre, Lula saiu no mês seguinte em campanha eleitoral antecipada pelo Nordeste, que sempre foi sua maior base eleitoral.

No entanto, a chamada Caravana da Vergonha foi seguida apenas pelos mesmos pelegos de sempre, ou seja, sindicalistas, servidores públicos e alguns políticos petistas enrolados com a justiça, como Gleisi Hoffmann. Evitado pelas lideranças locais e ouvido por pouquíssima gente das cidades visitadas, o deus de Marta Suplicy revelou-se um cadáver político relutante em se recolher à sepultura do opróbrio. Desta vez, a jararaca fora atingida na cabeça.

Em Cruz das Almas, na Bahia, foi filmado dando bronca num subordinado, pronunciando cinco palavrões em 17 segundos. Depois, recebeu dos alunos de uma universidade local um diploma de doutor *honoris causa* com erros de português. A diretoria da universidade confirmou que o diploma era falso.[31]

No mês de setembro de 2017, Lula era réu em nada menos que sete ações penais, e condenado em uma.

Mensalula

Em 2005, após dois anos acreditando nas mentiras exaustivamente repetidas pelo governo petista, os brasileiros despertaram de uma espécie de hipnose coletiva com a notícia de que Lula e o PT, tendo se arvorado de baluartes da moral política por duas décadas, eram responsáveis pelo maior escândalo de corrupção de todos os tempos — até a descoberta de outro maior ainda, dos mesmos autores, pouco depois (ver página 404).

Foi descoberto um gigantesco esquema de compra de votos na Câmara Federal para aprovar medidas do governo, em que cada deputado da base aliada recebia cerca de 30 mil reais mensalmente — daí o nome Mensalão dado por Roberto Jefferson, do PTB, o próprio deputado que denunciou o esquema —, pagos com dinheiro público desviado por Delúbio Soares, ex-tesoureiro do PT, e pelo publicitário Marcos Valério, sob o comando do presidente do PT, José Genoino — irmão de um deputado cearense cujo assessor foi preso com 100 mil dólares escondidos na cueca —, e do então ministro da Casa Civil, José Dirceu, tudo com o conhecimento e aprovação de Lula, cujas despesas pessoais também eram pagas com dinheiro do esquema.

Ao fazer a denúncia, o procurador-geral da República acusou a

> existência de uma sofisticada organização criminosa, dividida em setores de atuação, que se estruturou profissionalmente para a prática de crimes como peculato, lavagem de dinheiro, corrupção ativa, gestão fraudulenta, além de diversas formas de fraude. O objetivo era garantir a continuidade do projeto de poder do Partido dos Trabalhadores.

Os ministros do STF, em sua maioria homens de tribunal sem traquejo político, não pouparam adjetivos, espantados com o alcance daquela operação de assalto aos cofres públicos, tão cheia de ramificações e envolvendo rios de dinheiro, centenas de figurões e várias modalidades de crimes. Segundo o ministro Celso de Melo: "Este processo criminal revela a face sombria daqueles que, no controle do aparelho de Estado, transformaram a cultura da transgressão em prática ordinária e desonesta de poder." E concluiu: "É macrodelinquência governamental." Outros ministros falaram em "maior escândalo da história", "projeto de poder de continuísmo seco, raso" e "golpe".

Com característica desfaçatez, Lula inicialmente fingiu-se escandalizado e declarou ter sido traído; depois, afirmou que o Mensalão era "apenas" caixa dois e que a política brasileira sempre funcionara assim. Houve uma verdadeira operação de guerra do governo para blindar o presidente, a fim de que a reeleição não fosse comprometida. Em troca de 200 milhões, Valério poupou Lula e este se reelegeu em 2006. Confiante de que não seria apanhado, o mensaleiro-mor passou a dizer que o Mensalão nunca existiu.

Em 2012, sete anos após ter aceitado a denúncia do Ministério Público contra quarenta integrantes da quadrilha, entre políticos, assessores, marqueteiros, empresários e publicitários, o STF condenou 25 mensaleiros por formação de quadrilha, peculato, corrupção ativa ou passiva e lavagem de dinheiro, incluindo os petistas mais poderosos do esquema: José Dirceu, José Genoino, Delúbio Soares e João Paulo Cunha.

O julgamento e condenação desses criminosos jamais teriam sido possíveis sem a coragem, a honradez e a determinação do ministro Joaquim Barbosa, primeiro e único presidente negro do STF. Relator do inquérito sobre o Mensalão em 2006, fez com que ele se tornasse ação em 2007 e impediu que fosse engavetado nos anos seguintes, a despeito da gigantesca pressão do Executivo para dobrar o Judiciário à sua vontade. "Todos os graves delitos têm início com a vitória do PT no plano nacional", disse Barbosa ao sintetizar o processo, asseverando que o Mensalão "teria como objetivo garantir a permanência do partido no poder".

Vários ministros cederam à coação do governo. Houve alguns até notórios pela ansiedade em absolver os acusados a qualquer preço, como Ricardo Lewandowski, tão empenhado em contrariar quase todas as deliberações de Joaquim Barbosa que este, muito acertadamente, chamou o colega diante das câmeras — as sessões foram televisionadas — de chicaneiro. Barbosa precisou até expulsar da Corte o advogado de um dos bandidos, que o tratara com a insolência gerada pela fé na impunidade.

A partir de novembro de 2013, Joaquim Barbosa ordenou que os criminosos sentenciados fossem encarcerados. A incredulidade de Genoino e Dirceu ao receberem voz de prisão no dia 15 demonstra que, mesmo condenados, nunca acreditaram que cumpririam pena. Ex-guerrilheiros, fizeram-se fotografar erguendo o punho fechado, num patético esforço de parecerem revolucionários sendo presos pelo poder, embora eles fossem o poder.

Pela primeira vez o povo brasileiro viu, maravilhado, membros tão graúdos do governo indo para o xilindró. Foi um desagravo à população, uma catarse nacional. Se gente tão privilegiada podia ser presa como qualquer criminoso comum, existia justiça no país, afinal de contas.

No ano de 2014 a prioridade do governo Dilma Rousseff temporariamente deixou de ser o enriquecimento e fortalecimento da quadrilha lulopetista e passou a ser a libertação de seus principais líderes da cadeia, por meio de articulação frenética e sistemática substituição de juízes imparciais por outros mais submissos.

Joaquim Barbosa foi elevado a herói nacional pelos brasileiros decentes e comparado ao Batman, por causa das esvoaçantes capas pretas ostentadas pelos altos magistrados. Ao mesmo tempo, tornou-se alvo de virulentos ataques da militância petista, que o hostilizava nas ruas e na internet, onde, em um blog pró-Dilma Rousseff, foi comparado a um macaco.[32] Houve até ameaças de morte contra o ministro e incitação para assassiná-lo, tudo vindo de facínoras petistas diretamente ligados ao governo.[33]

Esgotado por esse processo que o consumira ao longo de sete anos de pressões inimagináveis e disputas homéricas, o intrépido jurisconsulto mineiro aposentou-se em junho de 2014. Lewandowski assumiu a presidência do STF em seu lugar. Menos de um ano depois, todas as penas dos principais mensaleiros estavam suspensas e os criminosos de novo em liberdade.

Mandato: 2011-16

Apelidos: Dilma Bolada, Bandilma, Presidanta, Neurônio Solitário

Ela continua semianalfabeta, incapaz e ladra.

Marco Antônio Villa

Dilma Vana Rousseff foi a primeira mulher a se tornar presidente do Brasil, mas isso não constitui motivo de orgulho para o sexo feminino, muito pelo contrário, porque ela também tem sido a pior presidente que o país já tolerou, somatório do que o presidencialismo brasileiro produziu de mais degradante em quase 130 anos.

O pai de Dilma Vana era um comunista búlgaro chamado Pétar Russev, advogado ou engenheiro. Para fugir das dívidas de uma tecelagem falida, abandonou a esposa grávida na Bulgária, em 1929, e foi tentar a sorte em outro país. Segundo alguns, seguiu para a França, onde afrancesou o nome, mudando-o para Rousseff; segundo outros, fez isso no Brasil para sugerir uma ascendência francesa, que lhe abriria portas na alta sociedade mineira. Trabalhou na siderúrgica Mannesmann e conheceu, em Uberaba, a professora primária Dilma Jane, com quem se casou. Foram morar em Belo Horizonte, onde nasceram os três filhos do casal: Igor, Dilma Vana e Zana Lúcia.

Pedro Rousseff, como Pétar se fazia chamar agora, nunca se importou com a esposa, Evdokia, deixada para trás, em Sófia, no mais completo desamparo, nem com o filho que jamais chegou a conhecer, Luben. Ele contou aos filhos brasileiros que lhes mandava dinheiro, mas isso foi negado pela filha de Evdokia, Ana, nascida de outro casamento.

"Na minha infância, eu queria ser bailarina, trapezista ou trabalhar no corpo de bombeiros", contou Dilma Vana.[1]

Sua família era de classe média alta e ela fez os primeiros estudos em bons colégios. Enquanto cursava ciências econômicas na UFMG, casou-se, em 1967, com Galeno Linhares, que a introduziu na militância de esquerda e na luta armada.

Nesse momento tem início o mito da "superguerrilheira enérgica, voluntariosa, onisciente, nascida para comandar e conduzir, que distribuía ordens e pitos entre marmanjos de alta periculosidade empenhados em derrubar a ditadura militar a bala", nas palavras irônicas de Augusto Nunes. A realidade não confirma essa imagem de autossuficiência: Dilma conseguiu tudo na vida graças aos dois maridos e ao presidente Lula.

Como a deste, a biografia de Dilma Rousseff foi fabricada para o propósito de culto à personalidade praticado por governos fascistas e comunistas. Estilizou-se a foto de sua ficha no Dops, em uma tentativa de construir um ícone como a famosa foto de Che Guevara, e lhe deram a antonomásia Coração Valente, plagiada da campanha da senadora alagoana Heloísa Helena à presidência, em 2006.[2]

Levada por Linhares, Dilma filiou-se a uma organização comunista, a Polop, Política Operária, depois ingressou no Colina. Viviam na clandestinidade, mudando de endereço constantemente, ela usando os codinomes Estela, Luísa, Maria Lúcia, Marina, Patrícia e Vanda para despistar os órgãos de repressão da ditadura. Trocando também de companheiro, foi encaminhada pelo gaúcho Carlos Araújo à VAR-Palmares, dirigida por Lamarca, segundo o qual Dilma não passava de uma garota "metida a intelectual".[3]

Em 16 de janeiro de 1970, Dilma acabou presa pela Operação Bandeirante num bar da rua Augusta, em São Paulo, portando arma e documentos falsos. Doze dias depois, deu na primeira página da *Folha de S. Paulo*: "Operação Bandeirante desbarata grupo Palmares." A matéria identificava alguns dos 320 subversivos recentemente apreendidos.

> Dilma Vana Rousseff Linhares ("Luíza"), oriunda do Colina de Minas Gerais e que ultimamente vinha operando na Guanabara, veio para São Paulo em dezembro de 69, por determinação do Comando Nacional da VAR-Palmares, para reestruturar esta organização subversivo-terrorista; pertencia ao Comando Regional da VAR-P e era coordenadora do Setor de Massas Populares; é esposa de Cláudio Galeno Linhares

("Lobato"), terrorista que participou do sequestro do último avião da Cruzeiro do Sul desviado para Havana.[4]

Rousseff foi confinada na ala feminina, localizada no patamar superior do presídio e apelidada Torre das Donzelas. O texto de indiciamento dela no Dops diz: "Manipulava grandes quantias da VAR-Palmares. [...] Verifica-se ser uma das molas mestras e um dos cérebros dos esquemas revolucionários. Trata-se de uma pessoa de dotação intelectual bastante apreciável." É difícil acreditar que se trate da mesma Dilma que o Brasil conhece, incapaz de coordenar duas frases. O promotor militar responsável pela acusação chamou-a de "papisa da subversão", entre outros qualificativos que reforçam a falsa imagem de mulher corajosa e cheia de espírito de liderança que os petistas propagam.

Não é incomum agentes policiais exagerarem os atributos de detentos para aumentar o próprio mérito por havê-los apreendido e obter uma condenação severa. Adoram descrever seus prisioneiros como "cérebro da quadrilha", "líder intelectual", "gênio do crime" etc. Embora instrumental, Rousseff não era importante o suficiente no movimento de luta armada para fazer jus a tais epítetos.

O nome dela como guerrilheira mal aparece em revistas ou jornais anteriores a 2000; em novembro de 1977, o *Estado de S. Paulo* publicou uma lista de 97 subversivos "infiltrados na máquina pública", em que ela figura apenas como "amasiada com o subversivo Carlos Araújo". Nenhum autor que escreveu sobre a ditadura e os movimentos de esquerda tinha ideia de quem ela fosse. Não é mencionada nem mesmo pelo mais completo relato da luta armada no regime militar, o livro *Combate nas trevas*, cujo autor, Jacob Gorender, esteve preso com Dilma no presídio Tiradentes.

Toda essa conversa de "mola mestra" e "papisa" tinha o objetivo de lavrar uma sentença, e tal objetivo se cumpriu. Dilma foi acusada de crimes cometidos em três estados e sentenciada a seis anos de prisão. Carlos Araújo também foi preso, meses depois, e ambos ficaram no mesmo presídio Tiradentes, com direito até a visitas íntimas.

Durante o encarceramento, e em 2002, quando secretária de Energia do Rio Grande do Sul, Rousseff acusou oficiais de a torturarem: "Em ambas as instituições, ou seja, no Dops-SP, como na Operação Bandeirante, fui barbaramente torturada, ou seja, choques elétricos, pau de arara e palmatória, sendo várias vezes levada ao Hospital Central do Exército e para o Hospital das Clínicas devido a hemorragias graves, tendo inclusive perdido um dente."[5]

Reivindicou indenizações em dinheiro a três estados, São Paulo, Minas Gerais e Rio de Janeiro, porque, segundo ela, foi transferida do presídio Tiradentes por "não mais de cinco meses" para ser interrogada — e torturada — em Juiz de Fora e na Cidade Maravilhosa.

Em 2008, quando a então ministra afirmou ao grupo Tortura Nunca Mais que padecera suplícios físicos por 22 dias, membros do Clube Militar do Rio de Janeiro ironizaram o depoimento dela: "Um caso raro que não se sabe por que não foi incluído até hoje no *Guinness*, pois conseguiu sobreviver durante 528 horas aos diferentes tipos de tortura a que alega ter sido submetida."

Depois que Dilma se tornou uma autoridade, ocupando cargos estaduais de grande importância, subitamente, como por encanto, presos políticos da década de 70 começaram a se lembrar dela, louvando sua coragem de guerrilheira e lamentando seus sofrimentos na masmorra. A imprensa como um todo, sem o menor questionamento ou escrutínio, acreditou nela, e o Estado, convicto de que uma pessoa importante diz sempre a verdade, deferiu sua reivindicação. Rousseff embolsou 22 mil pelo encarceramento e tortura em São Paulo, 30 mil pelo encarceramento e tortura em Minas e 20 mil pelo encarceramento e tortura no Rio de Janeiro, num total de 72 mil reais.

A ninguém parece ter sequer ocorrido que não existe prova alguma de que ela haja sofrido tortura de qualquer tipo. Existe uma única testemunha inconteste de tais sevícias: ela mesma. Ora, uma pessoa que incluiu no currículo cursos jamais feitos de mestrado e doutorado na Unicamp, apagando a falsa graduação do *site* da Casa Civil uma vez desmascarada, e que mais tarde descumpriu todas as suas promessas de campanha eleitoral, não é a testemunha mais confiável que se possa arrolar.[6]

A própria Dilma, em uma entrevista, confessou não distinguir ficção de realidade no que se refere ao período de seu confinamento:[7]

— Sabe que teve uma época em que eu falei uma coisa que eu achava que era verdade e não era. Era mentira o que eu tinha contado e aí depois eu descobri que era mentira.* Você conta e se convence.

Sem sequela física alguma e muito bem de saúde, Rousseff foi libertada após menos de três anos de encarceramento. Tudo indica que houve redução de sua pena em troca da delação premiada de alguns "companheiros", como o seu amigo guerrilheiro Natael Custódio Barbosa, ao qual atraiu para um encontro em que a polícia o capturou.

No Rio Grande do Sul, para onde Carlos e Dilma se mudaram, ela teve sua primeira e única filha, Paula, em 1976. Bem mais tarde, tentando se aventurar no mundo dos negócios, abriu uma lojinha de mercadorias populares "de 1,99", porém o empreendimento fracassou e ela teve de fechar as portas após um ano de prejuízo.

Carlos filiou-se ao recém-fundado PDT e se tornou um dos mais votados políticos pedetistas gaúchos. Graças ao cacife do marido deputado, Dilma foi nomeada a pelo menos cinco cargos públicos na capital do Rio Grande do Sul: secretária municipal da Fazenda (1985

---

* Em depoimento à revista *piauí*, também no mês de abril de 2009, Carlos Araújo afirmou ter sido tão torturado que tentou se matar, atirando-se debaixo de uma Kombi. Pouco adiante, esquecido desse horror todo, declara: "Foi uma cadeia longa, mas não foi tão ruim assim, porque eu aproveitei para estudar."

a 1988); diretora-geral da Câmara de Vereadores (1989); presidente da Fundação de Economia e Estatística (1991 a 1993); secretária estadual de Minas e Energia no governo Alceu Collares (1993 e 1994); e secretária estadual de Minas e Energia no governo Olívio Dutra (1999 a 2002).

Tendo conseguido do esposo tudo que queria, mandou-o às favas após trinta anos de relacionamento e foi morar sozinha. Também largou o PDT e se filiou ao PT em 2000, quando o petista Tarso Genro venceu a eleição para prefeito de Porto Alegre.

Em 2003, para apaziguar os esquerdistas mais radicais da sua base aliada, o recém-eleito presidente Lula convidou a ex-guerrilheira para ser sua ministra das Minas e Energia, embora ela não tivesse capacidade alguma para exercer tal cargo, ou talvez por causa disso mesmo. Dois anos depois, o chefe da Casa Civil, José Dirceu, renunciou devido ao envolvimento no Mensalão e foi substituído por Dilma.

Sua passagem por esses cargos deixou somente péssimas recordações naqueles que com ela trabalharam. "É tarefa praticamente impossível encontrar algum integrante do governo que aceite falar sobre o temperamento da chefe e contar histórias que tracem o perfil de Dilma sem pedir reserva na publicação do nome".[8]

Dilma jamais recebeu um elogio desinteressado. Sua completa ausência de qualidades chega a ser extraordinária. Não somente surpreendeu a todos com sua arrogância, autoritarismo e falta de educação, mas também pela prepotência com subordinados. Não admira Lula ter se afeiçoado tanto a ela. Segundo um ex-assessor de Rousseff na Casa Civil,

> Dilma maltrata qualquer pessoa em situação de inferioridade, não tem um comportamento civilizado. São situações constrangedoras que se repetem com motorista, secretária, telefonistas, assessores e

ministros. Rasga papel em mil pedaços e joga para cima como confete; atira coisas no chão; grita colericamente. Reage muito mal a qualquer notícia que não seja boa.[9]

Cuspia abacaxi azedo em reuniões e insultava garçons que lhe traziam chá frio ou serviam outra pessoa antes dela. Sua violência não era apenas verbal. Arremessou um grampeador em um empregado do Ministério de Minas e Energia e quebrava aparelhos de telefone sistematicamente. Já na presidência, não gostou da arrumação dos seus vestidos e agrediu uma camareira do Palácio Alvorada, atirando-lhe cabides em cima.[10]

Um motorista atrasado recebeu xingamentos e ameaças da mandatária:
— Você não percebeu que não posso atrasar, seu merda! Ande logo com isso senão está no olho da rua!

O motorista largou o carro no meio da Esplanada dos Ministérios e pediu demissão.[11]

A incompetência de Rousseff é ainda mais notória que o seu sórdido temperamento. Em 2006, aprovou a compra, pela Petrobras, de uma refinaria de petróleo em Pasadena, Texas, que custou à Petrobras um bilhão de dólares, sendo que a refinaria valia apenas 42 milhões.[12] E, como responsável pelo PAC, Programa de Aceleração do Crescimento, não conseguiu fazer avançar em um centímetro sequer o projeto de transposição do rio São Francisco, promessa de Lula desde o primeiro mandato.

"A primeira característica com a qual me deparei ao trabalhar com Dilma é que ela é desorganizada", observou outro ex-funcionário da Casa Civil. "Ela se enrola nela própria, e isso se estende para o dia a dia do trabalho no governo." Rousseff nunca teve a mais remota noção de como administrar. Criava núcleos de trabalho que não conversavam nem trocavam informações, por vezes colocando-os uns contra os outros.[13]

Por que tamanha nulidade foi escolhida para suceder a Lula? Precisamente por ser uma nulidade. Na política instituída pelas esquerdas de combate ao mérito, a opção por pessoas qualificadas passou a ser vista como elitismo, ao passo que a mediocridade, a preguiça, a inveja e o ódio por pessoas mais bem-sucedidas, mais talentosas, mais inteligentes ou mais bonitas foram transformados em virtudes. O próprio Lula e os principais petistas são exemplos vivos dessa política.

Lula passou o ano de 2010 fazendo campanha para Dilma, a quem chamava de "mãe do PAC". Dada a absoluta falta de carisma da candidata, os marqueteiros criaram a imagem da "gerentona competente". Segundo Lula, Rousseff era estudiosa e amante dos livros, curioso elogio vindo de alguém que se orgulha da própria ignorância. O maior cumprimento que julgou fazer a ela foi: "A Dilma não é nenhuma nordestina, é uma mulher bem formada".[14]

Contudo, a deficiência de raciocínio, indigência vocabular e desconhecimento de qualquer idioma, incluindo o português, tão característicos de Rousseff, sempre desmentiram esses louvores à sua suposta erudição.

Assim como Lula, Dilma precisou passar por uma profunda transformação na aparência, desprovida de encantos femininos que sempre foi, além de ríspida e malvestida. Muito magra na juventude, havia engordado bastante nos últimos anos, mas perdera peso de novo devido a um câncer linfático de que se recuperou, em 2009. Uma cirurgia estética suavizou-lhe a carranca, tornando seu semblante mais palatável, e os marqueteiros a aconselharam a sorrir sempre. A plástica não pôde corrigir a dentuça, que permaneceu para ser explorada pelos caricaturistas.

Dilma foi eleita pela massa de miseráveis que Lula tornara dependentes do Estado por meio de sua política de assistencialismo, cujo carro-chefe era o programa Bolsa Família. Para continuar assegurando a governabilidade por meio do apoio do PMDB, o vice-presidente da chapa foi Michel Temer, de 70 anos, típico representante do seu partido, ou seja, fisiológico até a medula.

Por sua cretinice e obviedade, o *slogan* do novo governo, "País rico é país sem pobreza", parecia (embora não fosse) criação da recém-empossada mandatária, que, em uma desnecessária afirmação de gênero, adotou o esdrúxulo termo "presidenta" como forma de tratamento oficial para si.

Durante o governo Figueiredo havia dezesseis ministérios. Sob Sarney, vinte e cinco. FHC reduziu-os a vinte e um, mas então Lula, para comprar aliados, criou treze ministérios no seu primeiro mandato e mais três no segundo, somando trinta e sete. Com a vitória de Dilma, as trinta e sete pastas foram loteadas entre os partidos que a haviam apoiado. Só o PT recebeu dezessete. No decorrer do seu mandato, a "presidenta" criaria mais duas. Esses trinta e nove ministérios consumiam 424 bilhões de reais por ano, dos quais 214 bilhões apenas com pessoal. Dos quase 900 mil funcionários, 119 mil ocupavam cargos de confiança e comissionados.

A nova presidente revelou seu critério para criação de pastas ao responder a um jornalista que lhe perguntara se pretendia criar mais alguma:

— A única área que eu acho que vai exigir muita atenção nossa, e aí eu já aventei a hipótese de até criar um ministério, é na área de... na área... eu diria assim, como uma espécie de analogia com o que acontece na área agrícola.

O primeiro governo Dilma Rousseff pode ser considerado um terceiro mandato de Lula, pois, como foi visto, os dois governaram para benefício não do Brasil, mas sim do partido comum a ambos, o PT, e de seus apaniguados.

Apesar disso, Rousseff começou bem. Afastou colaboradores acusados de corrupção e tentou se apresentar como alguém que faria uma "faxina", limpando a sujeira deixada pelo antecessor. Em uma aparente tentativa de reverter o clima de guerra fria instaurado por este, aproximou-se de Fernando Henrique Cardoso, chegando até, em claro contraste com as calúnias de Lula, a reconhecer que FHC foi o responsável pela estabilidade econômica, em uma carta enviada por ela na ocasião do octogésimo aniversário do ex-presidente.

Isso pouco durou e ela voltou a ser o dócil pau-mandado de Lula, acompanhando-o a São Paulo, em 2012, e subindo no palanque do candidato petista à prefeitura de São Paulo, Fernando Haddad, que se tornou o pior prefeito da história da Pauliceia, apelidado de Prefeito Suvinil por seu programa de ciclovias superfaturadas que consistia em sair pintando, indiscriminadamente, faixas vermelhas pelas ruas e calçadas de toda a cidade.[15]

Dilma não tomava medida alguma sem consultar o Apedeuta, e numa entrevista em julho de 2013 para a *Folha de S. Paulo*, confessou abertamente a sua condição de fantoche ao afirmar que "Lula não vai voltar porque ele não foi; ele não saiu".

Comentando a declaração, o presidente do PPS, Roberto Freire, disse que Rousseff "apenas reconhece sua nulidade", portanto não pecou pela incoerência. "O pior de tudo é se ver diante de uma presidente que se autodefine como marionete."

Sem que os marqueteiros pudessem controlar tudo que ela dizia, como na campanha eleitoral, pouco demorou para que a imagem de "gerentona" cedesse lugar a outra, real: a de uma completa imbecil. A elevação de semelhante estafermo à suprema magistratura de um país só encontra analogia na nomeação do cavalo *Incitato* ao Senado de Roma por Calígula.

Quando ministra, já demonstrava sua defasagem intelectual em algumas declarações, como a que soltou em dezembro de 2009, na Conferência do Clima, em Copenhague: "O meio ambiente é, sem dúvida nenhuma, uma ameaça ao desenvolvimento sustentável, e isso significa que é uma ameaça pro futuro do nosso planeta e do nosso país."

Ao lhe perguntarem que obras de saneamento foram concluídas durante os oito anos do governo Lula, desconversou:

— Aí cê fala o seguinte: "Mas cês acabaram isso?" Vou te falar: não, tá em andamento. Tem obras que vai durar pra depois de 2010. Agora, por isso, nós já não desenhamos, não começamos a fazer projeto do que nós podêmo fazê? Onze, doze, treze, catorze... Por que é que não?

Também em futebol fez questão de se mostrar entendida:

— Eu vi. Você, veja... Eu já vi, parei de ver. Voltei a ver, e acho que o Neymar e o Ganso têm essa capacidade de fazer a gente olhar.

Em setembro de 2010, já candidata à presidência, ao comentar a possibilidade de um plebiscito sobre a legalização do aborto, soltou esta frase lapidar:

— Não acho que quem ganhá ou quem perdê, nem quem ganhá nem quem perdê, vai ganhá ou vai perdê. Vai todo mundo perdê.

A coisa mais espantosa que Dilma Rousseff já disse, em Porto Alegre a 12 de outubro de 2013, ninguém conseguiu decifrar até hoje:

— Se hoje é o Dia das Crianças, ontem eu disse que criança... o dia da criança é dia da mãe, do pai e das professoras, mas também é o dia dos animais. Sempre que você olha uma criança, há sempre uma figura oculta, que é um cachorro atrás, o que é algo muito importante.

Na Cúpula das Américas, quando lhe perguntaram se os Estados Unidos estavam preparados para uma mulher na presidência, esbanjou seu conhecimento de filosofia oriental:

— Eu sempre acho que mulher é muito importante ser ponderada. Então, a minha resposta é genérica. Eu acredito que as mulheres elas crescentemente vão... bom, se nós somos parte do céu, como dizem os chineses, agora deu, nós queremos ser metade do céu, segundo os chineses. Deu para eles, nós queremos ser é metade do mundo mesmo e, aí, isso se expressa também em presidentes ou presidentas, tá? E não sejam preconceituosos contra as mulheres.

Em uma reunião do G-20 na Rússia, no ano de 2013, Rousseff soltou uma de suas asneiras mais antológicas:

— Ontem eu disse pro presidente Obama que era claro que ele sabia que, depois que a pasta de dentes sai do dentifrício, ela dificilmente volta pra dentro do dentifrício, então, que a gente tinha de levá isso em conta... E ele me disse que ele faria todo esforço político para que essa pasta de dentes pelo menos não ficasse solta por aí e voltasse uma parte pra dentro do dentifrício.

Deixando bem claro que vocabulário rico é vocabulário sem pobreza, falou numa cerimônia de formatura do Pronatec na Paraíba, em 2015:

— Quero desejar a vocês que nenhum de vocês desista de estudar e quero desejar a vocês que o esforço de vocês seja recompensado pela capacidade que vocês terão de transformar a vida de vocês e da família de vocês.

No mesmo ano, em Goiânia, não deu refresco nem diante da seca: "Porque água é vida, e uma cidade — e aí que eu vou encerrar minhas palavras —, uma cidade, ela vive de pessoas que sempre as pessoas procuraram construir as cidades onde havia oferta de água."[16]

O descaso com a lógica foi equivalente ao descaso com o dinheiro público. Pior ainda que Lula, Dilma só fazia viagens com comitivas gigantescas e despesas fabulosas. Presente à coroação do papa Francisco, em março de 2013, em vez de se hospedar gratuitamente na embaixada brasileira em Roma, a "presidenta" preferiu ocupar 52 quartos de um hotel de luxo, cuja diária custa mais de 5 mil reais, e alugar 17 carros em sua estada de três dias no Vaticano, que custou ao contribuinte brasileiro, no total, 324 mil reais.

Claro que isso nem se compara à inexaurível generosidade do governo do PT consigo mesmo e com suas queridas ditaduras de esquerda. Enquanto o porto de Santos, responsável por um quarto da balança comercial brasileira, precisava urgentemente de reparos, ampliação e obras de modernização, o BNDES financiava a construção de um porto em Cuba ao custo de 682 milhões de dólares. À medida que promovia a desindustrialização do Brasil, o governo lulopetista fazia generosos empréstimos, via BNDES, a 13 países comunistas.

No Brasil mesmo, as únicas obras levadas a cabo por esse governo foram as de cunho populista, como a construção, para sediar os jogos da Copa do Mundo, em 2014, de estádios de futebol superfaturados no valor quase inacreditável de 30 bilhões de reais, estádios que, findo o campeonato, encontram-se às moscas.

Nada, no entanto, supera em canalhice e abjeta subserviência à ditadura cubana — a mais longa da história ocidental — o ilegal e anticonstitucional programa Mais Médicos, que importou 11.400 médicos cubanos com o propósito oficial de suprir a falta de esculápios no país, mas que na verdade não passa de uma forma escamoteada de enviar auxílio financeiro a Cuba, sendo esses profissionais pouco além de escravos de Fidel Castro, que embolsava 70% de tudo quanto ganhavam aqui.

Esse quadriênio presidencial está entre os piores da nossa história. Não deixou marca positiva em setor algum, não conseguiu dar viabilidade a nenhum programa governamental e desacelerou o crescimento econômico por absoluta incompetência gerencial.

A dependência da economia ao setor primário se aprofundou: era o Brasil voltando à República Velha. A indústria, em 2011, havia regredido 2,1%, e a agricultura também teve crescimento negativo. O PIB subiu 0,9%, o menor índice de crescimento já registrado em Pindorama até então.

Não havia política econômica consistente porque tudo era feito para obter resultado imediato, sempre com algum fim político. Das 6 mil creches prometidas em 2010, Dilma entregou apenas 7%. O rombo nas contas externas do país era o maior em 67 anos. A corrupção nunca foi tão desenfreada, com novos indícios do envolvimento de Lula e Dilma no Petrolão surgindo semanalmente (ver página 405).

O desemprego chegou a 7,1% e a inflação subiu para 6,38%.

Em um acesso de honestidade involuntária, a presidente confessou, a 16 de abril de 2013, num discurso em Belo Horizonte:

— Eu quero adentrar pela questão da inflação e dizer a vocês que a inflação foi uma conquista desses dez últimos anos do governo do presidente Lula e do meu governo.

Farto desse desgoverno, o povo brasileiro levantou-se contra ele, em junho de 2013. Tudo começou com um protesto em São Paulo pelo aumento de 20 centavos nas passagens de ônibus e foi assumindo as proporções de uma manifestação nacional contra Dilma, o PT e a corrupção, chegando a somar 1,5 milhão nas ruas.

O governo esvaziou os protestos por meio da ação de *black blocs*, arruaceiros mascarados ou encapuzados que promoviam saques e depredações de estabelecimentos comerciais, agências bancárias, pichações, incêndios e vandalismo em geral. As atividades criminosas desses delinquentes foram financiadas por sindicatos controlados pelo PT e outros partidos da base aliada, como o PSOL e o PSTU.[17]

O governo lulopetista não somente saqueou e arruinou o Brasil, como também piorou o caráter do brasileiro, promovendo a mais repugnante inversão de valores que já se viu neste país. Condenados, os criminosos mensaleiros eram chamados de revolucionários e vítimas das "elites". Como a própria presidente, em outro raro acesso de honestidade, confessou num comício para a campanha de sua reeleição, em setembro de 2014:

— Nosso país também precisa de ter um compromisso com aqueles que desviam dinheiro público.

Com esse exemplo vindo de cima, delinquentes de todos os tipos foram transformados em "vítimas do sistema", as pessoas honestas e trabalhadoras em responsáveis por esse sistema opressor e a polícia criminalizada. Tal atitude insana patrocinada pelo governo teve sua principal porta-voz na secretária de Direitos Humanos, Maria do Rosário, que publicamente manifestava solidariedade a qualquer bandido preso ou morto pela polícia, ignorando as pessoas decentes, até mesmo crianças, assassinadas por meliantes. A difusão dessa política de inversão de valores foi feita através da mídia "chapa-branca", e qualquer um que criticasse tamanha demência tinha de ser destruído.

O caso mais gritante disso ocorreu quando, em fevereiro de 2014, a âncora de um telejornal, Rachel Sheherazade, crítica corajosa dos desmandos do governo, em seus comentários sobre a notícia de que moradores do Flamengo, no Rio de Janeiro, haviam prendido a um poste um marginal autor de diversos delitos na vizinhança, falou o seguinte:

— No país que ostenta incríveis 26 assassinatos a cada 100 mil habitantes, que arquiva mais de 80% de inquéritos de homicídio e sofre de violência endêmica, a atitude dos vingadores é até compreensível. O Estado é omisso, a polícia é desmoralizada, a justiça é falha. O que resta ao cidadão de bem que, ainda por cima, foi desarmado? Se defender, é claro.

Em uma manobra para censurar aquela oponente inoportuna, políticos dos mesmos partidos que financiaram a ação criminosa dos *black blocs* acusaram a apresentadora de apologia ao crime e moveram uma ação contra a emissora do telejornal, o SBT, de Silvio Santos. Intimidada — e nada disposta a perder a lucrativa venda de cotas de patrocínio à União, em uma deprimente amostra do quanto a mídia, no Brasil, depende do governo e com que facilidade é cooptada por ele —, a direção do programa retirou da apresentadora o direito de emitir opiniões no ar. Segundo Rodrigo Constantino, "foi uma vitória da patrulha politicamente correta, da esquerda hegemônica e autoritária, do jornalismo acovardado que domina nosso país".

Inacreditavelmente, Rousseff se candidatou à reeleição em 2014. A despeito de toda a revolta e insatisfação popular, e da impopularidade de Dilma, hostilizada e insultada onde quer que aparecesse, o governo lulopetista, depois de anos aparelhando o Estado, estava confiante de que venceria graças aos dependentes do Bolsa Família que não queriam perder o benefício, os brasileiros das regiões mais miseráveis do país, controladas por "coronéis" aliados do governo, como os peemedebistas José Sarney e o senador Jader Barbalho, cuja principal base eleitoral é Belém, capital do Pará, onde 54% da população mora em favelas.

> É muito difícil encontrar, nos últimos cinquenta anos, um período tão longo em que os velhos oligarcas tiveram tanto poder como o de agora. Usaram e abusaram dos recursos públicos e transformaram seus estados em domínios familiares perpétuos. O Bolsa Família caiu como uma luva, soldando o novo tipo de coronelismo petista. Se as 14 milhões de famílias do programa identificam em Lula a razão do recebimento do benefício, sabem que, para serem cadastradas e mantidas no Bolsa Família, dependem do chefe local. E os governichos criminosos, recordando antiga expressão da República Velha, permanecem dominando milhões de pré-cidadãos.[18]

Os principais adversários da presidente no primeiro turno foram Aécio Neves, neto de Tancredo, pelo PSDB, e Marina Silva, do PSB. O governo jogou despudoradamente o peso da sua máquina em favor da sua candidata, inclusive usando os Correios ilegalmente para divulgar material de campanha.[19]

Foi a disputa eleitoral mais sórdida da história do Brasil, até mesmo para os padrões cloacais do PT. A propaganda petista difamou Marina Silva o quanto pôde, dizendo que ela era sustentada por banqueiros e que, se eleita, abandonaria o pré-sal, acabaria com o Bolsa Família e cortaria verbas da educação e da saúde. E caluniou Aécio, acusando-o de bater em mulheres e cheirar cocaína: nada que possa surpreender, vindo de um governo imoral.

A 26 de outubro, Dilma concorreu ao segundo turno com Aécio. Todos os institutos de pesquisa independentes davam vitória a este; os que tinham contratos com o governo, como o Ibope, davam vitória a Rousseff. Segundo o TSE, Aécio liderava a disputa com 88,9% das urnas apuradas, quando então houve uma reviravolta e Dilma venceu, com 54 milhões de votos contra 51 milhões de Aécio.

Devido ao horário de verão e fusos do país, os primeiros resultados do pleito só poderiam ser divulgados a partir das 20h, quando as urnas no Acre seriam fechadas. A apuração dos votos foi secreta, portanto contrária ao mais elementar princípio de transparência sem o qual nenhuma eleição democrática é válida ou legítima à luz do direito.

Como se isso não bastasse para desqualificar totalmente essa eleição, o presidente do TSE, Dias Toffoli — juiz sem doutorado, sem mestrado, sem sequer pós-graduação, além de ter sido reprovado em dois concursos para juiz estadual — tinha sido advogado do PT nas campanhas de 1998, 2002 e 2006. Um homem desses jamais poderia ser presidente do TSE, por óbvio conflito de interesses. Em outras palavras, foi colocado um petista para coordenar o processo eleitoral.

Existem, ademais, graves objeções à confiabilidade das urnas eletrônicas, que não foram adotadas em país desenvolvido algum, nem mesmo nos Estados Unidos, onde são fabricadas. Por fim, a ilegalidade desse pleito foi aventada com a suspeita do ministro Gilmar Mendes, do STF, de que dinheiro roubado à Petrobras teria financiado a campanha de Dilma em 2014,[20] muito após a revelação da Operação Lava Jato de que isso também ocorreu na campanha de 2010 (ver página 404).[21] No decorrer de 2015, pelo menos seis delatores confirmaram essa denúncia.

Dilma Rousseff inaugurou o novo mandato de legitimidade questionável com o que a mídia chamou "pacote de maldades": aumento da conta de luz, aumento dos juros da casa própria, aumento dos combustíveis, aumento do transporte público, aumento de impostos e corte de verbas da educação e da saúde — precisamente o que havia acusado Aécio Neves e Marina Silva de pretenderem fazer, se eleitos.

Qualquer popularidade que ainda pudesse ter despencou tão logo seus eleitores perceberam que haviam sido enganados. Nove em cada dez brasileiros achavam o governo Dilma ruim ou péssimo.

Em novas manifestações nos dias 15 de março, 12 de abril e 16 de agosto, cerca de 5 milhões de pessoas, em todos os estados brasileiros, foram às ruas protestar contra ela aos gritos de "Fora, Dilma" e "Fora, PT". O ódio mais que justificado a esse partido levava pessoas de camisa vermelha a serem hostilizadas. Um homem parecido com Lula quase foi linchado. Mas o governo, que não se importa minimamente com a opinião do povo, permaneceu indiferente às manifestações.

Em junho de 2015, o Tribunal de Contas da União (TCU) deu prazo à presidente para explicar uma série de irregularidades nas contas públicas de 2014, as chamadas "pedaladas fiscais", espécie de manobras contábeis fraudulentas para maquiar o orçamento federal. Vencido, o prazo foi prorrogado.

Exaurida pelas críticas à sua gestão, vindas de todos os lados, pela extraordinária rejeição popular à sua pessoa (7% de aprovação) e ao seu partido, Dilma se encastelou no Palácio do Planalto, fazendo aparições públicas somente para plateias adestradas. Até parou de se apresentar na TV, em rede nacional, pois seus pronunciamentos causavam panelaços por todo o país.

A cada dia mais alienada da realidade, parecia empenhar-se em confirmar, toda vez que abria a boca, a opinião geral sobre a sua inteligência. Na cerimônia de abertura dos Jogos Mundiais dos Povos Indígenas, a 23 de junho, saudou a mandioca, "uma das maiores conquistas do Brasil". Logo depois, com uma bola indígena de folhas de bananeira nas mãos, soltou esta tirada digna do seu antecessor e titereiro:

— Esta bola é o símbolo da nossa evolução, quando nós criamos uma bola dessas, nos transformamos em *Homo sapiens* ou mulheres *sapiens*.

No mês seguinte, durante o lançamento de mais um inútil programa da sua gestão, propôs:

— Não vamos colocar uma meta. Vamos deixar a meta aberta. Quando a gente atingir a meta, nós dobramos a meta.

Mais adiante, na Cúpula das Nações Unidas, falou sobre a necessidade de uma "tecnologia para estocar vento", dando a deixa para milhares retrucarem que ela já o fazia dentro da própria cabeça.

Em 1º de setembro, 14 pedidos de *impeachment* se acumulavam na Câmara, sendo o 14º assinado por ninguém menos que o jurista Hélio Bicudo, um dos fundadores do PT. Os pedidos de inquérito contra Lula e Dilma multiplicavam-se mais depressa do que o procurador-geral Rodrigo Janot, o "Engavetador-Geral da República", conseguia arquivá-los — chegou a arquivar 82.

Com um Estado falido nas mãos e sem saber de onde tirar dinheiro, tudo que ocorria à inepta presidente era criação de novos impostos ou aumento de já existentes, todos vetados pelo Congresso, ao qual encaminhou proposta de Orçamento para 2016 com *déficit* inédito de 30,5 bilhões de reais. A inflação chegava a quase 10%, o dólar ultrapassou 4 reais e o crescimento do PIB caiu para -2,7%.

O isolamento de Rousseff atingiu o ápice no feriado de 7 de setembro, quando mandou erguer uma cerca metálica de 5km — apelidada Muro da Vergonha — ao redor do percurso do tradicional desfile presidencial em carro aberto, na Esplanada dos Ministérios. Temerosa dos insultos e vaias do povo, a presidente desfilou apenas para si mesma, alguns soldados e pelegos.

Em 6 de outubro, o TSE decidiu, por 5 votos a 2, abrir uma ação para investigar a campanha que elegeu a presidente e o vice Michel Temer. No dia seguinte, em outra decisão inédita no Brasil, Dilma teve suas contas unanimemente rejeitadas pelo TCU, apesar de ter tentado afastar o relator, que recomendara a reprovação, e suspender o julgamento no TSE, em vão. Ambas as deliberações abriram caminho para o *impeachment*, a segunda por crime de responsabilidade.

Na segunda quinzena de outubro de 2015, acuado por denúncias de corrupção e movimentação ilegal de contas bancárias na Suíça, Eduardo Cunha, presidente da Câmara, fez um pacto de mútua sobrevivência com o governo Dilma, rejeitando sucessivos pedidos de *impeachment* — que já somavam 34 — em troca de apoio governista para se manter no cargo. A bancada petista, no entanto, violou esse acordo, dando continuidade ao processo contra Cunha no Conselho de Ética da Câmara.

No dia 2 de dezembro de 2015, Eduardo Cunha, em retaliação, acolheu o pedido encaminhado pelos juristas Hélio Bicudo, Janaína Paschoal e Miguel Reale Júnior, dando abertura ao processo longo e complexo de afastamento do pior e mais detestado presidente da história do Brasil por ter fraudado as contas públicas através das "pedaladas fiscais".

No dia 16, ao abrir a 3ª Conferência Nacional da Juventude, Rousseff criticou os que desejavam afastá-la do poder. "Este é um país que adotou o regime presidencialista. Só no parlamentarismo uma crise política é alegação para se afastar governo", declarou, fazendo sem querer um elogio ao sistema parlamentarista, que afasta governantes incompetentes e corruptos com muito mais facilidade que o presidencialismo.

Em fevereiro de 2016, um novo golpe duro para a presidente: a prisão do seu marqueteiro, João Santana, a única pessoa que ela ouvia, acusado pela Polícia Federal de envolvimento com o Petrolão (ver quadro na página 403), tendo enviado pelo menos 7 milhões de dólares ao exterior.

Às vésperas da votação do *impeachment* no Congresso, Rousseff, que nunca primara pela compostura e autocontrole, desatou a ter ataques de histeria, quebrando móveis do palácio, xingando funcionários e esbravejando com todos. "Para tentar aplacar as crises, cada vez mais recorrentes, a presidente tem sido medicada com dois remédios ministrados a ela desde a eclosão do seu processo de afastamento: Rivotril e Olanzapina, este último usado para esquizofrenia, mas com efeito calmante. A medicação nem sempre apresenta eficácia, como é possível notar."[22]

Durante um voo presidencial, após forte turbulência, Dilma invadiu a cabine do piloto aos berros:

— Você está maluco? Vai se fuder! É a presidenta que está aqui![23]

A fim de conseguir, literalmente a qualquer preço, 171 votos para impedir a sua cassação na Câmara, Rousseff transformou o governo num balcão de negócios, oferecendo 600 cargos, 50 bilhões em emendas, um milhão de reais por voto favorável e 400 mil ao parlamentar que se ausentasse da votação. O ex-presidente Lula ficou encarregado das negociatas, recebendo os deputados num hotel de luxo em Brasília.[24]

— Se não conseguirmos 171 votos para derrubar o pedido no plenário da Câmara — comentou um ministro —, é melhor ir para casa mesmo.[25]

Todo esse toma lá, dá cá foi em vão.

Em 17 de abril de 2016, com 367 votos favoráveis, 137 contrários, 7 abstenções e 2 ausências, a Câmara dos Deputados aprovou o pedido de *impeachment*. A presidente foi afastada por 180 dias, até a decisão final no Senado, e o vice, Michel Temer, assumiu como presidente interino.

Dilma e os petistas não quiseram largar o osso do poder de jeito nenhum. Repetiam à exaustão que um golpe de Estado estava em curso no país e, sem argumento além da repetição sistemática de suas falácias, criaram o bordão "*Impeachment* sem crime é golpe", embora os crimes estivessem mais que especificados e provados.

Chegou-se a cunhar o termo "golpe parlamentar", coisa que, a exemplo de outros conceitos esquerdistas, como "mais-valia", "dívida histórica", "distribuição de renda", "cultura do estupro" etc., simplesmente não existe. Com sua obsessão por gênero, a "presidenta" alegava estar sendo afastada por ser mulher.

No Senado, o destaque foi da chamada Bancada da Chupeta, composta por quatro senadores da base aliada do governo, que procuravam tumultuar as sessões e atrasar as votações, denunciando a iminente condenação de uma "presidenta inocente", nas suas próprias palavras. Eram eles Vanessa Grazziotin, do PCdoB (acusada de receber 1,5 milhão de propina da Odebrecht), Lindbergh Farias, do PT (condenado por improbidade administrativa e acusado de receber propina de 4,5 milhões da Odebrecht), Gleisi Hoffmann, do PT (ré na Lava Jato por envolvimento no Petrolão), e Fátima Bezerra, do PT (acusada de receber doações ilegais de empresas investigadas pela Lava Jato).

O ponto alto dessa defesa canhestra foi quando José Eduardo Cardozo, ex-ministro da Justiça e advogado da presidente afastada, citou uma lista de jurisconsultos que, segundo ele, aprovavam a tese da defesa, entre os quais o doutor "Tomás Turbando Bustamante".

Todo esse circo foi em vão.

Em votação no Senado, a 31 de agosto de 2016, por 61 votos a 20, Rousseff foi condenada por crime de responsabilidade e definitivamente afastada do Planalto. O Brasil não se tornaria uma nova Venezuela.

No entanto, graças a uma manobra de seus aliados, o presidente do STF, Lewandowski, e o presidente do Senado, Renan Calheiros, recordista de denúncias por corrupção, ela conseguiu manter seus direitos políticos, em vez de tê-los suspensos por oito anos, como ocorreu a Collor, que nem chegou a ser afastado pois renunciou antes.

A destruição causada por 13 anos de PT no poder é de tal dimensão que, até hoje, não foi totalmente mensurada. Ao deixar a presidência, Rousseff legou ao sucessor um Tesouro Nacional com dívida de 323 bilhões de reais, um Ministério da Saúde devendo 3,5 bilhões a estados e municípios, os fundos de pensão das estatais com perdas de 113,5 bilhões, a Petrobras e a Eletrobrás com rombos de 42 e 14,4 bilhões, 14 milhões de desempregados e quase 2 milhões de empresas fechadas ou falidas.

Será muito difícil virar essa página tão lamentável da nossa história, a despeito das palavras da própria Dilma numa entrevista coletiva no Acre, em 2015:

— Tinha um amigo meu que dizia: "O passado é assim: passou."[26]

Petrolão

Quando se crê que o lulopetismo atingiu as camadas abissais de sua vilania e podridão, eis que um novo escândalo ainda pior que o anterior vem à tona, fazendo as pessoas de bem, desacostumadas ao esgoto da contravenção, taparem o nariz e torcerem que seja o último.

Enquanto o Mensalão era desmontado, outro era articulado durante o governo Lula, desta vez um esquema bilionário de lavagem e desvio de dinheiro da maior empresa do Brasil e uma das maiores do mundo: a Petrobras. Para isso, o presidente mensaleiro teria contado com a ajuda de diversos comparsas, entre os quais a sua ministra da Casa Civil, Dilma Rousseff, que nomeou os diretores da estatal encarregados de, em conluio com empreiteiras e com o PT, desviar 10 bilhões de reais para cofres partidários, financiando, com parte dessa fortuna, as campanhas de Lula, em 2006, e de Dilma, em 2010 e 2014.[27]

O esquema foi descoberto graças à Operação Lava Jato, deflagrada em março de 2014 pela Polícia Federal. Várias prisões foram efetuadas, entre as quais a de um ex-diretor, Paulo Roberto Costa, que denunciou o esquema, e um dos seus principais organizadores, o doleiro Alberto Youssef, contrabandista com uma vasta ficha criminal. Ambos assinaram acordos de delação premiada em troca de diminuição das penas. Um ano após o início da Lava Jato, já eram dezessete os delatores do esquema.

A presidente da Petrobras, Graça Foster, que devia o cargo apenas à sua amizade com Dilma, foi afastada, juntamente com cinco diretores e outros funcionários. Quase trinta empresários foram presos, entre os quais Marcelo Odebrecht, presidente do grupo que construiu o porto de Mariel, em Cuba. Descobriu-se que o mensaleiro José Dirceu, acumulando corrupção sobre corrupção, recebeu pelo menos 8 milhões de reais das empreiteiras que abasteciam o Petrolão. Fernando Collor teria recebido 26 milhões.

O destemido juiz federal do Paraná Sérgio Moro, referência no julgamento de crimes financeiros, é responsável pelas ações penais nos casos que não envolvem políticos, detentores de foro privilegiado e, portanto, sujeitos a investigação pelo STF. Relator do Petrolão, o ministro Teori Zavascki autorizou a abertura de inquéritos de 28 políticos envolvidos, todos do PT, PMDB e PP.

Alberto Youssef já afirmou, em depoimento, que Dilma e Lula tinham pleno conhecimento do esquema de desvio de dinheiro na Petrobras. Novos testemunhos vão tornando a situação dos dois últimos presidentes e coveiros da Nova República cada vez mais difícil de blindar por magistrados subservientes ao poder. Como observou o professor Villa: "Pela primeira vez neste país poderemos ter um ex-presidente não só indiciado, mas condenado pela Suprema Corte. Resta saber se o STF vai agir dentro da lei ou permanecerá um mero puxadinho do Palácio do Planalto, como em outras oportunidades."

Mandato: 2016-

Apelidos: Presidento, Temerário

Temer não dá "boa noite" sem pensar duas vezes.

Elio Gaspari

Nenhum presidente brasileiro — nem mesmo Prudente de Morais — herdou do antecessor um legado tão calamitoso quanto o de Michel Miguel Elias Temer Lulia com o afastamento de Dilma Rousseff.

Filho de imigrantes libaneses e caçula de oito irmãos, nasceu numa chácara em Tietê, interior de São Paulo. Na Faculdade de Direito do Largo São Francisco, formadora de tantos presidentes da República, Michel Miguel fez diversos contatos valiosos antes de se graduar, em 1963.

Durante a ditadura, exerceu a advocacia nas áreas cível, empresarial e trabalhista. Doutorou-se em direito pela PUC de São Paulo, onde lecionou ao lado do também professor Franco Montoro, que o introduziu na política.

Em 1981, Temer filiou-se ao PMDB, de onde nunca saiu. Quando Montoro elegeu-se governador de São Paulo, nomeou Michel procurador-geral do estado, em 1983, e, no ano seguinte, secretário da Segurança Pública, à frente da qual Temer deu à sociedade uma de suas maiores contribuições: a Delegacia da Mulher.

Foi como parlamentar que encontrou sua vocação. Paciente, pragmático, conciliador, tranquilo, propenso ao diálogo, astuto mas pouco inteligente, dotado de muita maleabilidade e pouca imaginação, Temer aprendeu a se manter na periferia do poder. Elegeu-se suplente de deputado em 1986, assumiu em 1987 e participou da Constituinte de 1988. Em 1995, elegeu-se deputado e, depois, presidente da Câmara em três ocasiões: duas no governo FHC (1997-2001) e uma na gestão Lula (2009-10).

Desde 2001 era presidente nacional do PMDB, razão pela qual convidaram-no a concorrer como vice-presidente de Dilma Rousseff na eleição de 2010.

O principal motivo que levou o PT a buscar uma coligação com o PMDB — personificado por Temer — foram três minutos a mais de televisão na propaganda eleitoral, visto que os peemedebistas tinham a maior bancada no Congresso.*

A atuação de Temer operou-se essencialmente nos bastidores e sem contato com o eleitorado, daí nunca ter sido popular, nem se interessar muito em sê-lo. Apesar das ideias progressistas — a favor do parlamentarismo e da diminuição da carga tributária, contra o intervencionismo do governo na economia e no Poder Judiciário —, sempre foi um político da velha guarda, adepto do modo retrógrado de se fazer política no Brasil, à base de negociatas, conchavos, trocas de favores e uma autocomplacência pouco republicana para com o dinheiro do contribuinte.

Inclusive na aparência, Temer transmite certo ranço de presidente da República Velha, formal e cerimonioso, muito empertigado (talvez para compensar a baixa estatura), de roupas alinhadas e cabelos grisalhos penteados para trás, fixos com Gumex. Por sua semelhança superficial com o ator inglês Peter Cushing, estrela de vários filmes da produtora Hammer, foi chamado por Antônio Carlos Magalhães de "mordomo de filme de terror".[1]

Em 2002, ao receber um *e-mail* da jovem namorada e futura esposa, julgou tratar-se de um fax[2] (ver quadro na página 419).

Se o perfil afilado e os olhos penetrantes conferem sagacidade ao vetusto conjunto, o linguajar rebuscado o acentua. Apreciador de mesóclises, disse certa vez:

— Não tem essa coisa de não errei, não aceito errar, posso ter errado e procurarei não errar. Mas se o fizer, *consertá-lo-ei*.

Embora contido, Temer gesticula muito ao falar, agitando as mãos pequenas, estreitas e de dedos longos, como as de um guaxinim.

---

* Com o fim do regime militar, o PMDB, grande vencedor na redemocratização, entranhou-se de tal forma na máquina pública a ponto de ser muito difícil para qualquer mandatário da Nova República governar sem o apoio dessa legenda.

No primeiro mandato de Dilma ele foi, como se queixou mais adiante, um vice decorativo, sem outras funções no governo além de substituir a presidente em solenidades. Ela nunca gostou dele nem confiava nele.

Quando, no início de 2015, uma onda de protestos anti-Dilma varreu o país, o vice-presidente publicou a seguinte mensagem no seu Twitter: "O *impeachment* é impensável, geraria uma crise institucional. Não tem base jurídica e nem política."

Com a crise econômica e a falta de apoio popular à presidente, o PMDB cogitou afastar-se da administração Dilma. Para conservar-lhes o apoio, ela entregou ao vice a articulação política do governo, ou seja, troca de cargos públicos por apoio político, prática considerada normal num país cujo Congresso abriga 25 partidos.

A despeito das calúnias ressentidas dos petistas, Temer desempenhou bem sua tarefa.

— Michel foi um bom articulador político, um dos períodos em que mais se aprovaram matérias do governo — reconheceu o deputado Orlando Silva (PCdoB-SP), vice-líder do governo Dilma na Câmara.[3]

A articulação política de Temer durou apenas quatro meses. O vice queixava-se de que acordos costurados por ele eram sabotados pelo ministro-chefe da Casa Civil, Aloízio Mercadante, e desautorizados pela própria presidente, enciumada porque o gabinete presidencial se esvaziava, enquanto o do vice recebia uma romaria de parlamentares da base aliada.

— Ele está achando que virou presidente — ruminou Dilma.[4]

Em um pronunciamento endereçado à classe política, no mês de agosto, Temer disse à imprensa: "É preciso que alguém tenha capacidade de reunificar a todos, reunir a todos." Para os petistas, o vice dera a entender que a presidente não era aquele alguém. As relações entre Rousseff e Temer azedaram ainda mais.

A 4 de dezembro de 2015, dois dias após Eduardo Cunha — amigo de Temer — aceitar a abertura do processo de *impeachment*, o vice enviou uma carta a Dilma, manifestando sua contrariedade pelo modo como vinha sendo tratado pela presidente e seu círculo interno.

Como bom especialista em direito constitucional, Temer inicia a carta em latim, *Verba volant, scripta manent* (as palavras voam, os escritos ficam). Tal é a fama do fisiologismo peemedebista que, segundo as más línguas de Brasília, uma carta do presidente do PMDB só poderia começar com a palavra "verba".[5]

"Jamais eu ou o PMDB fomos chamados para discutir formulações econômicas ou políticas do país; éramos meros acessórios, secundários, subsidiários", foi uma das onze queixas em tom magoado; "O PMDB tem ciência de que o governo busca promover a sua divisão, o que já tentou no passado, sem sucesso", foi outra. De fato, a presidente escolhera como principal aliado peemedebista o presidente do Senado e desafeto de Temer, Renan Calheiros.

É difícil não desconfiar que a carta, enviada logo após a abertura do processo de *impeachment*, foi um pretexto para iniciar o desembarque da nau. Temer deve ter percebido que a presidente, com sua incompetência, arrogância e improbidade, estava madura para cair.

A carta apenas aumentou a desconfiança de Dilma com relação ao vice, mas não houve consequências imediatas. Para apaziguar esses aliados de que não gostava, deu mais alguns ministérios ao PMDB, incluindo o da Saúde, e continuou mantendo Temer e sua sigla longe do núcleo decisório do Planalto.

Em 12 de março de 2016, na convenção nacional do seu partido, Temer conseguiu evitar que a legenda rompesse com o governo, sob a condição de que a presidente não nomeasse ninguém do PMDB para o seu ministério nos 30 dias seguintes. Quatro dias depois, o vice foi surpreendido pelo anúncio oficial, na TV, da nomeação do peemedebista Mauro Lopes como ministro da Aviação Civil — pasta antes ocupada por um aliado de Temer, Eliseu Padilha, forçado a renunciar pela gestão Dilma.

Era uma clara ofensiva da presidente para diluir a influência de Temer no partido e criar divisões dentro dele.

— Eu me joguei com toda a energia para ajudá-la naquele momento — disse Temer a amigos, relembrando a tarefa de articulador político no ano anterior. — Passei a dormir tarde, a trabalhar 24 horas por dia por ela. E deu certo. Só que ela me sabotou.

Foi nesse instante que Temer decidiu romper com Rousseff.

Lula tentou impedir que a estupidez do seu "poste" transformasse os maiores aliados do governo em adversários, mas Temer retrucou:

— Ela não escuta ninguém, nem mesmo o senhor!

Em 29 de março, o Diretório Nacional do PMDB decidiu deixar a base aliada do governo Dilma e exigiu que os ministros filiados ao partido entregassem as pastas.

Para colocar de uma vez por todas a presidente e o vice em rota de colisão, no mês seguinte vazou na mídia — pouco antes da Comissão Especial da Câmara dos Deputados votar o processo contra Rousseff — um arquivo de áudio em que Temer falava como se o *impeachment* já tivesse passado e ele fosse o novo presidente, conclamando um "governo de salvação nacional" e falando em "pacificação" e "reunificação" do país.

Temer justificou-se alegando ser aquele um ensaio caso o *impeachment* fosse aprovado, divulgado "sem querer" para um grupo de WhatsApp.

Pouca gente acreditou. Até mesmo Dilma, normalmente tão obtusa, em discurso no Palácio do Planalto fez claras alusões a Eduardo Cunha e Michel Temer:

— Se ainda havia alguma dúvida sobre o golpe, a farsa e a traição em curso, não há mais. Se havia alguma dúvida sobre a minha denúncia de que há um golpe de Estado em andamento, não pode haver mais. Os golpistas podem ter chefe e vice-chefe assumidos. Não sei direito qual é o chefe e o vice-chefe. Um deles é a mão não tão invisível assim, que conduz com desvio de poder e abusos inimagináveis o processo de *impeachment*. O outro esfrega as mãos e ensaia a farsa do vazamento de um pretenso discurso de posse. Cai a máscara dos conspiradores.

Temer negociou pessoalmente com os líderes partidários para que votassem pelo *impeachment*, oferecendo cargos em seu futuro governo. O Palácio do Jaburu, residência oficial do vice-presidente, passou a ser o endereço mais visitado de Brasília.

No dia 17, o afastamento de Dilma Rousseff foi aprovado na Câmara, e, em 12 de maio, teve início o processo no Senado.

Nesse mesmo dia, Temer assumiu como presidente interino. Seu novo ministério tinha apenas 24 ministros. No discurso de posse, ao apresentar as reformas que pretendia realizar, asseverou:

— Nenhuma dessas reformas alterará os direitos adquiridos pelos cidadãos brasileiros. Como menos fosse, sê-lo-ia pela minha formação democrática e jurídica.

Os brasileiros foram surpreendidos pela sensação, inédita após 13 anos ouvindo Lula e Dilma, de terem um chefe de Estado que sabia se expressar corretamente em português.

De fato, Temer é homem dado à leitura e sua preferência é por biografias de grandes líderes mundiais, como Catarina, a Grande e Churchill. Quando adolescente quis ser escritor, porém a maioria das obras que publicou mais tarde não foram de literatura, e sim relacionadas às áreas jurídica e política. A principal delas, *Elementos de direito constitucional*, publicada em 1982, vendeu mais de 240 mil exemplares.

Para desgraça da poesia, Temer lançou, em 2013, *Anônima intimidade*, livro de poemas que só não são inferiores aos de José Sarney porque tal coisa é impossível.

Muitos não contêm versos, mas tão somente frases ou pensamentos dispersos, como "Não. Nunca mais!", "Eu não sabia./ Eu juro que não sabia!", ou trocadilhos rasos: "Um homem sem causa/ Nada causa."
Outros são meras palavras empilhadas:

> Deificado.
> Demonizado.
> Decuplicado.
>
> Desfigurado.
> Desencantado.
> Desanimado.
>
> Desconstruído.
> Derruído.
> Destruído.

Há alguns melhores, por serem apenas ruins, como "Assintonia":

> Falta-me tristeza.
> Instrumento mobilizador
> Dos meus escritos.
> Não há tragédia
> À vista.
> Nem lembranças
> De tragédias passadas.
> Nem dores no presente.
> Lamentavelmente
> Tudo anda bem.
> Por isso

Andam mal
Os meus escritos.

É tentador especular que, ao escrever o poema "Embarque", tinha em mente a sua esposa Marcela, 43 anos mais nova que ele (ver quadro na página 419):

Embarquei na tua nau
Sem rumo. Eu e tu.
Tu, porque não sabias
Para onde querias ir.
Eu, porque já tomei muitos rumos
Sem chegar a lugar nenhum.

Se a ascensão de Temer ao poder causou revolta entre os petistas, que o consideravam um traidor, os brasileiros viam o novo presidente com desconfiança precisamente por ter pertencido, durante seis anos, ao governo que levara o país à bancarrota. Um pouco como o tio de Hamlet, Cláudio, cujas qualidades de líder eram obscurecidas pelo fato de obter o trono por um fratricídio.

Já de cara o presidente interino irritou profundamente os esquerdistas ao divulgar o *slogan* do novo governo: "Vamos tirar o Brasil do vermelho para voltar a crescer."

Para ministro da Fazenda nomeou Henrique Meirelles, que já fora presidente do Banco Central e defendia menos intervenções do governo na economia, maior abertura ao comércio exterior e controle de gastos para melhorar as contas públicas.

Temer cortou 5 mil cargos comissionados, todos ocupados por petistas, e cancelou os 11 milhões de reais por ano destinados ao pagamento de blogueiros sujos, a chamada esgotosfera petista. E fez aprovar a PEC do Teto dos Gastos Públicos, congelando os gastos desenfreados do governo.

Nunca, porém, lhe ocorreu economizar bilhões cortando os inconcebíveis privilégios de congressistas, como as mais de 3.400 pessoas a serviço dos 81 senadores, os 25 assessores para cada um dos 513 deputados, os 432 luxuosos imóveis funcionais à disposição destes etc.

Em certas ocasiões o presidente revelou-se fraco e titubeante, como ao recuar da decisão excelente de eliminar o inútil e oneroso Ministério da Cultura, pressionado pela classe artística. Também desistiu de abolir o revoltante auxílio-reclusão, temeroso de rebeliões em presídios. E, tolamente, opinou que a prisão de Lula poderia causar problemas ao país.

Os sindicatos, ONGs e apaniguados dos governos anteriores, cujos interesses a nova administração estava contrariando, não deram um dia de paz ao presidente, a despeito de suas insistentes propostas de diálogo. Estigmatizaram-no como usurpador e o comparavam ao vice-presidente que conspira e rouba o cargo do presidente em *House of Cards*, por sinal uma das séries preferidas de Temer.

Antes e depois de Rousseff ser definitivamente afastada, em agosto de 2016, insistiram na patética teoria de que ela era vítima de um golpe de Estado, chamavam-no golpista, vampiro, presidente sem votos, esquecendo que eles mesmos o tinham elegido ao votar em Dilma. Opunham-se a todos os seus projetos e reformas, encaminharam dezenas de pedidos de *impeachment* à Câmara, organizaram protestos de rua violentos e transformaram "Fora Temer" num mantra.

Seis ministros do novo governo foram denunciados por corrupção e afastados, o próprio Temer tendo sido acusado por delatores da Lava Jato de recebimento de propina quando vice. Por causa disso, muita gente de bem chegou a suspeitar que o presidente tivesse a secreta intenção de destruir esse braço da Polícia Federal tão eficaz contra a corrupção.

A pior crise política do governo Temer foi provocada por uma gravação.

Proprietários da empresa JBS, apontada pela Operação Carne Fraca, da PF, como responsável pela comercialização de carne podre ou misturada com papelão,[6] Joesley e Wesley Batista haviam embolsado mais de dez bilhões de reais via BNDES durante os governos petistas.

Em julho de 2016, Joesley foi alvo de investigação na Lava Jato por pagamento de propina, em troca de liberação de recursos do FI-FGTS, ao deputado cassado e ex-presidente da Câmara Eduardo Cunha, preso desde outubro de 2016.

Joesley fez um acordo de delação premiada com a Procuradoria-Geral da República e marcou um encontro com o vice-presidente Temer na noite de 7 de março, no Palácio do Jaburu. Os dois mantiveram uma conversa secretamente gravada por Joesley e divulgada em 17 de maio pelo jornal *O Globo*, segundo o qual Michel Temer daria, na gravação, aval para comprar o silêncio de Cunha, ao dizer: "Tem que manter isso aí, viu."

No entanto, a gravação amadora e malfeita não revela isso de modo algum. Joesley diz:

— Eu tô de bem com o Eduardo...

E o presidente comenta:

— Tem que manter isso, viu.

Paralelamente, a PF filmou um deputado peemedebista ligado ao presidente, Rocha Loures, recebendo da JBS uma mala com 500 mil reais, supostamente para ser entregue a Temer como propina.

No dia 26, o procurador-geral da República, Rodrigo Janot, que engavetara sistematicamente todas as denúncias contra Lula e Dilma — por quem fora nomeado —, denunciou o presidente Temer ao STF por corrupção passiva.

Pela primeira vez na história do Brasil um presidente era acusado formalmente de crime durante o exercício do mandato. Em 1992, Fernando Collor também foi, mas já estava afastado do cargo.

O STF protocolou a denúncia na Câmara. Se esta a aceitasse, seria aberto um processo de afastamento do presidente. O fantasma do *impeachment* voltava a assombrar o país, menos de um ano depois.

"A única coisa sobre a qual não resta dúvida é que a denúncia de Rodrigo Janot contra Michel Temer, de tão rasa, só serve a interesses políticos, e não jurídicos", opinou o editorial do *Estadão*.[7]

Uma histeria coletiva pela queda de Temer apoderou-se da mídia esquerdista, da oposição e até de aliados tucanos, dando três opções ao presidente: renúncia, cassação pelo TSE (o julgamento da chapa Dilma-Temer estava marcado para o começo de junho) ou *impeachment*. Tanto Lula quanto FHC disseram que Temer deveria renunciar.

Grupos sindicais e movimentos de esquerda organizaram protestos pelo "Fora Temer" e iniciaram uma bizarra campanha por "Diretas Já", supostamente revisitando o grande movimento pela redemocratização, em 1984, mas na verdade pretendendo eleger Lula para livrá-lo do juiz Sérgio Moro.

Com uma energia pouco condizente à sua fama de presidente fraco, Temer asseverou que não renunciaria. "Se quiserem, que me derrubem", reiterou.

A 9 de junho, o TSE encerrou o julgamento e, por 4 votos a 3, arquivou o pedido de cassação da chapa Dilma-Temer (ver página 400).

O povo brasileiro, que foi às ruas pedir ruidosamente a saída da "presidenta", não se deu ao trabalho de fazer o mesmo contra o "presidento". Embora este fosse impopular, prevalecia a tese do "ruim com ele, pior sem ele", pois as alternativas a Temer não eram nada animadoras: os dois políticos da linha sucessória, Rodrigo Maia e Eunício Oliveira, presidentes da Câmara e do Senado, eram investigados pela

Lava Jato. A possibilidade de eleições diretas, faltando apenas um ano para o pleito de 2018, não foi levada a sério.

Além disso, os indicadores econômicos apresentavam ligeira melhora: a inflação anual, de acordo com o IPCA (Índice de Preços ao Consumidor Amplo), medido pelo IBGE, alcançou o patamar mais baixo desde fevereiro de 1999. E a reforma trabalhista foi aprovada no Senado, a 11 de julho, contrariando os prognósticos de que um presidente acossado não seria capaz de aprovar reformas.

Com a votação na Câmara marcada para o dia 2 de agosto, muitos quiseram enxergar o presidente no mesmo mato sem cachorro que sua antecessora no ano anterior. Mas Michel Temer não é Dilma Rousseff. Negociador hábil e conhecedor do Congresso como a palma da mão de guaxinim, abriu o varejo e entregou-se a uma agenda frenética de acordos com parlamentares para salvar o seu governo.

O resultado não poderia ter sido outro: a Câmara rejeitou, por 263 votos a 227, a denúncia de Janot contra o presidente.

Ao desafiar interesses poderosíssimos de sindicalistas, empresários escroques tornados bilionários pelo BNDES, a grande mídia e todos os escalões aparelhados pelo projeto criminoso de poder que o precedera, o pequeno mordomo de filme de terror passou pela prova de fogo da sua presidência e saiu fortalecido, exibindo "musculatura política" para aprovar as reformas necessárias ao país, como a da Previdência, a tributária e a política.

— É hora de atravessarmos juntos a ponte que nos conduzirá ao futuro — convidou ele no fim de seu discurso, após a votação.

Na segunda quinzena de agosto, anunciou um programa de privatizações que incluía a Eletrobrás e a Casa da Moeda.

Bela, recatada e do lar

Marcela Temer, nascida Tedeschi, é a mais bonita primeira-dama que o Brasil já teve, embora não a mais elegante, título que continua detido por Maria Teresa Goulart.

Temer a conheceu em 2002, quando tinha 62 anos, era presidente nacional do PMDB e deputado federal candidato à reeleição. Foi em Paulínia, cidade natal de Marcela, numa convenção peemedebista à qual a levara o tio, filiado ao partido do prefeito. Temer contou que pediu o telefone da ex-miss Paulínia de 1,72m (portanto, uns 5 centímetros mais alta que ele), dando início ao primeiro namoro da vida dela. Mais tarde, alterou-se a versão oficial: ela teria lhe enviado um *e-mail* de parabéns pela reeleição, com o telefone junto.

Na primeira vez que saíram, ele perguntou:

— Você tem vinte e quantos anos?

— Fiz dezenove em maio — respondeu a garota.

Temer tinha três filhas de seu primeiro casamento, todas mais velhas que Marcela.

Após deixá-la em casa, ligou e pôs-se a gritar como um louco ao telefone: "Te amo, te amo, te amo!" Casaram-se em 2003 e tiveram um filho, Michelzinho. Discreta e algo tímida, não se lhe conhecem transgressões, segundo a família, maiores que a de tatuar o nome do marido na nuca.

Não é possível saber se, da parte dela, essa união desigual foi por amor, interesse ou arranjada, como as de antanho. Separados por duas gerações, pareciam ter em comum apenas o estudo de leis (ela se formou bacharel em 2009) e a origem interiorana paulista.

No ano de 2011, Fernanda, cunhada do agora vice-presidente e tão bela quanto a irmã mais velha, foi pressionada a desistir de posar nua para a revista *Playboy*.

Em 2016, um *hacker* violou o celular de Marcela e procurou extorquir dinheiro de sua família para não revelar fotos íntimas e áudios de conversas telefônicas da moça. Clonando o aparelho, fez-se passar pela própria Marcela e pediu 15 mil reais ao irmão, que pagou. Depois, quis extorquir 300 mil diretamente dela, ameaçando divulgar um áudio que jogaria o nome do seu marido "na lama". A polícia foi acionada e o chantagista preso.

Segundo o depoimento dele, as fotos apenas mostravam Marcela de *lingerie* — nada obsceno, mas muito inconveniente para uma futura primeira-dama —, e o áudio que jogaria o nome de Temer na lama consistia em Marcela dizendo ao irmão Karlo — desejoso de ingressar na política — que ele precisava "fazer como Michel, se aproximar dos pobres". Por que uma frase inofensiva como essa prejudicaria alguém é o que ninguém entendeu.[8]

No mesmo ano, a revista *Veja* publicou uma matéria sobre ela, intitulada "Bela, recatada e do lar", que despertou nas recalcadas mulheres de esquerda um ódio pela jovem conservadora ainda maior que pelo marido dela.

> Marcela Temer irrita justamente por ser bonita e se dedicar à discrição e à família. Irrita justamente por mostrar que a felicidade, a realização, a autossatisfação e a *joie de vivre* não derivam de militância, de discurso vitimista-revanchista, de performances puramente estéticas com palavras de ordem e hormônios em ebulição em praça (ou rede) pública.[9]

Com a elevação de Michel Temer ao cargo máximo da nação, Marcela tornou-se primeira-dama, posição inexistente havia cinco anos e meio.

Não demorou para a equipe do novo presidente perceber que ela poderia ajudar a melhorar a imagem do governo. Foi nomeada embaixadora do programa social Criança Feliz, que dá assistência médica e psicológica a crianças carentes de 0 a 3 anos. Os resultados dessa contribuição estão por ser avaliados.

Em março de 2017, a família presidencial mudou-se para o Palácio da Alvorada, mas ficou apenas onze dias e retornou ao Jaburu.

— Senti uma coisa estranha lá — justificou Temer. — Eu não conseguia dormir, desde a primeira noite. A energia não era boa. A Marcela sentiu a mesma coisa. Só o Michelzinho, que ficava correndo de um lado para outro, gostou. Chegamos a pensar: será que tem fantasma?

NOTAS

Introdução

1. Darcy Bessone. *Wenceslau, um pescador na presidência*. Belo Horizonte: Sociedade de Estudos Históricos Pedro II, 1968, p. 295.
2. Marco Antônio Villa. *A queda do Império*. São Paulo: Ática, 1996, p. 8.
3. Instituto dos Advogados. Trecho do discurso "O Supremo Tribunal Federal na Constituição Brasileira", apontamento no Arquivo da FCRB. In: *Obras Completas de Rui Barbosa*, v. 41, t. 4. Rio de Janeiro: 1914, p. 233.
4. Hindemburgo Pereira Diniz. *A monarquia presidencial*. Rio de Janeiro: Nova Fronteira, 1984, p. 303.

Deodoro da Fonseca

1. Laurentino Gomes. *1889*. São Paulo: Globo, 2013, p. 54.
2. Raimundo Magalhães Jr. *Deodoro, a espada contra o Império*. São Paulo: Companhia Editora Nacional, 1957, v. 2, p. 205.
3. Frederico de S. *Fastos da ditadura militar no Brasil*. Brasília: Senado Federal, 2014, p. 54.
4. Fernando Jorge. *Cale a boca, jornalista!*. Osasco: Novo Século, 2008, p. 62.
5. Marco Antônio Villa. *O nascimento da República no Brasil*. São Paulo: Ática, 1997, pp. 54-7.
6. Isabel Lustosa. *Histórias de presidentes*. Rio de Janeiro: Agir, 2008, pp. 241-2.
7. Mendes Fradique. *História do Brasil pelo método confuso*. Rio de Janeiro: Leite Ribeiro, 1923, p. 139.

Floriano Peixoto

1. Laurentino Gomes. *1889*. São Paulo: Globo, 2013, pp. 348-9.
2. *A Cidade do Rio*, 13/6/1892.
3. *Correio da Manhã*, 14/9/1954.

Prudente de Morais

1. Rodrigo Otávio. *Minhas memórias dos outros: primeira série*. Rio de Janeiro: Civilização Brasileira, 1978, pp. 134-5.
2. Laurentino Gomes. *1889*. São Paulo: Globo, 2013, p. 376.

Campos Sales

1. Medeiros e Albuquerque. *Quando eu era vivo*. Rio de Janeiro: Record, 1982, p. 213.
2. Raymundo Faoro. *Os donos do poder*. São Paulo: Globo, 2008, p. 635.

3   Dunshee de Abranches. *Como se faziam presidentes*. Rio de Janeiro: José Olympio, 1973, p. 256.
4   Fernando Jorge. *Getúlio Vargas e o seu tempo*. São Paulo: T. A. Queiroz, 1994, v. 2, p. 25.
5   Isabel Lustosa. *Histórias de presidentes*. Rio de Janeiro: Agir, 2008, p. 48.
6   Fernando Jorge. *Op. cit.*, pp. 243-4.

Rodrigues Alves

1   Afonso Arinos de Melo Franco. *Rodrigues Alves*. Brasília: Senado Federal, 2001, v. 1, p. 224.
2   Joaquim Nabuco. *Minha formação*. São Paulo: W. M. Jackson, 1949, p. 10.
3   Afonso Arinos de Melo Franco. *Op. cit.*, p. 139.
4   Medeiros e Albuquerque. *Quando eu era vivo*. Rio de Janeiro: Record, 1981, p. 214.
5   José Murilo de Carvalho. *Os bestializados*. São Paulo: Companhia das Letras, 1987, pp. 97-8.
6   Raymundo Faoro. *Os donos do poder*. São Paulo: Globo, 2008, pp. 661-2.

Afonso Pena

1   Sílvio Romero. *Realidades e ilusões no Brasil*. Petrópolis: Vozes, 1979, p. 63.
2   Américo Jacobina Lacombe. *Afonso Pena e sua época*. Rio de Janeiro: José Olympio, 1986, p. 350.

Nilo Peçanha

1   Brígido Tinoco. *A vida de Nilo Peçanha*. Rio de Janeiro: José Olympio, 1962, p. 86.
2   Bruno de Almeida Magalhães. *Arthur Bernardes, estadista da República*. Rio de Janeiro: José Olympio, 1973, p. 77.

Hermes da Fonseca

1   Fernando Jorge. *Getúlio Vargas e o seu tempo*. São Paulo: T. A. Queiroz, 1994, v. 2, p. 273-4.
2   Antônio Edmilson Martins Rodrigues. *Nair de Teffé*. Rio de Janeiro: FGV, 2002, p. 59.
3   Fernando Jorge. *Cale a boca, jornalista!*. Osasco: Novo Século, 2008, p. 86.

Venceslau Brás

1   Darcy Bessone. *Wenceslau, um pescador na presidência*. Belo Horizonte: Sociedade de Estudos Históricos Pedro II, 1968, p. 11.

Delfim Moreira

1. Fernando Jorge. *Getúlio Vargas e o seu tempo*. São Paulo: T. A. Queiroz, 1994, v. 2, p. 382.

Epitácio Pessoa

1. Domingos Meirelles. *1930 — Os órfãos da Revolução*. Rio de Janeiro: Record, 2005, p. 216.
2. Raymundo Faoro. *Os donos do poder*. São Paulo: Globo, 2008, p. 682.
3. Érico Veríssimo. *O tempo e o vento — O arquipélago 1*. Rio de Janeiro: Globo, 1987, p. 91.

Artur Bernardes

1. Assis Chateaubriand. *Terra desumana*. Rio de Janeiro: O Jornal, 1926, p. 11.
2. Idem, p. 102.
3. Idem, p. 94.
4. Isabel Lustosa. *Histórias de presidentes*. Rio de Janeiro: Agir, 2008, p. 152.
5. Leandro Narloch. *Guia politicamente incorreto da história do Brasil*. São Paulo: LeYa, 2011, p. 298.

Washington Luís

1. Fábio Koifman. *Presidentes do Brasil*. São Paulo: Cultura, 2002, p. 263.
2. Domingos Meirelles. *1930 — Os órfãos da Revolução*. Rio de Janeiro: Record, 2005, p. 250.

Getúlio Vargas

1. Rubens Vidal Araujo. *Os Vargas*. Rio de Janeiro: Globo, 1985, p. 22.
2. Idem, p. 26.
3. Boris Fausto. *Getúlio Vargas*. São Paulo: Companhia das Letras, 2006, pp. 23 e 27.
4. Rubens Vidal Araujo. *Op. cit.*, p. 56.
5. Érico Veríssimo. *O tempo e o vento – O arquipélago 3*. Porto Alegre: Globo, 1979, pp. 731-2.
6. Luís Vergara. *Getúlio Vargas passo a passo*. Porto Alegre: AGE, 2000, p. 205.
7. Alzira Vargas do Amaral Peixoto. *Getúlio Vargas, meu pai*. Porto Alegre: Globo, 1960, p. 4.
8. Boris Fausto. *Op. cit.*, p. 91.
9. Thomas Skidmore. *Brasil: de Getúlio a Castelo*. Rio de Janeiro: Paz e Terra, 1975, pp. 55-7.
10. Richard Bourne. *Getulio Vargas of Brazil*. Londres: Charles Knight, 1974, p. 128.
11. William Waack. *Camaradas*. São Paulo: Companhia das Letras, 1993, p. 103.

Eurico Dutra

1. Fábio Koifman. *Presidentes do Brasil*. São Paulo: Cultura, 2002, p. 378.
2. Fernando Jorge. *Cale a boca, jornalista!*. Osasco: Novo Século, 2008, p. 146.
3. Idem.
4. Ronaldo Conde Aguiar. *Vitória na derrota: a morte de Getúlio Vargas*. Rio de Janeiro: Casa da Palavra, 2004, pp. 61-2.
5. Idem, p. 64.

Getúlio Vargas

1. Rubens Vidal Araujo. *Os Vargas*. Rio de Janeiro: Globo, 1985, p. 314.
2. Valentina da Rocha Lima e Plínio de Abreu Ramos. *Tancredo fala de Getúlio*. Porto Alegre: L&PM, 1986, p. 28.
3. Idem, p. 58.

Café Filho

1. Carlos Heitor Cony. *Quem matou Vargas*. São Paulo: Planeta, 2004, p. 209.
2. Samuel Wainer. *Minha razão de viver*. Rio de Janeiro: Record, 1988, p. 39.
3. Augusto Nunes. *Tancredo*. São Paulo: Nova Cultural, 1988, p. 37.
4. Isabel Lustosa. *Histórias de presidentes*. Rio de Janeiro: Agir, 2008, p. 220.

Juscelino Kubitschek

1. Geraldo Mayrink. *Juscelino*. São Paulo: Nova Cultural, 1988, p. 36.
2. Valentina da Rocha Lima e Plínio de Abreu Ramos. *Tancredo fala de Getúlio*. Porto Alegre: L&PM, 1986, p. 41.
3. Cláudio Bojunga. *JK, o artista do impossível*. Rio de Janeiro: Objetiva, 2001, p. 671.
4. Idem, p. 674.
5. Idem, p. 670.
6. Idem, p. 672.

Jânio Quadros

1. Fábio Koifman. *Presidentes do Brasil*. São Paulo: Cultura, 2002, pp. 501-2.
2. Ricardo Arnt. *Jânio Quadros, o Prometeu de Vila Maria*. Rio de Janeiro: Ediouro, 2004, pp. 10-1.
3. Idem, p. 26.

⁴ Idem, p. 11-2.
⁵ Idem, p. 103.
⁶ Hélio Silva. *Os presidentes: Jânio Quadros*. São Paulo: Três, 1983, p. 56.

João Goulart

¹ Marco Antônio Villa. *Jango*. São Paulo: Globo, 2004, p. 12.
² Idem, p. 237.
³ Idem, pp. 33-4.

Castelo Branco

¹ Thomas Skidmore. *Brasil: de Getúlio a Castelo*. Rio de Janeiro: Paz e Terra, 1975, p. 388.
² http://blogdemirianmacedo.blogspot.com.br/2011/06/verdade-eu-menti_05.html.

Costa e Silva

¹ Nelson Dimas Filho. *Costa e Silva: o homem e o líder*. Rio de Janeiro: O Cruzeiro, 1966, p. 21.
² Gilberto Dimenstein. *As armadilhas do poder*. São Paulo: Summus, 1990, p. 117.
³ Fábio Koifman. *Presidentes do Brasil*. São Paulo: Cultura, 2002, p. 683.

Emílio Médici

¹ Ronaldo Costa Couto. *História indiscreta da ditadura e da abertura*. Rio de Janeiro: Record, 1998, p. 126.
² Marco Antônio Villa. *Ditadura à brasileira*. São Paulo: LeYa, 2014, p. 195.
³ Fábio Koifman. *Presidentes do Brasil*. São Paulo: Cultura, 2002, p. 694.
⁴ Marco Antônio Villa. *Op. cit.*, p. 212.

Ernesto Geisel

¹ Marco Antônio Villa. *Ditadura à brasileira*. São Paulo: LeYa, 2014, p. 203.
² Gustavo Patu. "Brasil grande Brasil maior", *Folha de S. Paulo*, 20/10/2012.

João Figueiredo

¹ Gilberto Dimenstein. *As armadilhas do poder*. São Paulo: Summus, 1990, p. 118.
² "Empresária relembra o passado ao lado do general Figueiredo", *O Globo*, 3/12/2012.
³ Marco Antônio Villa. *Ditadura à brasileira*. São Paulo: LeYa, 2014, p. 342.

José Sarney

1. Palmério Dória. *Honoráveis bandidos*. São Paulo: Geração, 2009, p. 25.
2. Idem, pp. 27-8.
3. Idem, p. 34.
4. Millôr Fernandes. *Crítica da razão impura ou o primado da ignorância*. Porto Alegre: L&PM, 2002, p. 23.
5. "A face do poder: um retrato de Sarney", *O Globo*, 28/11/2011.
6. Palmério Dória. *Op. cit.*, pp. 40-1.
7. "Em meio à crise, licitação de R$ 1 milhão para lagosta, camarão, salmão e sorvete", *O Globo*, 8/1/2014.

Fernando Collor

1. Pedro Collor de Melo. *Passando a limpo*. Rio de Janeiro: Record, 1993, p. 29.
2. Idem, p. 58.
3. Fábio Koifman. *Presidentes do Brasil*. São Paulo: Cultura, 2002, p. 824.
4. Pedro Collor de Melo. *Op. cit.*, p. 79.
5. Sebastião Nery. *A nuvem*. São Paulo: Geração, 2009, p. 556.
6. Rosane Malta. *Tudo o que vi e vivi*. São Paulo: LeYa, 2014, p. 113.
7. Idem, p. 90.
8. "Ex-ministra Zélia Cardoso de Melo é condenada a 13 anos de prisão", *Folha de S. Paulo*, 25/5/2000.
9. Cláudio Humberto Rosa e Silva. *Mil dias de solidão*. São Paulo: Geração, 1993, p. 345.
10. Rosane Malta. *Op. cit.*, p. 200.
11. "PF descobre despacho de macumba na casa de Collor contra Janot", *O Globo*, 1º/11/2015.

Itamar Franco

1. "Itamar encena mito do 'homem qualquer'", *Folha de S. Paulo*, 30/12/1994.
2. "FH assinou o real fora do governo", *Jornal do Brasil*, 10/3/2008.

Fernando Henrique Cardoso

1. Paulo Markun. *O sapo e o príncipe*. Rio de Janeiro: Objetiva, 2004, p. 51.
2. Plínio Apuleyo Mendoza, Carlos Alberto Montaner e Alvaro Vargas Llosa. *Manual do per-*

feito idiota latino-americano. Rio de Janeiro: Bertrand Brasil, 1997, p. 307.
[3] Millôr Fernandes. *Crítica da razão impura ou o primado da ignorância*. Porto Alegre: L&PM, 2002, p. 48.
[4] Fábio Koifman. *Presidentes do Brasil*. São Paulo: Cultura, 2002, p. 877.
[5] Paulo Markun. *Op. cit.*, p. 285.
[6] http://www.gazetadopovo.com.br/rodrigo-constantino/artigos/postura-de-isentao-de fhc-e-justamente-o-que-o-povo-brasileiro-nao-aguenta-mais/.
[7] Gustavo Paul. "Por que privatizar?", revista *Exame*, 13/11/2006.

Lula

[1] José Nêumanne Pinto. *O que sei de Lula*. Rio de Janeiro: Topbooks, 2011, p. 436.
[2] Idem, p. 435.
[3] Paulo Markun. *O sapo e o príncipe*. Rio de Janeiro: Objetiva, 2004, p. 76.
[4] http://veja.abril.com.br/blog/augusto-nunes/opiniao-2/o-psiquiatra-ednei-freitas-analisa-a-cabeca-de-lula-esse-tipo-de-psicopata-e-dificil-de-curar-e-o-paciente-nao-melhora-na-cadeia.
[5] Marco Antônio Villa. "O silêncio de Lula", *O Globo*, 9/9/2014.
[6] http://veja.abril.com.br/blog/reinaldo/geral/lula-o-sexo-os-animais-e-as-viuvas.
[7] Sebastião Nery. *A nuvem*. São Paulo: Geração, 2009, p. 556.
[8] Richard Bourne. *Lula of Brazil*. Califórnia: University of California, 2008, p. 73.
[9] "Genro sob suspeita", revista *IstoÉ*, 4/9/2009.
[10] Paulo Markun. *Op. cit.*, p. 169.
[11] Romeu Tuma Júnior. *Assassinato de reputações*. Rio de Janeiro: Topbooks, 2013, p. 55.
[12] Richard Bourne. *Op. cit.*, p. 145.
[13] Eduardo Scolese & Leonencio Nossa. *Viagens com o presidente*. Rio de Janeiro: Record, 2006, p. 71.
[14] Idem, p. 249.
[15] Marco Antônio Villa. *Década perdida*. Rio de Janeiro: Record, 2013, p. 273.
[16] "Fui ao Gabão aprender como se fica 37 anos no poder", *O Estado de S. Paulo*, 17/8/2004.
[17] Marco Antônio Villa. *Op. cit.*, p. 43.
[18] Eduardo Scolese & Leonencio Nossa. *Op. cit.*, pp. 270-1.
[19] "Crise foi causada por 'gente branca de olhos azuis'", diz Lula", *Folha de S. Paulo*, 27/3/2009.
[20] Alexandre Oltramari. "Porque não pode todo mundo ser o Ronaldinho", revista *Veja*, 25/10/2006.
[21] "Relação com Lula explica influência de ex-assessora", *Folha de S. Paulo*, 1º/12/2012.

22 Arnaldo Jabor. "A verdade está na cara, mas não se impõe", *O Globo*, 29/9/2006.
23 Richard Bourne. *Op. cit.*, p. 112.
24 Eduardo Scolese & Leonencio Nossa. *Op. cit.*, p. 71.
25 https://cdn.oantagonista.net/uploads/1457739085227-lista+de+presentes+Lula.pdf.
26 http://g1.globo.com/politica/operacao-lava-jato/noticia/lula-queria-ser-o-candidato-em-2014-mas-dilma-nao-aceitou-diz-monica-moura.ghtml.
27 http://g1.globo.com/pr/parana/noticia/depoimento-de-lula-a-moro-veja-os-videos-e-os-principais-pontos.ghtml.
28 "As provas contra Lula", revista *Veja*, 18/5/2016.
29 Kim Kataguiri. "Discurso no velório de Marisa escancarou perversidade de Lula", *Folha de S. Paulo*, 7/2/2017.
30 "Culpar dona Marisa, como fez Lula, foi o pior dos artifícios", revista *IstoÉ*, 12/05/2017.
31 http://veja.abril.com.br/blog/maquiavel/titulo-entregue-a-lula-por-universitarios-tem-erros-de-portugues/.
32 http://www1.folha.uol.com.br/poder/2013/09/1347552-site-pro-dilma-que-associou-barbosa-a-macaco-e-motivo-de-constrangimento-para-planalto.shtml.
33 Robson Bonin. "Um tiro na cabeça", revista *Veja*, 14/5/2014.

Dilma Rousseff

1 Celso Arnaldo Araújo. *Dilmês: o idioma da mulher sapiens*. Rio de Janeiro, Record, 2015, p. 57.
2 http://cadaminuto.com.br/noticia/2014/08/20/tema-de-campanha-presidencial-de-heloisa-e-usado-para-reeleger-dilma.
3 Humberto Werneck. *Vultos da República*. São Paulo, Companhia das Letras, 2010.
4 "Operação Bandeirante desbarata grupo Palmares", *Folha de S. Paulo*, 28/1/1970.
5 "Presa durante a ditadura, Dilma pediu indenização a 3 estados", *Folha de S. Paulo*, 9/6/2009.
6 http://veja.abril.com.br/blog/reinaldo/geral/dilma-e-as-fichas-falsas.
7 "Memória da ditadura", *Folha de S. Paulo*, 5/4/2009.
8 Chico de Góis e Simone Iglesias. *O lado B dos candidatos*. São Paulo: LeYa, 2014, p. 45.
9 Idem, p. 40.
10 "Deus salve a Rainha!", *O Globo*, 13/4/2015.
11 Débora Bergamasco e Sérgio Pardellas. "Uma presidente fora de si", revista *IstoÉ*, 6/4/2016.

12 http://veja.abril.com.br/noticia/economia/dilma-aprovou-compra-de-refinaria-que-provocou-prejuizo-de-us-1-bi-a-petrobras.
13 Chico de Góis e Simone Iglesias. *Op. cit.*, pp. 41-2.
14 https://www.youtube.com/watch?v=z4N9FVt46Q4.
15 http://g1.globo.com/sao-paulo/noticia/2015/08/tcm-aponta-problemas-de-estrutura-e-sobrepreco-em-ciclovias-de-sp.html.
16 Celso Arnaldo Araújo. *Op. cit.*, p. 183.
17 http://veja.abril.com.br/noticia/brasil/sindicatos-ligados-a-black-blocs-sao-comandados-por-psol-pstu-e-pt.
18 Marco Antônio Villa. *Década perdida.* Rio de Janeiro: Record, 2013, pp. 272-3.
19 "Correios entregam panfletos de Dilma em SP sem registro de controle", *O Estado de S. Paulo*, 19/9/2014.
20 http://g1.globo.com/politica/noticia/2015/08/ministro-do-tse-pede-pf-e-pgr-para-analisar-contas-de-dilma.html.
21 http://g1.globo.com/pr/parana/noticia/2014/10/dinheiro-desviado-da-petrobras-foi-para-campanha-em-2010-diz-ex-diretor.html.
22 Débora Bergamasco e Sérgio Pardellas. *Op. cit.*
23 Idem.
24 "Balcão de negócios", revista *IstoÉ*, 6/4/2016.
25 Rodrigo de Almeida. *À sombra do poder.* São Paulo: LeYa, 2016, p. 112.
26 Celso Arnaldo Araújo. *Op. cit.*, p. 180.
27 "Youssef: 'O Planalto sabia de tudo!' Delegado: 'Quem do Planalto?' Youssef: 'Lula e Dilma'", revista *Veja*, 29/10/2014.

Michel Temer

1 http://www.senado.gov.br/noticias/opiniaopublica/inc/senamidia/historico/1999/6/zn061532.htm.
2 http://revistatrip.uol.com.br/tpm/marcela-temer.
3 "Foco no poder e, agora, na própria biografia", *O Estado de S. Paulo*, 12/5/2016.
4 "Como Temer construiu a sua carreira e os passos que deu para afastar Dilma", *Folha de S. Paulo*, 18/4/2016.
5 Rodrigo de Almeida. *À sombra do poder.* São Paulo: LeYa, 2016, p. 128.
6 "Operação contra frigoríficos prende 37 e descobre até carne podre à venda", *Folha de S. Paulo*, 17/3/2017.
7 "A denúncia contra o presidente", *O Estado de S. Paulo*, 28/6/2017.
8 http://veja.abril.com.br/brasil/a-primeira-dama-e-o-hacker.

REFERÊNCIAS BIBLIOGRÁFICAS

No Brasil, as obras dedicadas ao presidencialismo são escassas e as dedicadas a presidentes por demais laudatórias. Sobre o primeiro, destacam-se *A monarquia presidencial*, de Hindemburgo Pereira Diniz, a despeito do vocabulário um tanto jurídico, e *Parlamentarismo e presidencialismo*, de Medeiros e Albuquerque. *Presidentes do Brasil*, organizada por Fábio Koifman, é muito bem estruturada e detalhada, embora dê a impressão de que sempre fomos governados por Lincolns. Cada livro da série "Os presidentes", de Hélio Silva, é uma cansativa pletora de nomes e datas, essencial como banco de dados históricos, porém de narrativa tão envolvente quanto uma lista telefônica. Entre as obras de referência que tratam do tema, nenhuma supera o material iconográfico da coleção *Nosso Século*, da Abril, que vai de 1900 a 1980.

Das Histórias do Brasil que tratam os chefes de Estado com a devida isenção, a de Eduardo Bueno é boa para iniciantes e a de Boris Fausto a melhor para iniciados. Referência obrigatória, em estilo e profundidade de análise, sob o microscópio da ciência política, é *Os donos do poder*, de Raymundo Faoro, que trata da formação do Brasil até a Era Vargas. Sem ênfase nos personagens da história, mas com atilada compreensão dos seus processos, sobressai *O livro de ouro da história do Brasil*, de Mary del Priore e Renato Pinto Venâncio. Como leitura suplementar, *História das constituições brasileiras*, de Marco Antônio Villa, é repleto de anedotas interessantes e até bizarras.

Sobre Deodoro e Floriano, *1889*, de Laurentino Gomes, traz um apanhado bastante didático do início da República aos que nunca leram coisa alguma a respeito. Embora enfadonha, *Deodoro, a espada contra o Império*, de Raimundo Magalhães Júnior, é uma biografia notavelmente imparcial. Para críticas ao despotismo dos dois primeiros presidentes, ver *Fastos da ditadura militar no Brasil*, do monarquista Eduardo Prado. Um bom anedotário dos presidentes da República Velha está reunido nas *Histórias de presidentes*, de Isabel Lustosa.

Ainda sobre eles, até 1925, o segundo volume da obra de Fernando Jorge, *Getúlio Vargas e o seu tempo*, constitui uma mina de informação.

Prudente de Morais tem seus melhores retratos esboçados pelo secretário Rodrigo Otávio em *Minhas memórias dos outros* e pelo irregular, mas informativo, *A tormenta que Prudente de Morais venceu*, de Silveira Peixoto. O parlamentar maranhense Dunshee de Abranches descreveu bem as intrigas de gabinete nos governos de Prudente e Campos Sales em *Como se faziam presidentes*, a despeito da sua notória parcialidade contra os políticos paulistas.

Rodrigues Alves, Afonso Pena e Nilo Peçanha encontraram seus biógrafos definitivos e louvaminheiros, respectivamente, em Afonso Arinos, Américo Jacobina Lacombe e Brígido Tinoco. Entre o libelo bem escrito de Assis Chateaubriand e os panegíricos maçantes de seus cronistas, Artur Bernardes permanece no limbo biográfico, assim como as vidas de Hermes da Fonseca, Epitácio Pessoa e Washington Luís, filtradas de toda crítica nas memórias de filhos e amigos.

As muitas biografias de Getúlio Vargas abordam mais a era Vargas que o homem Getúlio. A de Lira Neto, em três volumes, é a mais abrangente, embora demasiado neutra na análise, como se o autor temesse desagradar alguém. Obra notável, embora de difícil catalogação, é *Quem matou Vargas*, de Carlos Heitor Cony. Desconheço mais agradável depoimento do Período Democrático e do segundo governo Vargas que *Minha razão de viver*, de Samuel Wainer, uma das autobiografias menos cabotinas já escritas.

A melhor vida de JK ainda é a de Cláudio Bojunga, e *Jango*, de Marco Antônio Villa, constitui um antídoto contra deturpações e mitificações esquerdistas. *O Prometeu de Vila Maria*, de Ricardo Arnt, é uma biografia bastante *readable* de Jânio Quadros. A respeito destes três, Geneton Moraes Neto trouxe revelações inéditas (em 1997) no seu interessante *Dossiê Brasil*.

Sobre o período de Getúlio a Castelo, a obra já clássica de Thomas Skidmore não pode deixar de ser mencionada.

As esfinges são bem mais decifráveis que os líderes intocados por uma imprensa amordaçada. Por isso é tão difícil obter informações pessoais dos presidentes militares, embora não pertençam a um passado remoto. Bem mais decifrável é a ditadura, para cuja compreensão os cinco volumes de Elio Gaspari são fundamentais.

Para saber mais sobre José Sarney, além dos artigos dedicados a ele pelo professor Villa em *O Globo*, a única biografia que não constitui panegírico é *Honoráveis bandidos*, de Palmério Dória, enriquecida pelas impagáveis caricaturas dos irmãos Caruso. Fernando Collor emerge em toda a sua dimensão patológica das memórias ressentidas do irmão e da ex-mulher: *Passando a limpo*, de Pedro Collor, e *Tudo o que vi e vivi*, de Rosane Malta. FHC é mais bem apreendido pela imprensa imparcial e por seus escritos recentes que por qualquer biografia já lançada.

A atuação de Lula como informante da ditadura militar foi exposta em *Assassinato de reputações*, de Romeu Tuma Júnior, seu primeiro mandato em *O chefe*, de Ivo Patarra, e seus dois mandatos, seguidos dos dois primeiros anos de Dilma Rousseff, em *A década perdida*, de Marco Antônio Villa.

As melhores fontes sobre o desgoverno Dilma são o engraçadíssimo *Dilmês, o idioma da mulher sapiens*, de Celso Arnaldo Araújo — em que a retórica da "presidenta" é descrita como um "triste espetáculo de pensamentos rudimentares, expressos por uma sintaxe que desafia estudiosos da neurolinguística em aborígenes australianos" — e as matérias da revista *Veja* até fevereiro de 2016, quando um novo diretor promoveu uma guinada à esquerda dessa que vinha sendo, até então, uma das poucas mídias que não se haviam deixado cooptar por um governo delinquente e cuja redação fora até vandalizada por militantes petistas.

À sombra do poder, de Rodrigo Almeida, traz os últimos dias de Rousseff no Planalto, narrados pelo então secretário de Imprensa da presidente, que acompanhou de perto a lenta derrocada.

ÍNDICE REMISSIVO

A capitania de São Vicente, 163
A Cidade do Rio, 39, 63
A década republicana, 74
A menina do nariz arrebitado, 158
A Plebe, 137
A política do meu tempo, 136
A soma e o resto, 337
A Tribuna, 28-9
A última tentação de Cristo, 250
A Voz, 249
A Voz do Brasil, 214
ABC, 103
abertura, 288, 292, 294-6
Abílio Diniz, 315
Academia Brasileira de Letras, 222, 303
Acre, 79, 82, 83, 113, 397, 403
Adalgisa Néri, 180
Adelaide Carraro, 242
Ademar de Barros, 212, 215, 238-40, 243, 248, 264, 266, 286
Adib Jatene, 319
Aécio Neves, 331, 396-8
Aerolula, 369
aeroporto de Congonhas, 243, 372
Afonso Arinos, 71, 75, 130, 231, 234, 424, 434
Afonso Pena, 48, 76, 80, 84-95, 97, 103, 111, 424, 434
Afrânio de Melo Franco, 109, 130
Ahmadinejad, 368
AI-5, 229, 267, 273, 277, 279, 281, 284, 289, 292, 301, 335
AIB (Ação Integralista Brasileira), 175
Aída Campos, 260
Aimée Souto Maior de Sá, 177, 180
Al Capone, 301
Alberto Youssef, 404-5
Albuquerque Lins, 105, 113, 156
Alceu Collares, 386
Alcibíades Peçanha, 97, 99
Alcino Nascimento, 207-10
ALN (Ação Libertadora Nacional), 286
Aliança Democrática, 302
Aliança Liberal, 139, 162-3, 212, 235
Almeida Barreto, 26
Almirante Guilhobel, 203
Aloízio Mercadante, 409
Alto-Comando do Exército, 288-9
Alvim Horcades, 57
Alzira Moreira, 131
Alzira Vargas, 172, 175, 178, 202
Amapá, 83, 147, 305
Amaral Neto, 215
Amaral Peixoto, 176
Amazonas, 39, 68, 104, 113, 148, 284
Ana Paula Padrão, 341
Ana Raquel Belisário de Sousa, 100
Anatole France, 33
Ancara, 220
André Lara Resende, 332
André Malraux, 233
Ângela Maria, 180
Ângelo Agostini, 29, 50

Angra 1, 284
Angra 2, 289
Angústia, 266
Anita Garibaldi, 184
Anita Peçanha, 100-2, 105
Anônima intimidade, 412
Anos Dourados, 224
antipinheiristas, 123
Antônio Bittencourt, 104
Antônio Cândido, 334
Antônio Carlos, 161
Antônio Carlos Magalhães, 309, 339, 343, 408
Antônio Conselheiro, 53, 56-7, 118, 238
Antônio de Medeiros, 28
Antônio Fagundes, 355
Antônio Houaiss, 221
Antônio Teodoro, 151
Apolônio Sales, 176
Aquenaton, 220
Arena (Aliança Renovadora Nacional), 273, 284, 288, 293, 302, 312
Argentina, 61, 63, 65, 83, 168, 183, 212, 217, 264, 335, 343, 364
Argentina Castelo Branco, 272
Aristides Lobo, 27
Armando Castelar Pinheiro, 348
Arnaldo Jabor, 367
Arnon de Melo, 311
Artur Azevedo, 43, 50
Artur Bernardes, 41, 42, 105, 138-40, 143-51, 158, 173, 217, 330, 425, 435
Artur Oscar, 57
Artur Rios, 53
Assembleia Constituinte, 31, 49, 149, 166, 172-3, 308
Assis Chateaubriand, 143-4, 149, 239, 265
"atentado" da rua Tonelero, 210, 217
Augusto Farias, 324, 326
Augusto Nunes, 346, 382
Augusto Pinochet, 288, 305
Aureliano Chaves, 289
Aureliano Leal, 146
Aurélio Viana, 113
Automóvel Clube do Rio de Janeiro, 76
Autran Dourado, 229
avenida Atlântica, 77, 150
avenida Beira-Mar, 77
avenida Central, 77

B. Lopes, 114
Badan Palhares, 326
Bahia, 53, 56, 68, 104, 113, 146, 159, 328, 339, 375
baía de Guanabara, 40, 112
Balzac, 334
Bancada da Chupeta, 402
Banco Central, 85
Banco do Brasil, 200, 365
bandeira nacional, 26
barão de Itararé, 188, 211, 216
barão de Lucena, 30-2, 134
barão de Tefé, 110
barão do Rio Branco, 76, 82-3, 90, 94

barão Haussmann, 77
barão Marschall, 94
Barbosa Lima, 78
baronesa de Piracicaba, 155
baronesa de Triunfo, 24
Bastos Tigre, 112
Batalha das Toninhas, 124
Batalha de Itararé, 164
Batalhões Patrióticos, 113
Batatais, 154, 155
Batista Luzardo, 148
Belém, 396
belle époque, 77, 136
Belo Horizonte, 85, 139, 140, 144, 223, 394
Benedito Valadares, 220-2, 226
Benjamim Vargas, 168-9, 190, 201-3
Benjamin Constant, 16, 25, 27, 29, 30
Berlim, 202, 220
Bernardino de Campos, 52, 55, 60-1, 71, 74, 80, 86, 147
Bernardo Cabral, 319
Bezerra Cavalcanti, 123
Bismarck, 44
Bizarria Mamede, 215
black blocs, 394-5
Bloco, 80, 86, 89
blogueiros sujos, 371, 414
BNDE (Banco Nacional de Desenvolvimento Econômico), 199
BNDES (Banco Nacional de Desenvolvimento Econômico e Social), 290, 365, 393, 416, 418
Bolsa Ditadura, 275, 356
Bolsa Família, 363, 388, 396-7
Borges de Medeiros, 46, 147, 159, 170-1
Boris Casoy, 337
Boris Fausto, 299
Botafogo, 77
Brasília, 220, 228-33, 244, 245, 316, 330 346, 401
Brejal dos Guajas, 304
Brígido Tinoco, 99, 434
Brochado da Rocha, 261
Bruto, 214
Bucha (*Burschenschaft*), 71-2, 93

Cabaré da Mônica, 259
Caçador de Marajás, 310, 314
Café Filho, 203, 212-7, 240
Cairo, 220, 314
Caixa Econômica Federal, 279
Campanha Civilista, 92, 105, 156
Campeonato Sul-Americano de Futebol, 135
Campinas, 60, 66, 293
Campo de Santana, 25, 72
Campo Grande, 235
Campos dos Goytacazes, 97
Campos Sales, 27, 30, 55, 59, 60-9, 71, 74-6, 82, 102, 106, 125, 189, 338, 423, 434
Canapi, 313-7, 318
câncer, 230, 242, 363, 366, 371, 388
"candangos", 233

Cândida Dorneles, 168
Cândido Portinari, 220
Cândido Rondon, 103
Capela de São Francisco, 221
Capitalismo e escravidão no Brasil Meridional, 335
cardeal Arcoverde, 134
cardeal Leme, 176
Careta, 108, 163
cargos comissionados, 362
Carla Morel, 260
Carlos Araújo, 382-5, 385
Carlos Bittencourt, 54
Carlos Chagas, 283
Carlos de Campos, 147
Carlos de Laet, 86
Carlos Heitor Cony, 150, 197
Carlos Lacerda, 198, 200, 207-8, 213, 215, 217, 227, 264-5
Carlos Lamarca, 286, 382
Carlos Luz, 216
Carlos Machado, 259
Carlos Marighella, 286
Carlos Peixoto, 91
Carlos Reis, 147
Carlos Vaz de Melo, 143
Carlos Vereza, 357
Carmela Dutra, 192
Carnaval, 27, 40, 112, 146, 158, 189, 196, 312, 330
Carneiro Felipe, 130
Carta Brandi, 215, 217
cartas falsas de Artur Bernardes, 105, 146, 139-41, 146, 217
Carvalho Pinto, 243
Casa da Dinda, 316, 321-2, 325
Casa de Osvaldo Cruz, 130
Casa de Rui Barbosa, 157
Casa de Santa Inês, 134
Casa de Saúde Pedro Ernesto, 161
Casa Militar, 108, 243, 288
Casa Rothschild, 62, 124
casacas, 24
Cassino Fluminense, 76
Castelo Branco, 194, 269-75, 278, 288
Castilho Cabral, 238, 244, 252
Catedral de Petrópolis, 137
Catetinho, 129
Catulo da Paixão Cearense, 110
Ceará, 6, 86, 113, 126-7, 302
Cecília de Arapiraca, 322
Celso Amorim, 355, 369
Celso de Melo, 377
Celso Furtado, 262
CEMIG (Companhia Energética de Minas Gerais), 223
censura, 27, 147, 160, 175, 269, 283, 288, 364, 395
Central do Brasil, 32, 49, 263
Centro das Classes Operárias, 78
Cesare Battisti, 369
Cesário Alvim, 30
CGT (Comando Geral dos Trabalhadores), 261, 263
Charles de Gaulle, 233, 254

Che Guevara, 183, 246, 249, 382
Chico Anysio, 319
Chico Brás, 121
Chile, 288, 335, 345, 360, 364
chimangos, 45, 168, 170
China, 151, 253, 260, 348, 360
Chiquinha Gonzaga, 110
Chiquinha Moreira, 129
Chiquinho de Albuquerque, 118
Cícero Peçanha, 87
Ciclo da Borracha, 111
ciclovias superfaturadas, 390
científicos, 25
Cila Médici, 283
Cincinato Braga, 109
Cinelândia, 197
Cipião Africano, 338
Cipotânea, 143
Clarice Lispector, 226
Cláudio Humberto, 321
Clélia Bernardes, 143-5
Clevelândia, 147, 148, 159
Climério Euribes, 209-10
Clodoaldo da Fonseca, 108, 113
Clube da Lanterna, 214
Clube Militar, 25, 28, 54, 138, 215, 384
Colégio Arquidiocesano, 235
Colégio Augusto, 154
Colégio Caraça, 85, 143
Colégio Dante Alighieri, 236
Colégio Eleitoral, 34, 273, 288, 295, 312
Colégio Militar de Porto Alegre, 269
Colégio Pedro II, 72, 154
Colégio Vera Cruz, 236
Colina (Comando de Libertação Nacional), 286
Colônia Agrícola Vaz de Melo, 143-4
Coluna Prestes, 148, 151
Combate nas trevas, 383
Comintern, 151, 183, 184-5
Comissão de Verificação de Poderes, 91, 106, 123, 125
Comissão Permanente de Transporte e Comunicação, 222
Como construí Brasília, 230
Comte, 26, 79
Companhia Paulista de Estradas de Ferro, 243
Companhia Siderúrgica Nacional, 181, 223
Companhia Vale do Rio Doce, 319, 348
Comunidade Solidária, 340
conde d'Eu, 33
Conferência da Paz, 131
Conferência de Haia, 89, 93-4
Conferência do Clima, 390
Conselho Federal de Jornalismo, 364
Conselho Nacional de Economia, 334
Constituição de 1891, 31, 38, 42, 49, 172, 232
Constituição de 1934, 166, 173
Constituição de 1937, 166
Constituição de 1946, 193
Constituição de 1967, 273
Constituição de 1988, 308, 330, 358

"Contribuição à história da capitania de São Paulo no governo de Rodrigo César de Menezes", 157
Convenção de Itu, 48, 60
Convênio de Taubaté, 80, 86, 103
Copa do Mundo de 1970, 283
Copa do Mundo de 2014, 393
Copacabana, 201, 209, 226
Cordeiro de Farias, 152, 278, 284
coronelismo, 21, 66-7
Correia e Castro, 187
Correio da Manhã, 64, 96, 115, 140, 256, 265
corrupção, 33, 65, 108, 200, 202, 224, 228, 233, 238, 242, 247-8, 251, 286, 299, 315, 317-9, 325, 343, 362, 366, 373-7, 389, 394, 400-4, 415-6
corta-jaca, 110, 112
Corte Internacional de Haia, 95, 135
Costa e Silva, 248, 278-83, 301
CPI (Comissão Parlamentar de Inquérito), 321, 363
Crise do Apagão, 344
Cuba, 246, 249, 254, 285, 368-9, 393, 404
Cúpula das Américas, 391
Cúpula das Nações Unidas, 399
Curitibanos, 118
Custódio de Melo, 32, 40

D. Quixote, 50, 52, 112
Dantas Barreto, 113, 130
Darci Vargas, 178, 178, 181-2, 317
DASP (Departamento Administrativo do Serviço Público), 176
"degola", 125, 162
Delegacia da Mulher, 407
delegado Fleury, 286
Delfim Moreira, 81, 124, 129-32, 144
Delfim Netto, 285, 295
Denise Paraná, 369
Deodoro da Fonseca, 22-33, 35-41, 45, 48-9, 60, 99, 105, 108, 116, 134
Departamento Nacional de Estradas de Rodagem, 223
Dependência e desenvolvimento na América Latina, 335
Depoimento, 209
Dia da Criança, 391
Dia de Tiradentes, 296
Diamantina, 219, 221
Diário Carioca, 204
Diários Associados, 265
Dias Gomes, 199
Dias Toffoli, 397
Dilma Jane, 381
Dilma Rousseff, 290, 299, 306, 333, 345-7, 370-3, 378-418
Dilson Funaro, 303
Dionísio Cerqueira, 74
DIP (Departamento de Imprensa e Propaganda), 171, 175-6, 198
Dirce Quadros, 235-6
direito penal, 329
Diretas Já, 249, 295, 296, 302, 312, 337, 358, 417
Distrito Federal, 62, 72, 131, 182, 266, 311
DNA, 341

PAULO SCHMIDT   **439**

DOI-Codi, 275, 283, 289
Dops, 283, 286, 356, 382-4
dom Sebastião, 118
Dorival Caymmi, 292
Dossiê Caimã, 323
Duda Mendonça, 359
Dulce Figueiredo, 293

Eça de Queirós, 170
Edmar Bacha, 332
Eduardo Bueno, 3291, 433
Eduardo Cunha, 400, 416
Eduardo Gomes, 148-50, 190-1, 195, 201-2, 213, 239
Eduardo Prado, 27-8, 30, 36
Eduardo Suplicy, 249
Eduardo Wandenkolk, 30-2
Eisenhower, 190
Elementos de direito constitucional, 412
Eletrobrás, 199
Elio Gaspari, 406
Eliseu Padilha, 411
Eloá Quadros, 236, 245-9, 251
Elvira Calônio, 184
Elvira Vichi Maurich, 161
Embraer, 348
emenda da reeleição, 342-3, 363
emenda Dante de Oliveira, 295, 302
Emílio de Menezes, 122, 124
Emílio Médici, 280-5, 288, 290
Encilhamento, 31, 63
Enzo Faletto, 335
Epitácio Pessoa, 104, 116, 131, 134-7, 139-41, 144-5, 154
Era Vargas, 67, 166-85, 201, 206, 223, 269, 433
Erenice Guerra, 346
Érico Veríssimo, 13, 171
Ernesto Geisel, 152, 283, 287-90
Escândalo dos Aloprados, 367
Escola do Estado-Maior, 190
Escola Militar da Praia Vermelha, 25, 79, 190
Escola Preparatória e Tática, 190
Escola Superior de Agricultura de Viçosa, 144
ESG (Escola Superior de Guerra), 214
Esmeraldino Bandeira, 101
Espártaco Vargas, 168, 259
Esplanada dos Ministérios, 387
esquema PC, 321, 324
Estado de S. Paulo, 58, 303, 383
estado de sítio, 32, 38, 54, 107, 113, 146, 159, 202, 263
Estado do Maranhão, 307
Estado Novo, 149, 166, 175-6, 199, 207, 212, 221, 284
Estados Unidos, 72, 109, 132, 157, 163, 181, 192-5, 199, 222, 229, 230, 262, 264, 289, 335, 364, 365, 368, 391, 397
Estillac Leal, 152
Eu e o governador, 242
Euclides Figueiredo, 292-4
Euclides da Cunha, 58, 117
Euclides Malta, 113
Eunício Oliveira, 417
Eurico Dutra, 176, 181, 189-96, 199, 214, 258, 272
Evita Perón, 217

Exército Vermelho, 183
Exposição Nacional, 89

Faculdade de Direito de São Paulo, 60, 71, 85, 89, 154, 236, 407
Faculdade de Direito do Recife, 98
Faculdade de Medicina da USP, 81
Faculdade de Medicina de Belo Horizonte, 219
Fala do Trono, 34
Farmácia do Povo, 235
fascismo, 174-5, 382
fazenda de Itaipava, 102
Fernando Collor de Melo, 251, 311-25, 322, 328-9, 332, 368, 404, 417
Fernando Haddad, 390
Fernando Henrique Cardoso, 17, 206, 248, 249, 299, 323, 330-47, 362-3, 366, 368, 371, 389-90, 407, 417
Fernando Jorge, 192, 304
Fidel Castro, 254, 285, 351, 369, 393
Filinto Müller, 185, 265, 284
fiscais do Sarney, 303
Flamengo, 77, 148, 395
Flores da Cunha, 46, 172
Florestan Fernandes, 334
Floriano (encouraçado), 116
Floriano Peixoto, 13, 18, 31-46, 49, 51, 102, 144, 292
Florianópolis, 41, 292
Floro Bartolomeu, 113
Folclore Político, 109
Folha de S. Paulo, 335, 366, 382
Fonseca Hermes, 29, 108
Fora FHC, 343, 345
Fora Temer, 415, 417
Força Expedicionária Brasileira, 272
Foreign Office, 135
Forte do Vigia, 149
França, 21, 34, 83, 118, 158, 219, 254, 335, 381
Francisco Cardoso, 239
Francisco Glicério, 27, 30, 48, 53-4, 61-2, 102
Francisco Manuel da Silva, 27
Franco Montoro, 248, 337-8, 358, 407
Franco Rabelo, 113
Frei Betto, 351, 356
Freire Júnior, 146
Frente Ampla, 266-7
Frente de Mobilização Popular, 263
Frota Pessoa, 68
Fundação Getulio Vargas, 332
Fundação Sarney, 304
funding loan, 62
Fusca, 330
Gabriel Passos, 220, 222
Gabriel Quadros, 235, 241-2
Gabrielle Dorziat, 160
Galeno Linhares, 381-2
Galeria da Blasfêmia, 304, 309
Garanhuns, 351, 360
Gazeta da Liberdade, 57
Gazeta da Tarde, 57
Gazeta de Alagoas, 311

general Fontoura, 147
genéricos, 344
Generoso Ponce, 189
Geneton Moraes Neto, 208
Gentil de Castro, 57
George W. Bush, 368
George Washington, 28, 109
Geração de 1907, 164
Geraldo Alckmin, 367
Gestapo, 273
Getulinho, 181, 204
Getúlio Vargas, 13, 17, 46, 149, 159, 161, 162, 164, 166, 167-87, 190, 191, 194, 197-210, 212, 214, 216, 235, 246, 257, 332, 347, 434
Gibraltar, 124
Gilberto Amado, 160
Gilmar Mendes, 398
Ginásio Pernambucano, 134
Giuseppe Garibaldi, 184
Gleisi Hoffmann, 375, 402
gliceristas, 61
Goebbels, 202
Goiás, 150, 225, 232
Góis Monteiro, 164, 176, 181-2, 311
Golbery do Couto e Silva, 273
Golpe de 64, 152, 228, 247, 263, 266, 269, 273, 274
golpe de Estado, 166, 216, 246-7, 260, 402
Golpe Preventivo, 216
Governo Provisório, 26, 31, 35, 60, 108, 166
Graça Foster, 404
Graciliano Ramos, 266, 311
Gregório Fortunato, 201, 207, 257, 320
gripe espanhola, 81, 129, 132, 156
Grupiara, 219
Guanabara, 178, 193, 246, 264-6, 382
Guaratinguetá, 72, 76
Guarda Civil Metropolitana, 250
Guaxuma, 326
Guerra Civil dos EUA, 72
Guerra da Coreia, 199
Guerra da Independência, 305
Guerra de Canudos, 43, 53-4, 55-8
Guerra do Contestado, 117, 292
Guerra do Paraguai, 23-4, 33, 37, 51, 72, 168
Guerra Fria, 193, 246, 390
Guido Mantega, 290
Guilherme Figueiredo, 293
Guilherme Palmeira, 312, 314
Guimarães Rosa, 218
Gumercindo Saraiva, 42, 46
Gustavo Capanema, 176
Gustavo Franco, 332
Guzmán Blanco, 27

Harry Truman, 193
Helena Valadares, 226
Hélio Bicudo, 367, 399-400
Hélio Fernandes, 271, 300
Hélio Silva, 72, 433
Heloísa Helena, 350, 367, 382
Henrique Meirelles, 414

Henriquinho de Almeida, 118
herança maldita, 345, 363
Herbert Hoover, 158
Hercolino Cascardo, 148
Hermes da Fonseca, 29, 81, 91-2, 102, 104-5, 108-19, 121, 126, 138, 239
Hermes Lima, 261
Hino Nacional Brasileiro, 27, 88, 139
História de Carlos Magno e dos Doze Pares de França, 118
História de uma covardia, 147
Hitler, 202, 355
Holocausto, 360
Homo medius, 329
Hora do Brasil, 174
Hospital Militar da Força Pública de Minas Gerais, 220
Hospital Miguel Couto, 209
Hospital Sírio-Libanês, 371
Hotel Copacabana Palace, 161
Hotel dos Estrangeiros, 49, 126
Hotel Serrador, 213
Hugo Banzer, 288

ibadianos, 263
IBGE (Instituto Brasileiro de Geografia e Estatística), 329
IDH (Índice de Desenvolvimento Humano), 307
iFHC (Instituto Fernando Henrique Cardoso), 346, 363
Ignácio de Loyola Brandão, 346
Igor Rousseff, 381
Igreja Católica, 174289, 311, 351
Igreja da Candelária, 134
Igreja da Misericórdia, 158
Igreja Presbiteriana, 212
ilha da Trindade, 148, 159
ilha das Cobras, 113
ilha do Rijo, 149
impeachment, 200, 299, 320-4, 343, 345, 347, 366, 372-3, 399-402, 410-2, 415, 417
imperatriz Maria Teresa, 137
Império Alemão, 95, 123
Inca (Instituto Nacional do Câncer), 363
inflação, 32, 138, 187, 199, 202, 206, 227, 244, 262, 269, 285, 289, 290, 293, 295, 299, 303, 316, 319, 320, 328-30, 332, 334, 339, 344, 363, 394, 400, 418
Instituto de Proteção e Assistência à Infância, 132
Instituto Lula, 363, 372
Instituto Pasteur, 77
integralistas, 174-5, 201, 215, 292
Intentona Comunista, 150, 163, 173, 185, 286
Ipea (Instituto de Pesquisa Econômica Aplicada), 348
Isabel Lustosa, 30, 433
Isidoro Dias Lopes, 147
Israel Pinheiro, 233
Istambul, 220
Itabira, 144
Itagiba, 328
Itajubá, 122, 124

Itália, 51, 60, 314, 331, 347, 369
Itamar Franco, 328-32, 338, 344
J. Carlos, 108
J. J. Seabra, 68, 113
Jacinto Guimarães, 139
Jackson Lago, 306
jacobinos, 51, 53-4, 57, 79, 144
Jader Barbalho, 368, 396
Janaína Paschoal, 400
Jânio John, 253, 254
Jânio Quadros, 205, 227, 235-55, 258, 260, 316, 334, 337, 344, 347, 434
"Jardim da Infância", 89, 91
JBS, 416
Jean-Paul Sartre, 335
JK 65, 205, 434
João Alberto, 173
João Belisário de Sousa, 100
João Doria, 347
João Ferreira Romariz, 28
João Figueiredo, 289-97, 299, 389
João Goulart, 83, 152, 194-5, 199, 205, 213-4, 215, 217, 228, 239, 244, 247, 254-66, 269, 272, 296, 330, 434
João Maria, 117-8
João Mellão Neto, 250, 320
João Neves, 172
João Paulo Cunha, 377
João Pessoa, 136, 139, 161-2, 201
"João Valentão", 291-2
João VI, 23, 99, 121
João Vicente Goulart, 260
Joãozinho Malta, 318
Joaquim Barbosa, 377-8
Joaquim Nabuco, 34, 72, 75
Joaquim Murtinho, 63, 65, 68, 71, 189
Joaquina Peçanha, 97
Joel Silveira, 171, 242
Joesley Batista, 416
jogo do bicho, 107, 358
Jogos Mundiais dos Povos Indígenas, 399
Jorge Amado, 43, 150, 334
Jorge Battle, 364
Jorge Murad, 306
Jornal do Brasil, 39, 315, 331
José Aparecido, 245
José Bonifácio, 231
José de Alencar (escritor), 87, 272
José de Alencar (vice-presidente), 359
José Dirceu, 286, 370, 376-8, 386, 404
José do Patrocínio, 15, 39, 54, 63
José Eduardo Cardozo, 402
José Genoino, 376-8
José Guerreiro, 242
José Kairala, 311
José Linhares, 19, 191
José Maria, 117
José Maria Alkmin, 273
José Nêumanne Pinto, 351
José Sarney, 18, 250, 296-7, 299-309, 314-6, 332, 338, 368, 389, 396, 412

José Serra, 323, 338, 344-5, 367, 370
Juan María Bordaberry, 288
Juarez Távora, 152, 164, 202, 213-5, 240
Juca Chaves, 227
Juiz de Fora, 328-9
Júlia Kubitschek, 219, 233
Júlio César, 126, 338
Júlio de Castilhos, 39, 45-6, 71, 168070, 269
Júlio Frank, 71
Júlio Prestes, 161
Juraci Magalhães, 152
Juscelino Kubitschek, 187, 205, 214-33, 243-6

Kadafi, 368
Kansas, 132
Kemal Atatürk, 220
KGB, 273
Khomeini, 355
Kim Novak, 226
Kirchner, 364

Laires de Lencina, 257
Lampião e Maria Bonita, 184
Larry Rohter, 364
Laurindo Baeta, 98
Lauro Sodré, 61, 78, 79
Lavras da Mangabeira, 126
LBA (Legião Brasileira de Assistência), 181, 317-8, 320, 340
Leda Collor, 311, 321
Legionella pneumophila, 343
Lei Celerada, 160
Lei da Anistia, 293
Lei de Responsabilidade Fiscal, 358, 363
Leonel Brizola, 260, 263-4, 314, 345
Leonor Quadros, 235, 242
Leopoldo Bulhões, 100
Leopoldo Collor, 323, 323
Liga das Nações, 148
Ligas Camponesas, 263
Lilian Ramos, 330
Lilibeth Monteiro de Carvalho, 312-3
Lima Barreto, 13, 38, 43
Lincoln, 99, 250
Lindbergh Farias, 402
Lindolfo Collor, 162, 311
Lindu, 351, 356
Lino de Matos, 240
Lisboa, 111, 228
Lloyds Bank, 111
Londres, 60, 62, 65, 106, 250, 305
lorde Cochrane, 305
Lourival Fontes, 176, 180
Lúcio Costa, 233
Luís Carlos Prestes, 150, 163, 183-5, 311
Luís Eduardo Magalhães, 342
Luís Vergara, 172, 177
Luís XI, 44
Luís XIV, 121
Luiz Peixoto, 167
Luiza Erundina, 251

Lula, 18, 254, 286, 299, 306, 314-6, 325, 331, 339, 341-7, 350-79, 382, 386-92, 394, 396, 398, 399, 401, 404-5, 407, 411, 412, 416, 417
Lula, o filho do Brasil (filme), 369
Lula, o filho do Brasil (livro), 351
lulopetismo, 345, 365, 370, 378, 393, 394, 396, 403
Lunus Participações, 306
Lurçat, 212
Lurian, 354-5
Lutero Vargas, 178

Maceió, 23, 312, 313, 324
Maciel Filho, 204
maçonaria, 48, 93
Madeira-Mamoré, 83-4
Magalhães Pinto, 264, 266
Mais Médicos, 393
Manchester Guardian, 206
Manchete, 209
Maneco Vargas, 258
Mangabeira Unger, 366-7
manifestações populares, 51, 55, 113, 162, 164, 278, 295, 305, 322, 372, 394, 398
Manifesto dos Coronéis, 152
Mannesmann, 223, 381
Manso de Paiva, 126-8
Manuel da Fonseca, 23, 26
Manuel Fiel Filho, 289
Manuel II, 111
Manuel Vargas, 168-70
Manuel Vitorino, 49, 52-4, 74
Mao Tse-tung, 151, 355
Mapa da Violência, 307
maragatos, 45, 168
Maranhão, 300-2, 305-8
Marcela Temer, 414, 419-21
Marcelo Coelho, 327, 329
Marcelo Odebrecht, 404
Marcha da Família com Deus pela Liberdade, 263
Márcia Kubitschek, 220
Marcílio Marques Moreira, 319
Márcio Moreira Alves, 329
Marco Antônio, 214
Marco Antônio Mastrobuono, 251
Marco Antônio Villa, 15, 353, 380, 405433, 434
Marco Aurélio Garcia, 369
Marco Maciel, 339
Marcos Valério, 376-7
Maria Carneiro Brás, 122
Maria da Conceição Kubitschek, 219
Maria Estela Kubitschek, 220
Maria Guilhermina Pena, 86-8
Maria Lúcia Pedroso, 226, 228
Maria Teresa Goulart, 259-60, 263
Mariana Cecília da Fonseca, 23
Marimbondos de Fogo, 304
Marina Silva, 361, 396-8
Mário Covas, 323, 338-9
Mário Rodrigues, 147
Mário Soares, 302
Marisa Letícia, 351, 354-5, 365, 374-5

marqueteiros, 195, 345, 352, 377, 388, 390, 401
Marlene Dietrich, 226
Marronzinho, 249
marxismo, 151, 334, 347
Mato Grosso, 23, 68, 138, 148, 150, 159, 189, 225
Maurell Filho, 217
Maurício Lacerda, 109, 142, 147, 149
Mauro Lopes, 411
MDB (Movimento Democrático Brasileiro), 273, 280, 288, 293, 295
Medeiros e Albuquerque, 59, 107, 433
medidas provisórias, 322, 362
Melgarejo, 27
Memorial JK, 225
Mendes Fradique, 33, 93
menino-deus Joaquim, 119
Mensalão, 345, 366, 376-8, 386, 404
Meu caminho para a presidência, 230
Michel Temer, 299, 389, 400, 402, 406-21
Michelzinho Temer, 419, 421
Miguel Costa, 147, 164
Miguel Couto, 90, 92, 105
Miguel Reale Júnior, 400
milagre econômico, 285, 290, 295
Millôr Fernandes, 18, 275, 304
Milton Campos, 244
Minas Gerais, 65, 85, 92, 121, 129, 135, 137, 144, 220, 221, 223, 264, 273, 289, 296, 328, 331, 344, 382, 385
Minas Gerais (encouraçado), 112
Ministério da Agricultura, 89, 103
Ministério da Defesa, 340
Ministério dos Áulicos, 30
Ministério Público, 304, 374, 377
ministérios, 26, 137, 240, 318, 368, 389
Miriam Cordeiro, 315, 354
Miriam Dutra, 341
Mírian Macedo, 275
Mocidade Militar, 25
Modernismo, 238
monarquia, 15-6, 22, 25, 33, 38, 57, 67, 82
Monarquia Celestial, 118-9
Moncorvo Filho, 132
Monteiro Lobato, 93, 123, 158
Morcego Negro, 326
Moreira César, 41, 57
Morro do Coco, 97, 99
Moscou, 163, 173, 184
Movimento Popular Jânio Quadros, 238
Movimento Tenentista, 138, 147-8, 152, 272
MST (Movimento dos Sem-Terra), 340, 345, 355
Muro da Vergonha, 400
Muro de Berlim, 315
Museu do Ipiranga, 157
Museu Republicano de Itu, 157
Mussolini, 317, 365
Myrian Abicair, 294

Nair de Tefé, 109
Napoleão (cantador), 126
Napoleão I, 24, 185, 360

Napoleão III, 77
Natael Custódio Barbosa, 385
Negrão de Lima, 266
Nelson Mandela, 357
Nelson Rodrigues, 224
Nereu Ramos, 19, 216
New York Times, 364
Nietzsche, 170
Nilo Peçanha, 81, 86, 89, 92, 97-106, 123, 138, 141, 338
Niterói, 103, 123, 284
Noé Goulart, 257
Nogueira Acióli, 68-70
Nogueira Garcez, 239
Non Ducor Duco, 156
Nossa Senhora Aparecida, 232
Nova República, 334, 404, 408
Nova York, 109, 132, 159, 304
Novacap, 233
Nunes Sampaio, 146

O barão de Potovski, 157
O Combate, 40
O Cruzeiro, 214, 217
O Gato, 108
O Globo, 204
O Jacobino, 51-2
O Malho, 72, 75
O oligarca do Ceará: a crônica de um déspota, 68
O País, 50
O poder das ideias, 265-6
O tempo e o vento, 141
OAS, 371
Odebrecht, 371-2, 402
OEA (Organização dos Estados Americanos), 330
Olavo Bilac, 38, 61
Oldemar Lacerda, 139
Olegário Maciel, 172, 220
Olga Benário, 183-4
oligarquias, 15, 21, 25, 33, 68, 78, 80-1, 88, 90, 104, 136, 150, 151-2, 160, 190, 213, 269, 300, 301
Olímpio Mourão Filho, 174, 264
Olívio Dutra, 386
Operação Bandeirantes, 335, 386
Operação Carne Fraca, 416
Operação Condor, 264
Operação Lava Jato, 325, 371, 398, 402, 404, 415, 418
Operação Porto Seguro, 365
Ordem do Rio Branco, 83
Ordem dos Salesianos, 232
Ordem e Progresso, 27
Ordem Militar de Cristo, 283
Organizações Arnon de Melo, 311, 320
Orígenes Lessa, 303
Orlando Geisel, 288
Orsina da Fonseca, 109
Os sertões, 58
Oscar Niemeyer, 221, 2225, 233
Oscar Pires, 109
Osório Borba, 177
Osvaldo Aranha, 164, 172, 179, 183, 213, 266
Osvaldo Cruz, 76-8
Osvaldo Trigueiro, 136
Oswald de Andrade, 45, 189
Otaviano, 214
Otávio Mangabeira, 190
Ouro Preto, 15, 25-6, 34, 143, 169

PAC (Programa de Aceleração do Crescimento), 387
PAC (Proletários Armados pelo Comunismo), 369
Paço das Artes, 222
Pacto de Ouro Fino, 121
padre Cícero, 68, 113
Palácio Alvorada, 233, 245, 296, 387, 421
Palácio da Liberdade, 144, 145, 226
Palácio do Catete, 53, 55, 63-4, 66, 79, 88, 99, 102, 104, 108, 109-10, 129-30, 137, 139, 46, 148, 175, 190, 193, 198, 202-3, 209, 213, 216, 222, 227
Palácio do Conde dos Arcos, 50, 88
Palácio do Governo (Manaus), 104
Palácio do Ingá, 123
Palácio do Jaburu, 412, 416, 421
Palácio do Planalto, 245, 398, 405
Palácio dos Campos Elísios, 156
Palácio dos Leões, 307
Palácio Guanabara, 122, 163, 175, 182, 193
Palácio Itamarati, 27, 50
Palácio Piratini, 170
Palácio Rio Negro, 109
Palácio Tiradentes, 149
Palmério Dória, 302
Pampulha, 221
Pandiá Calógeras, 137
papa Francisco, 392
Paraíba, 134-5, 139, 157, 161-2, 164, 284
Paraná, 42, 117-20, 150, 164, 243, 404
Pares de França, 118
parque do Ibirapuera, 239, 250
parlamentarismo, 17, 76, 93, 261-2, 329-30, 330, 358, 408
Partido Conservador, 72
Partido Federalista, 113
Partido Liberal, 48, 60, 85
Partido Progressista de Minas Gerais, 221
Passeata dos Cem Mil, 278
Pátio do Colégio, 60, 74
Pauliceia, 147, 173, 390
Paulo Francis, 304
Paulo Maluf, 279, 295, 302, 312
Paulo Markun, 343
PC Farias, 320-3, 326
PCB (Partido Comunista Brasileiro), 160, 184, 193, 207, 215, 265
PCC (Primeiro Comando da Capital), 356
PD (Partido Democrático), 159
PDC (Partido Democrata Cristão), 239, 240
PDS (Partido Democrático Social), 248, 295, 302, 314
PDT (Partido Democrático Trabalhista), 385
Pedro Collor, 310, 313, 318, 323, 435
Pedro Aleixo, 280-1
Pedro Lessa, 133, 134-5

Pedro Malan, 332
Pedro Moacir, 113
Pedro Paulo Leoni Ramos, 319
Pedro I, 24
Pedro II, 15, 24, 26, 33-5, 38, 41, 85, 137
Pedroso Horta, 246, 254
Pedro Rousseff, 381
"Peixe vivo", 231
Pela verdade, 139
"pelados"/"peludos", 118
Pelotas, 360
penitenciária de Pedrinhas, 307
Percílio da Fonseca, 108
Percival Farquhar, 144
Percy Fawcett, 138
Pereira Passos, 76, 77, 79
Pernambuco, 68, 78, 104, 113, 123, 134, 138, 145
Perón, 217, 224, 260, 264, 315
Pérsio Arida, 332
Petrobras, 199, 288, 319, 325, 349, 374, 387, 396, 398, 403-5
Petrolão, 325, 349, 372, 394, 401-4
Petrópolis, 83, 102, 116, 137, 139
PFL (Partido da Frente Liberal), 248, 296, 302, 306, 314, 339
PIB (Produto Interno Bruto), 285, 393, 400
pijânios, 245
Pinheiro Machado, 46, 61, 80-1, 86, 89-91, 93, 96, 101-4, 106, 108-10, 113, 115-6, 122, 124-6, 13, 169-70
Pioneiras Sociais, 225
Piracicaba, 48-9, 55, 155
Planalto Central, 232
Plano Cohen, 174, 217, 264
Plano Collor, 318
Plano Cruzado, 303, 314
Plano Cruzado II, 303
Plano de Metas, 225, 232
Plano Real, 269, 299, 330, 332, 339, 359
Plano Salte, 193
Plano Trienal, 262
Plano Verão, 303
Playboy, 337, 352, 355
Plínio de Arruda Sampaio, 367
Plínio Salgado, 215
PMDB (Partido do Movimento Democrático Brasileiro), 248, 295, 296, 302-3, 314, 338, 389, 404, 407-11, 419
Poder Moderador, 15, 34
Polícia Federal, 251, 264, 306, 317, 325, 361, 365-6, 372, 374, 401, 404, 415
Política das Salvações, 113
Política do Café com Leite, 21, 65, 71, 105, 121, 124, 131, 135
Política do Presidente, 137, 160
Política dos Governadores, 65, 67, 71, 75, 81, 89, 113, 125, 137, 173
Polop (Política Operária), 382
ponte Rio-Niterói, 284
porto de Santos, 393
Portugal, 41, 51, 149, 229, 239, 330

positivismo, 16, 25, 26, 30, 37, 41, 45, 78-9, 170
PPS (Partido Popular Socialista), 309
PR (Partido Republicano), 239
Praga, 220
PRC (Partido Republicano Conservador), 104, 115
presidencialismo, 14, 16-8, 76, 89, 261-2, 358, 381, 401, 433
presídio Tiradentes, 383-4
Prestes Maia, 239
PRF (Partido Republicano Federal), 41, 48, 61
PRF (Partido Republicano Fluminense), 104
Primeira Guerra Mundial, 111, 124, 156
primeira-dama, 101, 111, 122, 134, 181, 229, 280, 314, 317-8, 341, 345, 365, 419-20
princesa Isabel, 15, 33, 57, 82
privatizações, 318, 331, 343, 347-9, 362, 362, 365, 418
PRM (Partido Republicano Mineiro), 48
Proclamação da República, 21, 31, 73, 173
Procuradoria-Geral da República, 416
Programa Nacional de Cultura, 343
Propaganda oficial, 14, 283, 314, 362, 366, 371, 397, 408
Protásio Vargas, 169, 257
Protocolos dos Sábios de Sião, 174
Província de S. Paulo, 58
PRP (Partido Republicano Paulista), 31, 38, 41, 60-1, 113, 159, 235, 239
PRR (Partido Republicano Rio-Grandense), 45, 170
PRT (Partido Republicano Trabalhista), 239
Prudente de Morais, 17, 31, 42, 48-57, 59-62, 66, 71, 74-5, 78, 79, 80, 85, 122, 407
PSB (Partido Socialista Brasileiro), 239, 396
PSD (Partido Social Democrático), 182, 190, 194, 198, 205, 213-4, 222, 224, 226, 228, 239, 245, 251, 273, 323, 338-9, 366-7, 370, 396
PSDB (Partido da Social Democracia Brasileira), 251, 323, 338-9, 345, 366-7, 370, 396
PSOL (Partido Socialismo e Liberdade), 394
PSP (Partido Social Progressista), 212, 239, 245
PSTU (Partido Socialista dos Trabalhadores Unificado), 394
PT (Partido dos Trabalhadores), 249, 251, 315, 345, 349, 358, 363, 366-7, 372-4, 376-8, 386, 389, 394, 397-9, 399-404, 407
PTB (Partido Trabalhista Brasileiro), 182, 191-4, 195, 205, 213-4, 217, 224, 239, 243, 248, 251, 258, 376
PTN (Partido Trabalhista Nacional), 240
Putin, 361

Quadro Santo, 118
Questão das Missões, 83
Questão Militar, 24
Quintino Bocaiuva, 25, 27, 29, 30, 32, 61, 71-2, 98

Rádio Nacional, 204
Ranieri Mazzilli, 254, 260
Raul Fernandes, 146
Raul Pompeia, 43, 170
Raul Soares, 93, 137, 140
Reação Republicana, 104, 138, 140, 145-6

Rede Ferroviária Federal, 348
Rede Globo, 312, 316, 370
refinaria de Pasadena, 387
reforma agrária, 34, 246, 260-3, 329
reformas de base, 262
Regina Duarte, 344
Reinaldo Azevedo, 364
Reis Católicos, 176
Renan Calheiros, 403, 410
República da Espada, 21, 105
República do Galeão, 201, 205
República do Pão de Queijo, 329
República dos Conselheiros, 85, 92
República Oligárquica, 21, 136, 152, 162
República Velha, 20, 46, 56, 68, 72, 89, 108, 136-7, 161, 166, 198, 269, 313, 393, 396, 408, 433
"Retrato do Velho", 194
Revista do Instituto Histórico e Geográfico de São Paulo, 157
Revista Ilustrada, 29
Revolta da Armada, 39, 40-2, 51, 57, 148, 292
Revolta da Chibata, 112
Revolta da Vacina, 78, 190
Revolta do Forte de Copacabana, 138, 146, 150
Revolução Constitucionalista, 149, 173, 190, 220, 293
Revolução de 1930, 19, 137, 162, 190, 220, 235, 249, 257, 292, 313
Revolução Federalista, 39, 41, 45, 51-2, 117, 168, 170
Revolução Francesa, 21, 51
Revolução Russa, 111
Reynaldo Turollo Jr., 304
Riachuelo (encouraçado), 32
Ricardo Arnt, 245
Ricardo Lewandowski, 378-9
Richard Bourne, 181, 357
Rio de Janeiro, 25, 27, 29-32, 33, 40-2, 49, 76-7, 79, 132, 154, 202, 204, 222, 231, 244, 278, 286, 305, 329, 334, 360
Rio Grande do Sul, 23, 30, 45, 67, 80, 89, 92, 104, 117, 131, 137, 159, 161, 164, 170, 190, 194, 207, 257-8, 278, 296, 384
Risoleta Neves, 293
Roberto Campos, 319
Roberto Freire, 390
Roberto Jefferson, 376
Robespierre, 51
Rocha Loures, 416
Rodrigo Constantino, 347
Rodrigo Janot, 325, 399, 416-7
Rodrigo Maia, 417
Rodrigo Otávio, 50, 53-5, 434
Rodrigues Alves, 62, 70-81, 85, 89, 91, 124, 129, 131, 135, 144, 190, 243
Rogério Magri, 319
Romeu Tuma, 356, 435
Rosa e Silva, 62, 68, 113, 123
Rosane Collor, 313, 314-8, 320-3, 340
Roseana Sarney, 306, 307
Rosemary Noronha, 365
Rosita Malta, 318
Rubem Vaz, 201, 210-6, 265

Rubens Paiva, 284
Rui Barbosa, 17, 27-8, 30-2, 37, 39, 52, 63, 75, 78, 81, 88-93, 102-6, 110, 131, 136, 156-7
Ruth Cardoso, 340, 345-6
Ruth Cardoso: fragmentos de uma vida, 346

S. Nunes, 47
Sacha's (boate), 260
Sainte-Beuve, 121
Saladeiro Itaqui, 257
Salvador da Pátria, 38, 316
Sambódromo, 330
Samuel Wainer, 194, 198, 200, 207, 212, 265, 434
Sana Khan, 236
Santa Catarina, 41, 117-8, 355
Santa Rita do Sapucaí, 129, 131
Santiago Dantas, 262
Santos Dumont, 158
São Borja, 168-9, 182, 191, 194, 204, 213, 257, 259-60, 296
São João Bosco, 232
São Luís, 301, 302, 304-7
São Paulo, 15, 25, 31, 41, 48-9, 52, 54, 55, 60, 65, 67, 71-3, 75, 81, 91, 105, 113, 121, 132, 135-8, 154, 156-7, 159, 163, 164, 173, 194, 237, 243, 248
São Paulo (encouraçado), 148
Sara Kubitschek, 219-20, 225-7, 229-30
Sarney de Araújo Costa, 301
Sebastião Nery, 109, 315
Sebastião Pais de Almeida, 233
Sebastião Peçanha, 97
Secretaria de Assuntos Estratégicos, 319
Secretaria do Interior e Justiça do Rio Grande do Sul, 258
Segunda Guerra Mundial, 181, 272, 328
2º Exército, 279
Segundo Reich, 123
Segundo Reinado, 24, 27, 33, 35, 261
Seminário de Marx, 335
Sérgio Buarque de Holanda, 50
Sérgio Cabral, 282
Sérgio Cabral Filho, 361
Sérgio Moro, 375, 404, 417
Sérgio Motta, 323, 342-3
Serviço de Proteção ao Índio, 103
Sesi (Serviço Social da Indústria), 329
Setembrino de Carvalho, 119
Silveira Martins, 23-4, 26-7, 45
Silvestre Péricles de Góis Monteiro, 311
Silviano Brandão, 71, 76, 85
Silvio Santos, 322, 395
Simões Lopes, 177, 179
Simone de Beauvoir, 335
Sindicato dos Metalúrgicos de São Bernardo do Campo, 352
Siqueira Campos, 150
Sítio do Dragão, 295-6
SNI (Serviço Nacional de Informação), 273, 279, 284, 289, 294
Soares dos Santos, 128

Sobral Pinto, 311
socialismo fabiano, 347
Sofia Paes de Barros, 155, 163
Solano López, 23, 27
Sólon Ribeiro, 25
SS (Schutzstaffel), 355
Stálin, 43, 183
Standard Oil, 204
Stendhal, 100
STF (Supremo Tribunal Federal), 39, 101, 135, 191, 364, 369, 373, 377-9, 398, 400, 403, 404-5, 416-7
SUS (Sistema Único de Saúde), 371
Susana Marcolino, 326
Swift, 99

Tailândia, 326
Tancredo Neves, 17, 19, 202, 205, 213, 214, 223, 252, 261, 293, 295, 296, 299, 301, 302, 328, 358, 396
tarimbeiros, 24
Tarso Genro, 369, 386
TCU (Tribunal de Contas da União), 398, 400
Teixeira Lott, 213, 215, 216, 227, 230, 244, 272, 273
Telebrás, 348
Teologia da Libertação, 351
Teori Zavascki, 404
3º Exército, 261
Teresa Collor, 320
"Testamento de João Ramalho", 157
The Economist, 106
Thomas Skidmore, 273
Tigres Asiáticos, 343
Toledo Piza, 240
Tônia Carrero, 226
tortura, 49, 147, 184-5, 201, 209-10, 274, 275, 278, 283, 289, 293, 384-6
Tortura Nunca Mais, 384
Torturas e torturados, 278
Totó Pais, 189
Transamazônica, 283
Trasíbulo Peçanha, 97
Tratado de Petrópolis, 83
Tratado de Versalhes, 62, 131, 136
Tribuna da Imprensa, 198, 204, 215, 246, 266
Triste fim de Policarpo Quaresma, 43
Trujillo, 193
TSE (Tribunal Superior Eleitoral), 397, 400
túnel do Leme, 77
Turquia, 220
Tutancâmon, 220
Tutu Quadros, 251
TV Gazeta de Alagoas, 312

Ubaldino Amaral, 72
UDN (União Democrática Nacional), 190, 195, 198, 200, 205-6, 213-4, 227, 234, 239, 240, 243, 301-2
UFMG (Universidade Federal de Minas Gerais), 381
Última Hora, 198, 200

Ulysses Guimarães, 236, 280, 288, 296, 322-3, 358
UNE (União Nacional dos Estudantes), 263
Unesco, 233
União Soviética, 183
Unicamp, 326, 357, 385
Universidade Federal de Alagoas, 311
Universidade Federal do Rio Grande do Sul, 257
Uruguai, 264, 288, 364
Uruguaiana, 217, 257
URV (Unidade Real de Valor), 332
USP (Universidade de São Paulo), 48, 81, 326, 334, 357

vale do Calembe, 295
Vale do Rio Doce, 319, 348
Vanessa Grazziotin, 402
VAR-Palmares (Vanguarda Armada Revolucionária Palmares), 286, 382-3
Vargas (musical), 199
Vargas, Goulart & Cia. Ltda., 257
Veja, 320
Venceslau Brás, 13, 90, 92, 104, 108, 115, 120-7, 129, 135
Venezuela, 14, 299, 358, 368, 403
Vera Brant, 230
Via Dutra, 231
Vicente de Souza, 78
Vicente Goulart, 257
Vicentina Goulart, 257
Viçosa, 142-3
Victor Hugo, 334
Vidas secas, 351
Viena, 220
Vietnã, 286, 348
virgem Maria Rosa, 118
Virgílio de Melo Franco, 153
Virgínia Lane, 180
Viriato de Castro, 241
Viriato Vargas, 168-9
visconde de Ouro Preto, 15, 25-6, 37, 74, 85
Vitorino Freire, 301
Vladimir Herzog, 289
Voltaire, 99
voto de cabresto, 67, 170
voto feminino, 172
voto secreto, 172
VPR (Vanguarda Popular Revolucionária), 286

Walt Disney, 343
Wesley Batista, 416
Who Really Invented the Airplane?, 158
William T. Stead, 94
Windhoek, 368

Yolanda Costa e Silva, 248, 279

Zana Lúcia, 381
Zélia Cardoso de Melo, 319
Zenóbio da Costa, 203-5
Zola, 170

papel de miolo	Pólen Soft 70g/m²
papel de capa	Cartão supremo 250g/m²
tipografia	Minion Pro
gráfica	Grafilar